PCs für Dummies – Schummelseite

Mein PC!

Tragen Sie die folgenden lebenswichtigen Informationen über Ihren Computer ein:

Marke & Modell: _____

Netzwerkname: _____

Mikroprozessor: _____

RAM: _____ Mbyte

Festplattenkapazität: _____ Gbyte

Seriennummer: _____

Laufwerk A ist mein erstes Diskettenlaufwerk!

Laufwerk A hat: ☐ 3½ Zoll ☐ SuperDisk

Laufwerk C ist mein Festplattenlaufwerk!

Ich habe noch andere Laufwerke in meinem Computer:

Laufwerk __ ist ein Festplattenlaufwerk.

Laufwerk __ ist ein Festplattenlaufwerk.

Laufwerk __ ist ein _____.

Laufwerk __ ist ein CD-ROM-Laufwerk.

Laufwerk __ ist ein Laufwerk für einen CD-Brenner.

Laufwerk __ ist ein ZIP-Laufwerk.

Laufwerk __ ist ein DVD-Laufwerk.

Laufwerk __ ist ein _____.

Was steckt wo?

Markieren Sie die zutreffenden Aussagen.

Mein Modem steckt in:
☐ COM1
☐ COM2
☐ USB
☐ Ethernet

Mein Drucker steckt in:
☐ LPT1
☐ USB

An meinem USB-Anschluss sind die folgenden Geräte angeschlossen:
_____
_____

Wichtige Telefonnummern

Tragen Sie die folgenden Informationen für Ihre Hardware ein.

Händler: _____

Verkäufer: _____

Technischer Kundendienst: _____
_____

Technischer Kundendienst für das Betriebssystems: _____
_____

Technischer Kundendienst des Internet-Dienstanbieters: _____
_____

Tragen Sie die folgenden Informationen für Ihre Software ein; zuerst den Programmnamen und dann die Nummer des Software-Service:

Programm: _____

Software-Service: _____

Programm: _____

Software-Service: _____

Programm: _____

Software-Service: _____

PCs für Dummies – Schummelseite

Hilfreiche Hinweise für den Umgang mit dem PC

Beenden Sie Windows immer ordnungsgemäß. Wählen Sie im Startmenü den Befehl BEENDEN und dann je nach Bedarf die Optionen HERUNTERFAHREN oder NEU STARTEN.

Klicken Sie auf START oder drücken Sie die Tasten [Strg]+[Esc], um das Startmenü anzuzeigen.

Öffnen Sie Programme über das Startmenü und den Befehl PROGRAMME bzw. WEITERE PROGRAMME.

Der Desktop ist der Windows-Hintergrund, auf dem sich Symbole und Fenster befinden.

Die Taskleiste am unteren Bildschirmrand enthält für jedes Programm, das auf dem Desktop ausgeführt wird, eine Schaltfläche.

 Sie können ein Programm oder Fenster schließen, indem Sie auf die Schaltfläche mit dem X klicken.

Machen Sie sich mit den Laufwerken, Ordnern und Symbolen im ARBEITSPLATZ vertraut.

 Windows verwendet die Taste [F1] als Hilfetaste. Schneiden Sie die Taste links aus und kleben Sie sie auf die [F1]-Taste. Jetzt haben Sie eine offizielle Hilfetaste.

Angaben zum Internet

Mein Anmeldename: _____

Mein Kennwort (notieren Sie sich dieses an einer anderen Stelle)

Meine E-Mail-Adresse: _____

Die Adresse meiner Homepage: _____

Der Domänenname meines Internet-Dienstanbieters: _____

Weitere Angaben: _____

PCs
für Dummies

Dan Gookin

PCs für Dummies

Übersetzung aus dem Amerikanischen
von Elke Jauch und
Martina Hesse-Hujber

Die Deutsche Bibliothek –
CIP-Einheitsaufnahme

Ein Titeldatensatz für diese Publikation ist
bei Der Deutschen Bibliothek erhältlich

ISBN 3-8266-3021-1
5. Auflage 2002

Alle Rechte, auch die der Übersetzung, vorbehalten. Kein Teil des Werkes darf in irgendeiner Form (Druck, Fotokopie, Mikrofilm oder einem anderen Verfahren) ohne schriftliche Genehmigung des Verlages reproduziert oder unter Verwendung elektronischer Systeme verarbeitet, vervielfältigt oder verbreitet werden. Der Verlag übernimmt keine Gewähr für die Funktion einzelner Programme oder von Teilen derselben. Insbesondere übernimmt er keinerlei Haftung für eventuelle aus dem Gebrauch resultierende Folgeschäden.

Die Wiedergabe von Gebrauchsnamen, Handelsnamen, Warenbezeichnungen usw. in diesem Werk berechtigt auch ohne besondere Kennzeichnung nicht zu der Annahme, dass solche Namen im Sinne der Warenzeichen- und Markenschutz-Gesetzgebung als frei zu betrachten wären und daher von jedermann benutzt werden dürften.

Übersetzung der amerikanischen Originalausgabe:
Dan Gookin: PCs For Dummies

© Copyright 2002 by mitp-Verlag/ Bonn
ein Geschäftsbereich der verlag moderne industrie Buch AG & Co.KG/ Landsberg
Original English language edition text and art copyright © 2001 by Hungry Minds, Inc.
All rights reserved including the right of reproduction in whole part or in part in any form.
This edition published by arrangement with the original publisher, Hungry Minds, Inc.,
909 Third Avenue, New York, NY 10022, USA.

Printed in Germany

Lektorat: Katja Schrey, Michèle Albers
Korrektorat: Dirk Müller
Herstellung: Gabi Pöge-Erbach
Satz und Layout: Lieselotte und Conrad Neumann, München
Umschlaggestaltung: Sylvia Eifinger, Bornheim
Druck: Media-Print, Paderborn

Cartoons im Überblick

Seite 63

Seite 127

Seite 401

Seite 271

Seite 295

Seite 29

Seite 365

Fax: 001-978-546-7747
Internet: www.the5thwave.com
E-Mail: richtennant@the5thwave.com

Inhaltsverzeichnis

Einführung 23
Was ist neu bei dieser Auflage? 23
Über dieses Buch 24
Wie Sie dieses Buch benutzen 24
Was Sie nicht lesen müssen 25
Wer sind Sie? 25
Symbole, die in diesem Buch benutzt werden 26
Kontakt zum Autor 26
Wie es weitergeht 27

Teil I
Darf ich vorstellen: Der Computer 29

Kapitel 1
Hallo, hier ist Ihr Computer! 31
Was ist ein PC? 31
    Was tut ein Computer? 32
    Was tut ein Computer nicht? 33
Hardware und Software 33
Die wichtigsten Teile der Hardware 34
    Die Vorderseite der Konsole 36
    Die Rückseite der Konsole 38
    Wow! Alles in Farbe! 40
    Variationen zu typischen Computerthemen 41
Grundlegendes über die Software 42
    Das Betriebssystem (oder »Wer ist hier der Boss?«) 42
    Software, die tatsächlich etwas tut 43
Ein abschließendes Wort des Trostes 43

Kapitel 2
Der große rote Schalter 45
Drücken Sie den Schalter, um den Computer einzuschalten 45
    Hoppla! Noch mehr Geräte, die eingeschaltet werden müssen 46
    So schalten Sie Ihren PC am besten ein 47
    Eine noch bessere Lösung für die Stromversorgung 48
Hier kommt Windows! 49
    »Was, mein Computer war nicht richtig heruntergefahren?« 50

Mein Computer sagt: »Keine Systemdiskette.« Was soll das?	51
Melden Sie sich an, unbekannter Gast!	51
Es wird Zeit, dass dieses Betriebssystem endlich auftaucht	53
Ran an die Arbeit	54
Den Computer ausschalten	54
Windows XP beenden	55
So beenden Sie Windows 98/Me/2000	55
Eigentlich will ich meinen Rechner bloß ausschalten!	57
Wie schicke ich meinen Computer in den Schlaf?	57
Hey! Ich kann meinen Computer in den Ruhezustand schicken	59
Ich muss neu starten	59
Und was ist mit Strg+Alt+Entf?	60
»Ich möchte meinen Computer ständig ausgeschaltet lassen.«	61
»Ich möchte meinen Computer ständig eingeschaltet lassen.«	61

Teil II
So arbeiten Sie mit Ihrem PCs   63

Kapitel 3
Das Betriebssystem Ihres PC   65

Windows, das Gehirn Ihres Computers	65
Der Windows-Schnelldurchlauf	66
Der Desktop	66
Die Taskleiste	67
Das Startmenü	69
Programme beenden oder schließen	71
Jede Menge schöne Sachen!	72
Windows-Spielereien	73
Die Fenstergröße ändern	74
Fenster verschieben	75
Die Bildlaufleiste	75
Die Menüleiste	75
Dialogfelder	76
Wie Sie richtig um Hilfe bitten	78
Allgemeine Windows-Ratschläge	79

Kapitel 4
Kennen Sie Ihre Laufwerke?   81

Warum gibt es Disketten- und Festplattenlaufwerke?	82
So finden Sie Ihre Laufwerke	83
Laufwerksbuchstaben von A bis Z (ohne B)	84

Wie viel Platz ist noch auf dem Laufwerk?	85
Noch mehr Infos über Laufwerke	87
Das CD-ROM- oder DVD-Laufwerk	88
Eine CD oder DVD in das Laufwerk einlegen	89
Eine CD oder DVD auswerfen	89
Eine Musik-CD oder einen DVD-Film abspielen	90
Das Diskettenlaufwerk	90
Pro und kontra Diskettenlaufwerke	91
Rein und raus mit der Diskette	92
Eine Diskette formatieren	92
Eine Datei an Laufwerk A senden	94
Das ZIP-Laufwerk	94
Eine ZIP-Diskette einlegen	95
Eine ZIP-Diskette auswerfen	95
Das ZIP-Menü	96

Kapitel 5
Dateien speichern und doch wieder finden — 97

Grundsätzliches zum Thema »Ordner«	97
Der Stammordner	98
Spezielle Ordner für spezielle Dateien	99
Verbotene Ordner	99
Mit Ordnern arbeiten	100
Die Baumstruktur	100
Einen Ordner erstellen	101
Einen Ordner löschen	103
Die Sache mit den komprimierten Ordnern	104
Das Dialogfeld »Öffnen«	105
Das Dialogfeld »Speichern unter«	107

Kapitel 6
Mit Dateien experimentieren — 111

Regeln und Vorschriften für Dateinamen	112
Dateien umbenennen	114
Dateien wandern von einem Ort zum andern	114
Eine oder mehrere Dateien markieren	115
Dateien verschieben mit Ausschneiden und Einfügen	116
Dateien kopieren und einfügen	117
Verknüpfungen erstellen	118
Dateien löschen	119
Löschen von Dateien rückgängig machen	120
Nach abhanden gekommenen Dateien und Programmen suchen	121
Auf der Suche nach der Datei	122

PCs für Dummies

Dateien suchen mit Windows XP	123
Tipps für die Suche in Windows Me und Windows 2000	124
Tipps für die Suche in Windows 98	125

Teil III
Hardware-Führer für Anfänger — 127

Kapitel 7
Die wesentlichen Innereien Ihres Computers — 129

Das Motherboard	130
Der Mikroprozessor	130
Mikroprozessorbezeichnungen	131
Das Maß eines Mikroprozessors	132
»Also gut, und was für einen Mikroprozessor hat mein Computer nun?«	132
Anschlüsse für alles Mögliche	133
Ich brauche mehr Leistung!	134
Anschlüsse für Laufwerke	134
Spitze Teile und anderer Elektroniksalat	135
Erweiterungssteckplätze	136
Tick, tack, tick!	137
Die Uhr geht ständig verkehrt!	138
Uhrzeit einstellen	138
Das BIOS	139

Kapitel 8
Anschlüsse, Buchsen und Löcher — 141

Löcher für jede Gelegenheit	141
Anschlüsse für Tastatur und Maus	143
USB-Anschlüsse	143
Anschluss eines USB-Geräts	144
Erweitern Sie das USB-Universum	144
Noch besser als USB ist FireWire	146
Serielle Anschlüsse oder COM-Anschlüsse	147
Der vielseitige Druckeranschluss	147
Der Joystickanschluss	149
Audioanschlüsse	149

Kapitel 9
Alles über Datenträger und Laufwerke — 151

Unterschiedliche Arten von Laufwerken für unterschiedliche Bedürfnisse	151
So funktioniert eine Festplatte	154

Das glänzende Medium (CD-ROMs und DVDs)	156
Das gute alte CD-ROM-Laufwerk	156
Daten CD-Rs erstellen	156
Eine Musik-CD brennen	159
Ein paar Worte zu CD-RWs	160
Ich will ein DVD-Laufwerk!	160
Disketten	161
Sonstige Wechselmedien	163
ZIP, ZIP, ZAP	163
Guck mal! Dort am Horizont! Da taucht die SuperDisk auf!	164

Kapitel 10
Arbeitsspeicher (RAM-a-lama ding-dong) 165

Was versteht man unter Arbeitsspeicher?	165
Speicherkapazität messen	167
Arbeitsspeicher in Ihrem PC	168
Häufig gestellte Fragen zum Thema Arbeitsspeicher	169
Wie viel Arbeitsspeicher hat mein Computer?	169
Verfügt Ihr PC über genug Arbeitsspeicher?	169
Arbeitsspeicher ausgeschöpft	170
Grafikspeicher	171
Zusätzlichen Arbeitsspeicher nachrüsten	171

Kapitel 11
Erstaunliche Bildschirme und fantastische Grafiken 173

Das Ding beim Namen nennen	173
Bildschirme und Grafikkarten	174
Lernen Sie Ihren Bildschirm kennen und lieben	175
Äußerlichkeiten	175
Alles, was Sie über die Technik wissen müssen	176
Die Anzeige des Bildschirms einstellen	176
Flachbildschirme	178
Alles über Grafikkarten	179
Die Bildschirmanzeige mithilfe von Windows einstellen	180
Hintergrund ändern	181
Auflösung und Farbe einstellen	182
Bildschirmschoner aktivieren	184
Duell der Bildschirme	186
Lösungen für lästige Bildschirmprobleme	188
Lösungen für »große« Probleme	188
Grafiktreiber neu installieren	188

Kapitel 12
Iih! – Das Kapitel mit der Maus — 191

- Hallo, Maus! — 191
- Mausarten — 192
  - Die Radmaus — 193
  - Die optische Maus — 193
  - Der Trackball – die umgedrehte Maus — 193
- Mausanschluss — 194
- Arbeiten mit der Maus — 195
  - Mit der Maus zeigen — 195
  - Mit der Maus klicken — 195
  - Mit der Maus doppelklicken — 196
  - Mit der Maus ziehen — 196
- Die Maus konfigurieren — 197
  - »Das Doppelklicken funktioniert nicht!« — 199
  - Neue Mauszeiger braucht das Land — 199
  - »Ich bin Linkshänder und die Tasten sind verkehrt herum!« — 200
- Mausprobleme — 201
  - Maushygiene: Das Reinigen der Mauskugel — 201
  - Die Maus ist eine Schnecke — 201
  - Die Maus, die verschwindet oder hängen bleibt — 201

Kapitel 13
Das Kapitel über die Tastatur — 203

- Lernen Sie Ihre Tastatur kennen — 203
  - Eine typische Computertastatur — 203
  - Das Tastaturlayout — 204
  - Wo ist denn nun also die »beliebige« Taste? — 205
  - Wo ist die Hilfetaste? — 206
  - Was sind das für seltsame Windows-Tasten? — 206
  - Tasten, mit denen der Modus der Tastatur geändert wird — 206
  - Die allmächtige Eingabetaste — 208
  - Die Tabulatortaste — 208
  - Das Geheimnis des Schrägstrichs und des umgekehrten Schrägstrichs — 209
  - Die Tasten zum Beenden von Windows — 209
  - Kümmern Sie sich nicht um diese Tasten — 209
  - Besondere Tasten auf besonderen Tastaturen — 210
  - Schlaue Windows-Tastenkombinationen — 211
- Was mit der Tastatur alles passieren kann — 211
  - »Meine Tastatur piepst mich an!« — 211
  - »Mist! Ich habe meinen Kaffee über die Tastatur geschüttet!« — 212
  - »Aua! Mein Handgelenk schmerzt!« — 212

Kapitel 14
Willkommen im Land der Drucker — 215

Hallo! Ich heiße Stefan und ich werde Ihr Drucker sein — 215
Der allseits beliebte Tintenstrahldrucker — 216
    Bankrott durch Tintenpatronen — 217
    Kauf eines speziellen Papiers — 218
Laserdrucker bis in alle Ewigkeit — 219
Das Bedienfeld Ihres Druckers — 220
Einrichten Ihres geliebten Druckers — 221
    Papier in den Drucker einlegen — 221
    Tinte oder Toner nachfüllen — 222
Erzählen Sie Windows von Ihrem neuen Drucker: Installieren Sie die Software — 223
Druckerbasiswissen — 224
    Einschalten — 224
    Drucken — 224
    Quer drucken — 225
    Den Bildschirm drucken — 226
    Briefumschläge drucken — 227
Wichtige Dinge, die Sie sich merken sollten — 227

Kapitel 15
Das Modem-Kapitel — 229

Was macht ein Modem? — 229
Modemtypen — 230
    Wo befindet sich das Modem? — 230
    Ich habe das Verlangen nach Geschwindigkeit — 230
    Was ist ein Faxmodem? — 231
    Die vergnügte Welt der Modems — 231
Schließen Sie Ihr Modem an — 233
    Modems anschließen — 233
    Modems installieren — 234
Einige Tipps — 235
    Das Modem finden, wenn es nicht von Windows erkannt wird — 235
    Es wählt zu schnell — 236
    Den Standort für einen Laptop ändern — 236

Kapitel 16
Der singende PC — 239

Musik in Ihrem PC — 239
    »Woher weiß ich, ob mein Computer eine Soundkarte hat?« — 240
    Die Soundkarte — 240
    Lautsprecher — 241

Audiospaß in Windows 241
　Der Klangspielplatz 241
　Sounds 243
　Aufzeichnen Ihrer Stimme 245
　Lautstärke regeln 246
　Wo ist dieses Lautsprechersymbol abgeblieben? 248
Kann er sprechen? 248
PC, zum Diktat bitte! 249

Kapitel 17
Scanner und Digitalkameras — 251

Die Hardware 251
　Der Scanner 252
　Die Digitalkamera 253
Bilder einscannen 254
　Was Sie in Windows auf jeden Fall ignorieren sollten 255
　Scannen in zehn Schritten 255
　Aufnahme eines digitalen Bildes 257
Foto- und Bildbearbeitungssoftware 258
　Das Bild beschneiden 258
　Die Abmessungen des Bildes ändern 259
　Das Bild in einem bestimmten Format abspeichern 260

Kapitel 18
Peripheriegeräte – noch mehr Geräte für Ihren Computer — 263

Die unendlich weite Welt der Peripheriegeräte 263
　Installieren eines Peripheriegeräts 264
　Erzählen Sie Windows von Ihrer neuen Hardware 265
　»Windows ist dumm und erkennt das neue Peripheriegerät nicht!« 265
Einige beliebte Peripheriegeräte 266
　Externe Laufwerke 266
　Bandsicherungen 267
　Es lebt und befindet sich auf Ihrem Bildschirm! 268
»Ich habe etwas Geld übrig und möchte meine Hardware aufrüsten« 268
　Was Sie zuerst kaufen sollten 269
　Wann ein neuer Computer fällig ist 270

Teil IV
Software-Führer für Anfänger — 271

Kapitel 19
Das 1 x 1 der Software — 273

Einige Worte zum Kaufen von Software	273
Was ist alles in der Schachtel?	274
Software installieren	275
Der einfachste Weg, Software zu installieren	276
Wenn's einfach nicht geht, dann eben so:	276
Software deinstallieren	278
Software aktualisieren	280
Einige Tipps zum Lernen eines Programms	282

Kapitel 20
Software en masse — 283

Software für den Hausgebrauch	283
Persönliche Finanzen	284
Spiele und Unterhaltung	284
Bringe mir heute etwas Neues bei	286
Software fürs Geschäftliche	286
Alles zum Schreiben	287
Der Computer und die Zahlen	288
Datenbanken	290
Office-Pakete	290
Software für Freaks	291
Programmieren oder: Sagen Sie dem dummen Ding, was es tun soll!	292
Hilfsprogramme	292
(Fast) kostenlose Software	293

Teil V
Internet für Anfänger — 295

Kapitel 21
Auf ins Internet — 297

Eine kurze Beschreibung des Internets	297
Sechs Dinge, die Sie für das Internet benötigen	298
Der Internetdienstanbieter	299
Auf der Suche nach dem richtigen Internetdienstanbieter	300
Windows für das Internet konfigurieren	301

Der Assistent für den Internetzugang	301
Die Verbindung mit dem Internet herstellen	302
Das Internet nutzen (Verwenden von Internetsoftware)	305
Auf Wiedersehen, Internet!	305

Kapitel 22
Das World Wide Web — 309

Begrüßen Sie das Web	309
Den Internet Explorer starten	310
Webseiten besuchen	312
Zurück, noch weiter zurück, vorwärts und stopp	314
Aktuelle Gründe für das Aktualisieren	314
Zurück zur Startseite	315
Schließen des Webbrowsers	316
Trarirara, die Post ist da!	316
Starten des E-Mail-Programms	316
E-Mails senden	319
E-Mails lesen	322
Outlook Express beenden	325

Kapitel 23
Noch mehr zum World Wide Web — 327

Informationen im Internet finden	327
Wie kann ich noch mehr Geld online ausgeben?	329
Kleines Frage- und Antwortspiel zum Thema Online-Shopping	329
Auktionen	331
Haben wir nicht alle unsere Favoriten?	332
Favoriten verwalten	333
Der Ordner mit den Links	334
Wo bin ich überall gewesen?	334
Tipps und Tricks rund um den Internet Explorer	336
Aktivieren Sie den Inhaltsratgeber lieber nicht	336
Webseiten drucken	337
Was bitte ist ein PlugIn?	337
Diese lästigen PopUp-Fenster	338

Kapitel 24
E-Mails – und was es sonst noch gibt — 339

E-Mails mit persönlicher Note	339
Nachrichten mit Stil	340
Signaturen erstellen	341

E-Mails verwalten 342
    Einen E-Mail-Ordner erstellen 343
    Nachrichten in einen Ordner verschieben 344
    Nachrichten löschen (und wieder auferstehen lassen) 344
Das Adressbuch 345
    Einen Namen in das Adressbuch einfügen 345
    Verwenden des Adressbuches beim Verschicken einer Nachricht 346
    Eine Gruppe erstellen 347
Nachrichten blockieren 348

Kapitel 25
Dateien von hier, Dateien nach da — 351

Dateien aus dem Internet herunterladen 351
    Eine Webseite auf der Festplatte speichern 352
    Teile einer Webseite auf der Festplatte speichern 352
    Programme suchen und finden 353
    Eine MP3-Datei herunterladen 355
Guck mal! Ein E-Mail-Anhang! 357
    Eine Anlage in Outlook Express empfangen 358
    Eine Anlage mit Outlook Express verschicken 359
FTP 360
    Eine FTP-Site durchsuchen 361
    Ein paar Anmerkungen zu FTP-Programmen 362

Teil VI
Hilfe! Wir haben ein Problem! — 365

Kapitel 26
Maßnahmen zur PC-Vorsorge — 367

Erstellen einer Startdiskette für Notfälle 367
Anweisungen für Windows 98/Me 367
Anweisungen für Windows 2000/XP 368
    Und was mache ich mit der Notfalldiskette? 369
Sichern Sie Ihre Dateien 370
Hat mein PC einen Virus? 371
    Dinge, bei denen Sie sich keinen Virus einfangen können 372
    Antivirensoftware 373
Systemwiederherstellung 374
    Einen Wiederherstellungspunkt festlegen 374
    System wiederherstellen 375

Kapitel 27
Tipps zur Fehlerbehebung　　　　　　　　　　　　　　　　　　　　　379

Allgemeine Panikhilfe　　　　　　　　　　　　　　　　　　　　　　379
Dinge, die man überprüfen sollte　　　　　　　　　　　　　　　　　380
    Überprüfen Sie Ihre Hardware　　　　　　　　　　　　　　　　380
    Finden Sie heraus, was Sie noch alles unter Kontrolle haben　　　380
    Ein Programm entfernen　　　　　　　　　　　　　　　　　　　381
    Probleme durch einen Neustart beheben　　　　　　　　　　　　382
    Überprüfen Sie die Festplatte nach einem Neustart　　　　　　　383
Der abgesicherte Modus und seine Gefahren　　　　　　　　　　　　384
    Abgesichertes Starten　　　　　　　　　　　　　　　　　　　　385
    Windows XP und Windows 2000 im abgesicherten Modus starten　386
    Wenn Windows automatisch im abgesicherten Modus startet　　　387
Suche nach Hardwarekonflikten　　　　　　　　　　　　　　　　　　387
    Der Geräte-Manager　　　　　　　　　　　　　　　　　　　　　388
    Ausführen eines Ratgeberprogramms　　　　　　　　　　　　　　390
Gerätetreiber wiederherstellen　　　　　　　　　　　　　　　　　　390
Mit MSCONFIG Probleme beim Starten von Windows beheben　　　　392

Kapitel 28
Wann Sie um Hilfe schreien sollten　　　　　　　　　　　　　　　　395

Wer ist Ihr Computerguru?　　　　　　　　　　　　　　　　　　　395
Andere Orte und Möglichkeiten, Hilfe zu bekommen　　　　　　　　396
Finden Sie heraus, ob es ein Hardware- oder Softwareproblem ist　397
Die Support-Hotline　　　　　　　　　　　　　　　　　　　　　　398

Teil VII
Der Top-Ten-Teil　　　　　　　　　　　　　　　　　　　　　　　　401

Kapitel 29
Zehn weit verbreitete Anfängerfehler　　　　　　　　　　　　　　　403

Windows nicht korrekt beenden　　　　　　　　　　　　　　　　　403
Zu viel Software kaufen　　　　　　　　　　　　　　　　　　　　404
Inkompatible Hardware kaufen　　　　　　　　　　　　　　　　　404
Nicht genügend Verbrauchsmaterialien kaufen　　　　　　　　　　404
Ihre Arbeit nicht speichern　　　　　　　　　　　　　　　　　　　405
Keine Sicherungskopien von Dateien erstellen　　　　　　　　　　405
Unbekannte Dateien oder Dinge öffnen oder löschen　　　　　　　405
Den Computer von einer fremden Diskette aus starten　　　　　　406
Auf unerwünschte Spam-Mails antworten　　　　　　　　　　　　406
Ein an eine E-Mail angehängtes Programm öffnen　　　　　　　　406

Kapitel 30
Zehn Dinge, die es sich zu kaufen lohnt — 409

Software	409
Handballenauflage	410
Bildschirmentspiegelung	410
Tastaturabdeckung	410
Mehr Speicher	411
Eine größere und schnellere Festplatte	411
Eine ergonomische Tastatur	411
Ein größerer oder zusätzlicher Monitor	412
USB-Erweiterungskarte	412
Scanner oder Digitalkamera	412

Kapitel 31
Zehn Tipps von einem Computerguru — 413

Sie sind der Boss	413
Die meisten fanatischen Computerfans lieben es, Anfängern zu helfen	414
Kaufen Sie sich eine USV	414
Das neueste Software-Upgrade ist nicht unbedingt notwendig	415
Installieren Sie Windows nie neu	415
Wie Sie Ihren Monitor perfekt einstellen	415
Trennen Sie den Computer vom Stromversorgungsnetz, wenn Sie das Gehäuse öffnen	416
Abonnieren Sie eine Computerzeitschrift	416
Lassen Sie sich nicht verrückt machen	416
Nehmen Sie das alles nicht zu ernst	417

Stichwortverzeichnis — 419

Einführung

Willkommen bei der völlig neu überarbeiteten 5. Auflage von »PCs für Dummies«. Dieses Buch beantwortet die Frage: »Wie verwandelt ein Computer einen intelligenten Menschen in einen Dummy?«

Ja klar, Computer sind nützlich. Und eine große Anzahl von Leuten – der Himmel sei ihnen gnädig – hat sich in Computer verliebt. Aber der Rest der Menschheit sitzt unwissend vor dem Kasten. Es ist keineswegs so, dass die Arbeit mit einem Computer über unseren Verstand hinausginge, es ist vielmehr so, dass noch niemand die Dinge für einen normalen Menschen verständlich erklärt hat. Bis jetzt.

Dieses Buch erklärt den Umgang mit einem Computer in freundlichen, menschlichen, aber oft respektlosen Worten. Hier ist nichts heilig. Die Elektronik kann von anderen in den Himmel gehoben werden. »PCs für Dummies« konzentriert sich auf Sie und Ihre Bedürfnisse. Sie lernen alles, was Sie über Ihren Computer wissen müssen, ohne überspannten Computerjargon und ohne, dass Sie ein Meister der Technik sein müssen. Und Sie werden Spaß dabei haben.

Was ist neu bei dieser Auflage?

Dieses Buch enthält jede Menge neue und topaktuelle Informationen, denn seit der letzten Auflage hat sich wieder allerhand auf dem PC-Markt getan. Ich habe daher veraltete Themen rausgeworfen und neue Informationen über moderne Computersysteme, Optionen, Software und das Internet sowie jede Menge Tipps zu Problemlösungen hinzugefügt! Alles, was Sie über PCs wissen müssen, können Sie in diesem Buch nachlesen.

In dieser Auflage schreibe ich erstmals über die folgenden neuen und aufregenden Themen:

- ✔ Alles über Windows 98, Windows Me, Windows 2000 und das neue Windows XP
- ✔ Aktuelles zu USB- und FireWire-Anschlüssen
- ✔ Die neusten Hardware-Informationen (LCD-Displays, optische Mäuse, aktuelle Modems)
- ✔ Brandheiße Infos zum Brennen von CD-Rs und CD-RWs
- ✔ Scannen und digitale Fotografie
- ✔ Jede Menge neue Informationen rund ums Internet
- ✔ Tipps und Ratschläge für den Umgang mit dem Internet Explorer und mit Outlook Express
- ✔ Jede Menge neue Ratschläge und Vorschläge für Problemlösungen

Bei der Überarbeitung dieser Auflage habe ich mir auch die grundlegenden Informationen vorgenommen, denn ich gehe eigentlich davon aus, dass die meisten von Ihnen sich bereits zumindest etwas mit Computern auskennen und auch eine E-Mail verschicken können oder wissen, wie Sie ein Programm unter Windows starten. Dieses Buch vermittelt Ihnen weiterhin jede Menge Grundlagenwissen, aber ich habe nicht mehr bei Adam und Eva angefangen, um Platz für aktuelle und fortgeschrittenere Themen zu haben, die Sie aber deswegen trotzdem nicht überfordern werden!

Sie werden natürlich weiterhin wohltuendes Grundlagenwissen in freundlicher Sprache vorfinden, die auch den ängstlichsten Anfänger beruhigt.

Über dieses Buch

Dieses Buch ist so geschrieben, dass Sie, wie in einem Nachschlagewerk, an jeder Stelle mit dem Lesen beginnen können. Es hat 31 Kapitel, von denen jedes einen bestimmten Bereich abdeckt: Wie Sie den Computer einschalten, wie Sie mit einem Drucker umgehen, wie Sie Software einsetzen, wie Sie dem Computer einen Tritt versetzen usw. Jedes Kapitel ist in abgeschlossene Abschnitte unterteilt, die sich auf das Hauptthema des Kapitels beziehen, z. B.:

- Basis-Hardware
- Was Sie ignorieren können
- »Meine Taskleiste ist verschwunden!«
- So erstellen Sie eine Signatur
- So schützen Sie sich vor Viren
- Fehler aufspüren und beheben

Sie müssen sich nichts, was Sie in diesem Buch lesen, merken, da es über einen Computer nichts gibt, was man im Gedächtnis behalten muss. Jeder Teil ist so gestaltet, dass Sie die darin enthaltenen Informationen schnell lesen, das Buch weglegen und dann mit Ihrer Arbeit am Computer fortfahren können. Vor jedem technischen Abschnitt werden Sie gewarnt, sodass Sie ihn einfach überspringen können.

Wie Sie dieses Buch benutzen

Dieses Buch ist wie ein Lexikon zu handhaben. Zuerst suchen Sie das Thema, zu dem Sie mehr Informationen haben möchten, entweder im Inhaltsverzeichnis oder im Stichwortverzeichnis. Sie können alles, was für Sie von Interesse ist, nachlesen, anschließend das Buch schließen und die erforderliche Aufgabe ausführen – ohne irgendetwas lernen zu müssen.

Eine Meldung oder Information, die Sie auf dem Bildschirm sehen, wird wie folgt dargestellt:

`Dies ist eine Meldung auf dem Bildschirm.`

Wenn Sie etwas eintippen sollen, wird das im Text wie folgt dargestellt:

`C:\> Tipp mich ein`

In diesem Beispiel würden Sie »Tipp mich ein« nach dem C:\> eingeben und dann die Eingabetaste drücken.

Windows-Menübefehle sehen folgendermaßen aus:

Klicken Sie auf DATEI|BEENDEN. (Das ist die Kurzversion.)

Manchmal lasse ich mir Zeit und schreibe:

Wählen Sie im Menü DATEI den Befehl BEENDEN.

Tastenkombinationen werden wie folgt dargestellt:

[Strg]+[S]

Das heißt, Sie halten [Strg] gedrückt, tippen ein »S« und lassen [Strg] wieder los. Es funktioniert genauso, wie das Drücken von [⇧]+[S] ein großes S erzeugt.

Was Sie nicht lesen müssen

Die Benutzung eines Computers bringt eine Menge technischen Kram mit sich. Um Sie davor besser abzuschirmen, wurde der entsprechende Text markiert. Sie müssen ihn nicht lesen. Oft ist es nur eine ausführliche Erläuterung von dem, was im Kapitel beschrieben wurde. Diese Abschnitte lehren Sie lediglich einige grundlegende Dinge über Ihren Computer, was nicht das Hauptziel dieses Buches ist.

Wer sind Sie?

Sie haben einen Computer, und Sie benutzen ihn irgendwie, um irgendetwas zu tun. Sie arbeiten mit einem PC (oder haben es vor) und das Betriebssystem oder Hauptprogramm Ihres PCs ist Windows.

In diesem Buch finden Sie keine Informationen mehr über DOS, Windows 95 oder sonstige alte Windows-Versionen. Dieses Buch informiert Sie über Windows 98, Windows Me, Windows 2000 und das neue Windows XP. Wenn sich Informationen auf eine bestimmte Windows-Version beziehen, weise ich besonders darauf hin. Ansonsten gilt der Begriff Windows für alle Versionen.

Wenn Sie noch mit Windows 95 arbeiten, dann empfehle ich Ihnen die beiden Vorgänger dieses Buchs, nämlich PCs für Dummies, 3. bzw. 4 Auflage.

Symbole, die in diesem Buch benutzt werden

Dieses Symbol warnt Sie vor überflüssigen technischen Informationen – Unsinn, den ich einfach hinzufügen musste (eine schlechte Angewohnheit). Sie können alles überspringen, was mit diesem kleinen Bild gekennzeichnet ist.

Dieses Symbol deutet auf einen hilfreichen Rat oder neue Einblicke hin. Sie sollten beispielsweise, wenn Sie Säure über Ihren Computer schütten, eine Schutzbrille und Handschuhe tragen.

Hmm, ich habe vergessen, was dieses Symbol bedeutet.

Dieses Symbol fordert Sie auf, mit den Informationen vorsichtig umzugehen. Gewöhnlich ist es ein Hinweis für Sie, etwas nicht zu tun.

Dieses Symbol weist Sie auf Neuerungen oder Änderungen des neuen Windows XP hin. Wenn dieses neue Betriebssystem auf Ihrem Rechner installiert ist oder Sie es sich demnächst anschaffen werden, dann halten Sie nach diesem Symbol Ausschau. Wenn nicht, dann überspringen Sie diese Abschnitte einfach!

Da meine E-Mail-Adresse im Buch abgedruckt ist, bekomme ich Briefe von Lesern, die Informationen brauchen oder Hilfe suchen. Ich habe eine Auswahl der Antworten auf diese Briefe in das Buch mit aufgenommen und mit diesem Symbol versehen.

Kontakt zum Autor

Im Folgenden ist meine E-Mail-Adresse aufgeführt, falls Sie mir schreiben möchten. (Denken Sie jedoch daran, dass dieses Buch eine Übersetzung ist und ich des Deutschen nicht mächtig bin! Also schreiben Sie mir bitte in Englisch.) Ich verspreche, dass ich jede E-Mail persönlich beantworten werde. Ich kann die meisten Fragen beantworten, aber ich bitte Sie, mich nicht zu überfordern! Vergessen Sie nicht, dass Sie Ihren Händler für die Unterstützung in technischen Fragen bezahlt haben. Versuchen Sie es also zuerst dort.

dan@wambooli.com

Sie dürfen auch gerne mal auf meiner – allerdings englischen – Website vorbeischauen. Sie enthält jede Menge nützliche Supportinformationen zu allen möglichen Themen:

http://www.wambooli.com/

Wie es weitergeht

Mit diesem Buch in der Hand sind Sie in der Lage, Ihren PC zu erobern. Suchen Sie sich etwas aus dem Inhaltsverzeichnis oder dem Index aus. Schlagen Sie die angegebene Seite auf und fangen Sie an. Sie dürfen in dieses Buch hineinschreiben, füllen Sie leere Zeilen aus, machen Sie Eselsohren in die Seiten, und tun Sie alles, was einen Bibliothekar erbleichen lassen würde. Viel Spaß!

Teil I

Darf ich vorstellen: Der Computer

Ohne diese neuen Technologien hätte ich mich nie so prima organisieren können. Meine Projektberichte liegen jetzt unter dem PC, die Budgets stapeln sich unter dem Laptop und die Memos sammele ich unter dem Pager.

In diesem Teil ...

Ich weiß nicht, ob Sie es schon wussten, aber für das Arbeiten mit dem PC ist keine besondere Erlaubnis erforderlich. Die brauchen Sie nur für die wirklich gefährlichen Dinge im Leben wie Autofahren oder Fliegen! Das lässt den Schluss zu, dass Computer total harmlos sind – was vollkommen richtig ist – und dass es niemanden gibt, der den Umgang damit nicht nach einer kurzen Eingewöhnungsphase gelernt hätte.

In diesem Teil erfahren Sie Grundlegendes über den Computer, was auch dann interessant ist, wenn Sie noch keinen Computer haben, aber vorhaben, sich demnächst einen zu kaufen, oder wenn Sie endlich Ihren alten PC entsorgen wollen, um sich etwas Modernes zuzulegen. Wie auch immer, dieser Teil des Buches ist genau richtig für Sie.

Hallo, hier ist Ihr Computer!

In diesem Kapitel

- Was ist ein Computer
- Was ist ein Computer nicht
- Was ist ein PC
- Grundlagenwissen über Computer-Hardware
- Was die Konsole zu bieten hat
- Was ist Software
- Tröstende Worte

*P*ersonalcomputer – oder *PCs* – sind keine Angst einflößenden Wesen. Sie dürfen sie nicht mit Robotern verwechseln, die anfangs ganz nett und harmlos sind, bald darauf aber einen Aufstand anzetteln. Kurze Zeit später werden dann intelligente Schimpansen das Regiment übernehmen und uns ausrotten.

Das wird Ihnen mit einem PC nie passieren. Wenn Ihr Computer aus dem Karton springen, Ihre Hand schütteln und Sie umarmen würde, wäre dieses Buch überflüssig. Bis es jedoch so weit sein wird, beginnt dieses Buch mit diesem einführenden Kapitel über die Grundlagen des PCs.

✔ In diesem Buch gibt der Autor sein Bestes, keine Fachausdrücke zu verwenden oder diese zu erläutern, falls er doch welche verwendet. Andere Bücher und Zeitschriften können das nicht von sich behaupten. Daher kann ich das »Computerlexikon für Dummies« wärmstens empfehlen. Es ist ebenfalls im mitp-Verlag erschienen.

✔ Ich verspreche, im restlichen Buch keine Werbung mehr für meine anderen Bücher zu machen.

Was ist ein PC?

PC ist die Abkürzung für Personal Computer. Das war der Name eines frühen Computer-Urahns, der vollständig IBM-PC hieß. IBM (International Business Machines) entwickelte nach Jahren der Herstellung von größeren und eher unpersönlichen Computern (UCs) den PC.

Heute ist jeder Computer, den Sie für sich oder für Ihr Büro kaufen können, ein PC. Das gilt unabhängig vom Markennamen des Computers. Sogar der Macintosh ist ein PC, auch wenn die Mac-Benutzer rot, orange, gelb, grün und blau werden, wenn Sie deren Computer als PC beschimpfen. Das hängt damit zusammen, dass der Ausdruck *PC* ursprünglich nur für den Computer von IBM verwendet wurde.

✔ Technisch gesehen ist ein PC ein großer Rechner mit einem besseren Display und mehr Tasten.

✔ PCs können mit Worten ebenso gewandt umgehen wie mit Zahlen. Die Software ist es, die alles unter Kontrolle hat und weiter hinten in diesem Kapitel beschrieben wird.

✔ Auch wenn Macintosh-Computer, die Sony PlayStation, der PalmPilot und sogar der Nintendo Game Boy technisch gesehen Personal Computer sind, werde ich in diesem Buch nicht näher darauf eingehen. PC wird hier fast immer in dem Sinn verwendet, dass der betreffende Computer unter Windows läuft. (Weitere Infos zu Windows gibt es weiter hinten in diesem Kapitel.)

✔ Laptops und Notebooks sind leichtere und besser tragbare Versionen des traditionellen PCs. Damit können die Menschen im Flugzeug Computerspiele spielen. Auch wenn Ihr erster PC wahrscheinlich kein Laptop ist, so werde ich doch immer wieder Interessantes in Bezug auf Laptops anführen, einfach nur, um meinen Lektor ein bisschen zu ärgern.

✔ Ich habe mir gerade den Ausdruck UC (Unpersönlichen Computer) ausgedacht. Größere Computer werden als *Mainframes* bezeichnet. Sie dürfen sie einfach ignorieren.

Computer sind nicht böse. Sie haben keine unheimliche Intelligenz. In Wirklichkeit sind Computer ziemlich dumm.

Was tut ein Computer?

Die Aufgabenbereiche eines Computers lassen sich kaum aufzählen. Anders als andere Geräte haben sie viele Verwendungszwecke. Fast alle Aufgaben, die mit Wörtern, Zahlen oder Informationen zu tun haben, können mit einem Computer erledigt werden.

Ein Computer ist eigentlich nichts anderes als ein elektronisches Gerät. Anders als Ihr Toaster oder der Vergaser an Ihrem Auto, die nur für einen Zweck konzipiert wurden, kann ein Computer *programmiert* werden, um so eine ganze Reihe von interessanten Aufgaben auszuführen. Es liegt also nur an Ihnen, dem Computer mitzuteilen, was er machen soll.

✔ Computer sind das Chamäleon unter den Elektrogeräten. Mit Ihrem Telefon können Sie nur telefonieren, Ihr Videorecorder kann nur Videos aufzeichnen und wiedergeben, und Ihre Mikrowelle kann nur Dinge aufwärmen. Aber das Potenzial eines Computers ist unbegrenzt.

✔ Computer erledigen eine Aufgabe, indem sie *Software* verwenden. Die Software sagt dem Computer, was er tun soll.

- ✔ Nein, Sie müssen nicht programmieren lernen, um einen Computer zu benutzen. Jemand anders erledigt das Programmieren. Sie kaufen das Programm (die Software), um damit zu arbeiten.
- ✔ Ihre Aufgabe als Benutzer ist es, der Software zu sagen, was zu tun ist, sodass diese es dann an den Computer weitergeben kann.
- ✔ Nur in Science-Fiction-Filmen sagt der Computer *Ihnen*, was zu tun ist.
- ✔ Sie können einem Computer stets *verbal* sagen, was er Sie mal kann. Das tun Programmierer und Nichtprogrammierer gleichermaßen täglich unzählige Male.
- ✔ Software ist nur die eine Hälfte des Computers. Die andere ist die Hardware, die im nächsten Abschnitt beschrieben wird.

Was tut ein Computer nicht?

Weder duftet ein PC fein noch stinkt er. Er kann zwar eine ganze Menge von Dingen gleichzeitig tun, aber Kaugummi kauen kann er nicht.

Ein PC liebt die Fenstertechnik von Windows, aber die Wohnung putzt er Ihnen deswegen noch lange nicht. Er ist ein recht passabler Freund, aber er ist kein Geliebter.

Mit Ihrem Computer können Sie spielen, aber wenn Sie in den Arm genommen werden wollen, kann Ihnen Ihr Computer nicht weiterhelfen.

Der PC arbeitet hart. Er rechnet, speichert und ruft Abgespeichertes wieder auf. Er *scheint* richtig intelligent zu sein, ist aber auf keinen Fall bösartig.

Und bei alledem dürfen Sie nie vergessen: Nicht *Sie*, sondern der Computer ist wirklich richtig dumm, dumm, dumm, dumm.

Hardware und Software

Das Computersystem besteht aus zwei Teilen: Hardware und Software. Beide gehen Hand in Hand. Sie können nicht das eine ohne das andere haben. Das wäre wie eine Romanze ohne Mond, wie Blitz ohne Donner, Spaghetti ohne Käse oder Yin ohne Yang.

Die *Hardware* ist der physikalische Teil des Computers, alles, was Sie berühren und sehen können. Die Hardware ist jedoch nichts ohne die Software, die die Hardware steuert. Man kann sagen, dass die Hardware alleine wie ein Auto ohne Fahrer oder eine Säge ohne Zimmermann ist. Damit überhaupt etwas geschehen kann, ist sowohl die Hardware als auch die Software erforderlich.

Die *Software* ist das Gehirn des Computers. Sie sagt der Hardware, was und wie etwas zu tun ist. Ohne die Software würde die Hardware nur herumstehen und beeindruckend aussehen.

Sie benötigen Software, damit der Computer läuft. Die Software bestimmt die Persönlichkeit Ihres Computers.

✔ Wenn Sie es zum Fenster hinauswerfen können, dann ist es Hardware.

✔ Computer-Software besteht aus nichts anderem als Anweisungen, die der Hardware sagen, was diese tun, wie diese sich verhalten und wann sie Ihre Daten verlieren soll.

✔ Die Software ist wichtiger als die Hardware. Die Software sagt dem Computer, was er tun soll.

Obwohl sich die Software auf Datenträgern (CD-ROMs oder Disketten) befindet, sind *Datenträger* nicht die Software. Die Software ist auf Datenträgern gespeichert, wie Musik auf Schallplatten oder CDs gespeichert ist.

✔ Ohne die richtige Software ist Ihr Computer nur ein teurer Briefbeschwerer.

Die wichtigsten Teile der Hardware

In Abbildung 1.1 ist dargestellt, wie ein typisches Computersystem aussieht. Die Teile, die Sie kennen sollten, sind gekennzeichnet. Das sind nur die Grundlagen. Einzelheiten werden weiter hinten im Buch beschrieben.

Die Konsole: Der wichtigste Teil des Computers ist die Konsole, die von manchen auch als *Systemeinheit* bezeichnet wird. Dieser Teil umfasst, neben einer Menge interessanter Dinge an der Außenseite, die inneren Bestandteile des Computers. Weiter hinten in diesem Kapitel erfahren Sie darüber noch mehr.

Monitor oder Bildschirm: Das einem Fernseher ähnliche Gerät ist das Teil, auf dem der Computer Informationen anzeigt. Es befindet sich normalerweise links oder rechts neben der Konsole. Wenn Sie Ihre Konsole unter den Tisch verfrachtet haben, steht der Bildschirm einfach auf dem Schreibtisch. (Den Bildschirm unter den Tisch zu stellen, ist keine gute Idee.) Näheres zum Thema Bildschirme erfahren Sie in Kapitel 11.

Tastatur: Das Ding, auf dem Sie tippen. Die Computer-Tastatur wird in Kapitel 13 beschrieben.

Maus: Kein Nagetier, sondern eine Computer-Maus. Die Maus ist besonders hilfreich bei der Arbeit mit Grafiksoftware. In Kapitel 12 erfahren Sie alles über die Maus und die Maustasten.

Lautsprecher: Die meisten PCs können durch Lautsprecher piepsen und meckern. Dabei handelt es sich entweder um externe Lautsprecher, wie die, die in Abbildung 1.1 zu sehen sind, oder um Lautsprecher, die in die Konsole oder den Bildschirm integriert sind. Wenn Sie etwas mehr Geld ausgeben, bekommen Sie auch Subwoofer, die dann unter dem Tisch stehen. *Damit* imponieren Sie auf jeden Fall Ihren Nachbarn.

1 ► Hallo, hier ist Ihr Computer!

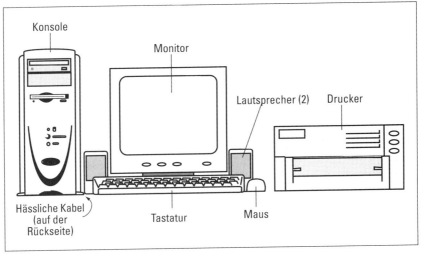

Abbildung 1.1: Grundlegende Bestandteile eines Computersystems

Drucker: Der Drucker ist das Gerät, von dem Sie gedruckte Informationen (*Ausdrucke* oder neudeutsch *Hardcopys*) erhalten. Ziehen Sie in den Kampf und lesen Sie alles über Drucker in Kapitel 14.

Scanner: Dieses Teil, das auf Abbildung 1.1 aus Platzgründen nicht zu sehen ist, dient dazu, Grafiken und gedruckte Seiten einzulesen, die dann in Grafiken umgewandelt werden, die Sie bearbeiten oder per E-Mail verschicken können. Kapitel 17 enthält jede Menge Infos zu diesem Thema.

Viele hässliche Kabel: Das ist etwas, das Sie in Handbüchern und Zeitschriften nie zu sehen bekommen: das Gewirr von Kabeln hinter dem Computer. Was für ein Durcheinander! Diese Kabel sind erforderlich, um Geräte mit der Steckdose und untereinander zu verbinden. Keine Haarkur der Welt kann dieses Knäuel entwirren.

- ✔ Diese Bestandteile sind alle wichtig. Sie müssen wissen, wo die Systemeinheit, die Tastatur, das Diskettenlaufwerk, der Bildschirm und der Drucker in Ihrem System sind. Falls der Drucker nicht da ist, gibt es wahrscheinlich einen Netzwerkdrucker, der in einem anderen Raum steht.

- ✔ Die meisten Computerteile befinden sich in der Konsole. Alle anderen Geräte, die mit der Konsole verbunden sind, werden als *Peripheriegeräte* bezeichnet. In Kapitel 18 finden Sie dazu weitere Informationen.

- ✔ Wenn Ihr Computer ein Modem besitzt, dann versteckt es sich wahrscheinlich im Innern der Konsole und Sie können es nur von hinten an den Ausgängen erkennen (siehe Abbildung 1.3). Es gibt auch noch die so genannten externen Modems, die irgendwo auf Ihrem Schreibtisch herumstehen und dort Platz wegnehmen, aber die gehören bereits zu einer aussterbenden Spezies.

CPU ist die Abkürzung für *Central Processing Unit*, was zu Deutsch *Zentraleinheit* heißt. In der Computerwelt meint man damit den Mikroprozessor, der die zentrale Rechen- und Steuereinheit des Computers ist. Fälschlicherweise wird auch die Konsole manchmal als Zentraleinheit bezeichnet. Lassen Sie sich davon aber nicht beirren. Sie wissen es jetzt ja besser!

Die Vorderseite der Konsole

Die Konsole ist der wichtigste Teil Ihres Computers. Sämtliche Komponenten Ihres Computers befinden sich entweder in der Konsole oder sind daran angeschlossen. In Abbildung 1.2 ist dargestellt, wie eine typische Konsole aussieht. Die wichtigsten Teile der Konsole habe ich beschriftet. Es kann sein, dass diese sich bei Ihrer Konsole an einer anderen Stelle befinden.

CD-ROM-Laufwerk oder DVD-Laufwerk: Ein Datenträger mit hoher Dichte, der genauso wie eine Musik-CD aussieht, obwohl er Computerinformationen enthält. In den Kapiteln 4 und 9 wird der Umgang mit CD-ROM- und DVD-Laufwerken beschrieben.

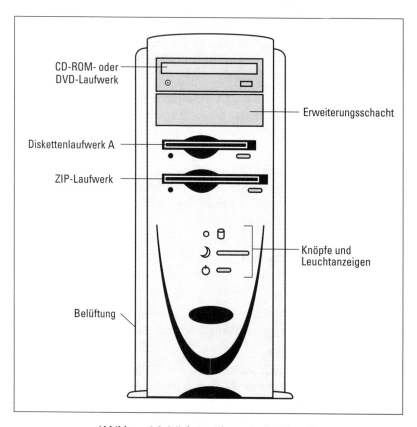

Abbildung 1.2: Wichtige Elemente der Konsole

DVD-Laufwerke sind mit einem DVD-Zeichen gekennzeichnet. Wenn Sie an Ihrer Konsole kein DVD-Zeichen finden können, dann hat Ihr Computer nur ein CD-ROM-Laufwerk. Das ist zurzeit auch völlig ausreichend, da es kaum Programme gibt, die nur auf DVD erhältlich sind.

Erweiterungsschacht: Sie können eine ganze Menge mehr an Ihren Computer anschließen, und die meisten Konsolen bieten dafür genügend Platz. Jede freie Stelle bzw. jede Abdeckung an der Vorderseite Ihrer Konsole bedeutet, dass Sie jeweils ein weiteres Gerät nachrüsten können. Möglicherweise ist der Platz bereits von einem Streamer-Laufwerk, einem ZIP-Laufwerk, einem zweiten CD-ROM-Laufwerk, einer weiteren Festplatte oder einem anderen mysteriösen Gerät belegt, für das viele ihr schwer verdientes Geld ausgeben.

Diskettenlaufwerk: Hierbei handelt es sich um die Öffnung, in die Sie Disketten schieben können. Mithilfe dieser Disketten können Sie Dateien von einem Computer auf einen anderen kopieren.

ZIP-Laufwerk: Ein Gerät, das bei vielen PCs anzutreffen ist: eine Art Superdiskettenlaufwerk. Auf einem Datenträger für das ZIP-Laufwerk können Sie so viele Daten speichern wie auf 170 Disketten. Nicht jeder PC ist mit einem solchen Laufwerk ausgestattet.

Entlüftungsöffnung: Okay, dies ist nicht wirklich wichtig, aber die meisten Konsolen haben eine Entlüftung an der Vorderseite. Stellen Sie diese Schlitze nicht mit Büchern zu und kleben Sie keine Haftnotizen darauf. Der Computer muss schließlich atmen können.

Tasten und Leuchtanzeigen: Die meisten Computer-Tasten befinden sich auf der Tastatur. Einige der wichtigeren befinden sich an der Konsole und haben bei ausgefallenen Computern eindrucksvolle winzige Leuchtanzeigen:

- ✔ **Ein/Aus-Schalter:** Hierbei handelt es sich um den wichtigsten Schalter des Computers, mit dem Sie diesen ein- bzw. ausschalten. Der Ein-Aus-Schalter ist häufig mit einer Leuchtanzeige ausgestattet, obwohl der Computer genug Krach macht, sodass Sie hören können, ob er eingeschaltet ist.

- ✔ **Reset-Taste:** Mit dieser Taste können Sie den Computer neu starten, ohne ihn ein- und ausschalten zu müssen. In Kapitel 2 wird erklärt, warum Sie die Reset-Taste nur in äußersten Notfällen drücken sollten. Nicht jeder PC hat eine Reset-Taste.

- ✔ **Standby-Taste:** Neuere Computer und Laptops haben eine Taste für den Ruhezustand. Wenn Sie diese Taste drücken, fällt der Computer in ein Koma. Alle Aktivitäten werden angehalten, ohne dass der Computer ausgeschaltet werden muss. Alles über diesen Trick erfahren Sie in Kapitel 2.

- ✔ **Festplattenleuchtanzeige:** Dieses Licht blinkt, wenn die Festplatte arbeitet. Da sich die Festplatte im Inneren der Konsole befindet, können Sie anhand dieser Leuchtanzeige sehen, dass die Festplatte am Leben ist und arbeitet.

An der Vorderseite Ihrer Konsole können sich noch weitere lustige und ungewöhnliche Dinge befinden, die jedoch markenabhängig sind.

- ✔ Bei älteren Modellen finden Sie Schlösser und Schlüssel sowie Turboschalter.
- ✔ Neuere Computer haben Aufkleber mit dem neuen geheimen Installationscode von Windows oder mit Aufschriften wie »Ich könnte sogar Windows Trillenium ausführen« oder »Pentium an Bord«.
- ✔ Eine Panik-Taste werden Sie, wenn überhaupt, nur selten finden.
- ✔ Die Konsole ist nicht der einzige Teil des Computersystems, das einen Ein-Aus-Schalter hat. Der Bildschirm, der Drucker, das Modem und beinahe alles andere besitzen ebenfalls einen Ein-Aus-Schalter (siehe Kapitel 2).

Blockieren Sie die Lüfterschlitze an der Vorderseite der Systemeinheit nicht, sonst kann der Computer buchstäblich ersticken (eigentlich wird ihm nur zu heiß).

Festplattenleuchtanzeigen können rot oder grün oder gelb sein. Sie blinken, wenn die Festplatte arbeitet. Lassen Sie sich davon nicht beirren! Das ist kein Alarm. Die Festplatte tut nur ihre Arbeit. (Mir persönlich gefällt übrigens die grüne Leuchtanzeige am besten, da sie mich an Weihnachten erinnert.)

Die Rückseite der Konsole

Die Rückseite der Konsole ist der geschäftige Bereich des Computers. Hier befinden sich all die Anschlüsse für die zahlreichen anderen Geräte in Ihrem Computersystem. Sie können hier den Monitor, die Tastatur, die Maus, die Lautsprecher und alles andere anschließen, das mit dem Computer geliefert wurde.

In Abbildung 1.3 ist die Rückseite der Konsole so dargestellt, dass Sie sehen können, wo welche Geräte angeschlossen werden. Ihr Computer sollte über die meisten dieser Geräte verfügen, auch wenn diese bei Ihrem Computer möglicherweise nicht genau an denselben Stellen an der Rückseite angeschlossen werden.

 Netzanschluss: In diesen Anschluss wird das Stromkabel eingesteckt.

 Tastaturanschluss: In diesen kleinen Anschluss wird die Tastatur eingesteckt. Das nette kleine Bildchen soll eine Tastatur darstellen. Einige Tastaturanschlüsse sind sogar beschriftet.

 Mausanschluss: Dieser Anschluss sieht normalerweise genauso aus wie der Tastaturanschluss. Damit er nicht mit dem Tastaturanschluss verwechselt wird, ist er mit einem Maussymbol gekennzeichnet.

 USB-Anschluss: In diesen Anschluss werden USB-Geräte, also USB-Mäuse, USB-Tastaturen, USB-Lautsprecher oder USB-Drucker eingesteckt. Weitere Informationen über den USB-Anschluss finden Sie in Kapitel 8.

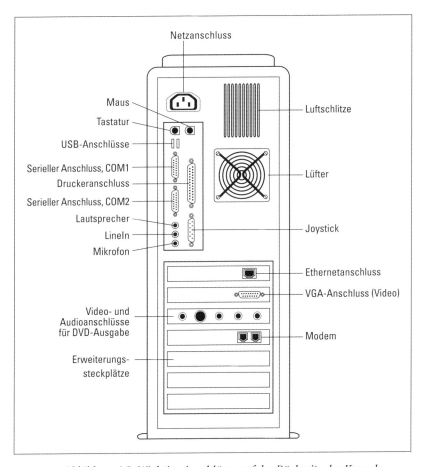

Abbildung 1.3: Wichtige Anschlüsse auf der Rückseite der Konsole

 Serieller oder COM-Anschluss: Die meisten Computer haben zwei serielle Anschlüsse: COM1 und COM2. In den seriellen Anschluss wird ein externes Modem oder manchmal eine Maus eingesteckt.

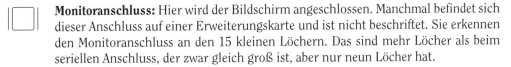 **Druckeranschluss:** Hier kommt der Drucker rein.

Joystickanschluss: Dieser Anschluss wird hauptsächlich für wissenschaftliche Zwecke verwendet. Dieser Anschluss ist entweder mit dem Symbol für einen Joystick gekennzeichnet oder mit *Joystick* bzw. *Gamecontroller* beschriftet.

 Monitoranschluss: Hier wird der Bildschirm angeschlossen. Manchmal befindet sich dieser Anschluss auf einer Erweiterungskarte und ist nicht beschriftet. Sie erkennen den Monitoranschluss an den 15 kleinen Löchern. Das sind mehr Löcher als beim seriellen Anschluss, der zwar gleich groß ist, aber nur neun Löcher hat.

- **Lautsprecher-/Audioanschluss:** Hier werden die externen Lautsprecher oder ein Soundsystem angeschlossen.

- **LineIn-Anschluss:** In diesen Anschluss wird die Stereoanlage oder der Videorecorder für die Tonaufnahme eingesteckt.

- **Mikrofonanschluss:** Hier wird das Mikrofon eingesteckt.

- **Ethernet- bzw. Netzwerkanschluss:** Hier wird der Anschluss für ein lokales Netzwerk (LAN) eingesteckt, der wie ein überdimensionaler Telefonstecker aussieht. Computer, die nicht im Netz arbeiten, haben natürlich auch keinen Netzwerkanschluss!

Modemanschluss: Das Modem verfügt über einen oder zwei Stecker. Mit dem einen wird das Modem an die Telefonleitung und – falls vorhanden – mit dem anderen ein Telefon (so eines, wie es Menschen benutzen) an das Modem angeschlossen, sodass Sie telefonieren können. Näheres über Modems erfahren Sie in Kapitel 15.

S-Video-Out: Wenn Ihr PC mit einem DVD-Laufwerk ausgerüstet ist, verfügt er wahrscheinlich über weitere Anschlüsse für die Videoausgabe. Über den S-Video-Anschluss können Sie ein Videogerät an Ihren PC anschließen, das Farb- und Leuchtdichtesignale getrennt überträgt. Über andere Videoanschlüsse können Sie einen DVD-Film vom Fernsehgerät oder vom Videorecorder auf Ihren PC laden.

Wenn Ihr Computer über ein DVD-Laufwerk verfügt, dann müssen Sie unbedingt die Anschlüsse auf der DVD-Erweiterungskarte verwenden (siehe Abbildung 1.3).

Neben den Anschlüssen und Steckverbindungen gibt es an der Rückseite des Computers noch Erweiterungssteckplätze. Dabei handelt es sich um die Rückseite von verschiedenen Erweiterungskarten, die Sie in Ihrem PC installieren können. Einige Erweiterungskarten verfügen auch über Anschlüsse für andere PC-Geräte.

Die guten Neuigkeiten? Die ganzen Geräte müssen Sie nur einmal anschließen. Danach sieht die Rückseite der Konsole für den Rest ihres Lebens nur noch die Wand und Sie müssen sie sich nie mehr ansehen.

Wow! Alles in Farbe!

Der neue Trend in der Computer-Hardware geht dahin, dass die Anschlüsse am PC jetzt farblich gekennzeichnet werden. So wird also neben dem intergalaktischen Symbol für Lautsprecher oder Mikrofon auch noch eine bestimmte Farbe dafür sorgen, dass Sie sich in diesem Wirrwarr zurechtfinden. Das sind doch gute Neuigkeiten, oder?

Die Sache hat jedoch einen Haken. Jeder Computerhersteller scheint seine eigene Vorstellung von der Farbgebung für die einzelnen Anschlüsse zu haben. Was also bei dem einen Computer rot ist, kann bei einem anderen lila sein. Zum Glück unterscheiden sich die Anschlüsse ja auch noch in der Form oder sind sogar beschriftet! In Tabelle 1.1 habe ich trotzdem einmal die Farben zusammengestellt, die von den meisten Herstellern heutzutage verwendet werden.

Anschluss/Stecker	Farbe
Tastatur	Lila
Maus	Grün
Serielle Schnittstelle(n)	Türkis
Drucker	Violett
Monitor	Blau
Lautsprecher	Hellgrün
Mikrofon	Pink
Audioanschluss (LineIn)	Grau
Joystick	Gelb

Tabelle 1.1: Farbcodierungen für PC-Anschlüsse

Variationen zu typischen Computerthemen

Nicht alle Computer sehen so aus wie der in Abbildung 1.1. Bei dem in dieser Abbildung dargestellten PC handelt es sich um den momentan gebräuchlichsten PC-Typ. Dieser wird als *Minitower* bezeichnet. Sie können ihn entweder senkrecht auf dem Tisch aufstellen oder außer Sichtweite unter den Tisch verfrachten. Jedenfalls ist er elegant und attraktiv.

Nicht alle PCs müssen als Minitower daherkommen. In seinen Anfangszeiten war das Desktopmodell das am weitesten verbreitete. Es gibt auch andere Modelle, jedes mit einem anderen Format und einer anderen Größe und genügend Lichtern, um jedem zu gefallen.

Im Folgenden werden die unterschiedlichen Arten und Modelle von PCs beschrieben:

Minitower: Das ist die am weitesten verbreitete PC-Konfiguration, bei der der Computer senkrecht auf dem Tisch oder unter dem Tisch steht (siehe Abbildung 1.1).

Desktop: Früher einmal die am häufigsten anzutreffende PC-Konfiguration, mit einer plattenähnlichen Konsole, die flach auf dem Tisch liegt und auf der der Bildschirm aufgestellt wird.

Desktop (kleine Stellfläche): Eine kleinere Ausführung des Desktop, die üblicherweise für billigere, privat genutzte PCs verwendet wird. (Die *Stellfläche* eines Computers bezeichnet, wie viel Platz er auf dem Schreibtisch benötigt. Ein Desktop mit kleiner Stellfläche ist kleiner als ein Desktop in voller Größe. Natürlich macht das keinen Unterschied, da die Unordnung auf Ihrem Schreibtisch den zusätzlichen Platz bald ausfüllen wird.)

Notebook oder Laptop: Ein spezieller Computer, der sich zu einem handlichen, leichten Paket zusammenklappen lässt, ideal zum Herumtragen auf dem Flughafen. Laptops funktionieren genauso wie ihre Desktop-Brüder; mögliche Ausnahmen werden in diesem Buch beschrieben.

Tower: Genau genommen eine Konsole, die aufrecht steht. Dadurch wirkt sie wie ein Turm (engl. tower). Diese Computer haben eine Menge Platz für Erweiterungen. Daher sind diese Konsolen besonders bei leistungshungrigen Benutzern beliebt. Ein Tower steht auf dem Boden, während sich der Monitor und die Tastatur auf dem Schreibtisch befinden.

Grundlegendes über die Software

Computer-Software bekommt nicht die Ehrung, die sie dafür verdient, dass sie Ihren Computer in Gang bringt. Darum ist sie vermutlich überteuert. Auf jeden Fall benötigen Sie Software, damit die Hardware etwas tut.

Das Betriebssystem (oder »Wer ist hier der Boss?«)

Die wichtigste Software ist das *Betriebssystem*. Das ist das Computerprogramm Nr. 1, der Künstler, der Boss, der furchtlose Führer, der König.

Das Betriebssystem steuert die einzelnen Computerteile und stellt sicher, dass alles funktioniert. Es ist das eigentliche Gehirn und sagt der schwachsinnigen Hardware, was als Nächstes zu tun ist.

Das Betriebssystem steuert auch die Anwendungssoftware (siehe nächster Abschnitt). Jedes dieser Programme muss einen Kniefall machen und dem Betriebssystem einen Treueeid schwören.

 Die wichtigste Software des Computers ist das Betriebssystem.

- ✔ Das Betriebssystem ist üblicherweise schon installiert, wenn Sie einen Computer kaufen. Sie müssen nie ein zweites Betriebssystem installieren, obwohl Betriebssysteme von Zeit zu Zeit aktualisiert und verbessert werden. In Kapitel 19 erfahren Sie, wie Sie das Betriebssystem aktualisieren.

- ✔ Wenn Sie Software kaufen, kaufen Sie sie für ein Betriebssystem, nicht für eine Computermarke. Früher (sagen wir mal in den 80er-Jahren) ging man im Software-Laden in die Abteilungen für IBM, Apple oder Commodore. Heute suchen Sie in den Regalen von Macintosh, Windows oder sogar Linux nach Software.

- ✔ *Das* Betriebssystem für den PC ist Windows. Es gibt zwar noch andere Betriebssysteme, aber Windows ist das am weitesten verbreitete. Zurzeit gibt es Windows in vier verschiedenen Geschmacksrichtungen: Windows 98, Windows Me, Windows 2000 und Windows XP.
- ✔ Windows wird in Kapitel 3 beschrieben.

Software, die tatsächlich etwas tut

Das Betriebssystem ist nur für den Computer da. Für sich allein macht es nicht wirklich etwas für Sie. Um tatsächlich etwas tun zu können, benötigen Sie ein Anwendungsprogramm.

 Anwendungsprogramme sind die Programme, die die Arbeit machen.

Zu den Anwendungsprogrammen zählen Textverarbeitungs-, Tabellenkalkulations-, Datenbankprogramme u. a. Gleichgültig, was Sie an Ihrem Computer tun, Sie tun es mithilfe eines Anwendungsprogramms.

Weitere Programmtypen sind Dienstprogramme, Spiele, Lernprogramme und Programmiersoftware. Und dann gibt es noch all die Internetanwendungen: Web-Browser, E-Mail-Programme usw.

Ein abschließendes Wort des Trostes

Bei denjenigen, die in der Welt der Computer noch neu sind, ist das größte Problem, dass sie sich schnell selbst die Schuld geben, wenn etwas schief läuft.

Kopf hoch, Mensch! Es ist nicht Ihr Fehler!

Computer spinnen. Programme haben Fehler. Manches geht daneben, und manchmal sogar dann, wenn Sie nicht einmal vor dem Gerät sitzen.

Bitte gehen Sie nicht davon aus, dass Sie etwas falsch oder kaputt gemacht haben. Ja, das kann schon vorkommen. Aber fast immer benimmt sich der Computer einfach daneben.

- ✔ Geben Sie zuerst dem Computer oder der Software die Schuld! Manchmal funktionieren die einfach nicht.
- ✔ In Kapitel 27 können Sie nachlesen, was Sie tun können, wenn Ihr PC etwas falsch macht oder explodiert.

Der große rote Schalter

In diesem Kapitel

- Einschalten des Computers
- Was tun, nachdem der Computer eingeschaltet ist
- Das Anmeldefenster von Windows
- Ausschalten des Computers
- Den Computer anlassen oder nicht anlassen
- Den Computer in den Standby-Modus versetzen
- Neustart des Computers

Um ein Auto zu starten, sind mehr Schritte erforderlich als für das Einschalten eines Computers. Computer haben nur einen Schalter. Autos haben ein Zündschloss. Um ein Auto zu starten, müssen Sie außerdem den Gang herausnehmen und häufig auch das Bremspedal treten. Und wenn Sie das alles nicht ordentlich machen, dann hopst das Auto nach vorne oder nach hinten und gibt dabei grässliche Geräusche von sich. Computer sind im Gegensatz dazu weitaus einfacher einzuschalten.

In diesem Kapitel werden die Grundlagen für das Einschalten eines Computers erläutert. Sie schalten ihn ein, indem Sie einfach auf den Ein-Aus-Schalter drücken. Das allein wäre natürlich ein kurzes Kapitel. Daher erfahren Sie hier außerdem noch, was zu tun ist, *nachdem* Sie diesen Schalter gedrückt haben, und wann Sie (wenn überhaupt) den Computer ausschalten sollten.

Drücken Sie den Schalter, um den Computer einzuschalten

Klick.

Der schwierigste Teil beim Einschalten eines Computers ist wahrscheinlich, den Schalter zu *finden*. Bei den meisten PCs befindet sich der Schalter an der Vorderseite der Konsole. Bei einigen PCs ist der Schalter aber auch seitlich oder sogar an der Rückseite zu finden.

Bei manchen Schaltern handelt es sich um Wippschalter. Andere wiederum sind als Druckknöpfe ausgeführt, mit denen Sie das System ein- und wieder ausschalten können.

- ✔ Der Netzschalter an Ihrem PC ist aller Wahrscheinlichkeit nach mit internationalen Symbolen versehen. Der | (Strich) heißt »Ein« und die 0 (Null) heißt »Aus« (glaube ich zumindest!).

Laptops haben eigenartige Ein-Aus-Schalter. Bei einigen handelt es sich um Ein-Aus-Druckknöpfe, die sich unterhalb einer steifen Gummiabdeckung befinden. Andere sind als Schiebeschalter ausgeführt, bei denen man nie weiß, mit welcher Stellung der Computer ein- bzw. ausgeschaltet ist. Sie müssen sich einfach daran gewöhnen, je nachdem, wo sich der Schalter befindet.

Wenn sich der Computer nicht einschalten lässt, sollten Sie nachsehen, ob er überhaupt an die Steckdose angeschlossen ist. Wenn er Strom bekommt und sich dennoch nicht einschalten lässt, sollten Sie in Kapitel 27 nachschlagen.

- ✔ Bei einigen neueren Computern gibt es so genannte Standby-Schalter, die den PC in ein Koma fallen lassen, ohne ihn direkt auszuschalten. Weiter hinten in diesem Kapitel finden Sie mehr Infos zu diesem Thema.

Achten Sie darauf, dass sich während des Einschaltens des Computers keine Diskette in Laufwerk A befindet. Wenn sich nämlich eine Diskette im Laufwerk befindet, startet der Computer nicht von der Festplatte, wie er es eigentlich tun sollte. Achten Sie also darauf, dass Laufwerk A leer ist. Weitere Informationen über Laufwerk A erhalten Sie in Kapitel 4.

Hoppla! Noch mehr Geräte, die eingeschaltet werden müssen

Jedes Gerät, das an Ihren PC angeschlossen ist, hat einen Ein-Aus-Schalter. Das bedeutet, dass es damit noch nicht getan ist, wenn Sie die Konsole eingeschaltet haben. Sie sollten auch all die anderen Geräte einschalten, die Sie benötigen.

Im Folgenden sind Geräte in der Reihenfolge aufgeführt, in der Sie diese normalerweise einschalten sollten:

1. **Den Monitor:** Lassen Sie den Monitor warm laufen, damit er Text anzeigen kann.
2. **Peripheriegeräte:** Schalten Sie sämtliche externen Geräte ein, die Sie benutzen werden: externe Diskettenlaufwerke, externe CD-ROM-Laufwerke usw. Wenn Sie diese bereits jetzt einschalten, kann der Computer sie erkennen, sobald er eingeschaltet wird.
3. **Die Konsole:** Schalten Sie die Konsole als Letztes ein.

Sie können auch alles auf einmal einschalten. Das ist auch in Ordnung. Generell lässt sich jedoch sagen, dass die Konsole als Letztes eingeschaltet werden sollte.

- ✔ Die meisten Computergeräte haben ihren eigenen Ein-Aus-Schalter.
- ✔ Mit dem größten Schalter vorne am Monitor schalten Sie diesen ein. Bei einigen älteren Modellen befindet sich der Ein-Aus-Schalter auf der Rückseite.

- ✓ Ein externes Modem müssen Sie nicht gleich einschalten. Sie müssen es erst einschalten, wenn Sie es benutzen möchten. Oder Sie können das Modem – so wie ich – ständig eingeschaltet lassen.

- ✓ Ihren Drucker müssen Sie erst einschalten, wenn Sie etwas ausdrucken möchten. Oder Sie können den Drucker, wie ich, ständig eingeschaltet lassen. (Ich habe einen von den Energiespardruckern. Somit ist das für die Umwelt und so nicht schädlich.)

- ✓ Ein weiteres Gerät, das Sie nicht sofort einschalten müssen, ist der Scanner. Die meisten Scanner müssen erst eingeschaltet werden, wenn ein Foto oder ein Dokument gescannt werden soll. (Einige der neueren Scanner sind ständig eingeschaltet.)

So schalten Sie Ihren PC am besten ein

Da ein Computersystem aus so vielen Geräten besteht, die angeschlossen und eingeschaltet werden müssen, kaufen sich viele eine Steckdosenleiste mit Schalter. Diese verfügt über mehrere Steckdosen, sodass Sie alle Geräte Ihres Computers daran anschließen können. Dann stecken Sie einfach den Stecker der Steckdosenleiste in eine Steckdose an der Wand. Wenn Sie nun den Schalter der Steckdosenleiste betätigen, werden die Konsole, der Monitor und alle anderen Geräte gleichzeitig ein- bzw. ausgeschaltet.

Ich habe hier ein paar Tipps und Vorschläge bezüglich der Steckdosenleiste für Sie:

- ✓ Schließen Sie sämtliche Geräte, also die Konsole, den Monitor, das Modem, den Scanner, den Drucker usw. an die Steckdosenleiste an.

Schließen Sie keinen Laserdrucker an die Steckdosenleiste an. Ein Laserdrucker braucht zu viel Strom, um effektiv oder sicher zu sein. Sie sollten den Stecker eines Laserdruckers stattdessen direkt in eine Steckdose in der Wand einstecken. (Das steht auch im Handbuch Ihres Laserdruckers, falls Sie jemals dazu kommen sollten, es zu lesen.)

- ✓ Verwenden Sie nach Möglichkeit eine Steckdosenleiste mit Überspannungsschutz. Die sind zwar etwas teurer als gewöhnliche Steckdosenleisten. Aber ohne Überspannungsschutz kann Ihr PC im Falle einer Überspannung kaputtgehen.

- ✓ Wenn Sie noch mehr Schutz wünschen, dann sollten Sie zusätzlich eine unterbrechungsfreie Stromversorgung (USV) verwenden. Was das ist, werde ich im nächsten Abschnitt beschreiben.

- ✓ Ich empfehle Ihnen außerdem, eine Steckdosenleiste mit größeren Abständen zwischen den Steckdosen zu verwenden. Dann können Sie nämlich problemlos dickere und schmalere Stecker nebeneinander verwenden.

- ✓ Wenn Sie alle Geräte über eine Steckdosenleiste an die Netzspannung anschließen, haben Sie das Problem, welches Gerät Sie nun als Erstes und welches als Letztes einschalten müssen, auf jeden Fall ein für allemal gelöst.

✔ Wenn Sie eine Steckdosenleiste verwenden, können Sie Ihr Computersystem mit dem Fuß einschalten (vorausgesetzt, die Steckdosenleiste befindet sich am Boden). Wenn Sie Ihre Schuhe ausziehen, können Sie Ihren Computer auch mit dem großen Zeh einschalten. Und wenn Sie es ganz ausgefallen mögen, dann strecken Sie Ihren großen Zeh durch ein Loch in Ihrer Socke, um den PC einzuschalten.

 Die Mediziner nennen Ihren großen Zeh übrigens Hallux.

Eine noch bessere Lösung für die Stromversorgung

Das vielleicht Beste, an das Sie Ihren Computer anschließen können, ist eine unterbrechungsfreie Stromversorgung oder USV. Dieses Gerät funktioniert im Prinzip wie eine große Batterie. Sie versorgt Ihren Computer auch im Falle eines Stromausfalls mit Energie.

Je nach der Anzahl der Anschlüsse der USV können Sie Ihren Monitor und Ihre Konsole sowie einige andere Geräte an die unterbrechungsfreie Stromversorgung anschließen. Ich habe z. B. auch mein externes Modem und mein externes CD-ROM-Laufwerk an meine USV angeschlossen (sie hat vier Steckdosen). Damit kann ich auch während kürzerer Stromausfälle problemlos weiterarbeiten.

In Abbildung 2.1 können Sie ein Beispiel dafür sehen, wie Sie Ihr Computersystem über eine Steckdosenleiste und eine UVS an die Netzspannung anschließen.

Herrscht hier Schutzpflicht, oder was?

F: Ich frage mich, was Sie vom Überspannungsschutz halten. Ich habe den Eindruck, dass die meisten Computergurus meinen, jeder sollte einen Überspannungsschutz haben, auch wenn in der Region die Spannung normalerweise stabil ist und es auch keine außergewöhnlichen Gewitter gibt. Vielleicht machen die großen Verkaufsketten nur deshalb so viel Wirbel um den Überspannungsschutz, damit die Kassen besser klingen. Ich weiß nicht so recht. Meinen Sie auch, dass jeder, der sich einen PC kauft, auch einen Überspannungsschutz kaufen sollte?

A: Ja. Mit einer Steckdosenleiste mit einem Überspannungsschutz schlagen Sie zwei Fliegen mit einer Klappe: Sie haben mehr Steckdosen, über die Sie Geräte an die Netzspannung anschließen können, und Ihre Geräte werden vor Überspannung geschützt. Ich denke nicht, dass ein Überspannungsschutz ein Gerät ist, das man wirklich unbedingt haben muss. Gegen Blitzeinschlag können Sie sich auch mit einem *Blitzschutz* schützen. Aber wenn Sie zusätzliche Steckdosen benötigen, dann können Sie sich auch gleich eine Steckdosenleiste mit Überspannungsschutz kaufen.

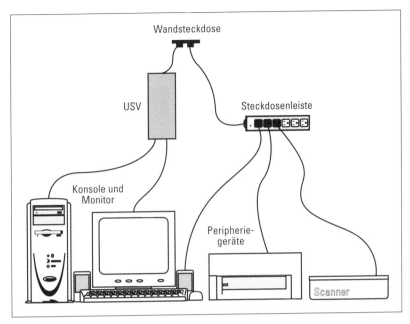

Abbildung 2.1: Verwendung einer USV

Trotz ihres Namens sind unterbrechungsfreie Stromversorgungen kein Freifahrtschein für das Arbeiten am Computer ohne Strom. Im Falle eines Stromausfalls sollten Sie Ihre Arbeit sofort sichern und Ihren Computer herunterfahren. Das ist der eigentliche Schutz, den eine USV bietet. Im Gegensatz zu den Ankündigungen in der Werbung überbrücken die meisten USV nur einen Zeitraum von etwa drei bis fünf Minuten. Daher ist es am sichersten, alles abzuspeichern und den Computer herunterzufahren.

- ✔ Eine USV eignet sich am besten für kurze Stromausfälle. So können diese Spannungsabfälle, bei denen nur das Licht kurz flackert, dazu führen, dass Ihr Computer neu startet. Mit einer USV können Sie das verhindern.
- ✔ Neben der Notfallversorgung Ihres PC mit Strom bietet eine USV ein höheres Maß an elektrischem Schutz für Ihre Geräte. Viele Modelle bieten Schutz vor Überspannung, Spannungsspitzen und -abfall, damit Ihr PC gleichmäßig läuft, gleichgültig welche Steine Ihnen Ihr Energieversorgungsunternehmen in den Weg legt.
- ✔ Einen Laserdrucker sollten Sie nie an eine USV anschließen.

Hier kommt Windows!

Nachdem Sie Ihren Computer (die Hardware) gestartet haben, übernimmt das Betriebssystem (die Software) das Kommando. Vergessen Sie nicht, dass die Software die Hardware steuert und dass die wichtigste Software das Betriebssystem ist. Daher ist das Betriebssystem (Windows) das erste Programm, das Ihr Computer startet.

Wenn Windows gestartet wird, werden verschiedene Meldungen auf dem Bildschirm angezeigt. Lassen Sie sich davon nicht beeindrucken. Lehnen Sie sich zurück und schauen Sie einfach zu. Die meisten Meldungen haben nur einen geringen Unterhaltungswert. Sie sehen aus wie die lange Liste aller Mitwirkenden in einem guten Film ... oder in einem mittelmäßigen Film wie in diesem Fall.

- ✔ Für jeden, der dieses Buch liest, ist das Betriebssystem Windows, entweder Windows 98, Windows Me, Windows 2000 oder vielleicht sogar schon Windows XP. Wenn es Unterschiede zwischen den verschiedenen Versionen gibt, werde ich Sie darauf hinweisen.

- ✔ Wenn Sie einen älteren Computer haben, werden Sie mit den Angaben in diesem Buch nicht so viel anfangen können. In diesem Fall empfehle ich Ihnen die ältere Ausgabe dieses Buches.

- ✔ Wenn Windows startet, werden zunächst eine ganze Reihe von Meldungen angezeigt. Aber machen Sie sich darüber keine Sorgen. Das ist ganz normal.

- ✔ Einige Monitore zeigen beim Start von Windows oder sogar auch schon vorher Meldungen an. Auf meinem Monitor erscheint beispielsweise immer eine Fehlermeldung, wenn der Monitor an ist, der Computer aber noch nicht auf Touren gekommen ist. Lassen Sie sich von derartigen Meldungen nicht verunsichern. Lehnen Sie sich einfach bequem zurück und genießen Sie die Show.

»Was, mein Computer war nicht richtig heruntergefahren?«

Es gibt immer eine richtige und eine falsche Art und Weise, etwas zu tun. Um einen Computer auszuschalten, drücken Sie nicht einfach nur den großen roten Schalter. Vor ein paar Jahren war das vielleicht noch möglich. Heute müssen Sie einen Computer jedoch immer ordentlich herunterfahren. Wenn Sie dies nicht tun, werden Sie beim nächsten Start des Computers von Windows gemaßregelt.

Vor dieser Maßregelung brauchen Sie sich nicht zu fürchten. Eigentlich ist es eine gute Sache, dass Windows erkennt, wenn der Computer nicht ordentlich heruntergefahren wurde. Mit der Ermahnung werden Sie darauf hingewiesen, dass nun ScanDisk ausgeführt wird. Dieses Programm beseitigt die Probleme, die durch das nicht richtige Herunterfahren des Computers entstanden sind.

- ✔ Wenn keine Fehlermeldung angezeigt wird, ist die Welt wieder in Ordnung!

- ✔ Wenn ScanDisk Fehler findet, können Sie diese beheben, indem Sie die Eingabetaste drücken.

- ✔ Wenn Sie keine *Undo-Diskette* benötigen, dann wählen Sie die Option ÜBERSPRINGEN, vorausgesetzt, diese steht zur Verfügung.

Im Abschnitt »So schalten Sie Ihren Computer richtig aus« weiter hinten in diesem Kapitel erfahren Sie, wie Sie Ihren Computer richtig ausschalten.

Mein Computer sagt: »Keine Systemdiskette.« Was soll das?

Das kann jedem mal passieren. Sogar Bill Gates!

```
Non-system disk or disk error
Replace and strike any key when ready
```

Diese Meldung besagt, dass entweder kein Systemdatenträger vorhanden oder ein Datenträgerfehler aufgetreten ist. Nehmen Sie die Diskette aus Laufwerk A heraus und drücken Sie die Eingabetaste. Ihr Computer startet dann normal.

 Diese Meldung wird angezeigt, weil Sie oder jemand anders eine Diskette in Laufwerk A des Computers gelassen hat. Der Computer hat versucht, von dieser Diskette zu starten, und – Sie ahnen es bereits – es war keine brauchbare Software darauf! Die erforderliche Software (das Betriebssystem des Computers) befindet sich auf der Festplatte und kann erst gestartet werden, wenn Sie die Diskette aus Laufwerk A nehmen und auf die Eingabetaste drücken.

Wenn's blitzt und donnert

F: Ich habe beim letzten Gewitter meinen Computer ausgesteckt. Trotzdem hat meine Festplatte ihren Geist aufgegeben, weil in der Nähe ein Blitz eingeschlagen hat. Zum Glück hat mein Händler mir den Rechner ersetzt. Ich frage mich aber trotzdem, wieso das passieren konnte, wenn der Rechner ausgesteckt war.

A: Die Stromspitze ist höchstwahrscheinlich über die Telefonleitung in das Modem und von dort direkt auf die Hauptplatine gekrochen. Und dann hat's gefunkt! Selbst wenn Sie Ihren Rechner ausstecken oder eine USV mit Überspannungsschutz verwenden, kann Ihr Rechner trotzdem über die Telefonleitung beschädigt werden. Als zusätzliche Vorsichtsmaßnahme sollten Sie daher während eines Gewitters auch den Telefonstecker herausziehen. Wenn Sie eine USV haben, sollten Sie prüfen, ob diese nicht auch eine Anschlussmöglichkeit für die Telefonleitung hat. Dann sind Sie aus dem Schneider!

Melden Sie sich an, unbekannter Gast!

Um in das Windows-Gefängnis zu gelangen, müssen sich die Häftlinge zunächst beim Wärter ausweisen. In der Fachsprache heißt dieser Vorgang auch Einloggen. Es gibt drei Gründen, warum Sie dies tun sollten:

✔ Sie wollen sich und Ihren Rechner an einem Netzwerk anmelden (entweder bei sich in der Firma oder, wenn Sie ein Freak sind, bei sich zu Hause).

✔ Sie wollen sich als eine von mehreren Personen, die an demselben Rechner arbeiten, zu erkennen geben.

✔ Sie wollen sicher gehen, dass Sie wissen, wer Sie sind.

Wie der Anmeldevorgang vor sich geht, hängt ganz von Ihrer Windows-Version ab oder davon, ob Sie in einem Netzwerk arbeiten oder nicht.

In Abbildung 2.2 sehen Sie das Dialogfeld, mit dem Sie das Netzwerkkennwort in Windows Me eingeben. Eigentlich ist dieses Dialogfeld vollkommen unnütz, denn es bietet keinerlei Sicherheit und Sie können es ganz einfach überspringen, indem Sie [Esc] drücken oder auf ABBRECHEN klicken. Oder aber, Sie geben Ihren Benutzernamen und Ihr Kennwort bzw. nur das Kennwort ein, falls Ihr Benutzername bereits angezeigt wird.

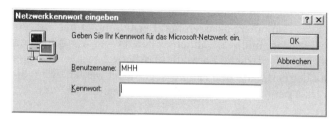

Abbildung 2.2: Anmelden bei Windows Me

Da Windows 2000 ja eher für Netzwerkumgebungen konzipiert ist, richtet sich der Anmeldeprozess nach der Strenge des Administrators. Entweder müssen Sie Ihren Benutzernamen und Ihr Kennwort eingeben, eventuell sogar [Strg]+[Alt]+[Entf] drücken, um überhaupt das Dialogfeld für die Anmeldung zu öffnen.

Ärgern Sie sich nicht mit Systemkennwörtern rum

Bei einigen Computern kann ein Systemkennwort eingegeben werden. Systemkennwort? Hört sich gut an. Gleich nachdem Sie Ihren Computer eingeschaltet haben, werden Sie aufgefordert, das Systemkennwort einzugeben. Damit wird verhindert, dass nicht berechtigte Personen Ihren Computer starten. Wenn Sie das Kennwort nicht kennen oder vergessen haben, können Sie den Computer nicht starten. Ein Kennwort ist etwas Großartiges in Bezug auf die Sicherheit. Aber es ist ein großes Risiko für den Fall, dass Ihr Gehirn sich weigert, das Kennwort auszuwerfen.

Mein Rat: Geben Sie sich nicht mit Systemkennwörtern ab.

Bei Windows XP klicken Sie im Willkommensbildschirm in der angezeigten Liste auf Ihren Benutzernamen. Wenn ein Kennwort eingegeben werden muss, wird erneut ein Dialogfeld angezeigt, sobald Sie den Benutzernamen ausgewählt haben. Geben Sie hier also Ihr Kennwort ein und drücken Sie ⏎.

Grundsätzlich gilt für alle Windows-Versionen, dass Sie in dem Dialogfeld Ihren Benutzernamen eingeben bzw. den Namen akzeptieren, der bereits im Textfeld angezeigt wird. Geben Sie dann Ihr Kennwort ein oder klicken Sie bei Windows 98/Me auf ABBRECHEN.

Ta-ta. Sie sind drin!

- ✔ Drücken Sie die Tabulatortaste, um zwischen den Feldern BENUTZERNAME und KENNWORT zu wechseln.
- ✔ Wenn Sie das Glück haben, in einem wirklich großen Netzwerk zu arbeiten, dann dürfen Sie in einem Textfeld auch noch den Netzwerknamen oder die Domäne eingeben.
- ✔ Wenn sich Ihr Computer in einem Netzwerk befindet, dann *müssen* Sie das Kennwort eingeben, um auf andere Geräte im Netzwerk zuzugreifen. Netzwerkkennwörter bieten *tatsächlich* Sicherheit.
- ✔ Natürlich können Sie den Willkommensbildschirm auch deaktivieren. Wie das für Windows 98/Me geht, erfahren Sie auf meiner Website unter `www.wambooli.com/help/Windows/98/logon`.
- ✔ Auch in Windows 2000 lässt sich dieses Dialogfeld umgehen, vorausgesetzt, Sie sind die einzige Person, die an diesem Computer arbeitet, und Sie befinden sich nicht in einem Netzwerk. Öffnen Sie hierzu das Startmenü, zeigen Sie auf EINSTELLUNGEN und klicken Sie auf SYSTEMSTEUERUNG. Doppelklicken Sie dann auf das Symbol BENUTZER UND KENNWÖRTER. Deaktivieren Sie das Kontrollkästchen BENUTZER MÜSSEN FÜR DEN COMPUTER BENUTZERNAMEN UND KENNWORT EINGEBEN, und klicken Sie dann auf OK.
- ✔ Unter Windows XP kommen Sie um die Anmeldung nicht herum. Die Leute von Microsoft lassen Ihnen jetzt keinen Ausweg mehr.

Es wird Zeit, dass dieses Betriebssystem endlich auftaucht

Nach einer Weile – ich spreche hier nicht von der Zeit, die es dauert, bis eine Spinne ihr Netz gesponnen hat, aber eine Tasse Kaffee können Sie sich währenddessen schon holen – stellt sich Windows vor und ist bereit, von Ihnen genutzt zu werden. Was Sie auf dem Bildschirm sehen (siehe Abbildung 2.3), ist der Desktop, das Hauptfenster von Windows. Nun können Sie mit Windows arbeiten. Also krempeln Sie die Ärmel hoch.

Der Desktop von Windows XP ist noch farbenfroher und außerdem dreidimensional. Da sich Windows XP in einigen Dingen von seinen Vorgängerversionen unterscheidet, habe ich hier und da das Windows XP-Symbol an den Rand geschrieben, wenn ich eine dieser Neuerungen hervorheben will.

✔ Während des Startvorgangs werden verschiedene Meldungen und Fenster auf dem Bildschirm angezeigt. Einige davon verschwinden wieder, bei anderen müssen Sie auf die Schaltfläche ABBRECHEN oder OK klicken, um sie wieder loszuwerden.

✔ In Kapitel 3 erfahren Sie mehr über Windows und wie Sie mit der Arbeit beginnen.

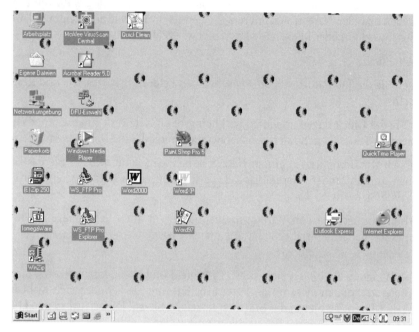

Abbildung 2.3: Der Desktop von Windows Me

Ran an die Arbeit

Zwischen dem Ein- und Ausschalten des Computers sollten Sie etwas tun: Arbeiten.

✔ In Teil IV erfahren Sie mehr über den Umgang mit Software.

✔ Lesen Sie auch Teil V. Hier geht es um die Verwendung des Internet. Das ist ähnlich wie der Umgang mit Software, nur dass Sie beim Internet noch ein Modem benötigen.

Den Computer ausschalten

Da bemühen sich die Hersteller alle redlich, uns das Arbeiten mit dem Computer zu erleichtern, aber mit dem Ausschalten wird es von Mal zu Mal komplizierter. Früher konnte man einen Rechner einfach ausschalten. Klick! Und er war aus! Heutzutage kann es gut sein, dass Sie damit den Computer nur schlafen schicken. Ich sage ja, es wird immer verrückter.

Windows XP beenden

Um einen Arbeitstag mit Windows XP zu beenden, öffnen Sie das Startmenü und klicken rechts unten auf die Schaltfläche AUSSCHALTEN. Daraufhin wird das Dialogfeld angezeigt, das Sie in Abbildung 2.4 sehen.

Abbildung 2.4: Mit diesem Dialogfeld beenden Sie Windows XP.

Das Dialogfeld enthält fünf Optionen: Standby, Ruhezustand, Ausschalten, Neustart und Abbrechen. Jede dieser Optionen wird in den nächsten Abschnitten behandelt. Achten Sie also auf das XP-Symbol!

- ✔ Sie haben die Schaltfläche für den Standby-Modus in Abbildung 2.4 vermisst? Vielleicht war nicht genug Platz für vier Schaltflächen in diesem Dialogfeld. Wenn Ihr Computer sich in den Standby-Modus versetzen lässt, wird hier wahrscheinlich die Schaltfläche Standby angezeigt, und Sie müssen ⇧ drücken, um den Computer in den Ruhezustand zu versetzen.

- ✔ Im nächsten Abschnitt erkläre ich den Unterschied zwischen Standby-Modus und Ruhezustand.

- ✔ Wenn Sie es sich anders überlegen und keine der hier angezeigten Optionen wählen wollen, dann klicken Sie auf ABBRECHEN.

- ✔ Sie können sich auch abmelden und sich erneut den Willkommensbildschirm anzeigen lassen. Hierzu brauchen Sie nur im Startmenü den Befehl ABMELDEN wählen.

So beenden Sie Windows 98/Me/2000

Bevor Sie die Segel von Windows einholen, müssen Sie im Startmenü den Befehl BEENDEN wählen. Ein Dialogfeld wie in Abbildung 2.5 wird geöffnet.

Dieses Dialogfeld enthält eine Reihe von Optionen, mit denen sich Windows beenden, anhalten oder unterbrechen lässt. (Das Dialogfeld von Windows 98/Me ist nicht ganz so schick, es funktioniert aber genauso.) Hier also eine Zusammenfassung der Optionen, die Ihnen hier zur Verfügung stehen:

Abbildung 2.5: Die verschiedenen Optionen zum Beenden von Windows 2000

Abmelden: Diese Option beendet weder Windows noch schaltet Sie Ihren Computer aus. Für Netzwerkbenutzer bedeutet dies nur, dass sie dem Computer mitteilen, dass sie ihre Arbeit beendet haben und Platz für den nächsten Benutzer machen. Windows wird dadurch also nicht beendet, sondern zeigt einfach wieder das Dialogfeld an, indem der Benutzername und das Kennwort eingegeben werden müssen. (Bei Windows 98/Me ist dies ein eigenständiger Befehl im Startmenü.)

Herunterfahren: Diesen Befehl suchen Sie! Mit dieser Option geht's Windows an den Kragen. Sie werden aufgefordert, alle noch nicht gesicherten Dateien zu speichern. Und nachdem Sie das getan haben, packt Windows sein Bündel und zieht von dannen.

Neu starten: Mit dieser Option wird der Computer aus- und gleich wieder eingeschaltet. Man nennt dies auch *Reset*.

Standby: Die Standby-Option versetzt Ihren Rechner in einen Energiesparmodus. Der Monitor wird schwarz, die Festplatten hören auf sich zu drehen und der Computer steht still und scheint zu schlafen. Die Option steht nur dann zur Verfügung, wenn Ihr Computer diese Funktion unterstützt.

Ruhezustand: Diese schicke Option gibt es nur bei ganz besonderen Rechnern. Ruhezustand heißt, dass alles, was sich im Arbeitsspeicher befindet, gespeichert wird und dann der Computer ausgeschaltet wird. Wenn Sie den Rechner dann wieder einschalten, präsentiert er sich genau so, wie er war, bevor Sie ihn in den Ruhezustand versetzt haben. Diese Option ist eine Superidee, wenn Sie den Rechner mal eben ausschalten wollen, aber später genau da wieder weitermachen wollen, wo Sie aufgehört haben. Dieses Feature müssen Sie in den Energieoptionen aktivieren.

Nachdem Sie eine Option gewählt haben, klicken Sie auf OK, um Windows zu beenden, neu zu starten oder sich abzumelden.

Klicken Sie auf ABBRECHEN, wenn Sie wieder zu Windows zurückkehren wollen.

Die folgenden Abschnitte enthalten weitere Informationen zu den am meisten verwendeten Optionen im Dialogfeld WINDOWS BEENDEN (Windows 98/Me) bzw. WINDOWS HERUNTERFAHREN (Windows 2000) bzw. COMPUTER AUSSCHALTEN (Windows XP). (Im Folgenden rede ich der Einfachheit halber nur von WINDOWS BEENDEN.)

Eigentlich will ich meinen Rechner bloß ausschalten!

Um sich nach getaner Arbeit von Ihrem Rechner zu verabschieden, führen Sie die folgenden Schritte aus:

1. Wählen Sie im Startmenü den Befehl BEENDEN.
2. Wählen im Dialogfeld WINDOWS BEENDEN den Befehl HERUNTERFAHREN.
3. Klicken Sie auf OK.

Manche Computer schalten sich daraufhin selbst ab. Andere wiederum melden, dass Sie den Rechner jetzt ausschalten können. Schalten Sie also zuerst den Rechner, dann den Monitor, den Drucker, usw. aus.

Die USV sollten Sie nicht ausschalten. Lassen Sie sie an, damit sich die Batterie nicht entlädt.

✓ Sie müssen ältere DOS-Programme beenden, bevor Sie Windows herunterfahren.

Bei Windows XP klicken Sie auf die Schaltfläche AUSSCHALTEN (siehe Abbildung 2.4).

✓ Sie sollten wenigstens 10 bis 20 Sekunden warten, bevor Sie den Computer erneut einschalten. Solange brauchen nämlich die Festplattenlaufwerke, um zum Stillstand zu kommen. Eigentlich sollten Sie nie, den Computer aus- und sofort wieder einschalten.

Wie schicke ich meinen Computer in den Schlaf?

Anstatt den Computer mehrmals am Tag ein- und auszuschalten, können Sie ihn auch ins Koma versetzen. Das ist nicht weiter schlimm und der Rechner leidet auch nicht darunter. Sie weisen ihn lediglich an, ein Nickerchen zu machen. Daraufhin schaltet der Rechner den Monitor und die Festplatten aus, vergisst dabei aber nicht, was er zuletzt getan hat.

1. **Speichern Sie Ihre Arbeit!**

   Dies ist das Wichtigste! Sie müssen Ihre Dateien speichern, bevor Sie den Rechner ins Bett schicken. Wenn Sie ganz sichergehen wollen, dann beenden Sie auch noch alle Programme. Sie können schließlich nicht wissen, ob es einen Stromausfall gibt, während der Rechner schlummert.

2. **Klicken Sie im Startmenü auf den Befehl BEENDEN.**
3. **Wählen Sie im Dialogfeld WINDOWS BEENDEN die Option STANDBY-MODUS.**
4. **Klicken Sie auf OK.**

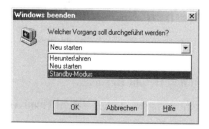

Abbildung 2.6: Das Dialogfeld WINDOWS BEENDEN in Windows Me

Sie wecken den Computer, indem Sie irgendeine Taste drücken oder mit der Maus hin- und herwackeln.

Einen Laptop schicken Sie in den Standby-Modus, indem Sie den Deckel schließen, ohne ihn auszuschalten, einen Tastaturbefehl aktivieren oder im Startmenü den Befehl STANDBY wählen.

✔ Manche Rechner lassen sich auch mit dem Ein-Aus-Schalter in den Schlaf schicken. Lesen Sie hierzu im Handbuch nach. Falls Ihr Rechner einen Schalter hat, neben dem das Symbol eines Halbmonds ist, dann ist das der Standby-Schalter.

Manchmal funktioniert der Standby-Modus nicht, und der Rechner fällt in einen so tiefen Schlaf, dass weder das Drücken einer Taste noch das Wackeln mit der Maus ihn aufwecken können. Dann müssen Sie ihn wohl oder übel über die Reset-Taste neu starten oder ganz einfach aus- und wieder einschalten. Sollte dieses Problem zur Gewohnheit werden, sollten Sie beim technischen Support des Computerherstellers um Rat fragen und solange den Rechner nicht in den Standby-Modus versetzen.

Warum nicht einfach nur den Monitor in den Schlaf schicken?

F: Jetzt haben Sie mich aber ganz schön verunsichert. Ich werde meinen Rechner bestimmt nicht in den Standby-Modus versetzen, wenn ich dann nicht sicher sein kann, dass er auch wieder zu sich kommt. Was könnte ich denn sonst noch tun, um Energie zu sparen?

A: Ganz einfach: Doppelklicken Sie in der Systemsteuerung auf das Symbol ENERGIEOPTIONEN. Sie öffnen damit ein Dialogfeld, das verschiedene Schlafoptionen für den Rechner, den Monitor oder die Festplatten enthält. Wählen Sie, wann der Monitor in den Standby-Modus versetzt werden soll (z. B. nach 1 Stunde), und lassen Sie für die anderen Geräte die Einstellung bei NIE ODER IMMER AN.

Hey! Ich kann meinen Computer in den Ruhezustand schicken

Oh, Sie Glückliche(r)! Den Computer in den Ruhezustand zu versetzen, ist viel besser, als ihn auszuschalten, und viel sicherer, als ihn neu zu starten. Führen Sie hierzu die folgenden Schritte aus:

1. **Klicken Sie im Startmenü auf den Befehl BEENDEN.**
2. **Wählen Sie im Dialogfeld WINDOWS BEENDEN die Option RUHEZUSTAND.**
3. **Klicken Sie auf OK.**

Wenn Sie den Rechner dann wieder zum Leben erwecken, zeigt er Ihnen am Bildschirm direkt wieder die Stelle im Programm an, an der Sie zuletzt gearbeitet haben. Das ist wirklicher Fortschritt! Kein Wunder, dass einfachere Computer über diese Funktion nicht verfügen!

Falls die Schaltfläche RUHEZUSTAND nicht angezeigt wird, halten Sie bei Windows XP ⇧ gedrückt und klicken auf die Schaltfläche STANDBY. Das versetzt den Rechner in den Ruhezustand.

Ich muss neu starten

Windows brauchen Sie nur in zwei Fällen neu zu starten. Erstens, wenn Sie neue Hard- oder Software installiert haben oder Änderungen vorgenommen haben. Dann meldet Ihnen Windows ohnehin, dass Sie jetzt neu starten müssen. Sie brauchen dann nur im angezeigten Dialogfeld entweder auf die entsprechende Schaltfläche zu klicken oder die Auswahl bestätigen. Und zweitens, wenn irgendetwas Sonderbares vor sich geht. Die Maus ist beispielsweise verschwunden oder die Sanduhr ist auch noch nach einer halben Stunde am Bildschirm zu sehen. In einem solchen Fall sollten Sie im Dialogfeld WINDOWS BEENDEN die Option NEU STARTEN wählen. In der Regel ist danach wieder alles normal.

In Windows XP klicken Sie im Dialogfeld COMPUTER AUSSCHALTEN auf die Schaltfläche NEU STARTEN (siehe Abbildung 2.4), um den Computer neu zu starten.

Es gibt Computer, die haben an ihrer Konsole einen Reset-Knopf. Dieser Knopf ist nur zum Zurücksetzen der Hardware. Drücken Sie ihn nur in Zeiten größter Not. Beispielsweise wenn Windows sich merkwürdig verhält und Sie einen Neustart durchführen wollen, aber Sie weder die Maus benutzen können noch ein Menü angezeigt wird. In solchen schwerwiegenden Fällen ist es angebracht, den Reset-Knopf zu drücken.

Leider hat nicht jede Konsole so einen Reset-Knopf. Dann müssen Sie den Stecker herausziehen, einige Sekunden warten und den Stecker wieder einstecken.

Achten Sie darauf, dass sich in Laufwerk A keine Diskette befindet, wenn Sie einen Neustart durchführen, da der Computer sonst dort vergeblich nach seinem Betriebssystem sucht.

Und was ist mit Strg+Alt+Entf?

Noch vor etwa zehn Jahren hat man einen Computer ganz einfach mit der beliebten Tastenkombination [Strg]+[Alt]+[Entf] neu gestartet. DOS wurde damit zurückgesetzt und Windows war erledigt. Auf einen Schlag! Dieser »Affengriff« oder »Warmstart« war stets die letzte Rettung.

Die Tastenkombination [Strg]+[Alt]+[Entf] hat auch in Windows noch ihre Bedeutung, aber nur noch in eingeschränktem Maße.

In Windows 98/Me rufen Sie mit [Strg]+[Alt]+[Entf] das Dialogfeld ANWENDUNG SCHLIESSEN auf (siehe Abbildung 2.7). Hier können Sie Programmen den Garaus machen, die gerade Amok laufen. Sie können auf die Schaltfläche HERUNTERFAHREN klicken oder nochmals [Strg]+[Alt]+[Entf] drücken, um den Computer sofort neu zu starten. Merken Sie sich diesen Trick, und führen Sie ihn aus, wenn Sie einmal ganz verzweifelt sind.

Bei Windows 2000 ist die Tastenkombination [Strg]+[Alt]+[Entf] für den An- und Abmeldevorgang reserviert (sofern Sie diese Option aktiviert haben). Wenn Sie zu Beginn eines Arbeitstages [Strg]+[Alt]+[Entf] drücken, wird das Dialogfeld für die Eingabe des Netzwerkkennworts geöffnet. Drücken Sie [Strg]+[Alt]+[Entf], wenn Windows 2000 bereits läuft, dann wird daraufhin das Dialogfeld WINDOWS-SICHERHEIT angezeigt. Klicken Sie auf ABBRECHEN, um zu Windows zurückzukehren, oder wählen Sie HERUNTERFAHREN, um sich die verschiedenen Optionen anzuzeigen, mit denen man Windows 2000 beenden kann. (Kapitel 27 bietet hierzu noch mehr Infos.)

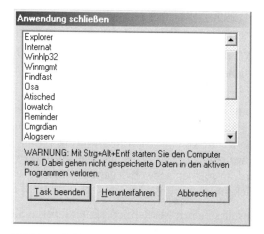

Abbildung 2.7: Das Dialogfeld ANWENDUNG SCHLIESSEN

Ausschalten

F: In Ihrem Buch sagen Sie, dass man den Computer nicht ausschalten, sondern ständig eingeschaltet lassen soll. Ich habe keinen so tollen Computer, der schläft. Ist es also wirklich so schlimm, wenn ich meinen PC nach der Aufforderung von Windows ausschalte?

A: Wenn Sie an Ihrem Computer mehr als zwei Tage lang nicht arbeiten, dann schalten Sie ihn aus. Andernfalls müssen Sie ihn nicht unbedingt ausschalten. Ich lasse meinen vor allem deswegen ständig eingeschaltet, weil es mir zu lange dauert, bis er gestartet ist. Aber wenn Sie sich bereits die Mühe gemacht haben, das System herunterzufahren, dann können Sie Ihren Computer selbstverständlich ausschalten.

Windows XP zeigt den Windows Task-Manager an, wenn Sie ⟨Strg⟩+⟨Alt⟩+⟨Entf⟩ drücken. Mithilfe dieses nützlichen Managers können Sie einzelne Anwendungen oder Abläufe abbrechen und noch eine ganze Reihe anderer interessanter und hoch technischer Dinge tun. In diesem Dialogfeld gibt es auch ein spezielles Menü HERUNTERFAHREN, das verschiedene Optionen für das Herunterfahren des Rechners beherbergt.

»Ich möchte meinen Computer ständig ausgeschaltet lassen.«

Hey, da schließ' ich mich an.

»Ich möchte meinen Computer ständig eingeschaltet lassen.«

Die große Streitfrage ist: Soll man einen Computer immer eingeschaltet lassen? Jeder, der ein bisschen Ahnung hat, wird »ja« sagen. Lassen Sie Ihren Computer immer an, 24 Stunden am Tag, 7 Tage die Woche, 14 Tage die Woche auf dem Planeten Mars. Sie sollten ein System nur dann ausschalten, wenn Sie es länger als ein Wochenende nicht benutzen.

Computer mögen es, ständig eingeschaltet zu sein. Sie lassen Ihren Kühlschrank schließlich auch die ganze Nacht über an oder schalten ihn nicht aus, wenn Sie verreisen. Warum also nicht auch Ihren PC? Es wird Ihre Stromrechnung nicht in Schwindel erregende Höhen treiben.

Lediglich den Monitor sollten Sie immer ausschalten, wenn Sie nicht am Computer arbeiten. Es gibt Monitore, die in den Ruhezustand versetzt werden können. Wenn Ihr Monitor das nicht kann, schalten Sie ihn aus, um Energie zu sparen.

Wenn Sie Ihren Computer ständig eingeschaltet lassen, dürfen Sie ihn nicht mit einer Staubschutzhülle abdecken. Unter einer Staubschutzhülle bekommt der Computer seinen höchst eigenen Treibhauseffekt und die Temperaturen im System überschreiten den Siedepunkt bei weitem.

Noch ein Tipp: Schalten Sie den Rechner während eines Gewitters aus. Auch wenn Sie einen Überspannungsschutz oder eine USV haben, so sollten Sie kein Risiko eingehen. Ziehen Sie den Netzstecker und vergessen Sie auch den Telefonstecker nicht! Man kann nie vorsichtig genug sein.

Wie ist das nun mit dem Ausschalten des Monitors?

F: Sie empfehlen, den Computer eher eingeschaltet zu lassen, als ihn regelmäßig ein- und auszuschalten. Da habe ich jetzt mal eine blöde Frage: Soll nur der Computer eingeschaltet bleiben? Sollte der Monitor ausgeschaltet werden? Ich habe bisher meinen Rechner mehrmals täglich ein- und ausgeschaltet.

A: Lassen Sie Ihren PC eingeschaltet und Sie können »mehrmals täglich« unverzüglich zu arbeiten beginnen. Schalten Sie den Monitor aus, wenn Sie Ihren Schreibtisch verlassen, oder verwenden Sie einfach einen Bildschirmschoner. (In Kapitel 11 erfahren Sie Näheres über Bildschirmschoner.)

Teil II

So arbeiten Sie mit Ihrem PC

Sie haben einen Online-Schmuggel betrieben. Wir sind gerade noch rechtzeitig gekommen, um sie daran zu hindern, den Rechner die Toilette herunterzuspülen.

In diesem Teil ...

Ein Computer erinnert manchmal sehr an das niedliche, lästige kleine Kind, das sagt: »Ich habe ein Geheimnis.« Der Computer weiß etwas, und wie der liebe kleine Fratz wird er Ihnen das Geheimnis nicht genau verraten. Nach einer Weile macht das Spielchen keinen Spaß mehr. Sie *wissen*, dass der Computer (oder das Kind) die Informationen hat und Ihnen alles sagen sollte. Aber was müssen Sie alles anstellen, um an die Informationen zu kommen?

Wenn Sie mit Ihrem PC arbeiten, arbeiten Sie mit der Software – in erster Linie mit dem Betriebssystem des Computers. Zugegeben, das ist nicht so offensichtlich. Während ein Mikrowellengerät mit einer Popcorn-Taste ausgestattet ist und Fernsehgeräte eine Fernbedienung haben, mit der Sie die Kanäle wechseln können, gibt Ihnen der Computer keinerlei derartige Hilfestellungen. Zum Glück haben Sie die Kapitel dieses Buchabschnitts. Ich habe sie geschrieben, damit Sie sich mit Ihrem PC vertraut machen können. Hier zeige ich Ihnen, wie alles funktioniert. Das strengt kaum an. Informationen sind oberstes Gebot. Unterhaltung gibt's noch nebenbei.

Das Betriebssystem Ihres PCs

In diesem Kapitel

- Warum es Betriebssysteme gibt
- Alles über Windows
- Die Taskleiste
- Kleine Fensterkunde
- Dialogfelder und ihre Bestandteile
- Hilfe

Das Erste, was ein Außerirdischer angeblich fragen wird, wenn er auf unserem Planeten gelandet ist und einem von uns Erdlingen begegnet, ist: »Bringt mich zu eurem Anführer!« Ähnlich wird es Ihnen gehen, wenn Sie sich der fremden Materie »Computer« nähern. Sie wollen wissen, wer hier für was verantwortlich ist. Sie bitten daher Ihren Rechner, Sie zu seinem Anführer zu bringen. Wer das ist? Nun eine Software namens *Betriebssystem*. Diese heißt bei einem PC für gewöhnlich *Windows*, und schon sind wir mitten drin im Schlamassel.

Dieses Kapitel will Ihnen einen allgemeinen Überblick über Windows geben. Wenn Sie sich ausführlicher informieren wollen, dann greifen Sie zu einem Buch, das sich speziell mit der von Ihnen verwendeten Windows-Version auseinandersetzt.

Windows, das Gehirn Ihres Computers

Nur noch einmal zur Erinnerung: Es ist die Software, die alles steuert, die gesamte Hardware und auch alle Programme, die Sie verwenden. Ein Teil dieser Software hat dabei die Führungsrolle übernommen, nämlich das Betriebssystem, und das ist bei einem PC – wie gesagt – meistens Windows.

Betriebssysteme haben drei grundlegende Aufgaben:

- ✔ Ihre erste und wichtigste Aufgabe ist es, den Computer mit seiner gesamten Hardware zu steuern.
- ✔ Ihre zweite Aufgabe ist, die Software zu steuern, also Programme auszuführen und die vielen Dateien und Dokumente, die Sie erstellen, zu verwalten.
- ✔ Die dritte Aufgabe ist, mit Ihnen zu kommunizieren.

Im Idealfall (das heißt, im wirklichen Leben nie) sollte das Betriebssystem eines Computers leise und effektiv sein, niemals im Weg stehen und Ihre Anweisungen wie ein pflichtbewusster und dankbarer Diener ausführen.

In Wirklichkeit ist Windows alles andere als pflichtbewusst und dankbar. Es stimmt schon, dass Windows Ihr Diener ist, aber es gelten seine Spielregeln – wobei man manchmal das Gefühl hat, dass Windows die Regeln während des Spiels ändert. Zugegeben, es gibt Grafiken und Bildchen und auch die Maus soll das Bedienen einfacher machen. Trotzdem ist es manchmal ganz schön frustrierend, mit Windows zu arbeiten.

- ✔ Windows gibt es in mehreren Geschmacksrichtungen: Windows 98, Windows Me, Windows 2000, Windows XP usw. In diesem Buch nenne ich alle Versionen schlicht und einfach *Windows*.

- ✔ Das ursprüngliche PC-Betriebssystem war DOS – auch MS-DOS oder PC-DOS genannt. DOS gibt es noch heute und es kann auch noch auf jedem PC eingesetzt werden. Da aber die meiste Computersoftware für das Windows-Betriebssystem geschrieben wird, arbeiten mit DOS nur noch einige wenige Freaks.

- ✔ Ein anderes Betriebssystem, das in diesem Buch nicht behandelt wird, ist Linux. Es wird von verschiedenen Herstellern zu einem relativ günstigen Preis angeboten.

Der Windows-Schnelldurchlauf

Nun gut. Um mit der Arbeit zu beginnen (und Windows irgendwann einmal zu beherrschen), sollten Sie drei wichtige Bereiche von Windows kennen: den Desktop, die Taskleiste und die Schaltfläche START.

Der Desktop

Windows ist ein grafisches Betriebssystem. Es zeigt Bilder oder *Symbole*, die alles in Ihrem Computer darstellen. Diese Grafik ist in einen Hintergrund eingefügt, der *Desktop* genannt wird.

Sie steuern alles mit der Computermaus. Die Maus steuert den Zeiger auf dem Desktop, der wie ein kleines pfeilförmiges UFO aussieht (siehe Abbildung 3.1). Mit der Maus und dem Mauszeiger zeigen Sie auf Dinge, greifen sie, ziehen sie umher, heben sie auf und lassen sie wieder fallen.

Sie können natürlich auch die Tastatur verwenden, aber grafische Betriebssysteme wie Windows mögen Mäuse lieber als Tastaturen.

- ✔ Der *Desktop* ist nur der Hintergrund, auf dem Ihnen Windows zeigt, was es hat und was es kann; wie ein altes Laken, das Sie aufhängen, um Ihre Nachbarn mit den Dias vom letzten Italienurlaub zu langweilen.

- ✔ Die kleinen Bilder werden *Symbole* oder *Schaltflächen* genannt.

3 ➤ Das Betriebssystem Ihres PC

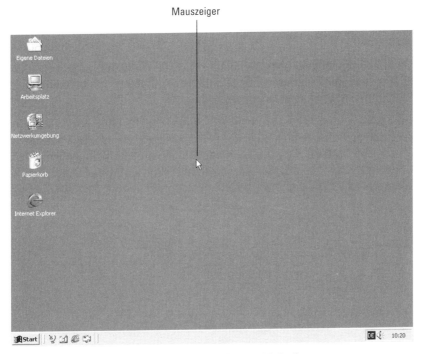

Abbildung 3.1: Der Windows 2000-Desktop

Die Taskleiste

Die Taskleiste ist der graue Streifen am unteren Rand des Desktop. Sie ist das Kontrollzentrum von Windows. Wie in Abbildung 3.2 unschwer zu erkennen, besteht die Taskleiste aus der Schaltfläche START (oder auch Startmenü), der Schnellstartleiste, den Fensterschaltflächen und den Systemfeldern.

Am linken Ende der Taskleiste befindet sich die Schaltfläche START. Von hier aus starten Sie Programme in Windows. Aber Sie beenden Windows auch mit der Schaltfläche START. Start. Stopp. Microsoft weiß auch nicht, was es will.

Abbildung 3.2: Die Taskleiste

Die Schnellstartleiste ist der Teil der Taskleiste, in dem Schaltflächen für den schnellen Start verschiedener Programme enthalten sind. In Abbildung 3.2 sind Schaltflächen für den Schnellstart des Desktop, des Internet Explorer, des Windows-Explorer sowie von Outlook Express und vom Rechner zu sehen. Wenn Sie auf eine dieser Schaltflächen klicken, wird das damit verknüpfte Programm gestartet (eine von mehreren Möglichkeiten, in Windows Programme zu starten).

Von Zeit zu Zeit erscheinen Schaltflächen in der Mitte der Taskleiste. Jede Schaltfläche repräsentiert ein Fenster oder Programm, das geöffnet oder minimiert ist. In Abbildung 3.2 ist die Schaltfläche für den Arbeitsplatz dargestellt.

Ganz rechts außen befinden sich eine Reihe von Systemfeldern. Hier werden die Uhrzeit sowie verschiedene andere Symbole angezeigt, die für kleine Spezialprogramme stehen, die auf Ihrem Computer laufen. Wenn Sie wissen wollen, was sich hinter einem Symbol verbirgt, dann brauchen Sie nur mit der Maus darauf zu zeigen, und schon wird eingeblendet, was es hiermit auf sich hat. Wenn Sie auf die Uhrzeit zeigen, bekommen Sie z. B. das aktuelle Datum angezeigt.

»Meine Taskleiste ist verschwunden!«

Die Taskleiste wandert ganz gerne mal umher. Sie kann nicht nur nach oben, unten, links oder rechts gehen, sie kann auch dicker und dünner werden. Manchmal wird sie so dünn, dass sie nicht mehr zu sehen ist. Alles, was Sie vorfinden, ist eine schmale graue Linie am unteren Bildschirmrand. Das kann sehr irritierend sein.

1. Sie wollen die Taskleiste verschieben. Die Taskleiste kann mit der Maus gezogen werden. Dazu zeigen Sie mit dem Mauszeiger auf eine leere Stelle zwischen der Schnellstartleiste und den Systemfeldern und klicken. Halten Sie jetzt die Maustaste gedrückt und ziehen Sie mit der Taskleiste wohin Sie wollen. Ein gestrichelter Rahmen zeigt Ihnen, dass Sie die Taskleiste noch im Schlepptau haben. Sobald Sie die Maustaste los lassen, wird die Taskleiste umgehend abgelegt.

2. Sie wollen die Taskleiste vergrößern oder verkleinern. Um sie breiter zu machen, bewegen Sie den Mauszeiger über den Rand der Taskleiste. Der Mauszeiger ändert sich zu einem Pfeil, der in beide Richtungen zeigt. Ziehen Sie die Taskleiste, bis sie die gewünschte Größe hat.

Falls die Taskleiste komplett verschwunden sein sollte, dann ist sie vermutlich nur zu einer schmalen grauen Linie zusammengeschrumpft. Sobald Sie die Linie gefunden haben, ziehen Sie sie mit der Maus zu einer annehmbaren Größe.

In Windows XP können Sie die Taskleiste verankern, damit Sie sie nie wieder zu suchen brauchen. Klicken Sie hierzu mit der rechten Maustaste auf eine freie Stelle in der Taskleiste und wählen Sie dann im Kontextmenü den Befehl TASKLEISTE FIXIEREN. Von nun an ist die Taskleiste vor Übergriffen sicher!

3 ➤ Das Betriebssystem Ihres PC

✔ Die Schnellstartleiste kann innerhalb der Taskleiste verschoben oder sogar als eigenständige Symbolleiste auf dem Desktop positioniert werden. Ziehen Sie sie einfach mit der Maus dahin, wo Sie sie haben wollen.

✔ Wenn Sie wollen, können Sie auch meine (englischsprachige) Webseite zu diesem Thema besuchen. Sie finden sie unter www.wambooli.com/help/Windows/98/SystemTray/.

✔ Die Systemfelder heißen in Windows XP jetzt Infobereich und werden nicht alle standardmäßig angezeigt. Wenn Sie alle Symbole anzeigen wollen, klicken Sie auf die Schaltfläche mit den zwei <<.

Das Startmenü

In Windows beginnt alles mit dem Startmenü. Diese Schaltfläche befindet sich ganz links in der Taskleiste. Damit steht sie zwar nicht direkt im Mittelpunkt, aber trotzdem ist sie nicht zu übersehen.

In Abbildung 3.3 sehen Sie, was sich alles im Startmenü verbirgt. Der obere Teil enthält Programme, wie Windows Update oder WinZip, die Sie direkt von hier aus starten können. In der Mitte finden Sie verschiedene Untermenüs, wie Programme, Dokumente, Einstellungen oder Hilfe. Ganz unten sind die Befehle zum Abmelden und Beenden von Windows.

Abbildung 3.3: Das Startmenü

Wenn Ihnen an Ihrem System etwas nicht gefällt, werden Sie sicherlich beim Menü Einstellungen vorstellig werden. Hier können Sie beispielsweise den Befehl Systemsteuerung wählen, der Ihnen die Möglichkeit gibt, Änderungen bei der Anzeige, dem Drucker, dem Netzwerk, der Software, etc. vorzunehmen.

Unter PROGRAMME finden Sie so gut wie alle Programme, die Sie unter Windows ausführen können. Zeigen Sie mit der Maus auf PROGRAMME und schon klappt rechts ein Untermenü auf, das alle auf dem Rechner verfügbaren Programme enthält.

In Abbildung 3.4 sehen Sie das Startmenü von Windows XP. Es enthält jede Menge Symbole für die beliebtesten Programme, besondere Ordner auf der Festplatte, Einstellungsoptionen und auch die zuletzt von Ihnen ausgeführten Programme. Um weitere Programme anzuzeigen, müssen Sie auf die Schaltfläche ALLE PROGRAMME klicken. Daraufhin wird eine Liste weiterer Programme geöffnet, in der Sie sicherlich fündig werden.

Abbildung 3.4: Das Startmenü von Windows XP

✔ Um das Startmenü zu öffnen, klicken Sie mit der Maus darauf. Klick.

✔ Wenn Sie lieber die Tastatur verwenden möchten, drücken Sie die Tastenkombination [Strg]+[Esc]. Das funktioniert garantiert. Das Startmenü wird geöffnet, auch wenn Sie die Schaltfläche nicht sehen können.

✔ Auf neueren Tastaturen befindet sich eine Windows-Taste (genau genommen, sind es zwei), auf der das Logo von Windows abgebildet ist. Wenn Sie eine dieser Tasten drücken, wird ebenfalls das Startmenü angezeigt.

- Bei den Untermenüs müssen Sie etwas aufpassen. Sie kommen und gehen je nach Mauseslust. Wenn Sie im Umgang mit der Maus noch nicht so geübt sind, dann kann es Ihnen leicht passieren, dass Sie über Ihr Ziel hinausschießen und statt dem Untermenü PROGRAMME das Untermenü DOKUMENTE öffnen.

Starten Sie im Handumdrehen Dokumente, an denen Sie erst vor kurzem gearbeitet haben, über das Untermenü DOKUMENTE. Klicken Sie dazu auf das Startmenü, zeigen Sie auf DOKUMENTE und wählen Sie das entsprechende Dokument aus der Liste aus. Das zum Dokument gehörige Programm wird gestartet und Sie können sofort mit Ihrer Arbeit loslegen.

- Einige Programme können als Symbole auf dem Desktop abgelegt sein, z. B. der Internet Explorer (siehe Abbildung 3.1). Sie können diese Programme starten, indem Sie auf deren Symbole doppelklicken und sich damit den Weg über das Startmenü sparen.
- Wenn sich Ihr Lieblingsprogramm in der Schnellstartleiste befindet, dann genügt ein einziger Mausklick, um es von dort aus zu starten!

Programme beenden oder schließen

Das Startmenü zeigt Ihnen, wie Sie Programme starten, wie aber können Sie sie wieder beenden? Hierfür gibt es zwar weder auf dem Desktop noch in der Taskleiste die passende Schaltfläche, aber jedes Fenster und jedes Programm, das unter Windows läuft, wird auf die gleiche Weise beendet.

Um ein Programm zu beenden oder ein Fenster zu schließen, wählen Sie im Menü DATEI den Befehl BEENDEN, der sich ganz unten in der Liste befindet. (Manchmal kann dieser Befehl auch SCHLIESSEN heißen.)

Windows wird Sie daraufhin bestimmt fragen, ob Sie Ihre Arbeit speichern wollen. Nehmen Sie dieses Angebot an, wenn Sie es noch nicht getan haben. (Kapitel 5 enthält noch weitere Informationen zum Thema »Speichern«.)

 Manche Programme haben leider kein Datei-Menü und schon gar keinen Befehl, der BEENDEN heißt. In diesem Fall schließen Sie das Fenster, indem Sie rechts oben auf die Schaltfläche mit dem »X« klicken.

 Wenn Sie Tastenkombinationen lieben, dann dürfen Sie sich [Alt]+[F4] merken, um ein Fenster zu schließen.

Jede Menge schöne Sachen!

Vielleicht macht es Ihnen ja Spaß, auf dem Windows-Desktop auf Entdeckungsreise zu gehen. Hier ein paar Tipps:

Arbeitsplatz: Über dieses Symbol öffnen Sie ein Fenster, das alle Laufwerke anzeigt, die in und an Ihrem Computer sind.

Eigene Dateien: Ein Doppelklick auf dieses Symbol öffnet ein Fenster mit dem gesamten Inhalt dieses Ordners. (Mehr Infos hierzu gibt es in Kapitel 6.)

Netzwerkumgebung: Wenn Sie in einem lokalen Netzwerk arbeiten, werden über dieses Symbol alle Rechner in diesem Netzwerk angezeigt.

Papierkorb: In diesen Papierkorb werfen Sie alle Dateien, Dokumente, Verknüpfungen etc., die Sie nicht mehr brauchen.

Ein ganz wichtiger Ort, der unbedingt zur Windows-Tour gehört, ist die Systemsteuerung, zu der ich im Teil III einiges zu sagen habe. Abbildung 3.5 zeigt die Systemsteuerung, die Sie über das Startmenü aufrufen, indem Sie auf EINSTELLUNGEN zeigen und dann auf SYSTEMSTEUERUNG klicken.

Abbildung 3.5: Die Systemsteuerung

Abbildung 3.6 zeigt die Systemsteuerung von Windows XP, die auch hier über das Startmenü geöffnet wird. Wenn Ihnen diese neumodische Art der Anzeige nicht liegt, dann klicken Sie oben links in diesem Fenster auf die Schaltfläche Zur klassischen Ansicht wechseln.

Abbildung 3.6: Die Systemsteuerung von Windows XP

Jedes Symbol in der Systemsteuerung steht für etwas, das Windows steuert. Wenn Sie auf eines der Symbole klicken, wird ein Dialogfeld mit weiteren Informationen und weiteren Optionen angezeigt, aber auch mit weiteren Möglichkeiten, ein Chaos zu veranstalten ...

Lassen Sie jetzt noch die Finger von der Systemsteuerung. Weiter hinten in diesem Buch erkläre ich Ihnen, was Sie mit den verschiedenen Symbolen tun können.

Schließen Sie die Systemsteuerung, indem Sie im Menü Datei den Befehl Schliessen wählen.

Windows-Spielereien

Windows enthält eine Menge lustiger Sachen zum Spielen. Dinge, die Sie fast in den Wahnsinn treiben, und interessante Spielsachen, mit denen Sie sehr viel Zeit verschwenden werden. Es gibt kleine Schaltflächen, die Sie mit der Maus anklicken, Grafiken, die verschoben und gestreckt werden können, und Dinge zum Herumschubsen. Mit anderen Worten, auf dem Bildschirm befinden sich Spielereien, von denen die meisten das Aussehen der Fenster und die Funktionsweise von Programmen in Windows steuern.

Die Fenstergröße ändern

Ein Fenster kann in jeder Größe angezeigt werden; es kann den gesamten Bildschirm ausfüllen oder zu klein werden, um nützlich zu sein, und alles dazwischen.

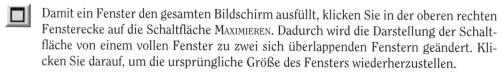 Damit ein Fenster den gesamten Bildschirm ausfüllt, klicken Sie in der oberen rechten Fensterecke auf die Schaltfläche MAXIMIEREN. Dadurch wird die Darstellung der Schaltfläche von einem vollen Fenster zu zwei sich überlappenden Fenstern geändert. Klicken Sie darauf, um die ursprüngliche Größe des Fensters wiederherzustellen.

Damit ein Fenster zu einer Schaltfläche in der Taskleiste wird, klicken Sie auf die Schaltfläche MINIMIEREN in der oberen rechten Fensterecke. Dadurch wird das Fenster verkleinert und es ist aus dem Weg. (Das ist nicht das Gleiche wie ein Programm beenden.) Um die Schaltfläche wieder in ein Fenster zu verwandeln, klicken Sie darauf.

Wenn ein Fenster kein Symbol oder Vollbild ist, können Sie seine Größe ändern, indem Sie eine Kante mit der Maus ziehen. Bewegen Sie die Maus über eine Fensterkante oder eine Ecke, halten Sie die Maustaste gedrückt und ziehen Sie das Fenster nach innen oder nach außen. Lassen Sie die Maustaste los, wenn das Fenster die gewünschte Größe hat.

- ✔ Das Vergrößern eines Fensters auf Vollbildgröße wird *Maximieren* genannt.
- ✔ Das Verkleinern eines Fensters auf Symbolgröße wird *Minimieren* genannt.
- ✔ Das grundlose Verändern eines Fensters durch Windows wird *Frustrieren* genannt.
- ✔ Mit viel Fantasie sieht die Schaltfläche *Maximieren* aus wie ein Vollbildfenster und die Schaltfläche *Minimieren* wie eine Schaltfläche in der Taskleiste. Mit noch mehr Phantasie sieht Windows aus wie ein freundlicher sonniger Tag mit grünem Gras und Vögeln, die in den Bäumen zwitschern.
- ✔ Es gibt Fenster, die lassen sich nicht vergrößern. Manche Spiele haben beispielsweise eine feste Fenstergröße.
- ✔ Falls Sie über einen dieser Riesenbildschirme verfügen, werden Sie Ihre Programme wahrscheinlich gar nicht in voller Größe sehen wollen.
- ✔ Falls Sie an Ihrem PC mit zwei Bildschirmen arbeiten (ich weiß, dass es so etwas gibt!), dann denken Sie daran, dass Sie ein Fenster nur auf die Größe eines Bildschirms maximieren können.

 Wenn Sie mit verschiedenen Programmen arbeiten, dann möchten Sie die verschiedenen Fenster vielleicht so anordnen, dass sie alle auf einmal sichtbar sind. Klicken Sie hierzu mit der rechten Maustaste auf eine leere Stelle in der Taskleiste oder auf die Uhrzeit, und wählen Sie im daraufhin angezeigten Kontextmenü entweder den Befehl UNTEREINANDER oder NEBENEINANDER.

Fenster verschieben

Windows positioniert seine Fenster, wo immer es will. Um ein Fenster an eine andere Stelle zu verschieben, ziehen Sie das Fenster an der Titelleiste (die Leiste über der Menüleiste). Das kommt dem Klischee vom Neandertaler, der seine Frau an den Haaren hinter sich herzieht, sehr nahe. Das ist natürlich nie wirklich vorgekommen, zumindest nicht, nachdem die Frauen angefangen haben, ihre eigenen Keulen mit sich zu tragen.

- ✔ Ein Fenster, das maximiert ist (den gesamten Bildschirm füllt), können Sie übrigens nicht verschieben.
- ✔ Onkel Arno, der nach einem Festmahl maximiert ist, können Sie übrigens auch nicht herumschubsen. So kommt Microsoft zu Ideen.

Die Bildlaufleiste

Oft ist das, was sich im Fenster befindet, größer als das Fenster selbst. Wenn zum Beispiel Claudia Schiffer (oder Mel Gibson für die Damen) an einem winzigen Fenster in Ihrem Büro vorbeiginge, könnten Sie nur einen Teil von ihr (oder von ihm) sehen. Wenn Sie das Fenster nach oben oder unten verschieben könnten, würden Sie mehr sehen, aber immer nur in der Größe des Fensters. So funktionieren Bildlaufleisten.

Um ein Fenster nach oben oder unten zu verschieben, verwenden Sie eine der beiden Bildlaufleisten. Die *Bildlaufleiste* ist schmal, mit einem Pfeil an jedem Ende und einem aufzugähnlichen Bildlauffeld in der Mitte. Mit den Pfeilen und dem Aufzug können Sie den Fensterinhalt nach oben, unten, links oder rechts schieben.

Die Menüleiste

Alle Befehle und sonstigen Dinge einer Windows-Anwendung sind in einer praktischen und immer sichtbaren Menüleiste enthalten. Sie befindet sich am oberen Fensterrand unter der Titelleiste.

Jeder Begriff in der Menüleiste, DATEI, BEARBEITEN usw., ist ein Menütitel. Er bezeichnet ein Dropdown-Menü, das mit dem Menütitel verwandte Befehle enthält. Das Menü DATEI enthält zum Beispiel Befehle, die sich auf Dateien beziehen wie z. B. SPEICHERN, ÖFFNEN, NEU usw. (siehe Abbildung 3.7).

Klicken Sie mit der Maus auf den Menütitel, um das Menü zu öffnen und auf seine Befehle zuzugreifen. Wählen Sie eine Option oder einen Befehl. Wenn Ihnen das, was angezeigt wird, nicht gefällt, klicken Sie erneut auf den Menütitel, um das Menü zu schließen, oder wählen Sie ein anderes Menü.

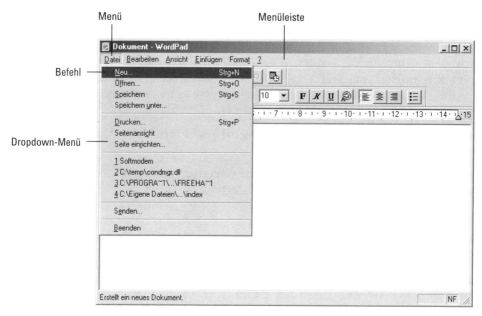

Abbildung 3.7: Das Dropdown-Menü DATEI

✔ Wenn Sie wollen, können Sie die Menüs auch mit der Tastatur öffnen. Drücken Sie die Taste [Alt] oder die Taste [F10]. Damit wird der erste Begriff in einer Menüleiste hervorgehoben. Wählen Sie mit den Pfeiltasten ein Menü oder ein Element in einem Menü aus oder drücken Sie die Taste für den unterstrichenen Buchstaben eines Menüs. Zum Beispiel [Alt]+[D], um das Menü DATEI zu öffnen.

Für den Befehl DATEI|BEENDEN können Sie auch die Tasten [Alt]+[D] gemeinsam drücken, loslassen und dann die Taste [B] drücken.

✔ Welch ein Aufwand! Machen Sie es einfach mit der Maus. Zeigen. Klick. Klick. Fertig.

Dialogfelder

Wenn es darum geht, Entscheidungen zu treffen, zeigt Windows ein spezielles Fenster an, das als *Dialogfeld* bezeichnet wird. Ein Dialogfeld enthält Dinge, mit denen Sie etwas steuern, indem Sie etwas anklicken oder eingeben. Wenn Sie auf OK klicken, wird Ihre Auswahl an Windows zur weiteren Verarbeitung gesendet.

Wenn sich das kompliziert anhören sollte, denken Sie an die alte Methode mit der DOS-Eingabeaufforderung:

```
C:\> FORMAT A: /S /U /F:144 /V:DOODYDISK
```

3 ➤ Das Betriebssystem Ihres PC

Ganz ehrlich, das ist ein DOS-Befehl. Bei Windows können Sie dasselbe in einem Dialogfeld machen. In Abbildung 3.8 sehen Sie, wie der gleiche Befehl in Windows aussieht.

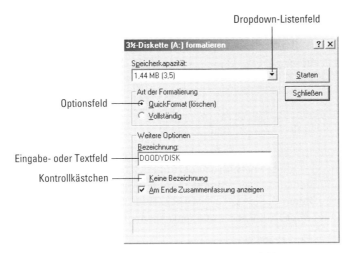

Abbildung 3.8: Das Dialogfeld FORMATIEREN

Alle Felder in Abbildung 3.8 können mit der Maus angeklickt werden. Was sie bewirken, ist im Moment nicht wichtig. Was wichtig ist, ist, wie die Felder genannt werden. Die folgenden Definitionen beziehen sich auf Abbildung 3.8.

Dropdown-Listenfeld: Wenn Sie im Dropdown-Listenfeld SPEICHERKAPAZITÄT auf den nach unten zeigenden Pfeil rechts neben dem Feld klicken, wird eine Liste mit mehreren Auswahlmöglichkeiten angezeigt. Klicken Sie mit der Maus auf einen Eintrag, um ihn auszuwählen. Falls die Liste zu lang ist, wird auf einer Seite eine Bildlaufleiste angezeigt, mit der Sie in der Liste blättern können.

Optionsfeld: Die runden Schaltflächen in einem Dialogfeld werden als Optionsfelder bezeichnet. Sie sind jeweils in Gruppen zusammengefasst (siehe Abbildung 3.8). Wie bei einem alten Autoradio kann immer nur ein Knopf gedrückt werden. Wenn Sie mit der Maus auf ein Optionsfeld klicken, wird es durch einen Punkt markiert.

Textfeld: Ein Feld, in dem Sie etwas eintippen können, wird Text- oder Eingabefeld genannt. In Abbildung 3.8 ist beispielsweise das Feld BEZEICHNUNG ein Textfeld.

Kontrollkästchen: Die quadratischen Felder in einem Dialogfeld werden Kontrollkästchen genannt. Sie können mit der Maus auf so viele Kontrollkästchen klicken, wie Sie möchten. Wenn eine Option aktiviert wird, erscheint ein Häkchen als Markierung. Um die Markierung zu entfernen und die Option zu deaktivieren, klicken Sie erneut auf das Kontrollkästchen.

Nachdem Sie Ihre Auswahl getroffen haben, klicken Sie normalerweise auf OK. (In Abbildung 3.8 heißt die Schaltfläche nicht OK, sondern STARTEN.) Wenn Ihnen die Auswahl nicht zusagt, klicken Sie auf ABBRECHEN.

Klicken Sie auf das Fragezeichen in der Ecke rechts oben im Dialogfeld, um Hilfe zu erhalten. Der Mauszeiger ändert sich in eine Kombination aus Pfeil und Fragezeichen. Wenn das passiert, klicken Sie auf einen Bereich des Dialogfelds, wenn Sie eine Sprechblase sehen möchten, die vermeintliche Hilfe anbietet. Klicken Sie mit der Maus, damit die Sprechblase wieder verschwindet.

- ✔ Statt auf die Schaltfläche OK zu klicken, können Sie auch die Eingabetaste drücken.
- ✔ Das Drücken der Taste ⌊Esc⌉ bewirkt das Gleiche wie das Klicken auf ABBRECHEN.
- ✔ Unabhängig davon, in welchem Dialogfeld Sie sich gerade befinden, bekommen Sie immer Hilfe, wenn Sie die Taste ⌊F1⌉ drücken.

Einige Dialogfelder haben eine Schaltfläche ÜBERNEHMEN. Sie funktioniert wie die Schaltfläche OK, aber Sie können Ihre Änderungen sehen, ohne das Dialogfeld zu schließen. Wenn Ihnen die vorgenommenen Änderungen zusagen, klicken Sie auf OK. Wenn nicht, können Sie sie wieder zurücksetzen oder einfach auf ABBRECHEN klicken. Sehen Sie? Microsoft war einmal nett. Machen Sie sich eine Notiz im Kalender.

- ✔ Wenn das Dialogfeld mehrere Eingabefelder hat, können Sie mit der Tabulatortaste von einem zum anderen wechseln. Drücken Sie nicht die Eingabetaste, da dies dasselbe ist, wie das Klicken auf OK, und Windows meint, dass Sie alle gewünschten Änderungen bereits vorgenommen hätten.
- ✔ In Dialogfeldern gibt es auch *Listenfelder*, die ähnlich funktionieren wie die Dropdown-Listenfelder, aber in Abbildung 3.8 nicht zu sehen sind. Im Gegensatz zu einem Dropdown-Listenfeld müssen normale Listenfelder nicht erst geöffnet werden.

Wenn Sie für eine intellektuelle Herausforderung zu haben sind, können Sie versuchen, ein Dialogfeld mit der Tastatur zu bearbeiten. Drücken Sie dazu die ⌊Alt⌉-Taste und die unterstrichenen Buchstaben der einzelnen Optionen.

Wie Sie richtig um Hilfe bitten

Die Hilfe in Windows ist immer praktisch. Auch wenn es keinen Sinn ergibt, so aktivieren Sie die Hilfe dennoch immer durch Drücken der Taste ⌊F1⌉. Aber warum gerade ⌊F1⌉? F eins braucht Hilfe? Finde 1. Hilfe? Ach, vergessen Sie's ...

Wenn Sie ⌊F1⌉ drücken, aktivieren Sie das Hilfesystem von Windows. Abbildung 3.9 zeigt den Hilfebildschirm von Windows 2000. Die anderen Windows-Versionen verfügen über andere Hilfesysteme, aber im Grunde genommen, funktionieren Sie alle irgendwie ähnlich.

3 ➤ Das Betriebssystem Ihres PC

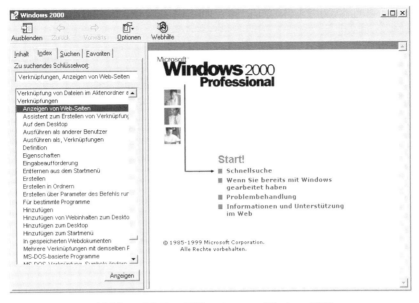

Abbildung 3.9: Das Hilfesystem von Windows 2000

✔ Klicken Sie auf irgendeinen Text in der Hilfe, um nützliche Informationen zu diesem Thema anzuzeigen. Diese Info entspricht in etwa dem, was früher in den Handbüchern stand. Mit anderen Worten: Trocken, langweilig und ab und zu sogar hilfreich.

✔ Die Registerkarte INDEX ist die hilfreichste. Klicken Sie auf INDEX, um diese Registerkarte aufzurufen. Geben Sie dann ein Stichwort, das Sie interessiert, wie z. B. *Verknüpfung* in das Textfeld oben auf der Registerkarte ein. Im unteren Bereich der Registerkarte wählen Sie ein untergeordnetes Thema. Klicken Sie anschließend auf ANZEIGEN, um alles zu diesem Thema anzuzeigen.

✔ Ignorieren Sie die Registerkarte SUCHEN.

✔ Die meisten Informationen werden als Schrittanleitungen oder Liste mit Tipps angezeigt.

✔ Allgemeine Hilfe zu Windows erhalten Sie, wenn Sie im Startmenü die Option HILFE wählen.

Allgemeine Windows-Ratschläge

Verwenden Sie Ihre Maus. Wenn Sie keine Maus haben, können Sie trotzdem mit Windows arbeiten, aber nicht so elegant. Was erzähle ich da? Sie brauchen eine Maus für Windows!

Lassen Sie jemanden die Elemente in Ihrem Startmenü organisieren. Bitten Sie diese Person auch, für die Programme, die Sie am häufigsten verwenden, *Verknüpfungen* auf dem Desktop zu erstellen. Bieten Sie eine Dose geröstete Erdnüsse oder eine Tüte Gummibärchen als Bestechung an.

Vergessen Sie nicht, dass Windows mehrere Programme gleichzeitig ausführen kann. Sie müssen nicht ein Programm beenden, um ein anderes aufrufen zu können. Sie können zwischen den Programmen hin und her springen, indem Sie auf die entsprechenden Schaltflächen in der Taskleiste klicken oder die Tastenkombination [Alt]+[↹] drücken.

Beenden Sie Windows immer ordnungsgemäß. Schalten Sie Ihren PC niemals einfach nur aus und drücken Sie nicht einfach die Reset-Taste. In Kapitel 2 können Sie nachlesen, wie Sie Windows richtig beenden, falls Sie nicht mehr so genau wissen, wie das geht.

Wie werde ich ein Computerexperte?

F: Können Sie mir sagen, ob es Bücher darüber gibt, wie man ein Computerexperte wird? Gibt es vielleicht auch CDs zu diesem Thema?

A: Wie eng oder weit fassen Sie den Begriff Computerexperte? Im weitesten Sinne könnte dies jemand sein, der weiß, wie man einen Geldautomaten bedient. Im engeren Sinne bezeichnet man hiermit wohl eine Person, die weiß, wie man Computer programmiert. Es ist also eine reine Definitionssache.

Wenn Sie mehr über Computer wissen wollen, dann haben Sie mit diesem Buch bereits einen richtigen Schritt getan. Danach sollten Sie sich Bücher zu Themen kaufen, die Sie interessieren. Einen Computer zu bedienen, ist einfach. Wenn Sie jedoch mehr über Hardware, Software, Programmieren, etc. wissen wollen, sollten Sie sich auf die Suche nach entsprechenden Büchern machen oder VHS-Kurse zu diesen Themen belegen.

Kennen Sie Ihre Laufwerke?

In diesem Kapitel

- Wozu Sie Laufwerke brauchen
- Wo Sie die Laufwerke finden
- Was es mit den Laufwerksbuchstaben auf sich hat
- Alles über CD-ROM- und DVD-Laufwerke
- Abspielen einer Musik-CD oder eines Videos
- Alles über Disketten
- Formatieren von Disketten
- ZIP-Disketten und ZIP-Laufwerke

*E*ine weitere der zahlreichen Aufgaben von Windows ist es, all die Informationen zu verwalten, die Sie auf Ihrem Computer speichern: die Fotos von der Katze Ihrer Schwester, die Sie Ihnen per E-Mail schickt, den Katalog, in dem Sie nachschlagen können, was Ihre Briefmarkensammlung heute wert wäre, wenn Sie sie nicht mit 14 in den Müll geworfen hätten, die zig Versuche, die Sie unternommen haben, einen Roman zu schreiben, und die Notizen, die Sie sich gemacht haben, als Sie mit Ihrem Psychiater telefoniert haben. All das müssen Sie irgendwo aufbewahren.

Ihr PC ist aller Wahrscheinlichkeit nach mit mindestens drei Arten von Laufwerken, möglicherweise sogar mit noch mehr, ausgestattet. Diese Laufwerke brauchen Sie, um alles Mögliche zu speichern. Hier werden das Betriebssystem, Programme und all die wunderbaren Dinge gespeichert, die Sie auf Ihrem PC erstellt haben. In diesem Kapitel erfahren Sie, wie Sie mit diesen Laufwerken in Windows arbeiten. Die Fortsetzung folgt dann in Kapitel 5. In Kapitel 9 werden die Laufwerke ausschließlich aus der Sicht der Hardware betrachtet.

✔ Mit dem Begriff »Laufwerk« kann sowohl ein Diskettenlaufwerk als auch ein Festplattenlaufwerk gemeint sein. Etwas auf einer Diskette oder einer Festplatte zu speichern bedeutet, es auf einem Datenträger in einem Laufwerk irgendwo in Ihrem Computersystem zu speichern.

Seien Sie vorsichtig mit dem Ausdruck *Festplattenspeicher*. Er ist zwar technisch korrekt, aber dennoch etwas verwirrend. Der Speicher (auch als Arbeitsspeicher oder RAM bezeichnet) ist der Ort, an dem Ihr Computer seine Arbeit tut. Die Festplatte ist dagegen der Ort, an dem Ihre Arbeit gespeichert wird. Festplattenspeicher ist lediglich ein anderer Ausdruck für den Datenträger oder den Speicherplatz in einem Laufwerk. Aber das ist für Anfänger sehr verwirrend. Wenn Sie also den Ausdruck *Festplattenspeicher* irgendwo sehen, dann denken Sie einfach *Laufwerk*.

Warum gibt es Disketten- und Festplattenlaufwerke?

Laufwerke sind für die permanente Speicherung von Dateien, Programmen usw. gedacht. Irgendwo müssen Sie ja damit bleiben. Das Laufwerk ist wie ein Schrank oder eine Garage. Da bewahren Sie doch auch alles auf, oder?

Ursprünglich waren Laufwerke reine Peripheriegeräte, die im Computer selbst nichts verloren hatten. Die ersten Computer haben alle Arbeit im Arbeitsspeicher (RAM) erledigt. Wollte man diese Daten permanent speichern, musste man sie außerhalb des Rechners ablegen, d. h. sie mussten auf ein externes Band- oder Diskettenlaufwerk kopiert werden.

Der Arbeitsspeicher (RAM) ist nämlich nur ein temporärer oder flüchtiger Speicher, weil dieser jedes Mal gelöscht wird, wenn Sie den Computer ausschalten. Wenn Sie Ihre Arbeit jedoch auf einem Datenträger speichern, ist sie da, wenn Sie den Computer das nächste Mal wieder einschalten.

Heutzutage arbeiten die Computer noch immer nach dem gleichen Prinzip. Alles, was Sie am Computer erstellen, wird zunächst im Arbeitsspeicher abgelegt. Wenn Sie damit fertig sind, speichern Sie die Daten als Datei auf einem Datenträger. Wollen Sie die Daten erneut bearbeiten, öffnen Sie die Datei und übertragen sie damit wieder in den Arbeitsspeicher, wo Sie sie bearbeiten, drucken etc. Solange Sie immer eine Kopie Ihrer Arbeit auf einem Datenträger erstellen, bleiben die Informationen auch erhalten, wenn Sie den Computer ausschalten oder der Strom ausfällt.

✔ Die Laufwerke bieten Ihnen die Möglichkeit, Dateien, Programme und sonstige Dinge, die Sie an Ihrem Rechner erstellen, langfristig zu speichern.

✔ In Kapitel 10 geht es um den Arbeitsspeicher bzw. RAM.

✔ Sowohl die Größe des Arbeitsspeichers als auch die des Speicherplatzes auf Datenträgern wird in Bytes, meist in *Megabyte* und *Gigabyte*, angegeben. Vergleichen Sie hierzu Tabelle 10.1.

 Wenn Sie Informationen auf einem Datenträger speichern, d. h. eine permanente Kopie der Daten erstellen, *speichern* Sie eine *Datei* oder ein *Dokument*. Wenn Sie mit dieser Datei später wieder arbeiten, dann *öffnen* Sie sie. Das sind gebräuchliche Bezeichnungen bei Windows, an die Sie sich in Nullkommanix gewöhnen werden.

✔ Machen Sie sich keine Gedanken darüber, wenn die Datei auf einem Datenträger größer ist als der Arbeitsspeicher Ihres PCs. Sie können sich beispielsweise einen Film mit 12 Gbyte (1 Milliarde Byte) auf einem PC ansehen, der nur 48 Mbyte Arbeitsspeicher hat. Nun, das ist so, als würde man einen Elefanten in Nylonstrümpfe zwängen. Aber der PC schafft das schon! Wunderbare Geräte, diese Computer!

4 ➤ Kennen Sie Ihre Laufwerke?

So finden Sie Ihre Laufwerke

 Bei Windows werden alle Laufwerke Ihres PC an einer Stelle angezeigt: im Fenster ARBEITSPLATZ. Öffnen Sie das Fenster ARBEITSPLATZ, indem Sie auf dem Desktop auf das Symbol ARBEITSPLATZ doppelklicken. Ein Fenster wie in Abbildung 4.1 wird daraufhin angezeigt.

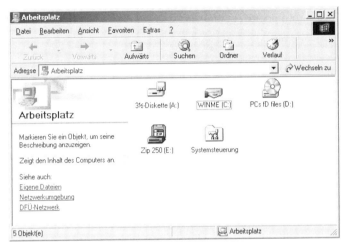

Abbildung 4.1: Laufwerke im Fenster ARBEITSPLATZ

Obwohl jeder Computer anders ist, so finden Sie doch immer dieselbe Art von Laufwerken. Hier ein kurzer Überblick:

 Laufwerk A: Das ist das erste Diskettenlaufwerk Ihres PC. Windows nennt es auch 3,5-Diskette, weil das der Größe der Diskette entspricht.

 Laufwerk C: Das ist das zentrale Festplattenlaufwerk Ihres PC. Ihr Computer kann auch noch das Festplattenlaufwerk D oder möglicherweise sogar das Festplattenlaufwerk E haben. Wenn dies der Fall ist, dann werden diese Laufwerke alle mit demselben Symbol dargestellt.

 CD-ROM-Laufwerk: Bei den meisten PCs ist dies das CD-ROM- oder DVD-Laufwerk. In der Regel bekommt es den Buchstaben nach dem letzten Festplattenlaufwerk, was bei den meisten PCs das D ist. Auch wenn Ihr CD-ROM-Laufwerk einen anderen Laufwerksbuchstaben hat, so wird es dennoch mit dem gleichen Symbol dargestellt. In Abbildung 4.1 hat das CD-ROM-Laufwerk den Laufwerksbuchstaben D.

 Andere Laufwerke: Ihr System verfügt vielleicht noch über andere Laufwerke wie z. B. über ein ZIP-Laufwerk.

83

Hier nun die Antworten auf Fragen, die Sie möglicherweise hinsichtlich all dieser Laufwerke haben:

✔ Jedes Laufwerk hat ein Symbol, einen Laufwerksbuchstaben und einen Namen, den Sie selbst vergeben können. Bei mir heißt Laufwerk C beispielsweise WINME (siehe Abbildung 4.1).

✔ Manchmal sehen Sie anstatt des Symbols für das CD-ROM- bzw. DVD-Laufwerk das Symbol für das Programm oder das Spiel, das sich auf dieser CD-ROM oder DVD befindet.

✔ Der Name eines Laufwerks kann geändert werden. Wie das geht, erfahren Sie weiter hinten in diesem Kapitel.

✔ Eine kleine Hand, die Laufwerke hält, deutet darauf hin, dass diese Laufwerke in einem Computernetzwerk freigegeben sind.

✔ Mit Leitungen versehene Laufwerke (und Ordner) gehören zu anderen Computern im Netzwerk. Auf diese Laufwerke (oder Ordner) greifen Sie wie auf alle anderen Laufwerke (oder Ordner) in Ihrem Computer zu, obwohl sich diese auf einem anderen Computer im Netzwerk befinden.

✔ Wenn Sie mehr über Netzwerke wissen möchten, sollten Sie das Buch »Netzwerke für Dummies« von Doug Lowe lesen.

✔ Neben den Laufwerken enthält das Fenster ARBEITSPLATZ auch noch einige ganz spezielle Ordner, z. B. den Ordner SYSTEMSTEUERUNG (siehe Abbildung 4.1).

✔ Unter Windows 98 wurden im Fenster ARBEITSPLATZ auch noch die Ordner DRUCKER, DFÜ-NETZWERK und GEPLANTE VORGÄNGE angezeigt. Das hat sich jetzt aber mit den neuen Versionen erledigt.

✔ Windows XP und Windows 2000 zeigen spezielle Ordner – wie EIGENE DATEIEN und NETZWERKUMGEBUNG – auf der linken Seite des Fensters ARBEITSPLATZ an.

Laufwerksbuchstaben von A bis Z (ohne B)

Bei Windows werden Laufwerke mit Laufwerksbuchstaben von A (B wird übersprungen), C, D bis hin zu Z, gekennzeichnet. Anhand dieser Buchstaben erkennen Windows und Ihre Software die einzelnen Laufwerke.

Hier ganz langsam zum Mitlesen in alphabetischer Reihenfolge:

A: Laufwerk A ist bei allen PCs das erste Diskettenlaufwerk. Das war schon immer so. Noch vor 20 Jahren waren Festplatten eine ziemlich teure Angelegenheit. Also wurde dem Diskettenlaufwerk Vorrang gegeben.

B: Laufwerk B gibt es nicht – oder besser gesagt – nicht mehr. Früher, als Festplatten noch unerschwinglich waren, wurden die meisten PCs ohne Festplatten verkauft. Das zweite Diskettenlaufwerk diente damals als eine kostengünstige Art zusätzlichen Speichers. Heute brauchen Sie kein zweites Diskettenlaufwerk mehr. Dennoch ist der Buchstabe B für ein zweites Diskettenlaufwerk reserviert. Nur für den Fall.

C: Laufwerk C ist bei allen PCs das erste Festplattenlaufwerk.

Nach dem Laufwerk C haben die Buchstaben freien Lauf! So gibt es beispielsweise keine Regel, die besagt, dass das Laufwerk D das CD-ROM-Laufwerk sein *muss*. Windows sieht sich die Sache beim Start an und vergibt dann die Buchstaben D bis Z nach dem folgenden Prinzip:

Zusätzliche Festplatten: Wenn Ihr PC mit zusätzlichen Festplatten ausgerüstet ist, werden diesen die Buchstaben ab D zugewiesen.

CD-ROM- oder DVD-Laufwerk: Nach dem letzten Buchstaben für Ihre Festplattenlaufwerke kommt Ihr CD-ROM- oder DVD-Laufwerk dran. Das kann Laufwerk D oder E oder irgendein beliebiger Buchstabe bis hin zum Z sein.

Sonstige Laufwerke: Den anderen Laufwerken im System werden nach dem CD-ROM-Laufwerk die restlichen Buchstaben zugewiesen. So kann das ZIP-Laufwerk beispielsweise den Buchstaben E haben, wenn das CD-ROM-Laufwerk den Buchstaben D hat.

✔ Wenn Sie in Ihrem PC ein zweites Diskettenlaufwerk installieren, wird das automatisch zu Laufwerk B. Ich kann mir allerdings keinen Grund vorstellen, warum Sie das tun sollten.

✔ Vernachlässigen Sie Ihr Festplattenlaufwerk D (oder E oder F) nicht! Es bietet zusätzlichen Speicherplatz für Ihre Daten. Sie können durchaus Software auf einer anderen Festplatte installieren oder Ihre Arbeit auf einer anderen Festplatte speichern.

Ich installiere auf meinen Computern beispielsweise Spiele immer auf Laufwerk D. Dafür gibt es keinen bestimmten Grund, außer dem, dass ich so Laufwerk D auch nutze. (Und Laufwerk D wird von den meisten Leuten nicht benutzt.)

Tragen Sie die Namen der Laufwerke Ihres Computers sowie deren Laufwerksbuchstaben und wo sich die einzelnen Laufwerke befinden, auf der Schummelseite in diesem Buch ein. Wenn Sie möchten, können Sie auch Etiketten darauf kleben: Kennzeichnen Sie Laufwerk A mit einem A, Ihr CD-ROM-Laufwerk mit einem E (oder welchem Buchstaben auch immer) und Ihr ZIP-Laufwerk (falls Sie eines haben) mit F (oder welchem Buchstaben auch immer) usw.

Das CD-ROM-Laufwerk hat nicht auf allen PCs denselben Laufwerksbuchstaben!

Wie viel Platz ist noch auf dem Laufwerk?

Festplatten werden genauso schnell voll wie Kleiderschränke und Dachböden. Wenn Sie wissen möchten, wie viel Speicherplatz auf einem Datenträger noch verfügbar ist, dann öffnen

Sie das Fenster ARBEITSPLATZ. Wie das geht, ist im Abschnitt »So finden Sie Ihre Laufwerke« beschrieben. Klicken Sie nun mit der rechten Maustaste auf ein Laufwerk.

Beispiele für Laufwerksbuchstaben

Um Ihnen ein Beispiel für die Zuweisung von Laufwerksbuchstaben zu geben, will ich Ihnen die folgende Geschichte erzählen. Maria hat einen Computer mit den beiden Festplattenlaufwerken C und D sowie ein DVD-Laufwerk. Folgende Laufwerksbuchstaben sind vergeben:

A: – Diskettenlaufwerk

C: – Erstes Festplattenlaufwerk

D: – Zweites Festplattenlaufwerk

E: – DVD-Laufwerk

Bei Philip sieht die Laufwerksverteilung folgendermaßen aus:

A: – Diskettenlaufwerk

C: – Erstes Festplattenlaufwerk

D: – Zweites Festplattenlaufwerk

E: – Drittes Festplattenlaufwerk

F: – CD-ROM-Laufwerk

G: – DVD-Laufwerk

H: – ZIP-Laufwerk

Sowohl Maria als auch Philip erhalten die Anweisung, »den Installationsdatenträger in Laufwerk D einzulegen, wobei D für den Laufwerksbuchstaben des DVD-Laufwerks steht.« Maria muss also die DVD in Laufwerk E einlegen. Philip schiebt die Scheibe zunächst in Laufwerk F, merkt dann aber, dass es eine DVD ist, entfernt sie wieder und legt sie ordnungsgemäß in Laufwerk G ein.

Es ist also wichtig, dass Sie wissen, welcher Laufwerksbuchstabe zu welchem Laufwerk auf Ihrem Computer gehört. Da diese Buchstaben von Computer zu Computer unterschiedlich sein können, fallen manche Installationsanweisungen oft etwas vage aus.

Klicken Sie beispielsweise auf Laufwerk C, um es zu markieren. Bei den meisten Windows-Versionen wird auf der linken Seite des Fensters ARBEITSPLATZ eine grafische Darstellung des Laufwerks angezeigt (siehe Abbildung 4.2). Das dunklere Segment stellt den bereits belegten Platz dar und das hellere Segment den Speicherplatz, der Ihnen noch zur freien Verfügung steht.

4 ➤ *Kennen Sie Ihre Laufwerke?*

Abbildung 4.2: So viel Platz ist noch auf Laufwerk C.

✓ Wenn Windows diese Informationen auf der linken Seite nicht anzeigt oder Sie mit Windows XP arbeiten, dann lassen Sie den Kopf nicht hängen! Lesen Sie den folgenden Abschnitt!

✓ Einige Datenträger wie z. B. CD-ROMs oder DVDs sind immer voll! Das kommt daher, weil diese Datenträger nur gelesen, nicht aber beschrieben werden können.

✓ Von Wechseldatenträgern, also von Disketten, CD-ROMs und DVDs, können Sie nur Daten lesen, wenn sich diese auch in ihren entsprechenden Laufwerken befinden.

Noch mehr Infos über Laufwerke

Windows weiß mehr über die Disketten-, Festplatten- und sonstigen Laufwerke als nur ihre Symbole, Buchstaben, Bezeichnungen oder Verwendung. Für jedes Laufwerk gibt es im Arbeitsplatz-Fenster eine umfassende Datensammlung. Wenn Sie die auch sehen wollen, dann führen Sie die folgenden Schritte aus:

1. **Klicken Sie im Fenster ARBEITSPLATZ mit der rechten Maustaste auf ein Laufwerk.**

   Ein Kontextmenü wird daraufhin angezeigt.

2. **Wählen Sie im Kontextmenü den Befehl EIGENSCHAFTEN.**

   Für das jeweilige Laufwerk wird das Dialogfeld EIGENSCHAFTEN angezeigt (siehe Abbildung 4.3).

Sofort wird dasselbe Tortendiagramm wieder angezeigt, das Sie bereits im Fenster ARBEITSPLATZ beeindruckt hat (oder auch nicht, wenn Ihr Rechner es nicht angezeigt hat). Die Informationen über freien und belegten Speicherplatz sind hier viel detaillierter. Außerdem erfahren Sie hier etwas über den Datenträgertyp und sein Dateisystem. Hier können Sie dem Laufwerk auch einen netten Namen geben. Lassen Sie im Textfeld BEZEICHNUNG Ihrer Fantasie den Lauf.

Wenn Sie fertig sind, klicken Sie auf OK, um das Dialogfeld zu schließen.

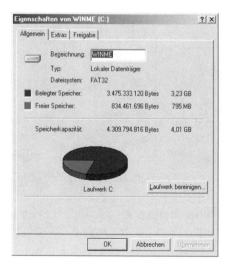

Abbildung 4.3: Das Dialogfeld EIGENSCHAFTEN für Laufwerk C

 Wenn Sie das Laufwerk umbenennen wollen, geben Sie einen neuen Namen in das Textfeld BEZEICHNUNG ein. Der Name kann bis zu 11 Zeichen lang sein, wenn der Dateityp FAT ist. Wenn der Dateityp NTFS ist (d. h. Sie arbeiten mit Windows NT oder Windows 2000), dann können Sie einen Namen mit bis zu 32 Zeichen eingeben.

✔ Um den Namen zu entfernen, markieren Sie den Text und löschen ihn. Laufwerke brauchen keinen Namen, Sie können also nichts verkehrt machen.

✔ Statt Laufwerksname sagt man auch Laufwerksbezeichnung.

Wenn das Laufwerk voll ist (also nur noch ein klitzekleines lila Segment zu sehen ist), dann klicken Sie auf die Schaltfläche LAUFWERK BEREINIGEN. Wenn Sie auf diese Schaltfläche klicken, werden doppelte und nutzlose Dateien von Ihrer Festplatte gelöscht.

Das CD-ROM- oder DVD-Laufwerk

In CD-ROM-Laufwerke werden spezielle CD-ROM-Scheiben eingelegt, die als CDs oder Computer-CDs bezeichnet werden. Computer-CDs sehen genauso aus wie Musik-CDs, speichern jedoch mehrere Megabytes an Computerdaten. Sie können über das CD-ROM-Laufwerk auf diese Informationen zugreifen, als würden sich diese auf einer Festplatte oder Diskette befinden. Oh, und das Laufwerk kann natürlich auch Musik-CDs abspielen.

Ein DVD-Laufwerk (von denen, die mehr Zeit zum Schreiben haben als ich, auch als DVD-ROM-Laufwerk bezeichnet) sieht genauso wie ein CD-ROM-Laufwerk aus und funktioniert auch so. Neben Computer-CDs und Musik-CDs kann ein DVD-Laufwerk allerdings auch Computer-DVDs und Video-DVDs lesen.

- Das *RO* in CD-ROM steht für *Read Only* (engl. für Nur-Lesen). Das bedeutet, dass Sie von einer CD-ROM nur Informationen lesen können. Sie können keine neuen Informationen hinzufügen oder vorhandene Informationen ändern.
- Dasselbe gilt auch für DVDs. Sie können sie nur lesen. Sie können keine neuen Informationen auf einer DVD speichern.
- Es gibt spezielle CD-R/RW- und DVD-RW-Laufwerke, die es ermöglichen, eigene CDs und DVDs zu erstellen. Näheres dazu erfahren Sie in Kapitel 9.

Eine CD oder DVD in das Laufwerk einlegen

Es gibt zwei Möglichkeiten, eine CD oder eine DVD in ein Laufwerk einzulegen:

Schublade: Meistens wird eine CD in ein CD-ROM-Laufwerk eingelegt, indem sie auf eine Schublade gelegt wird, die vom Laufwerk herausgefahren wird. Drücken Sie dazu auf die Auswurftaste des CD-ROM-Laufwerks. Legen Sie die CD mit der Aufschrift nach oben in die Schublade (die in Computerwitzen häufig als *Dosenhalter* bezeichnet wird). Schubsen Sie die Schublade vorsichtig an, damit sie wieder eingezogen wird.

Direkt: Manche Laufwerke funktionieren wie die CD-Spieler im Auto, d. h. es gibt nur einen Schlitz, in den Sie die CD einführen. Wenn Sie die CD in das Laufwerk schieben, wird diese vom Laufwerk gegriffen und vollständig eingezogen. Was für ein Wunder!

Wenn sich die CD im Laufwerk befindet, verwenden Sie sie wie jeden anderen Datenträger in Ihrem Computer.

- Datenträger werden immer so eingelegt, dass die beschriftete Seite nach oben zeigt.
- Manche DVDs haben zwei Seiten. So befindet sich beispielsweise auf der einen Seite die normale Fernsehversion und auf der anderen Seite die Breitwandversion eines Films. Achten Sie daher darauf, die DVD richtig herum einzulegen.

 Es gibt auch CDs, die nicht rund sind, sondern eher die Größe einer Scheckkarte oder irgendeine andere ungewöhnliche Form haben. Normalerweise kann man diese in die Schublade der CD-ROM-/DVD-Laufwerke einlegen. Bitte versuchen Sie dies aber nicht bei Laufwerken, bei denen der Datenträger direkt einzuführen ist.

Eine CD oder DVD auswerfen

Gehen Sie wie folgt vor, um eine CD oder DVD aus dem Laufwerk zu nehmen:

1. **Öffnen Sie das Fenster Arbeitsplatz.**

    Lesen Sie noch einmal den Abschnitt »So finden Sie Ihre Laufwerke«, wenn Sie nicht mehr wissen, wo dieses Fenster zu finden ist.

2. **Klicken Sie mit der Maus auf das Symbol des CD-ROM- oder DVD-Laufwerks.**

   Das Kontextmenü wird geöffnet.

3. **Wählen Sie im Menü die Option A**USWERFEN**.**

   Das CD-ROM-Laufwerk spuckt die CD aus.

✔ Diese Schritte funktionieren auch mit den meisten anderen austauschbaren Datenträgern, nicht jedoch mit Disketten.

✔ Sie können eine CD jederzeit auswerfen, indem Sie die Auswurftaste am Laufwerk drücken. Nur wissen Sie dann nicht, ob Windows bereits fertig ist. Wenn Sie sich lästige Fehlermeldungen ersparen wollen, dann befolgen Sie lieber die hier beschriebenen Schritte.

 In ganz dringenden Fällen, also wenn der Computer sich nicht mehr rührt oder gar ausgeschaltet ist, dann können Sie eine CD oder DVD auch auswerfen, indem Sie das Drahtende einer aufgebogenen Büroklammer in das kleine Loch vorne am Laufwerk stecken. Dies bringt die CD oder DVD dazu, ans Tageslicht zu kommen.

Eine Musik-CD oder einen DVD-Film abspielen

Wenn Sie Musik-CDs im CD-ROM-Laufwerk oder DVD-Filme im DVD-Laufwerk Ihres Computers abspielen möchten, legen Sie sie einfach in das Laufwerk ein. Sofort ertönt Musik oder der Film erscheint am Bildschirm.

✔ DVD-Filme können nur in DVD-Laufwerken abgespielt werden. Musik-CDs können sowohl in CD-ROM- als auch in DVD-Laufwerken gespielt werden.

✔ Der Windows Media Player wird in der Regel das Abspielen der Musik-CDs übernehmen. Die Schaltflächen im Media Player sehen so aus wie die Tasten auf den echten CD-Spielern.

 ✔ Wenn Sie eine Musik-CD in das CD-ROM-Laufwerk einlegen, ändert sich im Fenster A*RBEITSPLATZ* das Symbol für das Laufwerk.

✔ Einen DVD-Film sollten Sie sich an einem möglichst großen Bildschirm ansehen.

✔ Die DVD-Steuerung wird, kurz nachdem der Film angelaufen ist, ausgeblendet. Ein kurzes Wackeln mit der Maus bringt sie jedoch wieder auf den Bildschirm.

Das Diskettenlaufwerk

Das Wichtigste, an das Sie immer denken müssen, wenn Sie ein Diskettenlaufwerk benutzen, ist, dass Sie eine formatierte Diskette in das Laufwerk einlegen, bevor Sie überhaupt irgendetwas tun. Diskettenlaufwerke benötigen Disketten so wie CD-ROM-Laufwerke CDs brauchen. (Disketten können allerdings sowohl gelesen als auch beschrieben werden.)

Pro und kontra Diskettenlaufwerke

Das Diskettenlaufwerk ist eigentlich ein Überbleibsel aus den Anfängen des Computers. Heute gibt es sie zwar noch immer, aber sie werden nicht mehr so häufig verwendet, obwohl sie hier und da noch immer ihre Daseinsberechtigung haben. Ich habe mal ein paar Überlegungen zu den guten alten Disketten zusammengetragen:

- Eine Diskette muss *formatiert* werden, bevor sie verwendet werden kann. Allerdings sind die meisten Disketten bereits formatiert, wenn man sie kauft.
- Neue Programme werden zwar alle auf CD-ROMs ausgeliefert, es gibt aber noch einige auf Disketten.
- Disketten eignen sich hervorragend, um Dateien von einem Rechner zum anderen zu transportieren. Allerdings sind Sie aufgrund der Größe der Diskette (nur 1,44 MB) hinsichtlich des Umfangs und der Anzahl der Dateien, die Sie hin und her tragen wollen, eingeschränkt.
- Disketten sind nicht sehr zuverlässig. Je häufiger Sie sie verwenden, desto eher kann es passieren, dass sie Daten verlieren.
- Speichern Sie nie eine Datei auf eine Diskette. Nur Kopien von Dateien gehören auf Disketten.
- Denken Sie sich nichts, wenn Sie das Diskettenlaufwerk nie benutzen. Die neuen bunten Apple-Computer haben noch nicht einmal eins! Also, wenn Sie mich fragen, dann sind die Tage des Diskettenlaufwerks gezählt.

Meine Diskette ist bereits voll, bevor die Datei heruntergeladen ist!

F: Ich habe mal gelesen, dass man Dateien aus dem Internet lieber auf eine Diskette herunterladen sollte, um sich keine Viren einzuschleppen. Das funktioniert auch meistens ganz gut. Was aber, wenn ich eine große Datei herunterlade und ich mittendrin die Meldung bekomme, dass die Diskette voll ist? Wissen Sie einen Rat?

A: Bitte, bitte, bitte laden Sie keine Dateien auf eine Diskette herunter! Ich weiß nicht, welcher Hirnbeiß geschrieben hat, dass man sich auf diese Weise keine Viren einschleppt. Völliger Blödsinn! Laden Sie Dateien auf Ihre Festplatte herunter und benutzen Sie Disketten nur, wenn Sie Dateien von einem Rechner zum anderen transportieren müssen. In Kapitel 25 steht, wie Sie Dateien aus dem Internet herunterladen.

Rein und raus mit der Diskette

Disketten sind flache, 3½ Zoll große, quadratische Teile, auf denen Sie 1,44 Mbyte Daten speichern können. Um auf eine Diskette zugreifen zu können, müssen Sie sie in das Diskettenlaufwerk Ihres PC einschieben.

Schieben Sie die Diskette mit dem Etikett nach oben und dem Metallteil zuerst in das Laufwerk. Das Laufwerk gibt ein zufriedenes Geräusch von sich, wenn die Diskette richtig eingelegt ist.

Um die Diskette wieder aus dem Laufwerk zu nehmen, müssen Sie auf die Taste rechts unten am Diskettenlaufwerk drücken. Damit wird die Diskette (je nachdem, wie heftig Sie drücken) ein Stück weit aus dem Laufwerk ausgeworfen. Nehmen Sie die Diskette vollends aus dem Laufwerk heraus.

✔ Achten Sie immer darauf, dass der Computer nicht gerade Daten auf der Diskette speichert, wenn Sie sie aus dem Laufwerk nehmen. Die Leuchtanzeige des Laufwerks darf nicht blinken.

✔ Sie sollten auch darauf achten, dass Sie nicht gerade mit einer Datei arbeiten, die sich auf der Diskette befindet. Schließen Sie alle Dateien auf der Diskette, bevor Sie diese aus dem Laufwerk nehmen. Wenn Sie dies nicht tun, werden Sie von Windows aufgefordert, die Diskette wieder einzulegen, damit die Schreiboperation abgeschlossen werden kann.

Achten Sie darauf, dass Sie die Diskette nicht in das ZIP-Laufwerk einlegen. Der Schlitz im ZIP-Laufwerk ist größer als der im Diskettenlaufwerk. Wenn Sie beide Arten von Laufwerken haben, dann achten Sie darauf, Disketten nur in das Diskettenlaufwerk zu schieben.

✔ Wenn Sie eine SuperDisk haben, dann können Sie sie genau so auswerfen wie eine CD-ROM oder DVD. Mehr dazu im Abschnitt »Eine CD oder DVD auswerfen«.

Eine Diskette formatieren

Alle Disketten müssen formatiert sein. Wenn Sie keine vorformatierten Disketten gekauft haben, müssen Sie die Disketten irgendwann formatieren. Eine Diskette muss formatiert sein, bevor Sie sie benutzen können.

Wenn die Diskette nicht formatiert ist und Sie versuchen, darauf zuzugreifen, zeigt Windows eine hässliche Fehlermeldung an. Sollte das passieren, klicken Sie auf die Schaltfläche JA und formatieren Sie die Diskette.

1. **Legen Sie eine nicht formatierte Diskette in Laufwerk A ein.**

   Sie können eine neue oder eine alte Diskette in das Laufwerk einlegen. Wenn Sie eine alte Diskette verwenden, müssen Sie jedoch wissen, dass *sämtliche Daten* auf dieser Diskette beim Formatieren gelöscht werden. Das ist ein vernichtender Akt. Seien Sie vorsichtig.

2. **Öffnen Sie das Fenster ARBEITSPLATZ.**

   Doppelklicken Sie auf das Symbol ARBEITSPLATZ, das sich links oben auf dem Desktop befindet.

   In einem Fenster werden die Laufwerke Ihres Computers sowie einige Ordner angezeigt (siehe Abbildung 4.1).

3. **Wählen Sie Laufwerk A.**

   Klicken Sie einmal auf das Symbol von Laufwerk A. Dadurch wird das Laufwerk markiert.

4. **Klicken Sie auf DATEI und dann auf FORMATIEREN.**

   Das Dialogfeld 3,5-DISKETTE (A:) FORMATIEREN wird angezeigt (siehe Abbildung 4.4).

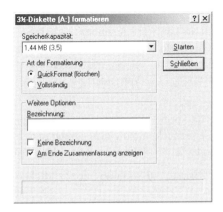

Abbildung 4.4: Das Dialogfeld 3,5-DISKETTE (A:) FORMATIEREN

5. **Klicken Sie auf STARTEN.**

   Ignorieren Sie die Optionen im Dialogfeld. Klicken Sie auf die Schaltfläche STARTEN, um loszulegen.

Das Formatieren dauert ein bisschen. Sie können in der Zwischenzeit den Kühlschrank plündern. Wenn Windows mit dem Formatieren fertig ist, passiert nichts. Gut, eine Meldung wird angezeigt. Drücken Sie die Taste `Esc`, um das Dialogfeld zu schließen. Sie können die Diskette jetzt benutzen.

 Nachdem die Diskette formatiert ist, kleben Sie ein Etikett darauf. Sie können eine der Selbstklebeetiketten nehmen, die sich in der Diskettenschachtel befinden. Beschriften Sie das Etikett, *bevor* Sie es auf die Diskette kleben.

✔ Vergessen Sie nie, Ihre Disketten zu beschriften.

Verwenden Sie keine Haftnotizen als Etiketten für Disketten. Die fallen ab, wenn Sie gerade nicht hinschauen oder bleiben in den Laufwerken kleben.

Eine Datei an Laufwerk A senden

Auf Laufwerk A greifen Sie wie auf jedes andere Laufwerk in Ihrem PC zu: Nachdem Sie eine Diskette in das Laufwerk eingelegt haben, doppelklicken Sie im Windows-Explorer oder im Fenster ARBEITSPLATZ auf das Symbol für das Laufwerk A. Oder Sie greifen auf das Laufwerk über die Dialogfelder SPEICHERN UNTER oder ÖFFNEN zu. Die Dateien werden auf einer Diskette genauso gespeichert wie auf jedem anderen Datenträger, nur dass auf einer Diskette nicht so viel Platz zum Speichern ist.

Sie können eine Datei schnell an Laufwerk A senden, indem Sie auf SENDEN AN und dann auf 3,5-DISKETTE (A) klicken. Suchen und markieren Sie im Windows-Explorer oder im Fenster ARBEITSPLATZ die Datei oder die Dateien, die Sie auf Diskette kopieren möchten. Klicken Sie dann auf DATEI|SENDEN AN|3,5-DISKETTE (A). Vergessen Sie nicht, zuvor eine formatierte Diskette in Laufwerk A einzulegen!

✔ Auf einer normalen Diskette können Sie 1,44 Mbyte Daten speichern. Diese Disketten sind schnell voll! Und wenn Sie versuchen, zu viele Dateien oder eine zu große Datei zu kopieren, wird die entsprechende Fehlermeldung auf dem Bildschirm angezeigt.

✔ Um eine Datei *von* einer Diskette zu kopieren, doppelklicken Sie zuerst auf dem Desktop auf ARBEITSPLATZ und dann im Fenster ARBEITSPLATZ auf das Symbol für Laufwerk A. Ziehen oder markieren und kopieren Sie die Dateien, die Sie an einer anderen Stelle haben möchten. Wie Sie dabei im Einzelnen vorgehen, erfahren Sie in Kapitel 6.

Eigenheiten von Disketten

F: Immer, wenn ich mein Diskettenlaufwerk benutzen möchte, bekomme ich die Fehlermeldung: `Legen Sie einen Datenträger in Laufwerk A: ein.` Können Sie mir da weiter helfen?

A: Im Diskettenlaufwerk muss sich eine Diskette befinden, damit Sie darauf zugreifen können. Darüber hinaus muss die Diskette formatiert sein. Achten Sie außerdem darauf, dass die Diskette *ganz* im Laufwerk steckt.

Das ZIP-Laufwerk

ZIP-Laufwerke entwickeln sich zu einer beliebten Alternative zu den herkömmlichen Diskettenlaufwerken. Auf einer einzigen ZIP-Diskette können Sie je nach Laufwerk 100 Mbyte oder

250 Mbyte Daten speichern. Das ist etwa 70 bzw. 170-mal so viel wie auf einer guten alten Diskette.

- ✔ Viele neue PCs sind bereits mit ZIP-Laufwerken ausgestattet.
- ✔ Sie können in Ihrem PC jederzeit ein ZIP-Laufwerk installieren. Manche Modelle werden intern installiert, andere werden über ein Kabel an den PC angeschlossen.
- ✔ 100-Mbyte-ZIP-Laufwerke können nur 100-Mbyte-Datenträger lesen. Um 250-Mbyte-Datenträger lesen zu können, benötigen Sie ein 250-Mbyte-ZIP-Laufwerk. Diese Laufwerke können dann auch 100-Mbyte-Datenträger lesen.

ZIP-Disketten bieten eine hervorragende Möglichkeit, viele Daten oder riesige Dateien von einem Computer auf einen anderen zu kopieren.

- ✔ ZIP-Disketten sind teuer. Mein Gott! Kaufen Sie am besten gleich mehrere, um sie billiger zu bekommen. Und achten Sie unbedingt darauf, dass die ZIP-Disketten DOS-formatiert und nicht Macintosh-formatiert sind.

Eine ZIP-Diskette einlegen

ZIP-Disketten werden wie normale Disketten in das Laufwerk eingelegt: Etikett nach oben und das glänzende Metallteil voraus.

Wenden Sie keine Gewalt an, wenn Sie die ZIP-Diskette in das Laufwerk schieben! Wenn die Diskette nicht passt, dann schieben Sie sie gerade verkehrt herum in das Laufwerk. Die Diskette in das Laufwerk einzuschieben ist besonders dann ziemlich umständlich, wenn sie seitwärts eingeführt werden muss.

Sie müssen die ZIP-Diskette ganz in das Laufwerk schieben. An einem bestimmten Punkt wird die Diskette dann arretiert. Sie können dann aufhören, die Diskette weiter in das Laufwerk zu schieben.

Nur wenn sich die ZIP-Diskette im Laufwerk befindet, können Sie Daten auf der Diskette lesen oder Daten auf die Diskette schreiben.

Eine ZIP-Diskette auswerfen

Sie können eine ZIP-Diskette entweder über das Menü (das im folgenden Abschnitt beschrieben wird) oder mithilfe des Auswurfknopfs auswerfen. Das funktioniert genau so wie bei CD-ROMs oder DVDs.

Das ZIP-Menü

ZIP-Laufwerke haben ihr eigenes spezielles Menü. Klicken Sie, nachdem Sie eine ZIP-Diskette in das Laufwerk eingelegt haben, im Fenster ARBEITSPLATZ mit der rechten Maustaste auf das Symbol für das ZIP-Laufwerk. Daraufhin wird ein ausführliches Menü mit speziellen Optionen für das ZIP-Laufwerk angezeigt (siehe Abbildung 4.5).

Abbildung 4.5: Das spezielle Menü des ZIP-Laufwerks

Die speziellen Befehle, die mit dem *i* gekennzeichnet sind (für Iomega, dem Hersteller des ZIP-Laufwerks), sind nur für ZIP-Laufwerke. Ich habe hier mal die Wichtigsten herausgegriffen.

Formatieren: Ein benutzerdefinierter Formatierungsbefehl nur für ZIP-Laufwerke, mit dem Sie ZIP-Disketten neu formatieren. (Da ZIP-Disketten von Haus aus formatiert sind, sollte dieser Befehl eigentlich »Neu formatieren« heißen.)

Schützen: Eine Superoption, mit der Sie den Zugriff auf die Diskette einschränken können. Das ist die einzige Möglichkeit, wie Sie in Windows Ihre Dateien mit Kennwort schützen können. Ein Kennwort schützt die gesamte Diskette.

Entfernen (oder Auswerfen): Mit dem Befehl ENTFERNEN (oder AUSWERFEN) können Sie eine ZIP-Diskette automatisch auswerfen.

Es gibt verschiedene Versionen von ZIP-Software, bei denen dieses Menü unter Umständen anders aussieht. Wenn Sie mit einer Option nicht klarkommen, müssen Sie im Handbuch zum ZIP-Laufwerk nachschlagen.

Dateien speichern und doch wieder finden

In diesem Kapitel

- Was ist ein Ordner?
- Hände weg vom Stammordner
- Der Ordner EIGENE DATEIEN
- Den Windows-Explorer ausführen
- Ordner erstellen
- Ordner löschen
- Das Dialogfeld ÖFFNEN
- Das Dialogfeld SPEICHERN UNTER

*W*er mit einem Computer arbeitet, hat in Nullkommanix ein Sammelsurium an Grafikdateien, Musikdateien, Dokumenten, Geheimrezepten, empfangene und weitergeleitete E-Mails, Dateien über dieses und jenes. Eine immer größer werdende Menge! Das ist eigentlich nicht weiter schlimm. Ein Computer kann schließlich Tausende von Dateien speichern. Das Problem ist eher, irgendetwas wieder zu finden. Sie werden also Ordnung in dieses Sammelsurium bringen müssen.

Auch wenn Sie nicht vieles vergessen werden, was in diesem Buch steht, so hoffe ich doch, dass Sie meine Ratschläge zur Organisation Ihrer Dateien beherzigen und dauerhaft anwenden werden. Das Zauberwort für eine bessere Organisation lautet *Ordner*. In diesem Kapitel geht es um den Einsatz von Ordnern. Lesen Sie einfach weiter, lächeln Sie, befolgen Sie ein paar Anleitungen – und bald werden auch Sie die Vorzüge einer organisierten Festplatte genießen.

Grundsätzliches zum Thema »Ordner«

Wenn Sie Dateien organisieren wollen, um dem Chaos zu entgehen, dann brauchen Sie dazu *Ordner*.

Ein *Ordner* ist ein Speicherplatz für Dateien im Computer, speziell auf der Festplatte. Ordner halten Dateien zusammen, wie Stacheldrahtzäune Gefangene, wilde Tiere und Kindergärtnerinnen daran hindern, einfach abzuhauen.

Ohne Ordner befinden sich Dateien irgendwo. Vielleicht können Sie sie finden, aber wahrscheinlich nicht. Schon mal beim Suchen nach einer Datei sich die Haare gerauft? Schon mal etwas heruntergeladen oder eine E-Mail-Anlage gespeichert und nicht mehr wieder gefunden? Vermutlich, weil Sie sich nicht um Ordner gekümmert haben, als Sie die Dateien erstellt und gespeichert haben.

In Ordnern können Ihre Dateien ordentlich mit anderen Dateien aufbewahrt werden. Sie können Ihren Kram nach Projekt, Dateityp oder was auch immer organisieren.

Das hört sich alles wunderbar an. Das eigentliche Problem dabei ist nur, dass es Windows egal ist, ob Sie Ordner verwenden oder nicht. Wenn Sie es tun, beweisen Sie Organisationsgeschick und können immer alles finden. Wenn Sie es nicht tun, wird zwar alles funktionieren, aber die Arbeit mit dem Computer nimmt mehr Zeit in Anspruch.

✔ Alle Dateien auf einer Festplatte werden in verschiedenen Ordnern abgelegt. Wenn Sie unter Windows etwas abspeichern, dann legen Sie es in einem speziellen Ordner irgendwo auf der Festplatte ab.

✔ Neben Dateien können Ordner auch weitere Ordner enthalten. Das ist lediglich eine weitere Organisationsebene. Sie können zum Beispiel einen Ordner »Finanzen« nennen und in diesem Ordner andere Ordner mit den Namen »2001«, »2002« usw. anlegen.

Der Punkt ist, dass Sie Dateien in Ordnern ablegen, die *Sie* zu einem bestimmten Zweck erstellen.

Der Stammordner

Jeder Datenträger, sogar jede popelige Diskette, hat mindestens einen Ordner. Dieser Ordner, der Hauptordner, wird als *Stammordner* bezeichnet. Wie bei einem Baum (und das ist kein Hundewitz) zweigen alle anderen Ordner auf Ihrer Festplatte von diesem Stammordner ab.

✔ Der Stammordner ist einfach der Hauptordner auf der Festplatte.

✔ Wenn sich die Computerentwickler mehr mit der Konstruktion von Gebäuden als mit dem Pflanzen von Bäumen beschäftigt hätten, würde der Ordner bestimmt *Fundamentordner* heißen.

✔ Wenn Sie im Fenster ARBEITSPLATZ oder im Windows-Explorer ein Laufwerk öffnen, werden alle Dateien und Ordner angezeigt, die im Stammordner gespeichert sind.

✔ Alte DOS-Cracks verwenden auch den Begriff *Stammverzeichnis*, aber seit Windows heißen Verzeichnisse nun mal Ordner.

Spezielle Ordner für spezielle Dateien

Der Stammordner ist Teil der Festplatte und Ihre Dateien haben dort nichts verloren. Die meisten Ihrer Dateien, wenn nicht sogar alle, wandern in den Ordner EIGENE DATEIEN.

In diesem Ordner speichern Sie Ihre Dokumente ab. Die meisten Anwendungen unter Windows und anderen Programmen versuchen, neu erstellte Dokumente zuerst in diesem Ordner zu speichern.

Alle Dateien im Ordner EIGENE DATEIEN abzulegen, führt irgendwann einmal dazu, dass Sie den Überblick verlieren. Die Lösung des Problems liegt auf der Hand: Sie erstellen einfach Unterordner im Ordner EIGENE DATEIEN. Mehr dazu etwas weiter hinten.

Eigene Bilder

Ein paar Unterordner hat Windows bereits angelegt: EIGENE BILDER und EIGENE MUSIK. Da weiß ich doch gleich, wo ich was suchen muss!

Je länger Sie mit Windows arbeiten, desto mehr Ordner werden sich im Ordner EIGENE DATEIEN ansammeln. Erstellen Sie Ordner für bestimmte Dokumente, beispielsweise einen Ordner DOWNLOAD, in dem Sie alles speichern, was Sie aus dem Internet herunterladen.

- ✔ Alle neuen Dokumente sollten im Ordner EIGENE DATEIEN abgelegt werden.
- ✔ Sie können im Ordner EIGENE DATEIEN auch untergeordnete Ordner erstellen, um Ihre Dateien zu strukturieren.
- ✔ Arbeiten Sie mit den verschiedenen Ordnern – und mit Unterordnern dieser Unterordner –, um Ordnung zu halten. Das Dialogfeld SPEICHERN UNTER, das weiter hinten in diesem Kapitel behandelt wird, ist der ideale Ort hierfür.
- ✔ Auf dem Desktop ist eine Verknüpfung zum Ordner EIGENE DATEIEN abgelegt. Damit haben Sie im Handumdrehen Zugriff auf die von Ihnen erstellten Dateien. (Kapitel 6 enthält weitere Infos zu diesen Verknüpfungen.)

Der Stammordner auf Laufwerk C ist nicht für Ihre Dateien gedacht. Stammordner auf anderen Laufwerken stehen jedoch zu Ihrer freien Verfügung. Erstellen Sie auch hier Unterordner und halten Sie Ordnung.

Verbotene Ordner

Nicht nur Sie brauchen Ordner für Ihre Dateien, auch der Computer braucht Ordner, um die Dateien abzulegen, die Windows braucht, sowie Ordner für Ihre Anwendungsprogramme. Diese Ordner nenne ich verbotene Ordner, weil Sie damit nicht herumspielen sollten.

Windows beispielsweise hat seinen eigenen Windows-Ordner. Die Programme, die Sie installieren, werden automatisch im Ordner PROGRAMME abgelegt. Es wird auch noch einige andere Ordner auf der Festplatte geben, aber lassen Sie bitte die Finger davon!

✔ Hände weg von Ordnern, die Sie nicht selbst erstellt haben!

✔ Speichern Sie Dateien im Ordner Eigene Dateien und niemals im Stamm- oder Windows-Ordner, es sei denn, Sie werden explizit dazu aufgefordert.

Mit Ordnern arbeiten

Unter Windows erledigen Sie Ihre Ordnerarbeiten im Windows-Explorer. Hier können Sie die Ordner und deren Inhalte anzeigen, neue Ordner erstellen, löschen, verschieben oder umbenennen.

Es gibt mindestens drei Dutzend Möglichkeiten, um den Windows-Explorer zu starten. Ich persönlich finde, dass es am einfachsten ist, die Windows-Taste zusammen mit der Taste $\boxed{E}$ auf der Tastatur zu drücken. Sie starten damit den Windows-Explorer, der das Fenster Arbeitsplatz öffnet. Sie können den Windows-Explorer aber auch über das Startmenü öffnen:

✔ In Windows 98 zeigen Sie im Startmenü auf Programme und klicken dann auf Windows-Explorer.

✔ In Windows Me/2000 zeigen Sie im Startmenü auf Programme und dann auf Zubehör. Klicken Sie dann auf Windows-Explorer.

✔ In Windows XP wählen Sie im Startmenü Alle Programme und dann Zubehör. Klicken Sie dann auf Windows-Explorer.

Die Baumstruktur

Das ganze Durcheinander von Dateien und Ordnern ist in einer so genannten *Baumstruktur* gegliedert. Die Ordner beginnen am Stamm, verzweigen in weitere Ordner und enden schließlich in Dateien wie die Blätter an einem Baum. In diesem Vergleich gibt es allerdings keine Blattläuse.

Diese Baumstruktur können Sie im Windows-Explorer in der Ordnerleiste anzeigen (siehe Abbildung 5.1). Auf der rechten Seite des Fensters wird der Inhalt des Ordners angezeigt, der auf der linken Seite markiert ist.

Um die Ordnerleiste anzuzeigen, klicken Sie in der Symbolleiste auf die Schaltfläche Ordner. Oder Sie wählen im Menü Ansicht den Befehl Explorerleiste und klicken dann auf Ordner.

Sie können einen Teil der Baumstruktur erweitern, indem Sie auf das Pluszeichen (+) vor einem Ordner klicken. Dadurch wird ein *Zweig* der Baumstruktur sichtbar.

Wenn Sie auf das Minuszeichen (-) vor einem Ordner klicken, können Sie die Zweige der Baumstruktur wieder schließen.

5 ➤ Dateien speichern und doch wieder finden

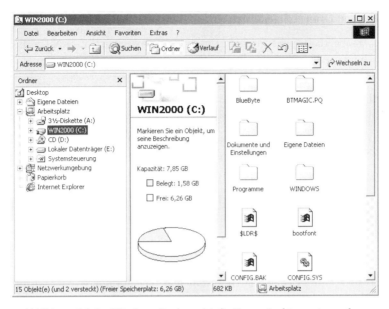

Abbildung 5.1: Im Windows-Explorer ist die Baumstruktur gut zu sehen.

Wenn Sie mit dem Explorer nicht mehr weiterarbeiten möchten, können Sie dessen Fenster schließen, indem Sie rechts oben im Fenster auf die kleine Schaltfläche mit dem X klicken.

✔ Wenn die Standard-Schaltflächen nicht zu sehen sind, klicken Sie in der Menüleiste des Windows-Explorers auf ANSICHT|SYMBOLLEISTEN und dann auf STANDARD-SCHALTFLÄCHEN. Sie können auch die Option ADRESSLEISTE anklicken.

✔ Mit der Schaltfläche ORDNER können Sie die Ordnerleiste jederzeit ein- oder ausblenden. (Diese Funktion gibt es nicht in Windows 98.)

 ✔ Ganz rechts in der Symbolleiste des Windows-Explorers befindet sich die Schaltfläche ANSICHTEN. (Eventuell müssen Sie ganz rechts auf den Doppelpfeil klicken, um diese Schaltfläche anzuzeigen.) Mithilfe dieser Schaltfläche können Sie Ordner und Symbole auf verschiedene Arten anzeigen. Wenn Sie die Muße haben, klicken Sie doch einfach einmal auf diese Schaltfläche, um sich die Möglichkeiten anzusehen. Wählen Sie für eine andere Ansicht eine der Optionen aus.

Einen Ordner erstellen

Das Erstellen eines Ordners ist einfach. Das Schwierige ist, wo er erstellt wird. Im folgenden Beispiel erstellen Sie den Ordner KRIMSKRAM im Ordner EIGENE DATEIEN in Laufwerk C.

1. **Öffnen Sie den Ordner Eigene Dateien.**

    Doppelklicken Sie auf dem Desktop auf das Symbol EIGENE DATEIEN. Daraufhin öffnet sich ein Fenster, in dem sämtliche Dokumente, Dateien und Ordner angezeigt werden, die Sie dort abgelegt haben.

   Beachten Sie, dass es hier um das Symbol EIGENE DATEIEN, nicht um das Symbol ARBEITSPLATZ geht!

   Wenn der Ordner recht unübersichtlich aussieht, dann wählen Sie im Menü ANSICHT den Befehl SYMBOLE ANORDNEN und klicken dann auf NACH NAMEN.

2. **Klicken Sie auf Datei|Neu|Ordner.**

    Im Fenster wird ein neuer Ordner angezeigt. (Wie der neue Ordner aussieht, ist abhängig von der im Menü ANSICHT gewählten Option zum Anpassen von Ordnern.

   Ta-da! Hier ist Ihr neuer Ordner.

3. **Geben Sie dem Ordner einen anderen Namen als das dumme »Neuer Ordner«.**

   Geben Sie einen neuen Namen ein. Der Ordner wartet förmlich darauf, einen neuen Namen zu erhalten.

    Denken Sie daran, dass dieser Ordner Dateien und vielleicht weitere Ordner enthalten wird, die alle irgendwie mit dem Namen des Ordners in Bezug stehen. In dieser Übung geben Sie den nicht sehr aussagekräftigen Namen *Krimskram* ein.

   Wenn Sie für diesen Schritt noch weitere Informationen benötigen, dann lesen Sie den Abschnitt »Wo soll ich den Namen eingeben?«.

4. **Drücken Sie die Eingabetaste, um den Namen zu übernehmen.**

   Na, war das nicht einfach? Jetzt können Sie neue und interessante Dateien in den neuen Ordner kopieren.

Nun können Sie mit dem Ordner arbeiten. Sie können ihn öffnen, indem Sie auf das Symbol des neuen Ordners doppelklicken. Ein leeres Fenster wird angezeigt, da der Ordner noch neu ist und noch keinen Inhalt hat. Zeit, den Ordner zu füllen!

✔ Sie können weitere Ordner erstellen oder Dateien und Ordner kopieren und in den neuen Ordner einfügen. Sie können sogar einen Unterordner erstellen und Dateien in diesen Ordner verschieben. Verfallen Sie aber nicht dem Organisationswahnsinn!

✔ Kapitel 6 enthält Informationen über das Benennen und Umbenennen von Symbolen. Bei Ordnern funktioniert das ebenso.

Wenn Sie für den gerade erstellten Ordner KRIMSKRAM keine Verwendung haben, löschen Sie ihn. Lesen Sie dazu den nächsten Abschnitt »Einen Ordner löschen«.

Wo soll ich den Namen eingeben?

F: Ich bin gerade bei der Anleitung zum Erstellen eines Ordners bei Schritt 3. Hier steht, man soll einen Namen für den neuen Ordner eingeben. Aber ich kann kein Dialogfeld finden, in dem ich den Namen eingeben kann.

A: Es gibt hier kein Dialogfeld. Klicken Sie einfach einmal auf das Symbol einer Datei oder eines Ordners. Das Symbol wird markiert und wird in einer anderen Farbe auf dem Bildschirm angezeigt. Drücken Sie nun die Taste [F2], um den Namen des Symbols oder des Ordners zu markieren. Nun können Sie den gewünschten Namen eingeben.

Einen Ordner löschen

Suchen Sie im Windows-Explorer oder im Fenster ARBEITSPLATZ den Ordner, den Sie löschen möchten. Ziehen Sie den Ordner über den Desktop und legen Sie ihn im Papierkorb ab.

Und schon ist er verschwunden.

Wenn Sie den Papierkorb nicht sehen können, weil das Fenster als Vollbild angezeigt wird, dann reicht auch ein Klick mit der Maus, um ihn ins Jenseits zu befördern. Markieren Sie den Ordner, klicken Sie in der Symbolleiste auf die Schaltfläche LÖSCHEN oder drücken Sie [Entf]. Und tschüss!

✔ Tod den Ordnern!

Nachdem Sie in Windows XP einen Ordner markiert haben, können Sie auf der linken Fensterseite im Aufgabenbereich DATEI- UND ORDNERAUFGABEN die Option ORDNER LÖSCHEN wählen.

✔ Es wird eine Warnung angezeigt, die Ihnen mitteilt, dass Sie gerade dabei sind, einen Ordner zu löschen, und dass das nur böse Menschen tun. Außerdem werden Sie gefragt, ob Sie Ihre Meinung nicht doch noch ändern möchten. Klicken Sie auf JA, um den Ordner zu löschen.

✔ Mit dem Befehl RÜCKGÄNGIG können Sie das Löschen eines Ordners widerrufen. Das funktioniert allerdings nur direkt, nachdem der Ordner gelöscht wurde, also beeilen Sie sich. Klicken Sie auf BEARBEITEN|RÜCKGÄNGIG: LÖSCHEN, drücken Sie die Tasten [Strg]+[Z], oder klicken Sie in der Symbolleiste auf die Schaltfläche RÜCKGÄNGIG. (Falls sie nicht angezeigt wird, klicken Sie ganz rechts auf die zwei >>!)

Wenn Sie einen Ordner löschen, wird alles, was sich im Ordner befindet, gelöscht: Dateien, Ordner und alle Dateien und Ordner in diesen Ordnern. Ein richtiges Gemetzel! Also seien Sie vorsichtig, damit Sie nicht vor ein Festplatten-Kriegsverbrechertribunal gestellt werden.

✔ Es ist möglich, alles, was in Windows gelöscht wird, zu retten. Wie das geht, erfahren Sie in Kapitel 6.

Die Sache mit den komprimierten Ordnern

Eine tolle Neuerung in Windows Me und Windows XP ist, dass man jetzt komprimierte Ordner erstellen kann. In diese Spezialablageordner können Sie Dateien ablegen und wieder herausholen. Sie nehmen dort einfach weniger Platz weg, ohne dass ihre Inhalte darunter auch nur im Geringsten leiden.

Ein Beispiel zur Veranschaulichung: Ich kopiere eine Datei in einen komprimierten Ordner, den ich soeben erstellt hatte. Die Datei hatte ursprünglich 936 Kbyte. Der komprimierte Ordner samt Datei nimmt jetzt aber nur noch 26,5 Kbyte ein. Wenn das keine Platzersparnis ist!

Neu ZIP-komprimierter Ordner

Sie erstellen einen ZIP-komprimierten Ordner, indem Sie auf das Symbol ARBEITSPLATZ klicken oder einen Ordner öffnen, in dem Sie den komprimierten Ordner erstellen wollen. Wählen Sie im Menü DATEI den Befehl NEU und klicken Sie dann auf ZIP-KOMPRIMIERTER ORDNER. Ein Ordnersymbol wie am Rand wird im Fenster angezeigt. Geben Sie dem Ordner einen Namen und schon ist er einsatzbereit.

Noch ein paar schlaue Worte zu diesem Thema:

✔ Komprimierte Ordner eignen sich ideal zur Aufbewahrung. Sie können dort jede Menge Bilder oder Textdateien speichern und sparen damit Speicherplatz.

✔ Sie können für eine Datei, die in einem komprimierten Ordner abgelegt ist, nicht den Befehl ÖFFNEN verwenden. Sie müssen die Datei erst aus dem komprimierten Ordner in einen normalen Ordner verschieben oder kopieren.

✔ Sie können eine Datei nicht mit dem Befehl SPEICHERN UNTER in einen komprimierten Ordner ablegen. Speichern Sie die Datei erst in einem normalen Ordner und kopieren oder verschieben Sie sie dann in einen komprimierten Ordner.

 Komprimierte Ordner dienen der Ablage von Dateien. Dateien, die Sie oft brauchen, haben darin nichts zu suchen.

✔ Komprimierte Ordner können mit einem Kennwort geschützt werden. Doppelklicken Sie auf das Symbol für den komprimierten Ordner und wählen Sie im Menü DATEI den Befehl EIN KENNWORT HINZUFÜGEN. Geben Sie im Feld KENNWORT ein Kennwort ein und wiederholen Sie es im Feld KENNWORT BESTÄTIGEN.

5 ▶ Dateien speichern und doch wieder finden

✔ Viele Dateien, die Sie aus dem Internet herunterladen, werden im Dateiformat des ZIP-komprimierten Ordners gespeichert. Öffnen Sie den Ordner und verschieben oder betrachten Sie die Dateien.

✔ Wenn Sie ein anderes Komprimierungsprogramm unter Windows installieren, wird die Option ZIP-KOMPRIMIERTER ORDNER aus dem Kontextmenü entfernt und durch das Symbol des Komprimierungsprogramms ersetzt.

Das Dialogfeld »Öffnen«

Sie werden noch häufig mit dem Befehl ÖFFNEN auf einem Datenträger nach Ordnern und Dateien suchen. Bei den meisten Anwendungen können Sie durch einen Klick auf DATEI|ÖFFNEN das Dialogfeld ÖFFNEN aufrufen. Mithilfe dieses Dialogfelds können Sie dann nach Dateien suchen. Bei Windows sind alle Dialogfelder mit der Bezeichnung ÖFFNEN gleich. Da kann man nur von Glück sprechen.

In Abbildung 5.2 ist das Dialogfeld ÖFFNEN dargestellt. In Windows XP sieht es noch schöner aus.

Abbildung 5.2: Das Dialogfeld ÖFFNEN in Windows Me

Im Folgenden wird beschrieben, wie Sie mithilfe dieses Dialogfelds eine Datei öffnen.

1. **Rufen Sie das Dialogfeld Öffnen auf.**

    Wählen Sie hierzu im Menü DATEI den Befehl ÖFFNEN oder drücken Sie `Strg`+`O`. Sie können auch auf die Schaltfläche für Öffnen klicken, die sich in den meisten Anwendungen in der Symbolleiste befindet.

2. **Suchen Sie nach Ihrer Datei und öffnen Sie sie dann.**

   In der langen Liste in der Mitte des Dialogfelds wird eine ganze Reihe von Dateisymbolen angezeigt. Wenn Ihre Datei darunter ist, doppelklicken Sie darauf, um sie zu öffnen. Die Datei wird daraufhin in Ihrem Lieblingsprogramm geöffnet.

   Mit der Bildlaufleiste am unteren Rand können Sie alle Dateien im Dialogfeld sehen.

3. **Wenn Sie Ihre Datei nicht finden, suchen Sie in einem anderen Ordner.**

   Wenn Sie Ihre Datei nicht finden, suchen Sie in der langen Liste nach einem anderen Ordner.

   * Klicken Sie auf die Schaltfläche EIGENE DATEIEN (ganz links im Dialogfeld), um den Inhalt dieses Ordners anzuzeigen.

   * Doppelklicken Sie auf irgendeinen Ordner in der Liste, um ihn zu öffnen, und suchen Sie darin nach Ihrer Datei.

   * Wählen Sie aus dem Dropdown-Listenfeld am oberen Dialogfeldrand einen anderen Ordner aus.

   Wenn Sie Ihre Datei gefunden haben, öffnen Sie sie!

4. **Wenn Sie Ihre Datei immer noch nicht finden können, wechseln Sie das Laufwerk.**

   Klicken Sie oben im Dialogfeld ÖFFNEN auf den nach unten zeigenden Pfeil im Dropdown-Listenfeld SUCHEN IN, und wählen Sie ein Laufwerk, zum Beispiel Laufwerk C.

   Der Inhalt in der Mitte des Dialogfelds ändert sich und es werden die Dateien in Laufwerk C (im *Stammordner*) angezeigt.

   Wenn Sie Ihre Datei gefunden haben, öffnen Sie sie!

 Wenn Sie zum vorherigen Ordner zurückkehren möchten, klicken Sie auf die praktische Schaltfläche ÜBERGEORDNETER ORDNER.

Nachdem Sie eine Datei geöffnet haben, können Sie sie anzeigen, bearbeiten, ändern, ausdrucken, was immer Sie wollen. Aber Sie müssen die Datei (oder das *Dokument*, was sich doch viel besser anhört!) öffnen, bevor Sie auch nur irgendetwas mit ihr tun können.

✔ Im unteren Bereich des Dialogfelds ÖFFNEN befindet sich das Dropdown-Listenfeld DATEITYP. Mithilfe dieses Listenfelds können Sie die lange Liste der angezeigten Dateien etwas einschränken. So werden beispielsweise im Dialogfeld ÖFFNEN in Abbildung 5.2 nur Word-Dokumente angezeigt. Sie können aber auch die Option ALLE DATEIEN wählen, um sich alle Dateitypen anzeigen zu lassen.

✔ Nicht alle diese Dialogfelder sehen genau so aus wie das in Abbildung 5.2 dargestellte Dialogfeld ÖFFNEN, funktionieren aber gleich. Ignorieren Sie einfach all die überflüssigen Optionen.

- Das Dialogfeld SUCHEN NACH ist ähnlich wie das Dialogfeld ÖFFNEN. Dieses Dialogfeld wird immer dann angezeigt, wenn Sie in Windows auf die Schaltfläche DURCHSUCHEN klicken, um nach einer Datei zu suchen.

- Sie können eine Datei auch öffnen, indem Sie einmal auf die Datei und dann auf die Schaltfläche ÖFFNEN klicken. Ich finde allerdings, dass Sie, wenn Sie schon einmal auf die Datei klicken, auch gleich doppelklicken und die Schaltfläche ÖFFNEN vergessen können.

Wenn Sie möchten, können Sie natürlich auch im Feld DATEINAME den vollständigen Pfadnamen der Datei eingeben, falls Sie diesen kennen. Das erinnert allerdings sehr an DOS. Wenn Sie das tun, sollten Sie Ihrer Maus die Augen verbinden, damit sie sich das nicht mit ansehen muss. (Sie möchten sie ja nicht beleidigen.)

Wissenswertes über die Dialogfelder »Öffnen« und »Speichern«

In den Dialogfeldern ÖFFNEN und SPEICHERN wird eine Dateiliste angezeigt wie im Windows-Explorer oder im Fenster ARBEITSPLATZ. Das ist offensichtlich. Was häufig nicht so offensichtlich ist, ist, dass diese Dateiliste genau so funktioniert wie die im Windows-Explorer oder im Fenster ARBEITSPLATZ angezeigte Liste.

Sie können beispielsweise einen Ordner oder eine Datei, die im Dialogfeld ÖFFNEN oder SPEICHERN angezeigt wird, umbenennen. Sie können mit der rechten Maustaste auf eine Datei klicken und diese kopieren oder ausschneiden. Sie können auf eine Datei doppelklicken, um sie zu öffnen. So ziemlich alles, was Sie mit Dateien in Windows anstellen können, können Sie auch in diesen Dialogfeldern machen. Das ist beim Sortieren von Dateien sehr praktisch.

Das Dialogfeld »Speichern unter«

Das Dialogfeld SPEICHERN UNTER ist das wichtigste Dialogfeld, das Sie in Windows überhaupt verwenden werden. Es ist der Schlüssel zur Organisation. Wenn Sie dieses Dialogfeld richtig benutzen und die einzelnen Ordner richtig erstellt haben, sind Sie immer in der Lage, Ihre Dateien und Ordner auf der Festplatte zu finden.

Um das Dialogfeld SPEICHERN UNTER zu öffnen (siehe Abbildung 5.3), brauchen Sie etwas zum Speichern. Jedes Programm, mit dem Sie etwas erstellen können, bietet Ihnen auch den Befehl SPEICHERN UNTER. Sie verwenden ihn immer, wenn Sie zum ersten Mal etwas auf der Festplatte speichern.

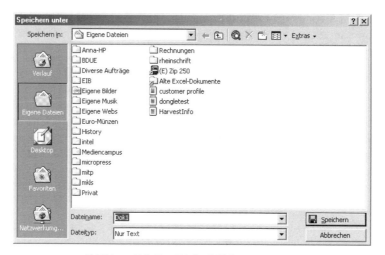

Abbildung 5.3: Das Dialogfeld SPEICHERN UNTER

1. **Rufen Sie den Befehl Speichern unter auf.**

    Wählen Sie im Menü DATEI den Befehl SPEICHERN UNTER oder drücken Sie [Strg]+[S]. Sie können auch in der Symbolleiste auf die Schaltfläche SPEICHERN klicken. Wenn Sie eine Datei zum ersten Mal speichern, wird immer das Dialogfeld SPEICHERN UNTER angezeigt. Wählen Sie später den Befehl SPEICHERN, um eine Datei erneut zu speichern.

2. **Wichtig: Vergewissern Sie sich, dass Sie sich im richtigen Ordner befinden.**

   Prüfen Sie zuerst, welcher Ordner im Dialogfeld SPEICHERN UNTER im Dropdown-Listenfeld SPEICHERN IN angegeben ist. In diesem Ordner wird Ihr Dokument dann nämlich gespeichert. In Abbildung 5.3 ist das beispielsweise der Ordner EIGENE DATEIEN. Wenn Sie Ihr Dokument nicht in dem im Dropdown-Listenfeld SPEICHERN IN angegebenen Ordner speichern möchten, dann fahren Sie mit Schritt 3 fort.

   Wenn Sie Ihr Dokument in dem im Dropdown-Listenfeld SPEICHERN IN angegebenen Ordner speichern möchten, machen Sie mit Schritt 6 weiter.

3. **Suchen Sie nach dem Ordner, in dem Sie die Datei speichern möchten.**

   Am besten ist es, mit der Suche nach einem Ordner im Stammordner zu beginnen. Um dorthin zu gelangen, wählen Sie im Dropdown-Listenfeld SPEICHERN IN (oben im Dialogfeld) eine Festplatte. Klicken Sie auf den nach unten zeigenden Pfeil im Dropdown-Listenfeld SUCHEN IN, um es aufzuklappen. Klicken Sie auf das Laufwerk, auf dem Sie die Datei speichern möchten, zum Beispiel Laufwerk C.

   In der Mitte des Dialogfelds werden nun die Dateien im Stammordner auf Laufwerk C angezeigt. Ich empfehle Ihnen, Ihre Datei nicht im Stammordner zu speichern, sondern stattdessen Folgendes zu tun:

4. **Öffnen Sie einen Ordner.**

   Suchen Sie nach dem Ordner, in dem die Datei gespeichert werden soll, oder den Ordner, der den Ordner enthält usw. Öffnen Sie zum Beispiel den Ordner EIGENE DATEIEN.

5. **Öffnen Sie so lange weitere Ordner, bis Sie den richtigen gefunden haben.**

   Öffnen Sie beispielsweise den Ordner ARBEIT im Ordner EIGENE DATEIEN. Öffnen Sie dann den Unterordner LÄSTIGE_ARBEIT, um die Datei hier abzulegen.

   Wenn Sie den gewünschten Ordner gefunden haben, fahren Sie mit dem nächsten Schritt fort. Öffnen Sie ansonsten weitere Ordner.

   Jedes Mal, wenn Sie einen Ordner öffnen, ändert sich der Inhalt der Dateiliste in der Mitte des Dialogfelds.

    Sie können im Dialogfeld SPEICHERN UNTER auch auf die Schaltfläche NEUEN ORDNER ERSTELLEN klicken, um einen neuen Ordner zu erstellen. Geben Sie dem Ordner einen Namen, und öffnen Sie ihn dann, um Ihr Meisterwerk an Ort und Stelle zu speichern.

6. **Geben Sie einen Namen für die Datei ein.**

   Geben Sie in das Eingabefeld DATEINAME einen Namen ein. Das ist der Name Ihrer gespeicherten Datei, den Sie später wieder erkennen sollten. Damit Sie sagen können: »Ja! Das ist meine Datei. Die, die ich haben wollte. Ich bin so glücklich, dass ich sie unter einem kurzen, geistreichen Namen gespeichert habe, der mir genau sagt, was in der Datei ist. Oh, Freude.«

   Sie können die Datei nicht speichern, wenn Sie ihr einen ungültigen Namen geben. Windows ist damit ziemlich kleinlich. Lesen Sie Kapitel 7, in dem es um das Benennen von Dateien geht.

7. **Klicken Sie auf die Schaltfläche Speichern.**

   Klick! Dieser letzte, offizielle Akt speichert die Datei auf dem Datenträger, mit einem ordentlichen Namen, im richtigen Ordner.

   Wenn die Schaltfläche SPEICHERN nicht funktioniert, haben Sie vermutlich einen ungültigen Dateinamen eingegeben. Geben Sie der Datei einen anderen Namen (siehe Schritt 6).

Nachdem Sie Ihre Datei erst einmal gespeichert haben, wird sie mit dem Befehl DATEI|SPEICHERN neu gespeichert, ohne dass das Dialogfeld SPEICHERN erneut angezeigt wird. Mit diesem Befehl können Sie die Datei auf der Festplatte schnell aktualisieren, ohne das Dialogfeld SPEICHERN UNTER erneut aufrufen zu müssen.

Wenn Sie Ihre Datei an einer anderen Stelle auf der Festplatte oder als anderen Dateityp speichern möchten oder wenn Sie sie umbenennen möchten, müssen Sie wieder das Dialogfeld SPEICHERN UNTER aufrufen. In diesem Fall klicken Sie wieder auf DATEI|SPEICHERN UNTER.

Wie beim Dialogfeld ÖFFNEN gibt es auch beim Dialogfeld SPEICHERN UNTER unterschiedliche Arten, die aber alle gleich funktionieren.

»Was ist denn eigentlich ein Pfadname?«

Ein Pfadname wird benutzt, um genau festzulegen, auf welchem Laufwerk und in welchem Ordner sich eine Datei befindet. Er ist lang. Er ist technisch. Er ist kompliziert. Es ist verwunderlich, warum sich jemand mit diesen Dingen abgibt.

Nehmen wir als Beispiel einmal die Datei mit dem Namen `Bitte prüfen` im Unterordner EIGENE MUSIK des Ordners EIGENE DATEIEN. Diese Datei befindet sich auf Laufwerk C. Der vollständige, hässliche Pfadname lautet somit wie folgt:

`C:\Eigene Dateien\Eigene Musik\Bitte prüfen`

Das bedeutet Folgendes: `C:` steht für Laufwerk C, `Eigene Dateien` ist der Ordner EIGENE DATEIEN, `Eigene Musik` ist der Unterordner EIGENE MUSIK und `Bitte prüfen` ist der Dateiname; die umgekehrten Schrägstriche werden verwendet, um die einzelnen Elemente voneinander zu trennen.

Gelegentlich werden Pfadnamen in Handbüchern oder auch bei Windows selbst angegeben. Nehmen wir einmal an, Sie sollen die Datei mit dem folgenden Pfadnamen suchen:

`C:\DOKUMENTE\PRIVAT\BRIEFE\FAMILIE\ZACK.DOC`

Sie würden das Fenster ARBEITSPLATZ öffnen, auf das Symbol des Laufwerks C doppelklicken, die Ordner DOKUMENTE, PRIVAT, BRIEFE, FAMILIE öffnen und dort schließlich die Datei `ZACK.DOC` finden.

Mit Dateien experimentieren

In diesem Kapitel

▷ Dateien einen Namen geben

▷ Dateien umbenennen

▷ Eine oder mehrere Dateien auswählen

▷ Dateien verschieben (ausschneiden und einfügen)

▷ Dateien kopieren (kopieren und einfügen)

▷ Dateiverknüpfungen erstellen

▷ Dateien löschen

▷ Löschen von Dateien rückgängig machen

▷ Dateien suchen

▷ Dateien mit Kennwörtern schützen

*W*indows speichert Informationen in Form von Dateien auf der Festplatte ab. Gleichgültig, ob Sie nun ein Dokument mit dem Textverarbeitungsprogramm, ein Bild, eine E-Mail oder was auch immer erstellen, in Wirklichkeit ist das immer eine Datei auf einem Datenträger. Die Datei wird mit dem Befehl SPEICHERN dort abgelegt. Mit dem Befehl ÖFFNEN öffnen Sie die Datei, um sie zu bearbeiten. Und Sie haben das Sagen über all diese Dateien auf Ihrer Festplatte.

Sie sind aber auch dafür verantwortlich, die Dateien in Reih und Glied zu halten. Windows bietet Ihnen dafür eine ganze Reihe von Werkzeugen: den Befehl KOPIEREN, den Befehl AUS-SCHNEIDEN (um Dateien zu verschieben) sowie den Befehl UMBENENNEN. Schließlich bekommen Sie auch noch ein Werkzeug an die Hand, mit dessen Hilfe Sie nach Dateien suchen können. So werden Sie zum gütigen Hirten Ihrer Dateien. Und wenn eine Datei außer Kontrolle gerät, können Sie sie löschen und ihrem Schicksal überlassen wie ein unbarmherziger Richter – mehr dazu in diesem Kapitel.

✔ In Windows werden Dateien als Symbole angezeigt. Das *Symbol* ist das Bild, das die Datei auf dem Datenträger repräsentiert.

✔ Auf einem Datenträger befinden sich *Dateien*. Einige Dateien sind *Programme*, andere sind *Dokumente* oder etwas, das Sie erstellt haben.

Regeln und Vorschriften für Dateinamen

Wenn es etwas gibt, das Menschen gut können, dann ist es, Dingen einen Namen zu geben. Entdecken sie einen neuen Käfer, einen Planeten, ein Tier, einen Kometen, eine Krankheit oder was auch immer, dann bekommt es einen Namen. Das ist mit Dateien nicht anders. Diese werden allerdings nicht so bekannt.

Sie geben einer Datei einen Namen, wenn Sie diese auf einem Datenträger speichern. Dies geschieht im Dialogfeld SPEICHERN UNTER (siehe Kapitel 5). Wenn Sie einer Datei einen Namen geben, sollten Sie Folgendes beherzigen:

Fassen Sie sich kurz. Die besten Dateinamen sind kurz und dennoch informativ, wie in den folgenden Beispielen:

```
Aktien
Skizzen
Kapitel 1
Reiseroute
Unheimliche Verschwörung
```

Technisch gesehen können Sie einer Datei einen Namen geben, der bis zu 255 Zeichen lang ist. Tun Sie es nicht. Lange Dateinamen können *sehr* aussagekräftig sein, aber Windows zeigt sie komisch oder häufig überhaupt nicht an. Es ist besser, einen kurzen Dateinamen zu wählen, als die Möglichkeit langer Dateinamen voll auszunutzen.

Verwenden Sie nur Buchstaben, Zahlen und Leerzeichen. Dateinamen können fast alle Zeichen, die Sie auf der Tastatur finden, enthalten. Trotzdem ist es das Beste, sich auf Buchstaben, Zahlen und Leerzeichen zu beschränken.

Windows reagiert empfindlich, wenn Sie eines der folgenden Zeichen in einem Dateinamen verwenden:

```
* / : < > ? \ |
```

Jedes dieser Zeichen hat eine besondere Bedeutung für Windows bzw. DOS. Es passiert nichts Schlimmes, wenn Sie eines dieser Zeichen verwenden. Windows weigert sich einfach nur, die Datei zu speichern oder deren Namen zu ändern. Außerdem wird eine Warnung angezeigt.

Verwenden Sie möglichst wenige Punkte. Obwohl Sie eine beliebige Anzahl Punkte in einem Dateinamen verwenden können, darf er nicht nur aus Punkten bestehen. Ich weiß, es hört sich komisch an, und ich bin vermutlich der einzige Mensch auf diesem Planeten, der es versucht hat, aber es will einfach nicht funktionieren.

Groß- oder Kleinschreibung interessiert Ihren Computer nicht. Obwohl es richtig ist, zum Beispiel Finnland groß zu schreiben, ist es für den Computer dasselbe wie finnland, FINNLAND oder eine andere Kombination aus Groß- und Kleinbuchstaben.

(Bei der Eingabe von Internetadressen ist es jedoch sehr wohl wichtig, ob ein Wort klein oder groß geschrieben wird, aber das tut hier nicht zur Sache!)

- ✔ Der Name einer Datei soll Sie daran erinnern, was in der Datei enthalten ist.
- ✔ Wenn Sie einer Datei einen zu langen Namen geben, können Sie sich leichter vertippen, und Windows wird verwirrt, wenn Sie versuchen, die Datei zu öffnen.
- ✔ Noch ein Nachteil von langen Dateinamen: Der Abstand zwischen den Spalten in den Dialogfeldern ÖFFNEN und SPEICHERN wird größer, wenn sich ein langer Dateiname in der Liste befindet. Kurze Dateinamen bedeuten kürzere Abstände zwischen den Spalten.
- ✔ Darüber hinaus erscheint unterhalb des Symbols für die Datei nur ein Teil des Namens, wenn Sie einer Datei einen wirklich langen Namen geben.
- ✔ Sämtliche Regeln für das Benennen von Dateien gelten auch für das Benennen von Ordnern.
- ✔ In Kapitel 5 erfahren Sie mehr über das Dialogfeld ÖFFNEN.

Was ist denn eigentlich eine Dateinamenerweiterung?

Der letzte Teil eines Dateinamens ist ein Punkt, gefolgt von drei Zeichen. Dies wird als *Dateinamenerweiterung* bezeichnet. Anhand dieser Erweiterung kann Windows den Dateityp erkennen. So deutet beispielsweise die Erweiterung .BMP auf eine in Paint erstellte Grafikdatei und .DOC auf ein in WordPad oder Microsoft Word erstelltes Dokument hin.

Wenn Sie eine Datei benennen oder umbenennen, sollten Sie diese Erweiterungen so belassen, wie sie sind, denn Windows *braucht* diese Dateinamenerweiterungen. Fehlt diese Dateinamenerweiterung (oder ist sie falsch), weiß Windows nicht, was es tun soll, wenn Sie versuchen, die Datei zum Bearbeiten zu öffnen.

Um zu verhindern, dass eine Dateinamenerweiterung versehentlich geändert wird, können Sie Folgendes tun:

1. **Starten Sie den Explorer (Win + E) oder öffnen Sie über den Desktop das Fenster ARBEITSPLATZ.**

2. **Klicken Sie auf EXTRAS|ORDNEROPTIONEN.**

   In Windows 98 klicken Sie auf ANSICHT|ORDNEROPTIONEN.

3. **Klicken Sie im Dialogfeld ORDNEROPTIONEN auf das Register ANSICHT.**

4. **Sehen Sie nach, ob auf der Registerkarte ANSICHT das Kontrollkästchen DATEINAMENERWEITERUNG BEI BEKANNTEN DATEITYPEN AUSBLENDEN mit einem Häkchen markiert ist.**

   Wenn dieses Kontrollkästchen kein Häkchen enthält, klicken Sie darauf, um es zu aktivieren. Damit werden die Dateinamenerweiterungen nicht mehr angezeigt und Sie können sie dann auch nicht mehr durcheinander bringen.

5. **Klicken Sie auf OK, um das Dialogfeld ORDNEROPTIONEN zu schließen.**

Dateien umbenennen

Wenn Sie den Namen, den Sie einer Datei gegeben haben, nicht mögen, können Sie ihn ändern:

1. **Markieren Sie das Dateisymbol.**

2. **Drücken Sie die Taste F2.**

   Das ist die Tastenkombination für den Befehl UMBENENNEN. Sie können auch im Menü DATEI den Befehl UMBENENNEN wählen. Die Tastenkombination ist aber praktischer, da Ihre Hände zum Eintippen des neuen Dateinamens sowieso auf der Tastatur sein müssen.

3. **Geben Sie den neuen Namen ein.**

   Mit der Rücktaste können Sie gegebenenfalls Tippfehler löschen.

    Sie werden bemerken, dass der alte Name markiert ist. Wenn Sie mit den Windows-Textbearbeitungstasten vertraut sind, können Sie damit den alten Namen bearbeiten. (In Kapitel 13 erfahren Sie mehr über diese Tasten.)

4. **Drücken Sie die Eingabetaste, um den neuen Namen zu speichern.**

Jede Datei *muss* einen Namen haben. Wenn Sie einer Datei keinen Namen geben, wird sich Windows beklagen. Bei der Benennung von Dateien sollten Sie Folgendes berücksichtigen:

- ✔ Sie können jederzeit Esc drücken, um den Schaden, den Sie angerichtet haben, rückgängig zu machen und den ursprünglichen Dateinamen beizubehalten.

- ✔ Bei Windows können Sie einer Datei nicht denselben Namen geben, den Sie bereits einer anderen Datei im gleichen Ordner gegeben haben. Zwei Dateien in einem Ordner können nicht denselben Namen haben.

- ✔ Sie können eine Gruppe von Dateien nicht gleichzeitig umbenennen. Benennen Sie die Dateien eine nach der anderen um.

- ✔ Wenn Sie eine Datei umbenannt haben und bemerken, dass Sie die falsche Datei umbenannt haben, können Sie den Fehler beheben, indem Sie *sofort* entweder Strg+Z drücken oder im Menü BEARBEITEN den Befehl RÜCKGÄNGIG wählen.

Dateien wandern von einem Ort zum andern

Dateien stehen einfach nicht still, sie werden verschoben, kopiert, gelöscht usw. Wenn Sie die Dateien so belassen, wie sie sind, sieht Ihre Festplatte bald aus wie eine Müllhalde, und Sie sind gezwungen, den Computer auszuschalten, wenn Besuch kommt.

Eine oder mehrere Dateien markieren

Bevor Sie mit einer Datei etwas anstellen können, müssen Sie sie markieren. Sie können einzelne Dateien oder mehrere Dateien auf einmal markieren.

Um eine einzelne Datei zu markieren, klicken Sie mit der Maus einmal auf deren Symbol. Die Datei wird markiert und erscheint auf dem Bildschirm in einer anderen Farbe (möglicherweise in blau). Die Datei ist jetzt bereit für alle möglichen Schandtaten.

Das Markieren mehrerer Dateien kann auf verschiedene Arten ausgeführt werden. Die einfachste Methode ist, die Taste [Strg] gedrückt zu halten und auf alle gewünschten Dateien der Reihe nach zu klicken.

In Abbildung 6.1 sehen Sie eine Reihe von Dateien, die auf diese Art und Weise markiert wurden. Jede markierte Datei ist nun Teil einer Gruppe, mit der Sie mittels der vielen Dateibefehle, die Ihnen zur Verfügung stehen, etwas anstellen können.

Eine weitere Möglichkeit, Dateien als ganze Gruppe zu markieren, besteht darin, sie quasi mit dem Lasso einzufangen – besonders dann, wenn die Dateien alle nebeneinander dargestellt sind. Abbildung 6.2 zeigt, wie Sie dies tun können, indem Sie mit der Maus über die Dateien ziehen.

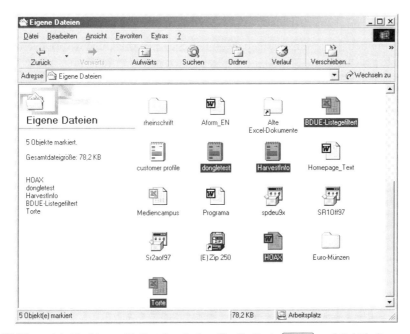

Abbildung 6.1: Markieren Sie Dateien, indem Sie die Taste [Strg] gedrückt halten und auf die gewünschten Dateien klicken.

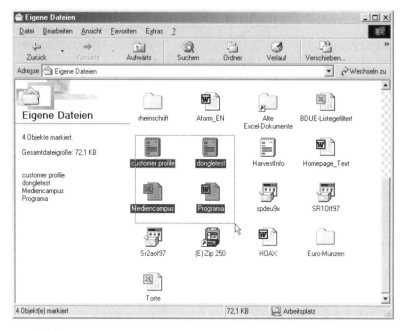

Abbildung 6.2: Fangen Sie eine Gruppe von Dateien mit dem Lasso ein.

Um Dateien mit dem Lasso einzufangen, beginnen Sie links oben über den Dateien. Halten Sie die Maustaste gedrückt, und ziehen Sie die Maus nach rechts unten, um ein Rechteck um die gewünschten Dateien zu ziehen (siehe Abbildung 6.2). Lassen Sie die Maustaste los, und alle Dateien, die Sie so eingekreist haben, sind in einer Gruppe zusammengefasst und markiert.

 Um alle Dateien in einem Ordner zu markieren, klicken Sie im Menü BEARBEITEN auf ALLES MARKIEREN. Der praktische Tastaturbefehl für diesen Vorgang ist ⌧Strg⌦+⌧A⌦.

✔ Um eine Datei aus der Gruppe zu entfernen, halten Sie die Taste ⌧Strg⌦ gedrückt und klicken Sie noch einmal auf die entsprechende Datei.

Dateien verschieben mit Ausschneiden und Einfügen

Bei Windows, wo es sowieso wie im Kindergarten zugeht, schneiden Sie Dateien aus und fügen sie wieder ein. Um eine Datei auszuschneiden und einzufügen (zu verschieben), gehen Sie wie folgt vor:

1. **Suchen Sie nach den Dateien, die Sie verschieben möchten.**

    Öffnen Sie das Fenster ARBEITSPLATZ oder den Ordner EIGENE DATEIEN und machen Sie die gewünschte Datei ausfindig.

2. Markieren Sie die Datei(en).

Verfahren Sie wie im vorigen Abschnitt beschrieben.

3. Klicken Sie im Menü BEARBEITEN auf den Befehl AUSSCHNEIDEN.

Sie können auch die Tasten [Strg]+[X] drücken.

Die Datei erscheint nun heller auf dem Bildschirm. Das bedeutet, sie ist *ausgeschnitten* und kann eingefügt werden. Alles ist in Ordnung. Fahren Sie mit dem nächsten Schritt fort.

4. Öffnen Sie den Ordner, in den Sie die Datei einfügen möchten.

Klicken Sie im Fenster ARBEITSPLATZ oder im Ordner EIGENE DATEIEN auf den gewünschten Zielordner.

5. Wählen Sie in der Menüleiste BEARBEITEN|EINFÜGEN.

Alternativ können Sie auch die Tasten [Strg]+[V] drücken.

Die Datei ist verschoben.

Sie können auch Ordner ausschneiden und einfügen, aber das ist nicht ganz unproblematisch, weil Sie dabei auch den Inhalt des Ordners ausschneiden und einfügen. Machen Sie das nicht nur, weil Ihnen langweilig ist, warten Sie damit, bis Sie für eine große Neuorganisation der Festplatte bereit sind.

✔ In Windows Me/2000 gibt es die praktische Schaltfläche VERSCHIEBEN NACH, mit der sich markierte Dateien in einen anderen Ordner verschieben lassen. Markieren Sie hierzu zuerst die Datei(en), klicken Sie dann auf die Schaltfläche, wählen Sie einen Ordner oder ein Laufwerk im Dialogfeld NACH EINEM ORDNER DURCHSUCHEN. Klicken Sie auf OK, um die Datei(en) zu verschieben.

Anstelle der Schaltfläche VERSCHIEBEN NACH verwenden Sie in Windows XP den Befehl DATEI VERSCHIEBEN oder AUSGEWÄHLTE ELEMENTE VERSCHIEBEN im Aufgabenbereich DATEI- UND ORDNERAUFGABEN auf der linken Fensterseite.

✔ Außerdem gibt es noch im Menü BEARBEITEN den Befehl IN ORDNER VERSCHIEBEN (nicht jedoch in Windows 98).

Dateien kopieren und einfügen

Das Kopieren und Einfügen einer Datei funktioniert fast wie das Ausschneiden und Einfügen, mit dem einen Unterschied, dass die Datei nicht verschoben, sondern kopiert wird. Die Originaldatei bleibt so, wie sie ist und wo sie ist. Somit haben Sie nach dem Kopieren zwei

Kopien derselben Datei (oder derselben Gruppe von Dateien, wenn Sie mehrere Dateien kopieren).

Um eine Datei zu kopieren, befolgen Sie die Anleitung für das Ausschneiden und Einfügen (Verschieben) einer Datei. Bei Schritt 3, nachdem Sie die Datei gefunden und markiert haben, klicken Sie im Menü BEARBEITEN jedoch auf den Befehl KOPIEREN. Sie können auch die Tasten [Strg]+[C] drücken.

Wenn Sie die Datei einfügen, fügen Sie eine Kopie ein. Die Originaldatei bleibt unverändert, wo sie ist.

✔ In Windows Me/2000 gibt es die praktische Schaltfläche KOPIEREN NACH, mit der Sie markierte Dateien oder Ordner kopieren können. Markieren Sie hierzu zuerst die Datei(en), klicken Sie dann auf die Schaltfläche KOPIEREN NACH. Wählen Sie im Dialogfeld NACH EINEM ORDNER DURCHSUCHEN den Ordner oder das Laufwerk aus, wohin Sie die Datei(en) kopieren wollen. Klicken Sie auf OK, um die Datei(en) zu kopieren.

Anstelle der Schaltfläche KOPIEREN NACH verwenden Sie in Windows XP den Befehl DATEI KOPIEREN oder AUSGEWÄHLTE ELEMENTE KOPIEREN im Aufgabenbereich DATEI- UND ORDNERAUFGABEN auf der linken Fensterseite.

✔ Natürlich gibt es noch im Menü BEARBEITEN den Befehl IN ORDNER KOPIEREN (nicht jedoch in Windows 98).

✔ Häufig muss eine Datei überhaupt nicht kopiert werden. Erstellen Sie stattdessen eine Verknüpfung zu dieser Datei. Wie das geht, erfahren Sie im folgenden Abschnitt »Verknüpfungen erstellen«.

✔ Wenn Sie eine Datei auf Diskette kopieren möchten, dann lesen Sie Kapitel 4. Vergessen Sie aber nicht, dass Sie Dateien jederzeit auch mit Kopieren und Einfügen auf eine Diskette verschieben können (übrigens auch auf eine ZIP-Diskette).

✔ Sie können auch Dateien von einer Diskette ausschneiden oder kopieren und auf Ihrer Festplatte einfügen. Das funktioniert unabhängig vom verwendeten Datenträger immer gleich.

Verknüpfungen erstellen

Wenn Sie eine Datei kopieren, kopieren Sie die *ganze* Datei. Manchmal ist es überhaupt nicht notwendig, die ganze Datei zu kopieren, besonders dann, wenn es sich um sehr große Dateien handelt, die viel Speicherplatz belegen. In einem solchen Fall können Sie statt einer Kopie eine *Verknüpfung* erstellen.

Eine Verknüpfung ist eine zu 99 % ballaststofffreie Kopie einer Datei. Sie ermöglicht Ihnen den Zugriff auf die Datei, irgendwo im System, aber ohne dass diese kopiert werden muss. So können Sie beispielsweise eine Verknüpfung zu Microsoft Word auf dem Desktop erstellen, mit der Sie immer auf das Programm zugreifen können, schneller als über das Startmenü.

Das Erstellen einer Verknüpfung ist einfach: Befolgen Sie zuerst dieselben Schritte wie für das Kopieren einer Datei, dann wählen Sie jedoch im Menü BEARBEITEN den Befehl VERKNÜPFUNG EINFÜGEN und nicht den einfachen Befehl EINFÜGEN.

Um eine Verknüpfung auf dem Desktop einzufügen, klicken Sie mit der rechten Maustaste auf den Desktop. Daraufhin wird ein Kontextmenü angezeigt, in dem Sie den Befehl VERKNÜPFUNG EINFÜGEN wählen können.

Verknüpfung mit Programa

✔ Verknüpfungssymbole haben einen kleinen Pfeil in einem weißen Kästchen links unten im Symbol. Daran erkennen Sie, dass es sich um eine Verknüpfung und nicht um die echte Datei handelt.

✔ Verknüpfungen haben den Namen *Verknüpfung mit*, gefolgt vom Namen der Originaldatei. Sie können das *Verknüpfung mit* auch einfach löschen, wenn Sie möchten. Das funktioniert genau so wie das Umbenennen einer Datei, was in diesem Kapitel bereits beschrieben wurde.

✔ Sie können Verknüpfungen für häufig benutzte Ordner auf dem Desktop erstellen.

✔ Verknüpfungen werden wie alle anderen Symbole geöffnet: Doppelklicken Sie darauf, um ein Dokument zu öffnen oder eine Anwendung zu starten.

Sie müssen keine Bedenken haben, eine Verknüpfung zu löschen. Das Entfernen des Verknüpfungssymbols löscht nicht die Originaldatei.

Dateien löschen

Anders als Kreditkarten und Ausweise laufen Dateien nicht einfach ab. Sie müssen alte oder temporäre Dateien, die Sie nicht mehr benötigen, schon selbst beseitigen. Sonst sammeln sich auf Ihrer Festplatte Dateien an wie Fusseln in einem Wäschetrockner.

Um eine Datei loszuwerden, markieren Sie sie und klicken dann auf DATEI|LÖSCHEN. Damit wird die Datei nicht wirklich entfernt, sondern lediglich in den Papierkorb verschoben. Dort kann das Löschen der Datei zu einem späteren Zeitpunkt problemlos rückgängig gemacht werden.

Sie können eine markierte Datei auch mit der Taste ⌊Entf⌉ löschen.

Alternativ können Sie auch auf die Schaltfläche LÖSCHEN klicken, falls die Symbolleiste zu sehen ist.

Oder Sie können Dateien löschen, indem Sie sie mit der Maus verschieben. Ziehen Sie die Datei aus ihrem Fenster in den Papierkorb auf dem Desktop.

Wenn Sie eine Datei endgültig vernichten möchten, klicken Sie darauf und drücken Sie die Umschalttaste zusammen mit der Taste [Entf]. Windows zeigt eine Warnung an, mit der Sie darauf hingewiesen werden, dass die Datei unwiderruflich gelöscht wird. Klicken Sie auf JA, um die Datei ins Jenseits zu befördern.

✔ Es kann sein, dass Windows Sie warnt, wenn Sie eine Datei löschen. Möchten Sie die Datei *wirklich* löschen? Wahrscheinlich schon. Also klicken Sie auf JA, um die Datei zu löschen. (Windows ist einfach sehr vorsichtig.)

✔ Gehen Sie beim Löschen von Ordnern genauso vor wie beim Löschen von Dateien, aber denken Sie daran, dass der Inhalt des Ordners (Symbole, Dateien, Ordner, Juwelen, Ersparnisse) ebenfalls gelöscht wird. Seien Sie lieber vorsichtig damit.

 Löschen Sie nie eine Datei oder einen Ordner im Ordner WINDOWS.

✔ Löschen Sie nie eine Datei im Stammverzeichnis der Festplatte.

✔ Löschen Sie am besten nie eine Datei, die Sie nicht selbst erstellt haben.

 Löschen Sie keine Programme! Verwenden Sie zum Entfernen von nicht mehr benötigten Anwendungen ein spezielles Dienstprogramm in der Systemsteuerung von Windows. Weitere Informationen dazu erhalten Sie in Kapitel 19.

Löschen von Dateien rückgängig machen

Da Sie Ihre Datei vermutlich schnell zurückhaben möchten, komme ich gleich zur Sache:

 Wenn Sie die Datei gerade eben erst gelöscht haben – und ich meine wirklich *gerade eben* – dann bekommen Sie sie mit [Strg]+[Z] oder mit dem Menübefehl BEARBEITEN|RÜCKGÄNGIG wieder zurück.

Wenn Sie es hierfür bereits zu spät ist, führen Sie die folgenden Schritte aus:

1. **Öffnen Sie den Papierkorb auf dem Desktop.**

 Doppelklicken Sie auf das Symbol PAPIERKORB, um das Fenster PAPIERKORB zu öffnen. Das Symbol sieht aus wie ein kleiner Mülleimer. Es kann aber auch anders aussehen, je nachdem, mit welcher Windows-Version Sie arbeiten.

2. **Markieren Sie die Datei, die wiederhergestellt werden soll.**

   Klicken Sie auf die Datei, um sie wieder zum Leben zu erwecken.

Klicken Sie im Menü Ansicht auf die Befehle Symbole anordnen|Nach Löschdatum, um die Dateien in der Reihenfolge, in der sie gelöscht wurden, anzuzeigen. Diese Anzeige hilft Ihnen dabei, kürzlich gelöschte Dateien schnell zu finden.

3. **Klicken Sie auf die Schaltfläche Wiederherstellen.**

   Falls Sie die Schaltfläche nicht finden, können Sie auch im Menü Datei den Befehl Wiederherstellen wählen.

   Die Datei wird auf magische Weise aus dem Papierkorb entfernt und im Ordner, aus dem sie so brutal gerissen wurde, wiederhergestellt.

4. **Schließen Sie das Fenster Papierkorb.**

   Klicken Sie dazu rechts oben im Fenster auf die Schaltfläche für Schließen (die mit dem X).

Für das Wiederherstellen von Dateien gibt es keine Zeitbegrenzung. Gelöschte Dateien sind für ziemlich lange Zeit im Papierkorb verfügbar. Trotzdem: Lassen Sie sich durch den Papierkorb nicht zur Schlampigkeit verleiten. Löschen Sie eine Datei nur, wenn Sie sie wirklich loswerden möchten.

Nach abhanden gekommenen Dateien und Programmen suchen

Dateien kommen und gehen. Die Tatsache, dass Windows über den Befehl Suchen verfügt, ist ein wahrer Segen. Wenn es diesen Befehl nur auch für Autoschlüssel oder Brillen geben würde!

Um eine abhanden gekommene Datei in Windows zu suchen, müssen Sie einige Dinge über diese Datei wissen. Wenn Sie eine oder mehrere der unten aufgeführten Angaben machen können, finden Sie jede Datei auf Ihrem Computer einfach und schnell:

- ✔ Den Namen der Datei oder zumindest einen Teil davon
- ✔ Textstellen in der Datei, Wörter oder Teile von Sätzen, an die Sie sich erinnern
- ✔ Das Datum, an dem die Datei erstellt, zuletzt gespeichert oder geändert wurde
- ✔ Den Dateityp (oder das Programm, von dem die Datei erstellt worden ist)
- ✔ Die Größe der Datei

Je mehr Informationen Sie angeben, umso einfacher ist es für Windows, Ihre Datei zu finden. Aber auch, wenn Sie nur vage Angaben machen können, zeigt Windows eine Liste mit Dateien an. Die Liste ist dann zwar etwas länger, aber immerhin wird eine Liste angezeigt.

Auf der Suche nach der Datei

Mithilfe der folgenden Anleitung können Sie Ihre Datei finden. Dabei spielt es keine Rolle, wie viel Sie von der Datei wissen oder nicht wissen. (Wenn Sie mit Windows XP arbeiten, lesen Sie den für Sie bestimmten Abschnitt »Dateien suchen mit Windows XP«.)

1. **Rufen Sie den Befehl Suchen auf.**

   Wenn es auf Ihrer Tastatur eine Windows-Taste gibt, können Sie auch [Win]+[F] drücken, um dieses Dialogfeld aufzurufen. Falls nicht, zeigen Sie im Startmenü auf Suchen und klicken Sie dann auf Nach Dateien oder Ordnern.

2. **Beschreiben Sie die verlorene Datei.**

   Ihre Aufgabe ist es, so viele Angaben wie möglich über die verlorene Datei zu machen.

   Wenn Sie den Namen der Datei kennen, geben Sie ihn im Textfeld ein. Geben Sie den vollständigen Namen ein. Wenn Sie nicht den ganzen Namen kennen, geben Sie für den Teil des Namens, der Ihnen nicht bekannt ist, ein Sternchen (*) ein.

   Wenn Sie beispielsweise wissen, dass im Dateinamen das Wort *Bericht* vorkommt, können Sie im Textfeld *bericht* eingeben. Wenn Sie wissen, dass der Dateiname mit den Buchstaben NU beginnt, können Sie NU* eingeben.

   Wenn Sie wissen, was die Datei für einen Text enthält, dann geben Sie Textteile in das entsprechende Textfeld ein. Wenn Sie beispielsweise wissen, dass die Datei den Text »3. Mahnung« enthält, dann geben Sie diesen Text ein. Ansonsten lassen Sie dieses Feld frei.

   Falls Sie wissen, auf welcher Festplatte sich die Datei befindet, wählen Sie diese im Drop-down-Listenfeld Suchen in aus. Sie können damit die Suche beschleunigen.

    Achten Sie bei Windows 98 darauf, dass das Kontrollkästchen Untergeordnete Ordner einbeziehen aktiviert ist.

3. **Klicken Sie auf die Schaltfläche Jetzt suchen oder Starten.**

   Nun beginnt Windows nach der angegebenen Datei zu suchen. Wenn Windows die Suche abgeschlossen hat, geschieht eines von zwei Dingen:

   Kein Glück. Wenn die Datei nicht gefunden wurde, zeigt Ihnen Windows eine entsprechende Meldung an. Es wurden also keine Dateien gefunden! Nun ja. Versuchen Sie es noch einmal.

   Hurra! Sämtliche Dateien, die Ihren Angaben entsprechen, werden im Fenster angezeigt. Jetzt können Sie mit der gefundenen Datei machen, was Sie wollen: Doppelklicken, um sie zu öffnen, zu verschieben, zu kopieren, umzubenennen oder sogar zu löschen.

4. **Schließen Sie das Fenster, wenn Sie die Suche abgeschlossen haben.**

Die Liste, die angezeigt wird, wenn mit dem Befehl SUCHEN Dateien gefunden wurden, kann recht lang sein. Das hängt ganz davon ab, wie genau Sie Windows sagen, wonach gesucht werden soll.

Hier noch einige Tipps und Tricks zum Suchen von Dateien:

✔ In den nächsten Abschnitten behandele ich noch einige weitere Suchbefehle.

Sie können so viele Suchoptionen auswählen, wie Sie möchten. Mischen und ergänzen Sie sie. Sie wissen ja, je genauer Sie Windows sagen, wonach gesucht werden soll, umso präziser ist das Ergebnis.

✔ Sie können auch Felder im Dialogfeld SUCHEN NACH bzw. SUCHERGEBNISSE frei lassen und nach allen Dateien einer bestimmten Kategorie suchen. Sie können beispielsweise eine Liste aller Dateien auf Laufwerk C erstellen, indem Sie Laufwerk C im Dropdown-Listenfeld SUCHEN IN auswählen und dann als Dateiname * eingeben.

Dateien suchen mit Windows XP

Um nach verlorenen Dateien zu suchen, wählen Sie im Startmenü den Befehl SUCHEN. Das Fenster SUCHERGEBNISSE mit dem Aufgabenbereich SUCH-ASSISTENT auf der linken Seite wird angezeigt. Sie müssen jetzt nur noch den Such-Assistenten so mit Informationen füttern, dass Windows weiß, wonach zu suchen ist.

1. **Wählen Sie den Dateityp aus.**

   Windows bietet drei Dateikategorien an: 1. Bilder, Musik oder Videos, 2. Dokumente und 3. Dateien und Ordner. Wählen Sie eine Kategorie aus.

   Die nächsten Schritte hängen von der hier getroffenen Auswahl ab.

2. **Geben Sie weitere Informationen ein.**

   Je nach gesuchtem Dateityp werden weitere Informationen abgefragt. Füllen Sie alles, soweit Sie es wissen, aus. Wenn Sie keine Antwort auf eine Frage geben können, lassen Sie das Feld leer.

3. **Geben Sie den Dateinamen oder zumindest Teile davon ein.**

   Geben Sie den Dateinamen in das Textfeld ein. Sie können den genauen Namen eingeben, sofern Sie ihn kennen, oder auch nur Teile davon. Wenn Sie beispielsweise `Kurs` eingeben, werden alle Dateien gefunden, deren Namen »Kurs« enthält.

Wenn Sie den Namen der Datei nicht kennen, klicken Sie auf die Schaltfläche ERWEITERTE SUCHOPTIONEN, damit Sie Windows genauere Informationen über die Datei liefern können. Sie wissen ja, je genauer Ihre Informationen, umso präziser wird das Suchergebnis.

123

4. **Klicken Sie auf die Schaltfläche S**UCHEN**.**

    Windows macht sich auf die Jagd nach der Datei.

Alle Dateien, die Ihrer Beschreibung entsprechen, werden auf der rechten Seite des Fensters angezeigt. Sie können nun entweder auf JA, SUCHE BEENDEN klicken, um die Dateien zu prüfen, oder auf EINE NEUE SUCHE STARTEN, um Windows noch einmal auf die Suche zu schicken.

Tipps für die Suche in Windows Me und Windows 2000

Dieser Abschnitt enthält noch ein paar zusätzliche Tipps für die Suche in Windows Me und Windows 2000. Die Suchbefehle in diesen beiden Betriebssystemen ähneln sich, deswegen fasse ich sie hier zusammen.

Abbildung 6.3 zeigt die Ergebnisse einer Suche in Windows Me. Der Aufgabenbereich SUCHEN wird immer dann angezeigt, wenn Sie im Fenster ARBEITSPLATZ oder im Windows-Explorer auf die Schaltfläche SUCHEN klicken.

- ✔ Um eine neue Suche zu starten und alle vorherigen Suchoptionen zurückzusetzen, klicken Sie auf die Schaltfläche NEU. Dies ist ganz wichtig! Es kann nämlich sein, dass Ihre Suche nur deswegen nicht erfolgreich ist, weil immer noch irgendeine dumme Option aus einer vorherigen Suche aktiviert ist.

- ✔ Sie können die Suche noch stärker einschränken, wenn Sie die Suchoptionen einblenden (siehe Abbildung 6.3). Klicken Sie hierzu auf die Schaltfläche SUCHOPTIONEN >>.

- ✔ Um eine Datei anhand des Datums zu suchen, aktivieren Sie das Kontrollkästchen DATUM. Weitere Optionen werden daraufhin angezeigt, sodass Sie nach Dateien suchen können, die innerhalb der letzte Tage und Monate oder zwischen bestimmten Tagen erstellt, geändert oder gespeichert wurden.

- ✔ Um Dateien eines bestimmten Typs zu suchen, aktivieren Sie das Kontrollkästchen TYP. In einem Dropdown-Listenfeld werden Anwendungen und Dateitypen für die Dateien auf Ihrem Computer angezeigt. Um beispielsweise alle Sounddateien auf Ihrem Computer anzuzeigen, wählen Sie aus dieser Liste die Option WAVE-AUDIO, und schon zeigt Windows sämtliche Sounddateien auf Ihrem Computer an.

- ✔ Um Dateien einer bestimmten Größe zu suchen, aktivieren Sie das Kontrollkästchen GRÖSSE. Arbeiten Sie mit den Dropdown-Listenfeldern, um eine Dateigröße oder einen ungefähren Wert einzugeben. Windows beschränkt dann die Suche auf die von Ihnen definierte Größe.

Wenn Sie Ihre Suche beendet haben, schließen Sie den Aufgabenbereich entweder, indem Sie das gesamte Fenster schließen oder in der Symbolleiste auf die Schaltfläche SUCHEN klicken.

6 ► Mit Dateien experimentieren

Abbildung 6.3: Auf der Suche nach der Datei in Windows Me (und auch in Windows 2000)

Tipps für die Suche in Windows 98

Auch in Windows 98 wird mit dem Befehl SUCHEN nach Dateien gesucht. Das Dialogfeld, das hier angezeigt wird, sieht aus wie in Abbildung 6.4. Wenn Sie sich im Windows-Explorer, im Fenster ARBEITSPLATZ oder auf dem Desktop befinden, können Sie das Dialogfeld SUCHEN NACH aufrufen, indem Sie die Taste F3 drücken.

Die folgenden Tipps sollen Ihnen helfen, die Suche so gut wie möglich einzugrenzen, damit Windows ein möglichst genaues Ergebnis liefern kann.

✔ Wenn Sie nach Dateien suchen, die Sie an einem bestimmten Datum oder während eines bestimmten Zeitraums erstellt, gespeichert oder geändert haben, dann klicken Sie auf die Registerkarte DATUM. Hier können Sie die Suche ziemlich genau einschränken.

✔ Die Registerkarte WEITERE OPTIONEN bietet gleich zwei Schätzchen. Zum einen gibt es dort ein Dropdown-Listenfeld TYP, in dem Sie festlegen, dass nur nach bestimmten Dateitypen gesucht werden soll, z. B. nach MOV-Videodateien.

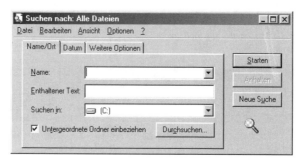

Abbildung 6.4: Das Dialogfeld SUCHEN NACH *in Windows 98*

✔ Außerdem gibt es auf der Registerkarte WEITERE OPTIONEN die Möglichkeit, nach bestimmten Dateigrößen zu suchen. Legen Sie beispielsweise fest, dass nur nach Dateien über 5000 Kbyte gesucht wird. Ich mache das manchmal, um zu sehen, ob ich diese Riesendateien überhaupt noch brauche und eventuell sogar löschen kann. Denken Sie aber daran, dass Sie nur Dateien löschen, die Sie selbst erstellt haben!

Ich möchte meine Dateien mit Kennwort schützen

F: Gibt es eine Möglichkeit, wie ich eine Datei in Windows mit einem Kennwort schützen kann? Es gibt da ein paar Dateien, die gehen niemanden etwas an.

A: Leider nein. In Windows gibt es keine Möglichkeit, Dateien mit Kennwort zu schützen. Einzelne Dateien können nicht gesperrt werden.

Bei Windows 2000 und Windows XP haben Sie einen Kennwortschutz für alle Dateien, da Sie ein Kennwort brauchen, um überhaupt auf das System zuzugreifen. Ohne das richtige Zugriffskennwort, kann sich niemand die Dateien ansehen, die Sie erstellt haben. Für einzelne Dateien gibt es aber kein spezielles Kennwort.

Einige Programme wie Microsoft Word oder Microsoft Excel bietet einen Kennwortschutz für einzelne Dokumente bzw. Tabellenblätter. Im Dialogfeld SPEICHERN UNTER können Sie festlegen, dass nur jemand das Dokument öffnen darf, der das passende Kennwort kennt.

Unter Windows Me und Windows XP können Sie sogar einen komprimierten Ordner schützen, d. h. niemand kann auf die Dateien in diesem Ordner ohne Kennwort zugreifen. Sie können also eine Datei komprimieren und dann den komprimierten Ordner mit einem Kennwort schützen. (Lesen Sie hierzu in Kapitel 5 den Abschnitt über die ZIP-komprimierten Ordner.) Mehr kann ich Ihnen in Sachen Kennwortschutz unter Windows nicht anbieten.

Teil III

Hardware-Führer für Anfänger

In diesem Teil ...

Die Grundlage aller klassischen Dramen ist der Konflikt. Doch wenn alle sich brav an die Regeln hielten, gäbe es keine gute Geschichte. Egal welchen Klassiker Sie als Beispiel heranziehen, meine Theorie stimmt. Es geht ständig um den Konflikt zwischen gut und böse, Mann und Frau, Terrorist und Staatsmacht, Ihnen und dem Blödmann in der Schlange vor Ihnen. Leider spielen sich in Ihrem Computer so gar keine Dramen ab. Die Hardware folgt brav der Software. Keine Konflikte!

Ich habe allerdings manchmal das Gefühl, dass eine gewisse Spannung besteht, vielleicht ist es sogar Eifersucht zwischen Hardware und Software. Der Hardware wird nun mal die ganze Beachtung geschenkt. Ein neuer Pentium-Chip kommt in den Abendnachrichten, während eine neue Version eines Programms, das Gehirn des Ganzen, höchstens in Computerzeitschriften erwähnt wird. Aber damit hat sich's dann schon!

Um die Waage noch mehr aus dem Gleichgewicht zu bringen, werde ich in diesem Buch zuerst die Hardware beschreiben. Schließlich ist die Hardware einfach interessanter. Zwar wird die Hardware von der Software gesteuert. Aber es gibt nun einmal mehr Hardware – und das in einer solchen Vielfalt, dass sie einfach zuerst besprochen werden muss. In den Kapiteln dieses Teils geht es somit also um die Hardware.

Die wesentlichen Innereien Ihres Computers

In diesem Kapitel

- Was ist ein Motherboard?
- Der Mikroprozessor
- Welchen Mikroprozessor hat Ihr Computer?
- Wo verbinde ich wie die Dinge im Innern der Konsole?
- Erweiterungssteckplätze
- Datum und Uhrzeit einstellen
- Das BIOS
- Das Setup-Programm

Ich muss den Computerherstellern an dieser Stelle mal ein Lob aussprechen. In den letzten Jahren hat sich das Design dieser schmutzigweißen, klobigen Kisten doch um einiges geändert. Die Computer, die es heute zu kaufen gibt, sind windschnittig, bunt oder durchsichtig. Manche Systeme sehen aus, als seien sie im Windkanal getestet worden und würden beim geringsten Luftzug abheben und davonfliegen. Aber trotzdem ist das Innere des Computers nach wie vor nackt und hässlich.

Das ist ein Elektrosalat aus Dioden, Widerständen, Chips und allen möglichen anderen Teilen. All diese Elektronik ist eigentlich nur für Leute in weißen Laborkitteln interessant. Aber auch Sie werden bei der Arbeit mit Ihrem PC hin und wieder mit den unterschiedlichen Ausdrücken konfrontiert. Es gibt das *Motherboard*, den *Mikroprozessor*, das *BIOS*, *Anschlüsse*, *Netzteile* und *Erweiterungssteckplätze*.

In diesem Kapitel geht es um die Dinge, die Sie in der Konsole Ihres PCs sehen können oder auch nicht. Einige der Komponenten, die hier beschrieben werden, sind wichtig, wenn auch tief im Gehäuse vergraben. Andere Komponenten sind wichtig, weil Sie sie auf der Rückseite Ihres PCs sehen können. Hier erfahren Sie, was das für Komponenten sind, was sie tun und warum sie so wichtig sind.

✔ In Ihrem Computer befinden sich auch unterschiedliche Anschlüsse, die in Kapitel 8 beschrieben werden.

✔ In Kapitel 10 wird der Speicher des Computers ausführlich beschrieben. Er ist im Innern Ihres Computers zu finden und verdient ein eigenes Kapitel.

✔ Alles über Laufwerke, die sich ebenfalls in Ihrem Computer befinden, erfahren Sie in Kapitel 9.

Das Motherboard

Das Motherboard – auch *Hauptplatine* oder *Systemplatine* genannt – ist der Hauptbestandteil Ihres Computers. Das Motherboard ist wichtig, weil hier die entscheidenden Dinge in Ihrem Computer stattfinden. Schließlich befindet sich hier der wichtigste Chip des Computers, der Mikroprozessor.

Andere wichtige Teile wollen in der Nähe des Mikroprozessors sein, also klammern sie sich fest verlötet ans Motherboard: Anschlüsse fürs Netzteil, Erweiterungssteckplätze, Arbeitsspeicher, Anschlüsse für die internen Laufwerke, die Computeruhr, das BIOS und verschiedene ROM-Chips.

Sie müssen Ihren Computer nicht extra aufschrauben, um sich das Motherboard anzuschauen. Wenn Sie sich eine Vorstellung davon machen wollen, dann suchen Sie mal in den Unterlagen zu Ihrem PC. Vielleicht finden Sie dort eine Schemazeichnung von diesem Teil. Nur ob Sie das schlauer macht, weiß ich nicht.

 Trotz seiner Sonderstellung hat jede(r) Zugang zum Motherboard und kann dort sein Unwesen treiben. Deshalb gebe ich Ihnen in Ihrem Interesse einen guten Rat: gucken ja, anfassen nein. Überlassen Sie das den Fachleuten!

✔ Sie können verschiedene Laufwerke mit den jeweiligen Anschlüssen auf dem Motherboard verbinden.

✔ Am häufigsten werden Erweiterungskarten in die Erweiterungssteckplätze auf dem Motherboard gesteckt. Dies ist aber wieder eine Aufgabe für den Guru.

✔ Arbeitsspeicher aufrüsten? Auch das geschieht direkt auf dem Motherboard. Näheres erfahren Sie in Kapitel 10.

✔ Ach ja, bei einigen Motherboards kann der Mikroprozessor ein- und ausgebaut werden. Allerdings würde ich das nicht empfehlen. Warum, erkläre ich später noch.

Der Mikroprozessor

Das Herzstück eines jeden Computers ist der Mikroprozessor. Das ist der wichtigste Chip in einem Computer. Nein, er ist nicht das *Gehirn* des Computers. (Die Software ist das Gehirn.) Der Mikroprozessor ist eigentlich ein kleiner, schneller Rechner. Alles, was er tut, ist addieren und subtrahieren.

Der Mikroprozessor beschäftigt sich mit anderen Komponenten im Computer. Diese Komponenten sind entweder für die *Eingabe* oder für die *Ausgabe* zuständig, was auch *E/A* (engl. I/O,

Input und Output) genannt wird. Unter *Eingabe* versteht man den Informationsfluss in den Mikroprozessor hinein. Unter *Ausgabe* versteht man den Informationsfluss aus dem Mikroprozessor heraus.

Der ganze Computer ist praktisch nur mit der Ein- und Ausgabe von Informationen beschäftigt.

- ✔ Der wichtigste Chip im Computer ist der *Mikroprozessor*, der eigentlich ein winziger Rechner mit einem großen Preisschild ist.
- ✔ Der Mikroprozessor wird auch CPU genannt. Das steht für *Central Processing Unit* und bedeutet übersetzt *Zentraleinheit*.
- ✔ Wenn Ihnen Mikroprozessor zu lang ist, können Sie auch nur *Prozessor* sagen.
- ✔ Ältere Mikroprozessoren glichen einem großen, flachen After-Eight-Schokoplättchen mit Hunderten von Beinen. Heute stecken die Mikroprozessoren in mysteriösen schwarzen Kästchen etwa so groß wie eine Sofortbildkamera, nur flacher.

Mikroprozessorbezeichnungen

Früher wurden Mikroprozessoren nach berühmten Zahlen benannt: 8088, 8086, 80286, 80386, 80486 usw. Heute bekommen Mikroprozessoren richtige, kraftvolle Namen, aber nicht wie Herkules, Samson oder Hans. Sie werden vielmehr Pentium, AMD und Cyrix genannt.

Intel, ein Hersteller von Mikroprozessoren, hat mit diesem Nummerierungsschema Schluss gemacht und seinen Mikroprozessor statt 586 (oder 80586) *Pentium* genannt. Die Bezeichnung Pentium wurde erdacht, weil Intel eine Zahl wie 586 nicht urheberrechtlich schützen lassen konnte. Das Unternehmen wollte aber einen eindeutigen Namen, mit dem es sich von seinen Konkurrenten abgrenzen konnte. Vom Pentium gab es zuerst den Pentium Pro, dann den Pentium MMX und danach den Pentium II.

Heute haben wir Pentium-III- und Pentium-4-Prozessoren. Die nächsten Generationen von Mikroprozessoren heißen Itanium und Xeon. Diese Namen klingen alle wie geheimnisvolle Substanzen, die die Crew des Raumschiffs Enterprise auf irgendeinem außerirdischen Planeten entdeckt hat.

Andere Hersteller produzieren andere Mikroprozessoren, die sich nicht wesentlich vom Intel Pentium unterscheiden, aber billiger sind! Diese Mikroprozessoren haben Bezeichnungen wie AMD oder Cyrix und Nummern wie z. B. P5 oder K6.

Intel stellt selbst auch eine kostengünstigere Version des Pentium her. Dieser Mikroprozessor trägt den Namen Celeron.

- ✔ Intel ist der weltweit führende Hersteller von Mikroprozessoren. Diese Firma entwickelte den ursprünglichen 8088 für den ersten PC von IBM.

✔ Es gibt nur geringe Unterschiede zwischen einem echten Intel-Mikroprozessor und einem Mikroprozessor von einem anderen Hersteller. Hinsichtlich der Software Ihres Computers ist jeder Mikroprozessor gleich. Da spielt es keine Rolle, wer ihn hergestellt hat. Wenn Ihnen jedoch Pentium-Prozessoren lieber sind, dann sollten Sie sich auch einen Computer mit einem Pentium kaufen.

Das Maß eines Mikroprozessors

Mikroprozessoren werden danach bemessen, wie schnell sie sind. Die Geschwindigkeit könnte in km/h gemessen werden, aber leider haben Mikroprozessoren keine Räder und können keine Abstände in einer messbaren Zeit überwinden. Daher gibt die Geschwindigkeit an, wie schnell der Mikroprozessor denkt.

Denkgeschwindigkeit wird in Megahertz (MHz) gemessen. Je größer die Zahl, desto schneller der Mikroprozessor. Ein alter Pentium Pro mit 133 MHz ist viel langsamer als ein Pentium III mit 1000 MHz.

Die Leistung eines Mikroprozessors wird auch danach bemessen, wie viele Bits er auf einmal verarbeiten kann. Alle Pentium-Mikroprozessoren können 32-Bit-Informationen verarbeiten, was diese Prozessoren sehr schnell macht. (Ältere Mikroprozessoren konnten nur 16 bzw. 8 Bit gleichzeitig verarbeiten.) Ein guter Vergleich zu den Bits in einem Mikroprozessor sind die Zylinder im Motor eines Autos: Je mehr Zylinder ein Motor hat, umso leistungsfähiger ist er. Mikroprozessoren der Zukunft werden wohl 128 Bit gleichzeitig verarbeiten können. Das sind dann sehr, sehr leistungsfähige Mikroprozessoren.

Und wenn der neue Itanium-Prozessor Daten in 64-Bit-Häppchen verarbeiten kann, dann ist das auch schon unwahrscheinlich schnell!

»Also gut, und was für einen Mikroprozessor hat mein Computer nun?«

Wer weiß, welcher Mikroprozessor sich im Inneren Ihres Computers verbirgt? Holen Sie besser einen großen Schraubenschlüssel. Oder klicken Sie lieber doch erst mit der rechten Maustaste links oben auf das Symbol ARBEITSPLATZ. Dadurch wird ein Kontextmenü für Ihren Computer angezeigt. Klicken Sie auf die letzte Option: EIGENSCHAFTEN. Das Dialogfeld EIGENSCHAFTEN VON SYSTEM wird angezeigt (siehe Abbildung 7.1).

Details! Details! Die erste Registerkarte im Dialogfeld EIGENSCHAFTEN VON SYSTEM (ALLGEMEIN) enthält Informationen über Windows, Sie und Ihren Computer. Sie können auch sehen, welchen Mikroprozessor und wie viel Arbeitsspeicher Ihr Computer hat. Je nach Windows-Version kann diese Registerkarte anders aussehen.

7 ➤ Die wesentlichen Innereien Ihres Computers

Abbildung 7.1: Das Dialogfeld EIGENSCHAFTEN VON SYSTEM

- ✔ Das Dialogfeld aus Abbildung 7.1 enthält Infos zum installierten Betriebssystem (Windows Me), zum Prozessor (Intel-Familie 6 Model 5) und zur Größe des Arbeitsspeichers (128 Mbyte).
- ✔ Wenn Sie ein 486er System besitzen, wird die Nummer des Mikroprozessors angezeigt. Bei einem 486er Mikroprozessor würde beispielsweise 80486 stehen.

Celeron oder Pentium?

F: Ist das mit dem Celeron-Prozessor nur ein Witz?

A: Nein, aber er ist tatsächlich nicht dasselbe wie ein Pentium. Ein Computer mit einem Celeron-Prozessor sollte billiger sein als einer mit einem Pentium-Prozessor. Der Pentium ist schneller, aber mit beiden Prozessoren können Sie dieselben Programme ausführen. Sie sparen sich allerdings Geld, wenn Sie einen PC mit Celeron-Prozessor kaufen. Ich habe in meinem Büro ein paar Computer mit Celeron-Chips, und sie laufen einwandfrei.

Anschlüsse für alles Mögliche

Jede Komponente im Computer ist über das Motherboard angeschlossen. Einige Geräte werden über externe Anschlüsse angeschlossen, wie die, die ich in Kapitel 9 behandle. In diese

Anschlüsse können Sie Geräte selbst einstecken. Andere Geräte werden über interne Anschlüsse im Gehäuse des Computers an das Motherboard angeschlossen.

Ich brauche mehr Leistung!

Im Gehäuse Ihres Computers befindet sich direkt neben dem Motherboard das *Netzteil*. Dieses Gerät hat drei Aufgaben: Es bringt den Strom von der Steckdose in den Computer, es versorgt das Motherboard und die Laufwerke mit Strom, und es verfügt über den Ein/Aus-Schalter.

Um das Motherboard mit Strom versorgen zu können, ist das Netzteil über einen Anschluss mit dem Motherboard verbunden. Diesen Stecker ziehen Sie praktisch nie. Nur, wenn das Netzteil explodiert (ich sollte besser *ausfällt* sagen, statt *explodiert*), müssen Sie es austauschen.

Keine Panik! Netzteile sind so konstruiert, dass sie ausfallen. Manchmal explodieren sie auch, aber nur ein bisschen. Sie geben ganz einfach den Geist auf. Das Netzteil soll die empfindliche Elektronik in Ihrem Computer schützen. Lieber geht es selbst kaputt, als dass es zulässt, dass Ihrem System etwas zustößt. Dann müssen Sie das Netzteil austauschen, was wirklich einfach ist.

✔ Das Netzteil ist das Gerät, das den meisten Lärm verursacht, wenn Ihr Computer eingeschaltet ist. Es verfügt über einen Lüfter, der die Temperatur in der Konsole reguliert und dafür sorgt, dass alles angenehm kühl bleibt. (Elektronische Komponenten werden heiß, wenn Strom durch sie hindurchfließt – so wie es Ihnen auch ergehen würde! Diese Wärme hat zur Folge, dass sich die Komponenten eigenartig verhalten. Daher müssen sie gekühlt werden.)

✔ Die Leistung eines Netzteils wird in Watt (W) gemessen. Je mehr Geräte, Laufwerke, Speicher, Erweiterungskarten usw. an Ihren Computer angeschlossen sind, umso größer muss die Wattzahl sein, die das Netzteil bieten kann. Ein normaler PC hat ein Netzteil mit einer Leistung von 150 oder 200 W. Leistungsfähigere Systeme benötigen ein Netzteil mit 220 oder 250 W.

 Eine Möglichkeit, Ihr Netzteil und Ihren Computer auch im Falle eines Blitzschlags vor Überspannungen oder auch bei Stromausfall zu schützen, besteht darin, einen Überspannungsschutz oder eine unterbrechungsfreie Stromversorgung zu kaufen (siehe Kapitel 2).

Anschlüsse für Laufwerke

Das Motherboard Ihres PCs verfügt auch über Anschlüsse für die Diskettenlaufwerke (davon kann es zwei geben, erinnern Sie sich?) und für zwei Festplattenlaufwerke oder ein Festplatten- und ein CD-ROM-Laufwerk. Manchmal sind es auch Anschlüsse für ein Diskettenlaufwerk, eine Festplatte, ein CD-ROM- und ein DVD-Laufwerk. Ach, du je!

Ich rede jetzt natürlich nur über die internen Anschlüsse. Wenn Sie USB- oder FireWire-Anschlüsse oder sogar den parallelen Druckeranschluss verwenden, dann können Sie noch mehr Laufwerke an Ihr System anschließen. Dazu mehr in den Kapiteln 8 und 9.

 Festplattenanschlüsse heißen in der Regel IDE-, ATA- oder ATAPI-Anschlüsse. Das sind die Bezeichnungen für die Schnittstellen, über die Ihr Rechner mit den Laufwerken kommuniziert.

Spitze Teile und anderer Elektroniksalat

Schließlich gibt es noch eine Menge anderer Teile auf dem Motherboard Ihres PCs. Die meisten davon sind Chips oder Dioden oder Widerstände oder was auch immer. Vorsicht! Finger weg!

Einige spitze Teile, mit denen Sie eines Tages vielleicht einmal zu tun haben werden, sind die so genannten *Jumper*. Ein Jumper ist ein Anschluss, der wie ein Schalter funktioniert. Sie stecken ein kleines schwarzes Kästchen auf zwei spitze Kabelenden, um diese miteinander zu verbinden bzw. den Schalter einzuschalten. Wenn Sie das kleine schwarze Kästchen entfernen, schalten Sie den Schalter wieder aus.

In Abbildung 7.2 sehen Sie drei Möglichkeiten, wie Sie einen Jumper aufstecken können. Das kleine schwarze Kästchen ist entweder »ein« oder »aus« (auf der Seite).

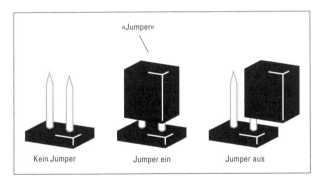

Abbildung 7.2: Die Jumper-Positionen

Es kann sein, dass Sie einen Jumper setzen oder entfernen müssen, wenn Sie den Arbeitsspeicher oder (Gott bewahre!) den Mikroprozessor Ihres PCs aufrüsten. Wenn dieser Fall eintritt, können Sie im Handbuch zu Ihrem Computer nachlesen, was zu tun ist. Oder besser noch: Lassen Sie das alles den Händler für Sie machen!

✔ Am besten überlassen Sie es Experten, sich um Jumper zu kümmern.

✔ Versetzen Sie nie einen Jumper, solange der Computer eingeschaltet ist. Und überhaupt: Öffnen Sie den Computer erst, nachdem Sie den Netzstecker gezogen haben.

✔ Jumper sind in der Regel auf dem Motherboard gekennzeichnet. So steht beispielsweise neben dem W2-Jumper auf dem Motherboard »W2«.

Erweiterungssteckplätze

Damit Sie noch mehr Komponenten anschließen und mit Ihrem Computer noch mehr anstellen können, ist das Motherboard mit speziellen langen, schmalen Steckplätzen ausgestattet. Hierbei handelt es sich um *Erweiterungssteckplätze*, in die Sie spezielle *Erweiterungssteckkarten* einstecken. Damit können Sie Ihr Computersystem um Komponenten erweitern, die in der Grundausstattung nicht enthalten sind.

Ihr Computer kann entweder keinen oder bis zu zwölf Erweiterungssteckplätze haben. Einige Heim-PCs haben keine Erweiterungssteckplätze, wodurch diese Geräte billiger sind. Hier sind die möglichen Erweiterungen bereits im System integriert. Die meisten handelsüblichen PCs verfügen, je nachdem wie groß die Konsole ist, über drei bis acht Erweiterungssteckplätze.

Es gibt drei verschiedene Arten von Erweiterungssteckplätzen: ISA, PCI und AGP.

ISA: Der ISA-Steckplatz ist der älteste der drei Arten von Erweiterungssteckplätzen. ISA ist die Abkürzung für *Industry Standard Architecture*, was so viel bedeutet wie Architektur nach Industrienorm. Das kommt daher, weil dieser Steckplatz nie wirklich einen Namen hatte und erst einen erhielt, als ein neuer, besserer Erweiterungssteckplatz auf den Markt kam. ISA-Steckplätze werden nach wie vor installiert, da es immer noch eine Menge älterer Hardware mit dieser Art von Erweiterungskarte gibt.

PCI: Der PCI-Erweiterungssteckplatz ist der am häufigsten verwendete Steckplatz für einen PC (für den Macintosh auch, aber das ist hier nicht das Thema). Wenn Sie eine Erweiterungskarte kaufen, stehen die Chancen gut, dass es sich dabei um eine PCI-Karte handelt. Falls Sie gefragt werden, dann entscheiden Sie sich statt für ISA lieber für PCI.

AGP: Diese Abkürzung steht für *Accelerated Graphics Port*, was so viel bedeutet wie beschleunigter Grafikanschluss. Dabei handelt es sich um einen speziellen Steckplatz, in den nur Grafikkarten eingesteckt werden. Das sind teure, nette Karten, die alle möglichen Grafikdinge tun. Nicht jeder PC verfügt über diese Art von Steckplatz.

Aufgrund der Erweiterungssteckplätze und der Karten, die in diese Steckplätze eingesteckt werden, ist das Installieren neuer Geräte relativ einfach. Obwohl es für jeden möglich ist, eine Karte anzuschließen und ein Computersystem dadurch zu erweitern, sollten Sie diese Arbeit dennoch am besten den Experten überlassen, die so etwas gerne machen.

✔ Computer mit den kleinsten Gehäusen haben die wenigsten Steckplätze. Computer mit einem Tower-Gehäuse haben die meisten Steckplätze.

✔ In Kapitel 11 erfahren Sie mehr über Grafikkarten.

- ✔ Verkäufer werden Ihnen Folgendes nie sagen: Die meisten Erweiterungskarten haben Kabel. Das Durcheinander an Kabeln führt dazu, dass das ansonsten eigentlich so ordentliche Motherboard wie ein Teller voller Spaghetti aussieht. Einige Kabel sind in das Gehäuse gestopft, andere hängen einfach so an der Rückseite heraus. Die Kabel sind schuld daran, dass das Aufrüsten und Installieren so schwierig ist.

- ✔ Nachdem Sie eine neue Erweiterungskarte installiert haben, müssen Sie Windows davon in Kenntnis setzen. Wenn Sie den Computer eines schönen Tages (die Sonne scheint, Sie haben sich eine gute Tasse heißen Kaffee gemacht, die Vögel zwitschern oder so ähnlich) neu starten, erkennt Windows die neue Hardware und konfiguriert sie automatisch. Tut es das nicht, müssen Sie die Systemsteuerung öffnen und auf das Symbol Hardware klicken. Wie das alles im Einzelnen geht, ist viel zu langweilig, als dass es sich lohnen würde, hier beschrieben zu werden.

Tick, tack, tick !

Die meisten Computer haben eine interne Uhr. Tick, tack. Die Uhr ist batteriebetrieben, dadurch läuft sie weiter, ob der Computer eingeschaltet ist oder nicht.

Um die aktuelle Zeit zu kontrollieren, werfen Sie einen Blick nach rechts unten auf die Taskleiste von Windows. In der Systemanwendung wird die aktuelle Zeit angezeigt. Wenn Sie mit der Maus auf die Uhrzeit zeigen, wird das Datum angezeigt (siehe Abbildung 7.3).

Abbildung 7.3: Das (mehr oder weniger) aktuelle Datum und die aktuelle Uhrzeit

- ✔ Wenn die Uhrzeit nicht angezeigt wird, klicken Sie auf Start und wählen Einstellungen/Taskleiste und Startmenü. Markieren Sie im Dialogfeld Eigenschaften von Taskleiste das Kontrollkästchen neben Uhr anzeigen, indem Sie es anklicken. Klicken Sie auf OK und schon wird in der Taskleiste die Uhrzeit angezeigt.

- ✔ Das Format des Datums und der Uhrzeit ist abhängig davon, wie Ihr Computer eingerichtet ist. Windows zeigt das Datum- und Zeitformat Ihres Landes an.

- ✔ Wen kümmert es, ob der Computer weiß, welcher Tag heute ist? Wenn Ihre Dateien mit der Zeit und dem Datum versehen werden, können Sie erkennen, welche die aktuelle Version von zwei ähnlichen Dateien ist oder welche die jüngere Version von zwei Dateien mit demselben Namen auf verschiedenen Disketten ist.

Die Uhr geht ständig verkehrt!

Computer haben wirklich schlechte Uhren. Daher werden bei den Olympischen Spielen die Zeiten auch nicht mit Computern gemessen. Warum scheinen die Uhren von Computern jeden Tag ein paar Minuten zu verlieren? Wer weiß?! Aber zum Glück können Sie die Uhrzeit jederzeit neu einstellen. Das ist doch wirklich nett, oder?

Keine Angst vor der Sommer- oder Winterzeit. Windows weiß bescheid und stellt die Uhr automatisch eine Stunde vor oder zurück.

Die Computeruhr geht nur deswegen langsamer oder schneller, weil im Innern des Rechners so wahnsinnig viel los ist. Und je mehr los ist, umso eher geht die Uhr verkehrt. Vor allem, wenn Sie Ihren Computer in den Ruhezustand versetzen, spielt die Uhr manchmal verrückt. (In Kapitel 2 steht mehr zu dieser Option.)

Uhrzeit einstellen

Um das Datum oder die Zeit in Ihrem Computer einzustellen, doppelklicken Sie auf die Zeitangabe in der Taskleiste: Zeigen Sie mit der Maus auf die Zeit rechts unten in der Taskleiste und doppelklicken Sie darauf. Klick-klick. Daraufhin wird das Dialogfeld EIGENSCHAFTEN VON DATUM/UHRZEIT angezeigt (siehe Abbildung 7.4).

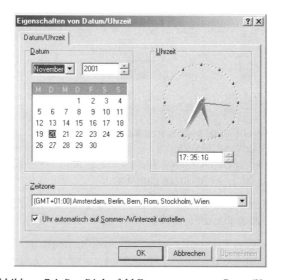

Abbildung 7.4: Das Dialogfeld EIGENSCHAFTEN VON DATUM/UHRZEIT

Stellen Sie das Datum und die Uhrzeit mithilfe der Steuerelemente im Dialogfeld ein.

Um die Uhrzeit einzustellen, geben Sie eine neue Uhrzeit ein. Wenn es 9:58 Uhr ist, geben Sie beispielsweise 10:00 ein. Wenn dann die Dame von der Zeitansage sagt, es ist 10:00 Uhr, klicken Sie auf ÜBERNEHMEN. Damit wird die neue Uhrzeit sofort übernommen. Klicken Sie auf OK, wenn Sie alle Einstellungen vorgenommen haben.

Langweilige Infos zum Thema Batterie

Alle Computer haben eine interne Batterie, die sich auf dem Motherboard befindet. Die Batterie hat zwei Aufgaben:

Zum einen muss sie sich Uhrzeit und Datum merken. Wenn Sie feststellen, dass die Uhr total wirre Zeiten anzeigt, dann könnte es an der Zeit sein, die Batterie zu wechseln.

Zum anderen liefert die Batterie dem CMOS Energie. Dies ist ein spezieller Chip, der die wichtigsten Informationen über den Computer enthält (Laufwerke, Setup-Einstellungen, wie der Druckerport arbeitet etc.) und die dieser nicht vergessen darf, selbst wenn er ausgeschaltet ist. Also versorgt die Batterie den CMOS mit Energie, damit die Daten nicht abhanden kommen.

Computerbatterien sind zähe Burschen. Sie halten in der Regel mindestens fünf Jahre. Wenn sie den Geist aufgeben, merken Sie es, weil die Computerzeit nach dem Mond geht oder der Computer sich beschwert, dass er die Festplattenlaufwerke nicht erkennt. Das hört sich jetzt zwar dramatisch an, aber eigentlich brauchen Sie nur die Batterie auszuwechseln oder sich einen neuen Rechner zu bestellen!

Wenn Sie supergenau sein wollen, wenn es um die Uhrzeit auf Ihrem PC geht, dann laden Sie doch eines der vielen Programme für Atomuhren aus dem Internet runter. Diese Programme holen die offizielle Zeit von den Atomuhren des Landes.

Das BIOS

Das BIOS ist ein spezieller Chip auf dem Motherboard, der die Persönlichkeit Ihres Computers enthält. BIOS steht für *Basic Input/Output System*, was so viel heißt wie grundlegendes Ein- und Ausgabesystem. Auf diesem Chip befinden sich die einfachen Anweisungen, die der Computer benötigt, um mit den anderen Teilen des Systems kommunizieren zu können.

So enthält das BIOS beispielsweise Software für die Kommunikation mit der Tastatur, dem Monitor, den Erweiterungssteckplätzen, für die Anzeige des Logos des Herstellers und andere einfache Aktionen. Das BIOS ist nicht so komplex wie das Betriebssystem, aber es ist erforderlich, um den Computer morgens in Gang zu bringen.

✔ BIOS wird *baios* ausgesprochen.

✔ Das BIOS wird auch als ROM bezeichnet. In Kapitel 10 erfahren Sie, was ein ROM-Chip ist.

Neben dem Haupt-BIOS hat Ihr Computer noch andere BIOS-Arten. Zum Beispiel steuert das Grafik-BIOS die Grafikanzeige Ihres Systems, das Festplatten-BIOS kontrolliert die Festplatte usw. Vielleicht hat Ihre Netzwerkkarte ihr eigenes BIOS. Der Begriff BIOS bezieht sich normalerweise auf das Haupt-BIOS des PC.

Wo ist das Setup-Programm des PC?

F: Ich habe Probleme mit dem Druckerport und soll deswegen das Setup-Programm aufrufen. Nur, wenn ich das tue, fragt es mich, ob ich Windows installieren will oder nicht. Mache ich da was falsch?

A: Eigentlich nicht. Es gibt ein Setup-Programm, das Windows installiert, aber das ist nicht das, was Sie brauchen. Sie müssen das Setup-Programm des Computers aufrufen, das Teil des BIOS ist.

Wenn Sie den Computer einschalten, sehen Sie eine ganze Reihe Mitteilungen am Bildschirm. Eine davon heißt: »Press <F1> to enter Setup«, statt `F1` kann hier auch `F2` oder `Entf` oder irgendeine andere Taste stehen. Wenn Sie diese Taste drücken, startet der Rechner sein Setup-Programm, mit dem Sie bestimmte grundlegende Dinge – wie den Druckerport – konfigurieren können.

Das Setup-Programm ist ein wichtiger Bestandteil eines jeden Computers. Sie werden es aber nur selten oder nie benutzen. Es reicht, wenn Sie wissen, dass Sie es aufrufen können, wenn Sie den Rechner starten. Außerdem müssen Sie, bevor Sie das Setup-Programm wieder beenden, bestätigen, dass die Änderungen beim Beenden des Programms gespeichert werden sollen. Das hört sich gefährlich an, ist es aber nicht. Sie aktualisieren damit nur den CMOS, also das batteriegepufferte RAM. Aber das ist schon wieder zu viel Technik!

Anschlüsse, Buchsen und Löcher

In diesem Kapitel

- Wozu sind Buchsen und Anschlüsse gut?
- Tastatur- und Mausanschlüsse
- USB-Anschlüsse und USB-Geräte
- Alles über FireWire oder IEEE 1394
- Serielle Anschlüsse
- Drucker- und sonstige parallele Anschlüsse
- Anschlüsse für Joysticks
- Audiobuchsen

Auf der Rückseite der Konsole Ihres Computers befinden sich zahlreiche Löcher, in die etwas eingesteckt werden kann. Diese sind ganz schön hässlich. Das ist wohl auch der Grund dafür, warum diese Seite der Konsole zur Wand hin oder zumindest von Ihnen weg zeigt. Wie die Erweiterungssteckplätze in der Konsole (siehe Kapitel 7) dienen diese Löcher dazu, Ihr Computersystem zu erweitern und verschiedene wichtige Komponenten an die Konsole anzuschließen.

In diesem Kapitel geht es um die Löcher auf der Rückseite Ihres PC. Offiziell werden diese als *Buchsen* bezeichnet. Ein ebenso offizieller Ausdruck lautet *Anschluss* oder *Port*. Er hat dieselbe Bedeutung wie Buchse, was nur eine andere Bezeichnung für Loch ist. Wie mit den meisten Dingen beim Computer, ist es nicht so wichtig, die Dinge bei einem eindeutig definierten Namen zu nennen.

Löcher für jede Gelegenheit

Ein Loch ist eigentlich eine *Buchse* oder ein Anschluss an der Rückseite Ihres Rechners. Über eine Buchse können Sie eines von vielen möglichen externen Geräten anschließen, mit denen Ihr Computer kommunizieren kann.

Manche Buchsen sind für bestimmte Geräte vorgesehen. Über andere Buchsen, die meistens *Ports* genannt werden, können unterschiedliche Geräte angeschlossen werden.

Abbildung 8.1 zeigt eine typische PC-Rückseite, wo all die Stecker externer Geräte eingesteckt werden. Hier finden Sie folgende Anschlüsse:

1. Tastaturanschluss
2. Mausanschluss
3. USB-Anschluss (meist zwei)
4. Serieller Anschluss (meist zwei)
5. Druckeranschluss (oder paralleler Anschluss)
6. Anschluss für Joystick
7. Audioanschlüsse (drei)

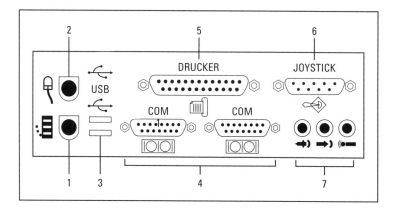

Abbildung 8.1: Anschlüsse an der Rückseite der Konsole

In den folgenden Abschnitten werden die unterschiedlichen Geräte beschrieben, die in diese Anschlüsse eingesteckt werden können.

✔ Weitere Anschlüsse können über eine Erweiterungskarte in jedem PC installiert werden. So können Sie beispielsweise einen USB-Anschluss über eine Erweiterungskarte an Ihren Computer anschließen.

✔ Ihr PC kann mit einem zweiten seriellen Anschluss oder einem USB-Anschluss ausgestattet sein. Das sollten Sie allerdings wissen, *bevor* Sie sich einen PC kaufen.

✔ Der USB-Anschluss (*Universal Serial Bus*), die neueste Anschlussart, die es für PCs gibt, ist so leistungsstark und vielseitig, dass er irgendwann einmal sämtliche anderen Anschlüsse am PC ersetzen wird.

✔ Ihr Computer hat möglicherweise auch einen Videoanschluss für den Bildschirm. Er befindet sich entweder dort, wo sich die anderen Anschlüsse befinden, oder auf einer Erweiterungskarte. Alles, was mit dem Bildschirm zu tun hat, wird in Kapitel 11 beschrieben.

✔ Weitere bekannte Anschlüsse sind die Netzwerkanschlüsse sowie die FireWire- und SCSI-Anschlüsse, die sich allerdings meistens auf Erweiterungskarten befinden.

Anschlüsse für Tastatur und Maus

Die Tastatur- und Mausanschlüsse sehen bei den meisten Computern gleich aus. Das liegt daran, dass sie gleich sind! Einer der Anschlüsse ist zwar mit einer Tastatur und der andere mit einer Maus gekennzeichnet, dennoch sind die beiden Anschlüsse gleich. Die meisten Computer sind intelligent genug, um zu erkennen, welches die Tastatur und welches die Maus ist. Wenn das bei Ihrem nicht der Fall ist, dann stecken Sie die Maus eben da rein, wo Maus dran steht.

- ✔ Wenn Sie sich eine USB-Maus kaufen, dann stecken Sie die natürlich in den USB-Anschluss und lassen den Mausanschluss frei. Sie können natürlich auch einen dieser speziellen USB/Mausanschluss-Adapter kaufen. Oft sind diese sogar bei der USB-Maus als Zubehör dabei.

- ✔ Das Gleiche gilt für die USB-Tastatur. Entweder in den USB-Anschluss einstecken und den Tastaturanschluss frei lassen oder einen Adapter kaufen!

- ✔ Einige Mäuse werden nicht über den speziellen Mausanschluss, sondern über den seriellen Anschluss an den PC angeschlossen. In diesem Fall wird der Mausstecker in den seriellen Anschluss 1 (COM1) eingesteckt. In Kapitel 12 erfahren Sie, warum es besser ist, diesen Anschluss statt des seriellen Anschlusses 2 (COM2) zu verwenden.

USB-Anschlüsse

Der vielseitigste Anschluss an der Rückseite Ihres PC ist der USB-Anschluss. Im Gegensatz zu den meisten anderen Anschlüssen wurde der USB-Anschluss für eine ganze Reihe unterschiedlicher und interessanter Geräte entwickelt. Damit werden all die Anschlüsse auf der Rückseite eines Computers überflüssig.

Damit Sie den USB-Anschluss nutzen können, müssen Sie erst einmal nachsehen, ob Ihr PC einen oder auch mehrere USB-Anschlüsse hat. Wenn er einen hat, finden Sie diesen auf der Rückseite Ihres Computers. Häufig ist er mit dem Symbol für den USB-Anschluss gekennzeichnet. Wenn Sie Glück haben, steht neben dem Anschluss sogar USB (siehe Abbildung 8.1).

Wenn Ihr Rechner einen USB-Anschluss hat, dann steht Ihnen die ganze Welt der USB-Geräte offen. Das sind externe Geräte, die über den USB-Anschluss an den Computer angeschlossen werden. Davon gibt es jede Menge: Monitore, Lautsprecher, Joysticks, Scanner, Digitalkameras, Diskettenlaufwerke und andere Speichergeräte, Modems und Geräte für Elektroschocktherapie usw. Die Liste lässt sich beliebig fortführen und täglich kommen neue USB-Geräte auf den Markt.

- ✔ Machen Sie sich keine Sorgen, wenn Ihr PC keinen USB-Anschluss hat. Sie können jederzeit über eine Erweiterungskarte nachrüsten.

- ✔ Wenn Ihr PC einen USB-Anschluss hat, dann sollten Sie auch USB-Geräte kaufen. Der eignet sich für den Anschluss externer Geräte viel besser als die seriellen oder parallelen Anschlüsse.

- Einige USB-Geräte haben sogar ihre eigenen Kabel. Allerdings kann man diese Kabel auch günstig über das Internet oder in einem Computerladen kaufen.

- USB-Kabel haben zwei Enden. Das dünne Ende »A« wird in den Rechner gesteckt, während das fünfeckige Ende »B« in das USB-Gerät gesteckt wird. Achten Sie also darauf, ein Kabel mit verschiedenen Enden zu kaufen!

- Es gibt auch USB-Verlängerungskabel. Die braucht man beispielsweise, um eine USB-Videokamera an den Computer anzuschließen, die zur Raumüberwachung dienen soll und daher nicht in der Nähe des Monitors installiert wird.

Anschluss eines USB-Geräts

Ein Grund, weshalb der USB-Anschluss die anderen Anschlüsse verdrängen wird, ist der, dass dieser Anschluss intelligent ist. Im Gegensatz zu anderen Anschlüssen am PC erkennt Windows bei einem USB-Anschluss sofort, wenn Sie ein USB-Gerät an den PC anschließen, und es konfiguriert das Gerät für Sie. Sie müssen dazu noch nicht einmal den Computer neu starten. Welch ein Wunder!

Sie müssen natürlich immer noch die Software für das Gerät installieren. Manchmal müssen Sie diese installieren, bevor Sie das USB-Gerät anschließen, manchmal aber auch erst hinterher. Bei meinem USB-ZIP-Laufwerk musste ich die Software zuerst installieren. Danach hat der Computer das Laufwerk sofort erkannt und ich konnte gleich damit arbeiten. Bei meinem USB-Scanner war es genau andersherum. Den musste ich erst anschließen und dann die Software installieren. Da soll sich eine(r) auskennen!

- USB-Geräte können nach Bedarf angeschlossen werden. Wenn Sie einen Scanner und einen Joystick haben, stecken Sie einfach ein Gerät aus und stecken Sie dafür die Kamera ein.

- Es gibt USB-Geräte, die noch nicht einmal ein eigenes Netzkabel benötigen. Solche USB-Geräte nutzen das Netzkabel der Konsole. So wird mein USB-Scanner beispielsweise einfach in den Computer eingesteckt und das ist alles. Andere USB-Geräte, wie z. B. Bildschirme, benötigen dagegen ein eigenes Netzkabel.

- USB ist nicht immer die optimale Lösung. Der Anschluss ist für externe Laufwerke zu langsam. Vielleicht wird dieses Problem in der Zukunft noch behoben.

Erweitern Sie das USB-Universum

Die meisten PCs verfügen über zwei USB-Anschlüsse. Über diese können Sie zwei USB-Geräte an den PC anschließen. Wenn Sie mehrere USB-Geräte haben, können Sie den Stecker des einen Geräts ziehen und den Stecker eines anderen Geräts nach Bedarf einstecken. Sie finden das umständlich?

Dann sollten Sie das USB-Universum erweitern und sich einen USB-Hub leisten. Dabei handelt es sich um ein Gerät, das über den USB-Anschluss an Ihren PC angeschlossen wird und Ihnen weitere USB-Anschlüsse zur Verfügung stellt (siehe Abbildung 8.2).

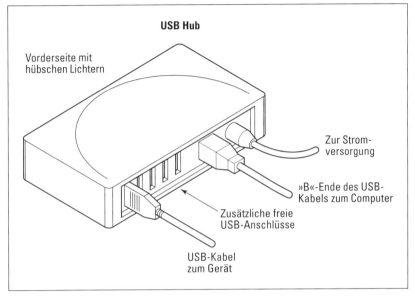

Abbildung 8.2: Installieren von weiteren USB-Anschlüssen mithilfe eines USB-Hubs

Der USB-Hub wird über das A/B-USB-Kabel mit Ihrem Computer verbunden. Ende »A« wird in den Rechner gesteckt, während Ende »B« am Hub angeschlossen wird. Wenn es ein Hub mit Netzteil ist, dann haben Sie auch noch ein Kabel, das zur Steckdose führt. Ferner hat der Hub auch noch zusätzliche freie USB-Anschlüsse, in die Sie weitere USB-Geräte oder USB-Hubs einstecken können.

- ✔ Mithilfe von USB-Hubs können Sie das USB-Universum Ihres PC auf bis zu 127 USB-Geräte erweitern. Dazu wird aber hoffentlich der Platz auf Ihrem Schreibtisch nicht ausreichen.

- ✔ Maximal können 127 Geräte angeschlossen werden, und die USB-Kabel dürfen nicht länger als drei Meter sein. Das bedeutet, dass Ihr Computer theoretisch ein Gerät steuern kann, das etwa 381 Meter vom Computer entfernt steht.

- ✔ Es gibt USB-Hubs, die in USB-Geräten integriert sind. So gibt es beispielsweise Monitore mit USB-Hubs, die über zwei oder vier weitere USB-Anschlüsse verfügen. Einige USB-Tastaturen sind mit einem zusätzlichen Anschluss ausgestattet, über den eine USB-Maus angeschlossen werden kann.

Der erste Hub (Ihr PC) ist der *Stamm-Hub*. Neben diesem können Sie je nach der Hardware Ihres PC nur noch eine bestimmte Anzahl an Hubs an Ihren Computer anschließen. Wie viele das sind, werden Sie jedoch aller Wahrscheinlichkeit nach nie herausfinden, da die Kosten für all diese Geräte sogar kleinere Länder in den Ruin treiben würden.

Noch besser als USB ist FireWire

Es ist größer und schneller und hat auf jeden Fall einen besseren Namen als USB: FireWire! FireWire wurde ursprünglich von Apple entwickelt und ist auch bekannt unter der Bezeichnung IEEE 1394 (Standard für serielle Hochleistungsschnittstelle). Aber ich finde den Namen FireWire einfach genial!

FireWire ist im Grunde genommen nichts weiter als die Hyperversion des USB-Ports. Es ist schneller als USB und wird daher überall dort eingesetzt, wo hohe Übertragungsgeschwindigkeiten gefragt sind, z. B. digitale Videos, Scannen mit hoher Auflösung oder externe Speichergeräte. Mit USB funktioniert das zwar genauso, aber ein FireWire-Gerät ist einfach viel schneller.

Andererseits ist FireWire noch kein so bekannter Standard. Apple-Computer sind natürlich damit ausgestattet. Beim PC müssen Sie sich eine FireWire-Erweiterungskarte kaufen. Das kann sich natürlich noch ändern und bald werden alle PCs sowohl einen FireWire- als auch einen USB-Anschluss haben. Bis dahin kann es aber noch ein Weilchen dauern.

 ✔ FireWire-Anschlüsse sind mit dem FireWire-Symbol (siehe Rand) gekennzeichnet.

✔ Genauso wie USB-Geräte können Sie ein FireWire-Gerät einstecken, ohne den Computer aus- und wieder einzuschalten.

✔ FireWire-Kabel sind nicht identisch mit USB-Kabeln.

✔ Sie können auch FireWire-Hubs kaufen.

✔ Die Anzahl möglicher FireWire-Geräte an einem Port ist sehr viel geringer als bei USB. Nach dem letzten Stand können nur 64 Geräte an einem FireWire-Anschluss hängen. Aber ich finde, dass das immer noch ziemlich viel ist.

✔ Ich habe eine FireWire-Festplatte und einen FireWire-CD-R/RW-Brenner. Die Installation war ein Kinderspiel, viel einfacher als das Öffnen der Konsole selbst. Und die Geschwindigkeit der Laufwerke ist viel höher als bei vergleichbaren USB-Laufwerken.

Serielle Anschlüsse oder COM-Anschlüsse

Die seriellen Anschlüsse sind neben dem USB-Anschluss die vielseitigsten Anschlüsse an Ihrem PC. Über den seriellen Anschluss können einige interessante Geräte an Ihren Computer angeschlossen werden. Daher wird dieser Anschluss auch nicht als Dies-oder-Das-Anschluss bezeichnet.

In der Regel können folgende Geräte über einen seriellen Anschluss an einen Computer angeschlossen werden: ein Modem, ein serieller Drucker, eine Maus, einige Scannertypen, Digitalkameras, die HotSync-Station des PalmPilot – einfach alles, was eine bidirektionale Kommunikation erfordert.

Am häufigsten wird ein externes Modem über einen seriellen Anschluss an den Computer angeschlossen. Serielle Anschlüsse werden auch als COM-Anschlüsse bezeichnet, COM wie Kommunikation.

Die meisten Computer sind mit zwei seriellen Anschlüssen, COM1 und COM2, ausgestattet.

- ✔ Ein serieller Anschluss kann auch als Modemanschluss bezeichnet werden.
- ✔ Serielle Anschlüsse werden auch als RS-232-Anschlüsse bezeichnet.
- ✔ Im Gegensatz zu einem USB-Anschluss kann über einen seriellen Anschluss immer nur jeweils ein Gerät angeschlossen werden. Das ist auch ganz in Ordnung, denn die meisten Geräte (Modem, Scanner, Maus usw.), die über den seriellen Anschluss an den Computer angeschlossen werden, sind ständig mit dem Computer verbunden.
- ✔ Sie können eine Maus über einen seriellen Anschluss an den Computer anschließen. In diesem Fall spricht man dann von einer seriellen Maus. Wenn Sie Näheres dazu wissen möchten, wenden Sie sich an die Kleintierhandlung in Ihrer Stadt oder lesen Sie Kapitel 12.

Der vielseitige Druckeranschluss

Ist es nicht eigenartig, dass Ihr Drucker über den Druckeranschluss an den Computer angeschlossen wird? Darüber hinaus hat das Druckerkabel eine Steckverbindung für den Drucker und eine für den Computer. Die beiden Steckverbindungen sind verschieden, sodass es nicht möglich ist, einen Drucker verkehrt herum anzuschließen.

Den Druckeranschluss können Sie auch als eine sehr schnelle Verbindung zu externen Geräten nutzen. Aufgrund seiner Geschwindigkeit und seines Designs können externe Laufwerke wie z. B. CD-ROM-, CD-R-, DVD-, ZIP- und JAZ-Laufwerke sowie externe Bandlaufwerke über den Druckeranschluss an den PC angeschlossen werden.

Wenn ein externes Gerät über den Druckeranschluss an den Computer angeschlossen wird, wird das Druckerkabel an das Gerät und ein zweites an den Drucker angeschlossen. In Abbildung 8.3 führt das Druckerkabel vom PC zum externen Gerät und von diesem führt ein zweites Druckerkabel zum Drucker.

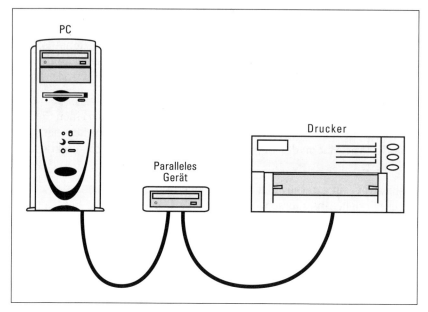

Abbildung 8.3: Anschluss eines Geräts über den Druckeranschluss

- ✔ Die Nutzung des Druckeranschlusses ist eine der kostengünstigsten Möglichkeiten, Ihren PC um ein externes Gerät zu erweitern.

- ✔ Wenn Sie ein externes Gerät über den Druckeranschluss an den Computer anschließen, hat das keine Auswirkungen auf das Drucken. Es scheint zwar, als müsste es das haben, hat es aber nicht.

 Es kann sein, dass der Drucker nicht druckt, weil das Gerät zwischen Drucker und Computer nicht eingeschaltet ist. Das Gerät muss in der Regel eingeschaltet sein oder das Gerät muss zumindest mit Strom versorgt sein, damit der Drucker druckt.

- ✔ Sie können nur ein Gerät zwischen den Drucker und Ihren PC schalten. So können Sie beispielsweise kein zweites CD-ROM-Laufwerk an einen Druckeranschluss anschließen, wenn bereits ein externes Gerät zwischen dem Drucker und dem PC installiert ist.

- ✔ Wenn Sie mehr als ein Gerät über den Druckeranschluss an den PC anschließen müssen, benötigen Sie einen *Umschalter*. Damit können Sie mehrere Geräte an den Druckeranschluss anschließen und zwischen den Geräten manuell hin und her schalten. Es kann sein, dass manche Geräte damit nicht einwandfrei funktionieren. Dennoch stellt ein Umschalter eine Möglichkeit dar, die Beschränkung auf ein Gerät pro Anschluss zu umgehen.

- ✓ Damit der Druckeranschluss mit einem externen Gerät funktioniert, müssen Sie Ihren PC so konfigurieren, dass der Druckeranschluss *bidirektional* arbeitet. Am besten lassen Sie Ihren Guru oder Händler das Setup-Programm des PC so konfigurieren, dass der Anschluss für den bidirektionalen Betrieb je nach Anforderungen des Geräts entweder als EPP- oder als ECP-Anschluss eingerichtet ist.

- ✓ Weitere Informationen über Drucker erhalten Sie in Kapitel 15.

- ✓ Druckeranschlüsse werden auch *parallele Anschlüsse* oder von älteren Computerfreaks auch *Centronics*-Schnittstellen genannt. IBM nennt den Druckeranschluss LPT1. So viel zum Thema eindeutige Bezeichnungen bei Computern.

Der Joystickanschluss

Ob Sie es glauben oder nicht, eine der ersten Erweiterungen für den PC von IBM war der Joystickanschluss. IBM nannte ihn allerdings nicht so. Nein! IBM nannte ihn A/D-Anschluss, für Analog/Digital. Hört sich sehr wissenschaftlich an, nicht wahr? Aber die Wahrheit ist, dass dieser Anschluss für einen Joystick gedacht war.

Außer einem Joystick kann auch ein MIDI-Musikinstrument in diese Buchse eingesteckt werden. Dazu schließen Sie ein spezielles Gerät an den Joystickanschluss an und stecken dann das fünfpolige MIDI-Kabel in das Gerät ein. Die meisten MIDI-Tastaturen werden mit diesem Gerät geliefert (das auch einen richtigen Namen hat; aber ich bin zu faul, diesen nachzuschlagen).

Wenn Sie möchten, können Sie den Joystickanschluss auch für »wissenschaftliche Anwendungen« verwenden. Ich habe z. B. einen Windmesser auf meinem Dach über den Joystickanschluss mit meinem Computer verbunden. Daher weiß ich immer, ob es windig ist, ohne nach draußen sehen zu müssen.

Audioanschlüsse

Wenn Sie all die wunderbaren Geräusche hören wollen, die Ihr PC macht, dann müssen Sie sich der Audioanschlüsse bedienen. Natürlich ist nur einer fürs Hören zuständig. Die anderen beiden sind fürs Mikrofon und für externe Geräusche produzierende Geräte. Jeder dieser Anschlüsse ist mit einem eigenen Symbol gekennzeichnet.

 Über den Lautsprecheranschluss schließen Sie die Lautsprecher des PC an. Manchmal sind die Lautsprecher auch im Bildschirm integriert. Hier stecken Sie auch den Kopfhörer ein, deswegen finden Sie hier auch manchmal das Kopfhörersymbol.

 Über den Mikrofonanschluss wird ein Mikrofon angeschlossen. Damit können Sie Ihre eigene Stimme oder die netten Umgebungsgeräusche Ihres Computerzimmers aufzeichnen.

Über den LineIn-Anschluss werden externe, Töne erzeugende Geräte an Ihren PC angeschlossen. So können Sie beispielsweise mit den entsprechenden Kabeln Ihren Videorecorder an Ihren PC anschließen und sich einen Film über die Lautsprecher Ihres PC anhören. Laden Sie dazu Ihre Nachbarn ein!

Verfallen Sie nicht gleich in Panik, wenn Ihr PC mit der doppelten Menge Anschlüssen ausgestattet ist. Wahrscheinlich haben Sie jeweils drei Anschlüsse auf der Rückseite des PC und noch einmal drei auf einer Erweiterungskarte. Das ist die DVD-ROM-Erweiterungskarte, und Sie sollten unter allen Umständen die Audioanschlüsse auf dieser Erweiterungskarte verwenden und nicht die anderen.

Ein paar Worte zum SCSI-Anschluss

Computerwissenschaftler wussten schon lange um die begrenzten Möglichkeiten der alten seriellen und parallelen Schnittstellen. Also erfanden Sie eine Lösung und gaben ihr einen witzigen Spitznamen. Die Lösung hieß *Small Computer Serial Interface*, was zur Abkürzung SCSI wurde.

SCSI-Anschlüsse sind wahnsinnig schnell, Die meisten High-End-PCs und teuren Serversysteme arbeiten mit SCSI-Festplatten und Peripheriegeräten. Sie sind schnell, teuer und total kompliziert zu installieren. Aus diesem Grund haben andere Computerwissenschaftler USB- und FireWire-Anschlüsse entwickelt, die schnell, kostengünstig und einfach zu konfigurieren sind.

SCSI gibt es noch immer als PC-Erweiterungsoption. Aber ich hoffe ganz stark, dass Sie bald der Vergangenheit angehören und USB und FireWire das Rennen machen werden, damit ich ganz schnell noch mehr Schrott an meinen PC hängen kann.

Alles über Datenträger und Laufwerke

In diesem Kapitel

▷ Die unterschiedlichen Arten von Datenträgern

▷ Wie Festplatten funktionieren

▷ Mit CD-ROM-Laufwerken arbeiten

▷ CDs brennen

▷ Musik- oder Audio-CDs erstellen

▷ Mit CD-RWs arbeiten

▷ DVD-Laufwerke

▷ Disketten

▷ SuperDisks, ZIP- und JAZ-Laufwerke

*W*as sich im Innern Ihres Computers wie verrückt dreht, ist das wundervolle Laufwerk. Ihr Computer wird wahrscheinlich sogar mehrere Laufwerke haben: eines für die Festplatte, eines für CD-ROMs und eines für Disketten. Diese drei Schwestern zusammen ergeben den Langzeitspeicher Ihres Computers. Kein PC ist vollständig ohne mindestens eines dieser Laufwerke. Und dann gibt es noch die Variationen zum Thema: CD-Rs, DVDs, SuperDisks usw.

Datenträger sind wichtig für Ihren Computer, da sich hier das Betriebssystem des Computers, Ihre Software und all die netten Dinge, die Sie erstellt haben, befinden. In diesem Kapitel geht es um Datenträger, Laufwerke und alles, was damit zu tun hat. Hier finden Sie alles über die Hardware. Wenn Sie wissen möchten, wie Laufwerke mit Windows verwendet werden, dann schlagen Sie in Kapitel 4 nach.

Unterschiedliche Arten von Laufwerken für unterschiedliche Bedürfnisse

Am Anfang war das Diskettenlaufwerk. Und es war gut.

Als der Mikrocomputer Ende der 70er-Jahre auf den Markt kam, war das wichtigste Speichermedium eine spezielle Kassette mit einem entsprechenden Kassettenrekorder. Danach kam die Diskette mit dem Diskettenlaufwerk, was schneller und zuverlässiger war.

Schließlich wurde die Festplatte allmählich billiger, bis sie eines Tages zur Standardausrüstung eines PC gehörte. Dann kam die CD-ROM mit dem CD-ROM-Laufwerk auf den Markt, zuerst nur für Multimediacomputer. Heute verfügt jeder Computer über ein CD-ROM-Laufwerk.

Neben CD-ROM-Laufwerken gibt es noch alle möglichen anderen Arten von Laufwerken. Im Folgenden werden die am häufigsten verwendeten Laufwerkarten aufgeführt, und es wird beschrieben, wie diese eingesetzt werden.

- ✔ **Diskettenlaufwerke:** In ein Diskettenlaufwerk werden Disketten eingelegt, auf denen üblicherweise 1,44 Mbyte Daten gespeichert werden können. Das reicht aus, um Sicherungen von Dokumenten zu erstellen, um diese von einem Computer auf einen anderen zu kopieren. Aber damit hat sich's dann schon. Vor etwa zehn Jahren gab es sämtliche Software auf Disketten. Heute gibt es auch noch einige Programme auf Disketten, aber in der Regel werden stattdessen CDs verwendet.

- ✔ **Festplattenlaufwerke:** Das Festplattenlaufwerk ist das wichtigste Langzeitspeichergerät des Computers. Auf der Festplatte können Gigabytes an Informationen gespeichert werden; mehr als genug für Windows, Ihre Software und alle Daten, die Sie erstellen. Im Gegensatz zu Disketten kann die Festplatte nicht entnommen werden.

- ✔ **CD-ROM-Laufwerke:** CD-ROM-Laufwerke verwenden spezielle CD-ROM-Datenträger. Diese Datenträger, die aussehen wie eine Musik-CD, können Hunderte von Megabytes an Daten speichern. Die meisten neuen Programme sind auf CD erhältlich. Im Gegensatz zur Festplatte und zu Disketten können auf CDs keine Daten geschrieben werden. Das *RO* in CD-ROM steht für *Read-Only* (engl. für: nur lesen).

- ✔ **DVD-Laufwerke:** Für DVD-Laufwerke werden DVDs verwendet, die wie normale CD-ROMs aussehen, auf denen aber wesentlich mehr Daten gespeichert werden können. Auf einer DVD können Sie so viele Daten speichern wie auf zwanzig CDs. Das ist genügend Speicherplatz für einen ganzen Kinofilm oder alle Versprechen, die von allen deutschen Politikern gemacht wurden. (Na ja, vielleicht nicht von allen.) Auch das DVD-Laufwerk gehört mittlerweile zu den Standardeinrichtungen eines Computers.

Neben diesen üblichen Arten von Laufwerken gibt es noch eine ganze Reihe weiterer Laufwerke:

- ✔ **CD-R/RW-Laufwerke:** Diese Laufwerke – auch Brenner genannt – arbeiten wie ganz normale CD-ROM-Laufwerke, allerdings können Sie damit Ihre eigenen CDs aufnehmen oder erstellen. Sie brauchen spezielle CD-Rs oder CD-RWs, um in diesen Laufwerken Daten-CDs oder Musik-CDs zu erstellen, Ihre Festplatte darauf zu sichern oder andere schöne Dinge zu tun.

- ✔ **ZIP-Laufwerke.** Ein spezieller Laufwerkstyp, der bei vielen der heute verkauften Computer anzutreffen ist, ist das ZIP-Laufwerk. Für ZIP-Laufwerke werden ZIP-Datenträger verwendet. Diese funktionieren ähnlich wie Disketten, haben aber je nach Art des Laufwerks eine Speicherkapazität von 100 Mbyte bzw. 250 Mbyte. Damit sind sie eindeutig besser – und billiger – als Disketten.

9 ➤ Alles über Datenträger und Laufwerke

✔ **JAZ-Laufwerke.** Der große Bruder des ZIP-Laufwerks ist das JAZ-Laufwerk. Auf einem einzigen JAZ-Datenträger können je nach Typ ein Gbyte bzw. zwei Gbyte Daten gespeichert werden. Diese riesigen Datenspeicher eignen sich hervorragend zum Austausch großer Dateien zwischen zwei Rechnern oder einfach nur als zusätzliches Speichermedium oder als Datenträger für Sicherungskopien.

✔ **LS 120- oder SuperDisk-Laufwerke.** Dieser Ersatz für Diskettenlaufwerke kann sowohl normale Disketten als auch *SuperDisks* mit einer Speicherkapazität von 120 Mbyte lesen und beschreiben. Bei einigen Computern gehören diese Laufwerke zur Standardausrüstung, bei anderen können sie nachgerüstet werden. Irgendwann werden diese Laufwerke die Diskettenlaufwerke ersetzen.

✔ **Spezielle Laufwerke.** Je nach Ihrem Bedarf an Langzeitspeichern sind noch viele andere Laufwerkstypen erhältlich. Neben den beschriebenen Typen gibt es noch MO-Laufwerke (d. h. magneto-optische), Wechselplatten, optische Diskettenlaufwerke und andere seltsame Laufwerksformate.

Was Sie über Laufwerke wirklich wissen sollten, ist im Folgenden noch einmal kurz zusammengefasst:

✔ Ein Laufwerk ist ein Gerät, das Datenträger liest.

✔ Der Datenträger ist das Ding, das die Daten enthält, das Medium im Laufwerk.

✔ Die Daten werden auf dem Datenträger gespeichert wie ein Film auf einer Videokassette.

✔ Alle Datenträger sind *Hardware*. Die Daten, die auf Datenträgern gespeichert werden, sind Software. Das ist wie bei einem Film, den Sie aufgezeichnet haben: Die Videokassette von »Die zehn Gebote« ist nicht der Film, sondern der Film ist auf der Kassette aufgezeichnet. (Der Film ist praktisch die Software und die Kassette die Hardware.)

✔ Die Begriffe *Festplatte* und *Festplattenlaufwerk* werden häufig synonym verwendet, obwohl dies nicht korrekt ist.

✔ Die meisten CD-R/RW-Laufwerke führen ein Doppelleben. Sie sind sowohl CD-R- als auch CD-RW-Laufwerke. Beim CD-R-Laufwerk werden die Daten einmal auf einer CD-R gespeichert. Sobald dieses Medium »gebrannt« ist, kann es nicht mehr gelöscht werden. Bei CD-RWs funktioniert das ähnlich, allerdings können sie gelöscht und wieder verwendet werden. Mehr dazu weiter hinten in diesem Kapitel.

✔ ZIP-Laufwerke haben nichts mit dem ZIP-Dateiformat zu tun, das verwendet wird, um Dateien zu komprimieren, die Sie aus dem Internet herunterladen oder von anderen Computerbenutzern bekommen. In einem ZIP-Laufwerk können ZIP-Disketten gelesen und beschrieben werden.

So funktioniert eine Festplatte

Festplatten sind bei den meisten Computern die wichtigsten Speichermedien. Die Festplattenlaufwerke sind in der Konsole der PCs integriert. Bei einigen PCs ist das Festplattenlaufwerk am Gehäuse zu sehen. Bei anderen PCs sind nur kleine Leuchten erkennbar, die blinken, wenn auf die Festplatte zugegriffen wird.

Das Festplattenlaufwerk ist eine hermetisch abgeschlossene Einheit. Luft kann weder in das Laufwerk eindringen noch daraus entweichen. Daher arbeitet der Mechanismus, der Daten liest und schreibt, sehr präzise. Es können viele Daten zuverlässig auf die Festplatte geschrieben und von der Festplatte gelesen werden. Das ist auch der Grund dafür, weshalb Festplatten nicht austauschbar sind.

Im Festplattenlaufwerk befinden sich die Festplatten. Die meisten Festplattenlaufwerke verfügen über zwei oder mehr Festplatten, die auf einer drehbaren Achse aufgesteckt sind. An einem Schwenkarm befindet sich der so genannte *Schreib-Lese-Kopf*, der den Zugriff auf beide Seiten aller Festplatten im Laufwerk gleichzeitig ermöglicht (siehe Abbildung 9.1).

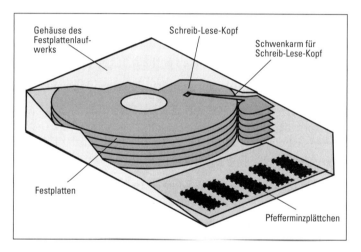

Abbildung 9.1: Aufbau eines Festplattenlaufwerks

✔ Es gibt einige Arten von austauschbaren Festplatten, die jedoch durch das CD-R/RW-Laufwerk bald überflüssig sein werden. Näheres über CD-R/RW-Laufwerke erfahren Sie weiter hinten in diesem Kapitel.

Es kann sein, dass Sie nur eine Festplatte in Ihrem PC haben, Windows jedoch Laufwerk C und D oder möglicherweise sogar C, D und E anzeigt. Das ist nicht weiter schlimm. Ihre Festplatte ist *partitioniert*, d. h. in kleinere, besser zu verwaltende Teile aufgeteilt. Diese Aufgabe sollten Sie jedoch dem Guru überlassen.

So sparen Sie Speicherplatz auf der Festplatte

Das größte Problem bei Festplatten ist, dass sie irgendwann voll sind. Selbst die Riesenfestplatten, die es heutzutage gibt, sind voll, nachdem Sie ein paar Bild- und Musikdateien gespeichert haben. 20 Gbyte sind einfach nichts!

Wenn der Platz auf der Festplatte knapp wird, zeigt Windows eine Warnmeldung an. Ganz automatisch! Bis das passiert, brauchen Sie sich keine Sorgen zu machen, dass Ihnen der Platz ausgeht. Solange nicht mehr als 80 % der gesamten Speicherkapazität belegt sind (siehe Abbildung 4.2), ist alles im grünen Bereich.

Wenn Sie jedoch lieber etwas zu viel als zu wenig Platz auf der Festplatte haben, hier ein paar Tipps, wie Sie sich mehr Freiräume schaffen:

- ✔ Führen Sie das Programm DATENTRÄGERBEREINIGUNG mindestens einmal im Monat aus. Klicken Sie dazu auf START|PROGRAMME|ZUBEHÖR|SYSTEMPROGRAMME|DATENTRÄGERBEREINIGUNG. Damit entledigen Sie sich einer Menge nicht mehr benötigter Programme, löschen temporäre Dateien, schmeißen Müll, der sich aus dem Internet angesammelt hat, raus und leeren den Papierkorb. Geniale Erfindung!

- ✔ Klicken Sie in der Systemsteuerung auf das Symbol für Internetoptionen. Im Dialogfeld EIGENSCHAFTEN VON INTERNET klicken Sie auf der Registerkarte ALLGEMEIN unter TEMPORÄRE INTERNETDATEIEN auf die Schaltfläche EINSTELLUNGEN. Stellen Sie für die Option ANTEIL DES SPEICHERPLATZES AUF DEM DATENTRÄGER den kleinstmöglichen Wert ein. Klicken Sie auf OK und schließen Sie die verschiedenen Dialogfelder und die Systemsteuerung. Mit diesem Trick erhalten Sie sich Platz auf Ihrer Festplatte, den normalerweise der Internet Explorer belegt hätte.

- ✔ Denken Sie mal darüber nach, ob Sie nicht ein paar Grafiken, ältere Dokumente, Projekt- und Sounddateien auf ZIP-Disketten oder CD-Rs archivieren sollten. Wenn ich beispielsweise mit einem Buch fertig bin, dann archiviere ich es auf einer CD-R und lege sie in meinen feuersicheren Safe. Ich habe sogar ein Archiv mit meinen Lieblingsschriftarten auf einer CD-R angelegt. Grafiken speichere ich auf ZIP-Disketten. Sie werden sich wundern, wie viel Platz diese Aufräumarbeiten schaffen!

Wenn der Platz auf der Festplatte trotzdem nicht mehr ausreicht, dann haben Sie nur noch eine Alternative: Kaufen Sie eine zweite, größere Festplatte. Bei den meisten PCs kann eine zweite interne Festplatte installiert werden. Sollte das bei Ihrem PC nicht gehen, dann kaufen Sie ein externes Laufwerk, ein USB- oder FireWire-Laufwerk beispielsweise. Damit erweitern Sie den Speicherplatz auf Ihrem Rechner, ohne sich von geliebten Dateien auf der Festplatte trennen zu müssen.

Noch eine kleine Warnung: Verwenden Sie auf keinen Fall *DriveSpace* oder ein anderes Programm für die Vergrößerung des Speicherplatzes auf der Festplatte. Bei diesen Programmen handelt es sich nach meiner Ansicht um echte Softwarealchemie, die die Situation nur noch schlimmer macht. Viel besser ist es, eine zweite Festplatte zu installieren.

Das glänzende Medium (CD-ROMs und DVDs)

Mittlerweile gehören CD-ROM-Laufwerke zur Standardausstattung eines jeden PCs, dicht gefolgt von den DVD-Laufwerken, die sicherlich über kurz oder lang das CD-ROM-Laufwerk als zweitbeliebtes Speichermedium (Nummer 1 ist die Festplatte!) ersetzen werden. Die folgenden Abschnitte behandeln diese Laufwerke und ihre Eigenarten.

Das gute alte CD-ROM-Laufwerk

Mit einem herkömmlichen CD-ROM-Laufwerk können sowohl Musik- als auch Daten-CDs gelesen werden. Die Daten-CDs enthalten tonnenweise Daten und werden in erster Linie für die Installation neuer Programme verwendet. Sie eignen sich aber auch, um Bilddateien, Fonts etc. darauf zu speichern.

- ✔ Eine typische Daten-CD hat einen Speicherplatz von bis zu 640 Mbyte. Auf eine typische Musik-CD passen bis zu 74 Minuten Musik.
- ✔ Die Geschwindigkeit eines CD-ROM-Laufwerks wird im Verhältnis zum ursprünglichen CD-ROM-Laufwerk für PCs angegeben, das so schnell läuft wie ein CD-Player für Musik-CDs. Ein Laufwerk mit 32facher Geschwindigkeit liest beispielsweise Daten 32 mal schneller als das ursprüngliche Original-CD-ROM-Laufwerk.
- ✔ In CD-ROM-Laufwerken können Sie Musik- oder Daten-CDs genauso abspielen wie CD-Rs, die Sie selbst erstellen.
- ✔ Um eine Musik-CD abzuspielen, legen Sie sie einfach in das CD-ROM-Laufwerk ein. Der Windows Media Player (oder ein anderes Programm zum Abspielen von Musik) wird gestartet und Sie hören Ihre Lieblings-CD.

Daten CD-Rs erstellen

Sie können tatsächlich Ihre eigenen CDs brennen, ohne sich dabei die Finger zu verbrennen. Alles, was Sie dazu brauchen, ist ein CD-R-Rohling (eine speziell für das Speichern von Daten konzipierte CD) und ein CD-R-Laufwerk, das besser unter dem Namen *CD-Brenner* bekannt ist. Geben Sie noch etwas Software hinzu (ist in der Regel beim Laufwerk dabei) und schon können Sie brennen, brennen, brennen.

Die meisten CD-Brenner werden mit Software und Leer-CDs ausgeliefert. Die gängigsten Programme sind Roxio Easy CD Creator oder Roxio Win On CD, aber im Prinzip funktionieren alle ziemlich gleich. Wenn Sie die folgenden Schritte ausführen, dann wird es schon klappen.

1. **Legen Sie eine leere CD-R in das Laufwerk.**
2. **Starten Sie die CD-R-Software.**

    Wenn Sie Glück haben, wird die Software automatisch gestartet, sobald Sie den Rohling in das Laufwerk einlegen. Ansonsten müssen Sie die CD-R-Software im Startmenü auswählen.

9 ▶ Alles über Datenträger und Laufwerke

Auf meinem Rechner wird automatisch das Programm Easy CD Creator gestartet (siehe Abbildung 9.2).

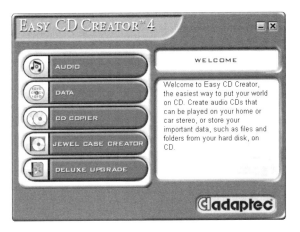

Abbildung 9.2: Ein Programm, mit dem CDs gebrannt werden (kein Bestandteil von Windows)

3. **Wählen Sie die Option, mit der eine Daten-CD erstellt wird.**

   Wenn Sie eine Musik- oder Audio-CD brennen wollen, dann lesen Sie hierzu den nächsten Abschnitt.

4. **Erstellen Sie die CD.**

   Dies ist der interessanteste Schritt. Bei einigen Programmen können Sie die CD direkt mit der Software erstellen oder die CD wie in jedem anderen Laufwerk in Ihrem Rechner verwenden. Das hängt alles von der Software ab.

   Wenn Sie eine CD brennen, dann wird in der Regel ein Fenster angezeigt, in dem Sie Unmengen von Dateien (über 600 Mbyte) auswählen können, die dann auf die CD kopiert werden. Sie treffen also Ihre Auswahl und das Programm brennt alles auf die gesamte CD. Auf diese Weise erstelle ich meine Backup-CDs.

   Bei der zweiten Möglichkeit (Direct CD von Roxio) wird die CD-R zuerst formatiert und dann für das Speichern von Unmengen von Daten wie eine Riesendiskette vorbereitet. Damit hat das Brennprogramm dann seine Aufgabe erledigt und Sie können Dateien mithilfe des Windows-Explorers auf die CD-R kopieren.

 Sie können dabei die CD sogar entfernen und jederzeit wieder weiter beschreiben. Deshalb wird sie auch als Multisession-CD bezeichnet. Sie können damit also beispielsweise einem Freund eine halbbespielte CD-R geben und ihn bitten, noch etwas darauf zu brennen. Das funktioniert aber nur, wenn die beiden CD-Brenner kompatibel sind.

5. **Brennen Sie die CD.**

   Im letzten Schritt erstellt die Brenn-Software die CD-R. Die Daten sind damit permanent auf dem Rohling eingebrannt und kann von den meisten CD-ROM-Laufwerken (Uraltmodelle ausgenommen) gelesen werden.

Ich gebe zu, dass diese Schritte etwas sehr vage sind. Aber bis jetzt hat Windows noch keine Brenn-Software.

Bis jetzt? Ja, denn Windows XP schafft hier Abhilfe. Mit der im Windows-Explorer integrierten Brenn-Software können Daten per Drag&Drop auf CD kopiert werden. Microsoft hat mit der Firma Roxio eine neue Schnittstelle entwickelt, über die das Betriebssystem über von Roxio lizenzierte Treiber auf einen CD-Brenner zugreifen kann. Wiederbeschreibbare CDs lassen sich über den Windows-Explorer auch ganz einfach wieder löschen. Wer allerdings höhere Ansprüche an ein Brennprogramm stellt, der sollte vielleicht doch zu einer ausgereifteren Software greifen.

Es ist jedoch noch kein Meister vom Himmel gefallen. Auch ich habe mehrere Anläufe gebraucht, bis ich meine erste CD erstellt hatte. Manchmal liegt es an den Rohlingen. Oft hilft es, alle anderen Programme zu schließen und während des Brennens die Finger vom PC zu lassen (und auch nicht FreeCell zu spielen).

✔ Manche CD-Rs haben eine Speicherkapazität von 700 Mbyte oder 80 Minuten Musik. Das steht aber in der Regel alles auf der Hülle. Also Augen auf beim Kauf!

✔ CD-R/RW-Laufwerke arbeiten in der Regel mit drei Geschwindigkeiten: die CD-R/RW-Schreibgeschwindigkeit, die CD-RW-Lesegeschwindigkeit und die maximale Geschwindigkeit. Unter der Bezeichnung 4X-8X-32X versteht man also, dass das Laufwerk CD-R/RWs mit vierfacher Geschwindigkeit beschreibt, CD-RWs mit achtfacher Geschwindigkeit liest und CDs mit einer maximal 32fachen Geschwindigkeit liest.

✔ Wenn Sie die Möglichkeit haben, dann kaufen Sie sich gleich einen ganzen Stoß an Rohlingen. Das ist sehr viel billiger.

Verwenden Sie CD-Rs, um Backups oder Sicherungskopien von Ihrer Festplatte zu machen. Eigentlich brauchen Sie ja nur ein Backup von den Dateien, die Sie erstellt haben. Wenn Sie also eine Kopie des Ordners EIGENE DATEIEN erstellen, dann haben Sie alle Dateien auf einen Schlag. Wenn Ihnen Ihre Arbeit lieb ist, dann sollten Sie möglichst oft Ihre Daten sichern.

✔ Vielleicht können Sie mit der Brennsoftware sogar schicke Etiketten erstellen.

✔ Sie können mit dem Programm Direct CD (von Roxio) auf eine CD-R wie auf jedes andere Speichermedium im Computer zugreifen. Es unterscheidet sich jedoch in einem ganz wesentlichen Punkt. Sie können von einer CD-R keine Dateien löschen, die Direct-CD-Software versteckt sie nur. Die Datei nimmt also nach wie vor Speicherplatz ein. Aus diesem Grund ist es sinnvoller, wiederbeschreibbare CDs (CD-RWs) zu kaufen.

Bei einigen Brennprogrammen können Sie den Rohling spurweise beschreiben. Das ist der beste Weg, CDs zu kopieren. Aber denken Sie daran: Es ist illegal, Kopien von im Handel befindlichen und urheberrechtlich geschützten Programmen zu erstellen. Außerdem sollten Sie sich in Acht vor so genannten Freunden nehmen, die Ihnen CDs mit gängigen Spielen und der neusten Software anbieten. Häufig sind sie die Quelle hartnäckiger Computerviren.

Software von einer CD-ROM starten

F: Ich habe die Microsoft Encarta Enzyklopädie 2000 installiert. Aber jedes Mal, wenn ich sie starte, werde ich aufgefordert, die CD in das Laufwerk einzulegen. Ich war immer der Meinung, dass ich, sobald ich das Programm installiert habe, die CD nicht wieder ins Laufwerk einzulegen brauche?

A: Meistens wird die Software, die Sie von einer CD-ROM installieren, von der CD auf die Festplatte kopiert. Bei einigen Spielen oder Nachschlagewerken wie Encarta bleiben die Daten auf der CD, damit sie nicht so viel Festplattenspeicher auffressen. Der Nachteil dabei ist, dass Sie die CD jedes Mal, wenn Sie das Spiel spielen oder das Nachschlagewerk verwenden wollen, in das Laufwerk einlegen müssen. Viele Spiele, und wahrscheinlich auch Encarta, verfügen über die Option, die gesamte Software auf der Festplatte zu installieren. Wenn Sie eine große, geräumige Festplatte mit viel freiem Speicherplatz haben, dann können Sie überlegen, ob Sie Encarta neu installieren. Wählen Sie dann während des Setup die Option BENUTZERDEFINIERT oder ERWEITERT bzw. die Option, die es Ihnen ermöglicht, die gesamte Software auf die Festplatte zu kopieren. Es kann jedoch sein, dass manche Spiele trotzdem wollen, dass Sie vor Spielbeginn die CD einlegen. Damit soll Raubkopien vorgebeugt werden und sichergestellt werden, dass Sie nur mit Spielen spielen, die Ihnen auch gehören.

Eine Musik-CD brennen

Das Brennen einer Musik-CD unterscheidet sich kaum vom Brennen einer Daten-CD. Sie müssen lediglich die Audio- oder Musikoption anstatt der Datenoption wählen.

Der wohl größte Unterschied zwischen dem Erstellen einer Musik-CD und dem einer Daten-CD liegt darin, dass die Musik irgendwo herkommen muss. Bei einigen Brennprogrammen können Sie Musikstücke von verschiedenen CDs kopieren. Sie legen dazu die CD ein und suchen dann mithilfe des Programms die gewünschten Stücke aus, die dann auf der Festplatte gespeichert werden, um sie später auf eine neue CD-R zu brennen. Sie können auch Stücke von Audio-Dateien (MP3 oder WAV) nehmen, die bereits auf Ihrer Festplatte gespeichert sind. (Ein weiteres Argument, warum Sie alle Musik-Dateien in einem Ordner speichern sollten.)

Wenn Sie eine Musik-CD brennen, dann kann diese für alle CD-Player verwendet werden, auch wenn ältere CD-Player manchmal Zicken machen können.

- ✔ Für Musikaufnahmen gibt es spezielle CD-Rs, die oftmals sogar billiger als die anderen sind. Wenn Sie also überwiegend Musik-CDs brennen wollen, sollten Sie sich diese billigeren Rohlinge kaufen.

- ✔ Die Brennsoftware zeigt an, wie viel Platz (Zeit) noch auf der CD ist, damit Sie nicht mehr Lieder kopieren als draufpassen.

- ✔ Nicht alle Sound-Dateien können auf eine Audio-CD kopiert werden. Prüfen Sie mithilfe der Software, welche Dateitypen kopiert werden können. (So weit ich weiß, gibt es bei WAV-, AU- und MP3-Dateien keine Probleme.)

- ✔ Kapitel 28 enthält Informationen über das Downloaden von MP3-Dateien.

- ✔ Ich gehe davon aus, dass Sie wissen, dass Sie Musik-CDs nur für den eigenen Zweck brennen dürfen. Wenn Sie eine Kopie von einer gekauften CD oder von urheberrechtlich geschützten Musikstücken machen, ohne dafür zu bezahlen, oder diese Kopie weitergeben, dann ist das Diebstahl.

Ein paar Worte zu CD-RWs

Die meisten CD-Brenner eignen sich auch für die wiederbeschreibbaren CDs (CD-RWs). Sie können dieses Laufwerk eigentlich für alles verwenden, was flach und glänzend ist, außer für DVD-CDs. Sie können Daten-CDs einlegen, Musik-CDs abspielen und CD-Rs oder CD-RWs brennen. Wenn Sie so einen CD-Brenner haben, dann können Sie sich glücklich schätzen.

Die wiederbeschreibbaren CDs arbeiten genau so wie alle anderen. Sie können das Programm Direct CD von Roxio verwenden, um die CD nach und nach oder in einem Zug zu beschreiben. Der einzige Vorteil ist, dass die CD-RWs komplett gelöscht und wieder neu beschrieben werden können.

- ✔ Nur ein CD-RW-Brenner kann Daten von einer CD-RW lesen und diese beschreiben. Wenn Sie eine CD erstellen wollen, die auf mehreren PCs lesbar ist, dann verwenden Sie eine CD-R.

- ✔ CD-RW und CD-R sind zwei paar Stiefel. Sie erkennen sie daran, dass zum einen CD-RW auf der Verpackung steht und zum anderen, dass sie teurer sind.

- ✔ CD-RWs eignen sich hervorragend als Backup-CDs. Wie jedes andere Datensicherungsmedium (Diskette oder Bandsicherungssystem), können Sie für Ihren Backup-Vorgang denselben Satz an CD-RWs wieder und wieder verwenden.

Ich will ein DVD-Laufwerk!

Der große, schnelle Cousin des CD-ROM-Laufwerks ist das DVD-Laufwerk. Dieses Laufwerk liest neben CD-ROMs und Musik-CDs natürlich DVDs, die Gigabytes an Daten speichern können. Damit sind sie fast unschlagbar!

Sie wollen wissen, ob Sie ein DVD-Laufwerk brauchen? Eigentlich nicht, zumindest noch nicht. Es gibt bereits eine Handvoll Programme auf DVD, aber die Software wird auch auf CDs bereitgestellt. Noch haben Sie also keinerlei Nachteile, wenn Sie kein DVD-Laufwerk haben.

In zehn Jahren kann es vielleicht schon anders aussehen. Dann sind DVD-Laufwerke wahrscheinlich der neue Standard. Allerdings werden Computer-CDs nur dann in der Versenkung verschwinden, wenn gleichzeitig mit ihnen die Musik-CDs verschwinden. Und das glaube ich nicht!

- ✔ DVD steht für *Digital Versatile Disk*, was so viel bedeutet wie digitaler vielseitiger Datenträger.
- ✔ Die heutigen DVDs können mehr als 4 Gbyte Daten speichern (im Vergleich zu den 650 Mbyte einer herkömmlichen CD). Man munkelt, dass zukünftige DVDs sogar mehr als 17 Gbyte Daten speichern können sollen (wahrscheinlich gerade genug für Excel 2010).
- ✔ Im Moment werden DVD-Laufwerke in erster Linie eingesetzt, um sich am PC DVD-Filme anzusehen.

Es gibt sogar DVD-Rs und DVD-RAMs. Noch sind diese Formate nicht einheitlich, es gibt DVDs zum Lesen und Beschreiben von Daten und andere, die wie CD-Rs sind. Auch haben sie unterschiedliche Speicherkapazitäten. Ich hoffe jedoch, dass irgendwann auch für sie ein Standard wie bei den CD-R/RW-Laufwerken entwickelt wird. Bis dahin sollten Sie den Hersteller des Laufwerks fragen, welche DVD-Rs Sie verwenden sollen.

Disketten

Diskettenlaufwerke benötigen Disketten. Und von den beiden sind die Disketten der interessantere Teil. Diskettenlaufwerke? Langweilig wie ein Toaster. Ein nicht eingesteckter Toaster.

Auf einer 3,5-Zoll-Diskette (das ist die Größe) steht wahrscheinlich *IBM-* oder *DOS-formatiert*, *DS* oder *HD*. Das ist immer die gleiche Art von Diskette, die Sie fast überall kaufen können, die einzige Diskette, die Sie in das Diskettenlaufwerk Ihres Computers einlegen können.

Hier ein paar interessante Dinge über Disketten:

- ✔ Die Versuchung ist groß, Disketten als Untersetzer zu verwenden. Tun Sie das nicht. Wenn Feuchtigkeit unter dem Schiebeteil in die Diskette eindringt, wird diese beschädigt.
- ✔ Es ist nichts falsch daran, billigere Disketten in großen Mengen zu kaufen.

»IBM« auf der Schachtel mit formatierten Disketten bedeutet nicht, dass diese nur für IBM-Computer verwendet werden können. IBM-Disketten können für jeden PC verwendet werden.

Halten Sie Ihre Disketten von versteckten Magneten fern, also von Telefonen, Lautsprechern an Radios und Fernsehgeräten, Büroklammerdosen, Schreibtischventilatoren, Fotokopierern, Verstärkern von elektrischen Gitarren und dem Planeten Jupiter.

✔ Stellen Sie keine Bücher oder andere schwere Gegenstände auf die Disketten. Durch den Druck können Staubkörnchen in die Diskette gedrückt werden.

✔ Vermeiden Sie extreme Temperaturen. Lassen Sie Disketten nie auf dem Armaturenbrett Ihres Autos oder gar auf einem Fensterbrett liegen. Und bewahren Sie Ihre Disketten auch nicht im Gefrierfach auf.

✔ Berühren Sie die Oberfläche der Magnetscheibe nicht. Berühren Sie nur die Kunststoffschutzhülle. Und sprühen Sie nichts unter diese Hülle, auch dann nicht, wenn die Diskette quietscht. (Außerdem ist es wahrscheinlich eher das Laufwerk, das die Geräusche von sich gibt. Aber sprühen Sie auch dort nichts hinein.)

 Nehmen Sie nie eine Diskette aus dem Laufwerk, wenn die Leuchtanzeige des Laufwerks an ist. Warten Sie immer, bis diese aus ist.

✔ Wenn Sie eine Diskette per Post verschicken möchten, sollten Sie dafür entsprechende Umschläge verwenden. Und knicken Sie die Diskette nicht.

Disketten mit einem Schreibschutz versehen

Sie können Disketten schützen, um sich selbst oder jemand anderen davon abzuhalten, etwas auf der Diskette zu ändern oder zu löschen.

Um den Schreibschutz auf einer 3,5-Zoll-Diskette zu aktivieren, müssen Sie das kleine Schiebeteil an der unteren linken Seite der Diskette ausfindig machen. Wird das Loch vom Schiebeteil bedeckt, kann auf die Diskette geschrieben werden. Wenn Sie das Teil vom Loch wegschieben, sodass Sie durchsehen können, ist die Diskette schreibgeschützt.

Wenn eine Diskette schreibgeschützt ist, können Sie nichts ändern oder löschen. Und Sie können sie nicht versehentlich neu formatieren. Sie können Daten auf der Diskette lesen und Dateien von ihr kopieren. Den Versuch, die Diskette in irgendeiner Weise zu ändern, können Sie sich sparen.

Sonstige Wechselmedien

Disketten gab es in unterschiedlichen Größen und mit unterschiedlichen Speicherkapazitäten. Als IBM noch der Marktführer im Bereich Hardware war, kam praktisch mit jeder neuen Generation von PCs ein neues Diskettenformat auf den Markt. Diese Entwicklung hatte ein Ende, als 1987 die Diskette mit einer Speicherkapazität von 1,44 Mbyte eingeführt wurde. Diese Diskette wird heute noch verwendet.

Angesichts der Tatsache, dass keine neuen Disketten mehr entwickelt werden, erscheinen nun neue Wechselmedien auf dem Markt. Dazu zählen ZIP-, JAZ-, LS 120- und andere Datenträger, die hier alle in einem eigenen kleinen Abschnitt beschrieben werden.

- ✔ Genau genommen wurde die Diskette schon weiterentwickelt. Einer der daraus resultierenden Irrläufer war die ED-Diskette, auf der 2,88 Mbyte Daten gespeichert werden konnten. Aber diese Diskette hat sich niemals wirklich durchgesetzt.

Die ursprüngliche Diskette? Sie war 8 Zoll groß! Weit verbreitet Mitte der 70er-Jahre. Bei den ersten PCs kam die 5,25-Zoll-Diskette zum Einsatz. Diese wurde 1987 von der 3,5-Zoll-Diskette abgelöst.

- ✔ Die meisten anderen großformatigen Datenträger (magneto-optische Datenträger beispielsweise) wurden von der CD-R und der CD-RW abgelöst.

ZIP, ZIP, ZAP

Während der letzten Jahre waren ZIP-Datenträger in aller Munde. ZIP-Laufwerke werden als Zusatzkomponenten für Computersysteme angeboten. Sie können ein ZIP-Laufwerk intern oder extern an praktisch jeden PC anschließen.

Auf ZIP-Disketten können je nach Laufwerk 100 bzw. 250 Mbyte Daten gespeichert werden. Sie misst etwa 10 cm und ist somit nur wenig größer als eine herkömmliche Diskette.

Die ZIP-Disketten eignen sich daher besonders gut zum Erstellen von Sicherungskopien von Dateien, zur Langzeitspeicherung von Dateien und zum Kopieren von Dateien von einem Computer auf einen anderen.

- ✔ Mehr über ZIP-Laufwerke finden Sie in Kapitel 5.

Wenn Sie noch mehr Speicherkapazität brauchen, dann probieren Sie's doch mal mit der JAZ-Diskette. Auf JAZ-Disketten können deutlich mehr Daten gespeichert werden: je nach JAZ-Laufwerk bis zu 2 Gbyte pro Diskette. Mit dieser enormen Speicherkapazität ist die JAZ-Diskette fast eine austauschbare Festplatte. Sie kann viel mehr Daten speichern als eine CD-R oder eine CD-RW und ist darüber hinaus auch noch einfacher zu handhaben.

Guck mal! Dort am Horizont! Da taucht die SuperDisk auf!

SuperDisk ist eigentlich der Markenname für eine so genannte LS 120-Diskette. Bei einem LS 120-Diskettenlaufwerk handelt es sich um eine spezielle Art von Diskettenlaufwerk, das sowohl die herkömmlichen 3,5-Zoll-Disketten als auch die 120-Mbyte-Disketten lesen und beschreiben kann. Somit ist dieses Laufwerk ein adäquater Ersatz für das herkömmliche Diskettenlaufwerk und gehört bei einigen PCs bereits zur Standardausrüstung.

Die 120-Mbyte-Disketten sehen wie gewöhnliche Disketten aus. Das Laufwerk erkennt jedoch den Unterschied und lässt Sie bis zu 120 Mbyte Daten auf einer entsprechenden Diskette speichern. Das Laufwerk erkennt diesen Unterschied mithilfe eines speziellen metallischen Wunders, um das Sie sich keine Gedanken machen müssen – Hauptsache es funktioniert!

SuperDisks können entweder extern oder anstelle des internen Diskettenlaufwerks installiert werden. Meistens werden Sie jedoch ein SuperDisk-Laufwerk nur in Computern finden, bei denen dieses bereits standardmäßig eingebaut war.

Arbeitsspeicher (RAM-a-lama ding-dong)

In diesem Kapitel

- Der Arbeitsspeicher
- Die Wahrheit über Kilobytes und Megabytes
- Chips und Dips (und SIMMs und DIMMs)
- Wie viel Arbeitsspeicher hat der PC?
- Arbeitsspeicher auslagern
- Arbeitsspeicher nachrüsten

Der Arbeitsspeicher oder RAM (*Random Access Memory*) ist ähnlich wie die Festplatte ein Speicher im Computer. Der Unterschied besteht darin, dass im Arbeitsspeicher die eigentliche Arbeit gemacht wird. Je mehr Arbeitsspeicher Sie haben, desto mehr können Sie arbeiten. Aber nicht nur das, mehr Arbeitsspeicher bedeutet auch, dass der Computer imstande ist, komplexere Aufgaben auszuführen und beispielsweise Grafiken, Animationen und Musik zu verarbeiten – und Ihr Computer kann sich an jeden erinnern, den er einmal trifft, ohne zweimal auf das Namensschild schauen zu müssen.

Was versteht man unter Arbeitsspeicher?

Alle Computer benötigen Arbeitsspeicher. Das ist der Ort, an dem die eigentliche Arbeit getan wird. Der Mikroprozessor speichert nur Informationen, die er selbst gerade zur Bearbeitung braucht. Er benötigt zusätzlichen Speicher, so wie Menschen Notizblöcke und Bibliotheken benötigen.

Wenn Sie zum Beispiel ein Dokument mit Ihrer Textverarbeitung erstellen, wird jedes Zeichen, das Sie tippen, an einer bestimmten Stelle im Arbeitsspeicher positioniert. Einmal dort, muss der Mikroprozessor nicht wieder darauf zugreifen, es sei denn, Sie bearbeiten den Text, suchen etwas oder machen sonst etwas damit.

Nachdem ein Dokument, eine Kalkulationstabelle oder eine Grafik im Arbeitsspeicher erstellt wurde, wird dies auf der Festplatte gespeichert. Auf der Festplatte werden die von Ihnen erstellten Dinge langfristig gespeichert. Wenn Sie die Daten wieder benötigen, holen Sie sie von der Festplatte zurück in den Arbeitsspeicher. Von dort kann der Mikroprozessor wieder darauf zugreifen.

Das einzig Unangenehme am Arbeitsspeicher ist, dass er ein flüchtiger Speicher ist. Wenn Sie den Computer ausschalten, geht der Inhalt des Arbeitsspeichers verloren. Das ist in Ordnung, wenn Sie die Daten auf der Festplatte oder auf Diskette gespeichert haben, wenn nicht, ist alles im Eimer. Sogar das Neustarten Ihres Computers vernichtet den Inhalt des Arbeitsspeichers. Speichern Sie darum immer (wenn Sie können), bevor Sie Ihren Computer neu starten oder ihn ausschalten.

- ✔ Je mehr Speicher Sie haben, umso besser. Mit viel Speicher können Sie mit größeren Dokumenten oder Tabellenkalkulationen und mit Anwendungen, die Grafik und Ton einsetzen, arbeiten und damit vor Ihren Freunden angeben.

- ✔ Wenn Sie den Computer ausschalten, geht der *Inhalt* des Arbeitsspeichers verloren. Die Speicherchips werden dabei nicht zerstört.

  Wenn Sie eine Datei auf einem Datenträger öffnen, kopiert der Computer die Daten dieser Datei in seinen Arbeitsspeicher. Nur im Arbeitsspeicher können Daten bearbeitet werden. Wenn Sie Daten zurück auf den Datenträger speichern, werden sie aus dem Arbeitsspeicher auf den Datenträger kopiert.

- ✔ RAM und Arbeitsspeicher ist dasselbe. RAM ist die Abkürzung für *Random Access Memory*, d. h. Speicher mit wahlfreiem Zugriff (nur für den Fall, dass Sie es einmal in einem Kreuzworträtsel benötigen).

Langweilige technische Details über den Unterschied zwischen RAM und ROM und Flash Memory

RAM steht für *Random Access Memory*, also für Speicher mit wahlfreiem Zugriff. Das ist der Arbeitsspeicher, aus dem der Mikroprozessor lesen und in den er schreiben kann. Wenn Sie etwas im Arbeitsspeicher erstellen, dann tun Sie es im RAM. RAM ist der Arbeitsspeicher und umgekehrt.

ROM steht für *Read Only Memory*, also für Nur-Lesen-Speicher. Der Mikroprozessor kann aus dem ROM lesen, aber nicht in ihn schreiben oder ihn ändern. ROM ist unveränderbar. Häufig enthalten die ROM-Chips spezielle Anweisungen für den Computer – wichtige Dinge, die sich nie ändern. Da diese Information in einem Speicherchip gespeichert ist, kann der Mikroprozessor darauf zugreifen. Die Anweisungen sind immer vorhanden, weil sie nicht gelöscht werden können.

Flash Memory ist eine spezielle Art von Speicher, der sowohl wie ROM als auch wie RAM funktioniert. Daten können in den Flash Memory wie in den RAM geschrieben werden. Die Daten im Flash Memory werden im Gegensatz zum RAM jedoch nicht gelöscht, wenn der Computer heruntergefahren wird. Mithilfe des Flash Memory können Hersteller das BIOS eines PC oder andere Komponenten, die mit einem speziellen Programm laufen, aktualisieren und aufrüsten. Ohne Flash Memory müssten die Chips ausgetauscht werden, was deutlich mehr Arbeit ist.

Speicherkapazität messen

Viele interessante Fachbegriffe umkreisen den Speicherplaneten. Die wichtigsten Begriffe beziehen sich auf die Größe des Speichers (siehe Tabelle 10.1).

Begriff	Abkürzung	Ungefähr	Genau
Byte		1 Byte	1 Byte
Kilobyte	Kbyte, KB oder K	1.000 Byte	1.024 Byte
Megabyte	Mbyte, MB	1.000.000 Byte	1.048.576 Byte
Gigabyte	Gbyte, GB	1.000.000.000 Byte	1.073.741.824 Byte
Terabyte	Tbyte, TB	1.000.000.000.000 Byte	1.099.511.627.776 Byte

Tabelle 10.1. Speichergrößen

Speicherkapazität wird in *Byte* gemessen. Stellen Sie sich ein Byte als ein einzelnes Zeichen vor, einen Buchstaben in einem Wort. Zum Beispiel ist das Wort »Spachtel« 8 Byte groß und würde 8 Byte Speicherplatz belegen.

Eine halbe Seite Text umfasst ungefähr 1000 Byte. 1000 Byte sind 1 *Kilobyte*.

Ein *Megabyte* entspricht 1000 Kbyte oder einer Million Byte. Für Megabyte wird die Abkürzung Mbyte (oder MB) verwendet. 16 Mbyte bedeutet also 16 Megabyte Arbeitsspeicher.

Nach dem Megabyte kommt das *Gigabyte*. Wie Sie sicher erraten haben, entspricht das einer Milliarde Byte oder 1000 Megabyte.

Das *Terabyte* entspricht einer Billion Byte oder genug RAM, um die Lichter ausgehen zu lassen, wenn Sie den Computer einschalten.

Weitere Belanglosigkeiten:

✔ Der Begriff *Giga* kommt aus dem Griechischen und bedeutet riesig.

✔ Der Begriff *Tera* kommt ebenfalls aus dem Griechischen. Er bedeutet Monster.

✔ Eine bestimmte Stelle im Speicher wird als *Adresse* bezeichnet.

Ein Byte besteht aus 8 Bit. Das Wort *Bit* ist eine Zusammensetzung aus *binary digit* (binäre Ziffer). Binär bedeutet hier, dass Computer ein Zahlensystem verwenden, das auf zwei Ziffern, nämlich 0 und 1, beruht. Jede Ziffer ist ein Bit, und diese Bits werden in Gruppen zu 8 Stück (1 Byte) zusammengefasst, um etwas einfacher mit den Computerzahlen umgehen zu können.

Arbeitsspeicher in Ihrem PC

Der Arbeitsspeicher ist ein Bestandteil des Motherboards, der sich direkt neben dem Mikroprozessor befindet. Er besteht aus einer Reihe von winzigen Chips, die als DRAM-Chips bezeichnet werden.

Die DRAM-Chips sind gruppenweise auf ein Plättchen aus Glasfasern gelötet. Das Ganze wird als SIMM- oder DIMM-Baustein bezeichnet. Ein SIMM-Baustein ist etwa so groß wie ein Taschenkamm (siehe Abbildung 10.1).

Jeder SIMM- oder DIMM-Baustein besteht aus 4, 8, 16, 32, 64, 128 oder 256 Mbyte Speicher. Diese Bausteine werden in Speichersteckplätze auf dem Motherboard gesteckt. Dabei stellt jeder Steckplatz eine *Speicherbank* dar. Somit können in einem PC mit 128 Mbyte RAM beispielsweise zwei Speicherbänke zu je 64 Mbyte SIMMs installiert sein.

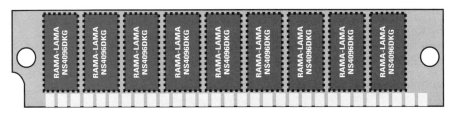

Abbildung 10.1: Ein SIMM-Baustein

- ✔ DRAM steht für *Dynamic Random Access Memory*, was so viel bedeutet wie dynamischer Speicher mit wahlfreiem Zugriff. Dabei handelt es sich um den am häufigsten in PCs installierten Speicherchip.
- ✔ SIMM ist die Abkürzung von *Single Inline Memory Module* (Speichermodul mit einseitiger Anschlussleiste).
- ✔ DIMM ist die Abkürzung von *Dual Inline Memory Module* (Speichermodul mit zwei Anschlussreihen)
- ✔ Ob Ihr PC SIMM- oder DIMM-Bausteine benötigt, hängt vom Design Ihres Motherboards ab.

 DIMM- und SIMM-Bausteine sehen ähnlich aus. Bei den DIMM-Bausteinen kann jedoch auf den Speicher effizienter zugegriffen werden. Die DIMM-Bausteine werden die SIMM-Bausteine ablösen, wenn es darum geht, Speicher in einem PC nachzurüsten.

Häufig gestellte Fragen zum Thema Arbeitsspeicher

Ihr Gehirn hat genug Speicher für ein ganzes Leben. Ihr Computer hingegen löscht seinen Speicher ständig, da er nur eine begrenzte Menge an Arbeitsspeicher zur Verfügung hat. Diesen Speicher muss er obendrein noch mit allen Programmen, die Sie gerade ausführen, und mit dem Betriebssystem teilen. Hier ein paar Antworten auf wichtige Fragen:

Wie viel Arbeitsspeicher hat mein Computer?

Das mag für Sie ein Geheimnis sein, aber nicht für Ihren Computer. Wie viel Arbeitsspeicher sich im Computer befindet, können Sie herausfinden, indem Sie das Dialogfeld EIGENSCHAFTEN VON SYSTEM aufrufen. Klicken Sie dazu mit der rechten Maustaste auf dem Desktop auf ARBEITSPLATZ. Wählen Sie aus dem daraufhin angezeigten Menü die Option EIGENSCHAFTEN. Das Dialogfeld EIGENSCHAFTEN VON SYSTEM wird angezeigt (siehe Abbildung 10.2).

Abbildung 10.2: Wie viel Arbeitsspeicher hat dieser PC?

Die Größe des Arbeitsspeichers wird direkt unterhalb des Mikroprozessors in MB RAM angegeben. In Abbildung 10.2 wird beispielsweise angezeigt, dass der Computer über einen Arbeitsspeicher mit 128 Mbyte RAM verfügt.

Verfügt Ihr PC über genug Arbeitsspeicher?

Es reicht nicht aus zu wissen, wie viel Arbeitsspeicher Ihr PC hat. Wichtig ist, ob er *genügend* Arbeitsspeicher hat.

Der von Ihrem Computer benötigte Arbeitsspeicher hängt von zwei Faktoren ab: Der erste und wichtigere ist die Speicheranforderung Ihrer Software. Einige Programme wie Tabellenkalkulationsprogramme und Grafikanwendungen erfordern sehr viel Arbeitsspeicher. Zum Beispiel verlangt Adobe Photoshop (ein Grafikpaket) 32 Mbyte Arbeitsspeicher!

Der zweite Faktor sind die Kosten. Arbeitsspeicher kostet Geld. Er ist zwar nicht mehr so teuer wie in der Steinzeit der Computer, kostet aber immer noch einiges.

- ✔ Generell sollten alle Computer mindestens 32 Mbyte Arbeitsspeicher haben. Ältere Modelle haben möglicherweise weniger.

- ✔ Heutzutage werden Computer mit einer Grundausstattung von 256 Mbyte Arbeitsspeicher verkauft, aber auch 512 Mbyte sind keine Seltenheit mehr.

- ✔ Irgendwann wird es sicherlich Rechner mit einem Gigabyte Arbeitsspeicher geben. Das wird das Minimum sein, um Windows im Jahr 2008 auszuführen.

- ✔ Sie können erkennen, dass Ihr PC mehr Arbeitsspeicher braucht, wenn er im Schneckentempo dahinkriecht, vor allem bei Operationen, die viel Arbeitsspeicher erfordern (z. B. Grafiken).

- ✔ Nicht genug Speicher? Dann müssen Sie aufrüsten! Lesen Sie dazu den Abschnitt »Zusätzlichen Arbeitsspeicher nachrüsten« in diesem Kapitel.

Arbeitsspeicher ausgeschöpft

Zur Beruhigung: Der Arbeitsspeicher kann sich nicht erschöpfen, egal wie wenig davon in Ihrem Rechner vorhanden ist. Windows hat nämlich eine schlaue Technik entwickelt, um zu verhindern, dass der Arbeitsspeicher an seine Grenzen stößt. Teile des Arbeitsspeichers werden dabei auf die Festplatte ausgelagert.

Unter Windows verschlingt jedes Programm ein Stückchen Arbeitsspeicher. Dieses Stückchen ist aber ziemlich klein, sodass Windows mehrere Programme gleichzeitig ausführen kann. Wenn jedoch ein Programm nach mehr Speicherplatz verlangt als tatsächlich vorhanden ist, dann wird das Speicherstückchen irgendeines armen Programms auf die Festplatte ausgelagert.

In der Regel bemerken Sie diese Auslagerung überhaupt nicht, da sie vollkommen automatisch abläuft. Manchmal werden Programme jedoch ein bisschen lahm, beispielsweise, wenn Sie eine große Grafik bearbeiten und dazu Arbeitsspeicher ausgelagert werden muss. Dann verwandelt sich Ihr Computer in eine Schnecke.

- ✔ Wenn Sie häufig mit Grafikprogrammen arbeiten, dann brauchen Sie mehr Arbeitsspeicher als ein normaler Anwender. Profis haben daher Workstations mit 512 Mbyte Arbeitsspeicher oder mehr.

- ✔ Windows wird nie melden, dass der Speicher erschöpft ist. Sie merken nur, dass die Festplatte »rödelt«, wenn Arbeitsspeicher auf sie ausgelagert wird.

10 ➤ Arbeitsspeicher (RAM-a-lama ding-dong)

Was versteht man denn unter einem »Erweiterungsspeicher«?

Früher wurden viele verschiedene Ausdrücke für den Speicher in einem Computer verwendet: konventioneller Speicher, DOS-Speicher, oberer Speicher, hoher Speicher, HMA-Speicher, Expansionsspeicher usw.

Der einzige Ausdruck, der heutzutage noch verwendet wird, ist *Erweiterungsspeicher*. Der gesamte Speicher in Ihrem Computer ist Erweiterungsspeicher. Dieser Ausdruck ist lediglich ein Überbleibsel von früher, als die ganzen Bezeichnungen noch eine Rolle spielten.

Warum müssen Sie das wissen?

Wenn auf einem Softwarepaket steht, dass es 16 Mbyte Erweiterungsspeicher benötigt, heißt das einfach, es sind 16 Mbyte Arbeitsspeicher erforderlich. Der gesamte Arbeitsspeicher in Ihrem Computer ist bereits erweitert.

Grafikspeicher

Die Summe der RAM-Chips auf der Grafikkarte wird *Grafikspeicher* genannt. Je höher der Grafikspeicher, umso besser ist die Auflösung und die Anzeige von 3D-Grafiken und umso mehr Farben werden angezeigt.

Grafikspeicher lässt sich wie Arbeitsspeicher aufrüsten, vorausgesetzt auf der Grafikkarte ist noch Platz für ein paar Chips. Kapitel 11 enthält noch mehr Informationen über Grafikkarten.

Zusätzlichen Arbeitsspeicher nachrüsten

Wenn Ihr Computer von Anfang an nicht genügend oder inzwischen nicht mehr genügend Arbeitsspeicher hat, können Sie jederzeit zusätzlichen Arbeitsspeicher installieren.

Das Nachrüsten von Speicher ist so einfach wie das Bauen mit Legosteinen. Das einzige Problem ist, dass Ihr Computer und der Speicher wesentlich wertvoller als Legosteine sind. Daher sollten Sie das Nachrüsten von Speicher nicht auf die leichte Schulter nehmen.

Das Nachrüsten von Speicher erfolgt in fünf langweiligen Schritten:

1. **Stellen Sie fest, wie viel zusätzlichen Speicher Sie benötigen.**

   Wenn Sie zum Beispiel 32 Mbyte RAM haben und Sie 64 Mbyte RAM benötigen, um das neue Spiel ausführen zu können, dann benötigen Sie mindestens weitere 32 Mbyte RAM, wenn Sie es sich leisten können.

2. **Stellen Sie fest, wie viel Speicher Sie installieren können.**

   Das ist ein technischer Vorgang. Er setzt voraus, dass Sie wissen, wie und in welchen Größenabstufungen Speicher eingebaut wird. Wenn es in Ihrem Computer eine leere Speicherbank gibt, ist das Ganze kein Problem. Problematisch und teuer wird es, wenn keine leere Speicherbank vorhanden ist. In diesem Fall sollten Sie diese Aufgabe Ihrem Händler oder Guru überlassen.

3. **Kaufen Sie etwas.**

   Wenn eine leere Speicherbank vorhanden ist, kaufen Sie sich Speicherchips oder eine Erweiterungskarte, in der die Speicherchips installiert sind.

4. **Bezahlen Sie jemanden, damit er die Aufrüstung vornimmt und die Chips einbaut.**

   Sie können es auch selbst machen, aber an Ihrer Stelle würde ich lieber zahlen.

5. **Jubel!**

Wenn Sie den Speicher einmal haben, geben Sie ruhig bei Ihren Freunden damit an. Früher konnte man schon Eindruck schinden, wenn man die vollen 640 Kbyte RAM hatte. Dann kamen die Ersten, die sagen konnten: »Ich habe 4 Mbyte Arbeitsspeicher in meinem 386er oder 8 Mbyte in meinem 486er.« Aber heute? Weniger als 256 Mbyte und Ihre Kinder werden nur die Augen verdrehen.

- Der Arbeitsspeicher hat vorgegebene Größen: 4 Mbyte, 8 Mbyte, 16 Mbyte, 32 Mbyte und dann immer das Doppelte bis hin zu 256 Mbyte.

- Eine böse Überraschung: Sie denken vielleicht, dass Sie Speicherchips mit 96 Mbyte kaufen müssen, wenn Sie von 32 Mbyte auf 128 Mbyte aufrüsten. Falsch! Es kann sein, dass Sie die vollen 128 Mbyte (oder zwei Speicherbänke à 64 Mbyte) kaufen und die ursprünglichen 32 Mbyte wegwerfen müssen. Das hat damit zu tun, wie der Speicher in einen Computer passt, was selbst die Götter nicht ganz begreifen.

- Wenn Sie versuchen möchten, den Speicher selbst aufzurüsten, nur zu. Es gibt viele Bücher und Artikel in Zeitschriften über das Aufrüsten von Arbeitsspeicher. Ich empfehle trotzdem, es jemand anderen machen zu lassen.

Erstaunliche Bildschirme und fantastische Grafiken

In diesem Kapitel

- Monitore, Bildschirme und Displays
- Bildschirmeinstellungen
- Flachbildschirme
- Grafikkarten
- Den Hintergrund des Desktop ändern
- Grafikauflösung und Farben anpassen
- Bildschirmschoner in Windows aktivieren
- Mit zwei Monitoren arbeiten
- Lösungen für lästige Bildschirmprobleme

Das Erste, was an einem Computer auffällt, ist der Bildschirm bzw. Monitor. Das ist das Gerät, auf das Sie blicken, wenn Sie mit dem Computer arbeiten. Und der Bildschirm ist das beste Ziel, falls Sie Ihren Computer eines Tages einmal erschießen wollen. (Denken Sie jedoch daran, dass der Bildschirm lediglich der Überbringer der Botschaften ist. Eigentlich ist es die Konsole, auf die Sie zielen sollten.)

Wenn Ihr Computer ein Mensch wäre, dann wäre der Bildschirm das Gesicht. In diesem Abschnitt geht es also um das Gesicht Ihres PC, sowohl um die Hardware als auch darum, wie Sie mit Windows das Gesicht so ändern können, dass es Ihnen besser gefällt.

Das Ding beim Namen nennen

Ist es ein Bildschirm? Ein Monitor? Oder vielleicht ein Display? Was immer es ist, es sieht aus wie ein Fernsehgerät, das sich auf dem oder in der Nähe des Computers befindet.

Der *Monitor* ist das Gehäuse. Er enthält die Bildröhre, wie bei einem Fernsehgerät, oder, wenn Sie tief in die Tasche gegriffen haben und sich einen Flachbildschirm geleistet haben, die LCDs. Wenn also das ganze Teil auf den Boden fällt, können Sie sagen: »Der Monitor ist auf den Boden gefallen. Das war ein Missgeschick.«

Der *Bildschirm* ist der Teil des Monitors, der das Bild anzeigt, also der gläserne Teil bzw. der wie mit Folie überzogene Teil eines LCD-Bildschirms. Der Bildschirm ist immer da, egal ob der Computer ein- oder ausgeschaltet ist. Dies ist auch der Teil, den Sie abwischen müssen, wenn Sie herzhaft niesen mussten.

Als *Display* bezeichnet man den Anzeigebereich, in dem Informationen angezeigt werden. Das ist etwas verwirrend, weil Sie sagen können: »Im Anzeigebereich steht, dass mein Computer mich nicht mag.« Und das ist dasselbe wie: »Auf dem Bildschirm steht, dass mein Computer mich nicht mag.« Wie auch immer, Ihr Computer mag Sie nicht.

Der Anzeigebereich ist der vordere Teil der so genannten Kathodenstrahlröhre, auch Elektronenstrahlröhre, Braun'sche Röhre oder Bildröhre genannt.

Bildschirme und Grafikkarten

Der Bildschirm ist nur die eine Hälfte des Grafiksystems Ihres Computers. Die andere Hälfte ist das, was als *Grafikkarte* bezeichnet wird. Diese Karte enthält die Schaltkreise, die den Bildschirm betreiben und das Bild steuern, das auf dem Bildschirm dargestellt wird.

Abbildung 11.1 zeigt, wie Bildschirm und Grafikkarte zusammengehören. Die Grafikkarte ist entweder Teil des Motherboards oder eine Erweiterungskarte, die im Motherboard steckt. Ein Kabel verbindet den Bildschirm mit der Konsole. Und natürlich braucht auch der Bildschirm Strom und ist daher über ein Netzkabel mit einer Steckdose verbunden.

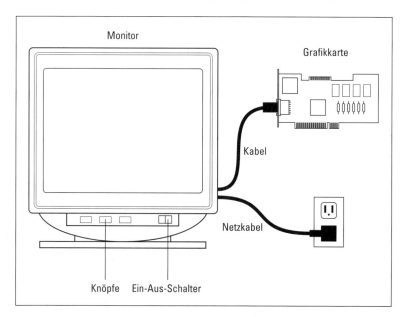

Abbildung 11.1: Der Bildschirm und die Grafikkarte

Der Monitor selbst ist nicht besonders intelligent. Eigentlich ist es die Grafikkarte, die dafür sorgt, dass auf dem Bildschirm etwas geschieht. Von den beiden ist es die Grafikkarte, die die grafische Leistung Ihres Computers bestimmt.

- ✔ Sie benötigen sowohl einen Monitor als auch eine Grafikkarte.
- ✔ Bei manchen PCs, insbesondere bei Laptops, ist die Grafikkarte im Motherboard integriert.
- ✔ Bei den meisten Laptops kann mithilfe eines externen Bildschirmanschlusses ein externer Monitor angeschlossen werden.
- ✔ USB-Bildschirme werden über den USB-Anschluss an den PC angeschlossen.
- ✔ Wenn Ihr Computer mehr als einen Bildschirm hat (was ja durchaus möglich ist), muss er für jeden Bildschirm eine eigene Grafikkarte oder eine spezielle Grafikkarte haben, die zwei Bildschirme unterstützt. Näheres dazu erfahren Sie weiter hinten in diesem Kapitel.
- ✔ Die Grafikkarte wird auch als Videokarte, Grafikadapter oder als Bildschirmkarte bezeichnet.

Lernen Sie Ihren Bildschirm kennen und lieben

Der Monitor ist ein *Peripheriegerät*. Das ist ein separates Gerät, das nicht zusammen mit dem Computer bzw. der Konsole gekauft werden muss. Im Gegenteil: Die Händler bieten zu den einzelnen Computern eine ganze Reihe von unterschiedlichen Bildschirmen an. Jede Marke hat ihre eigenen Vor- und Nachteile, aber eines haben alle gemein: Sie dienen dazu, Informationen anzuzeigen.

Äußerlichkeiten

Jeder Monitor hat zwei Kabel. Eines ist das Netzkabel, das in die Steckdose gesteckt wird. Das andere ist das Bildschirmkabel, das mit dem Anschluss der Grafikkarte an der Rückseite der Konsole verbunden wird.

Der Ein-Aus-Schalter befindet sich in der Regel an der Vorderseite des Bildschirms, meistens rechts unten. (Das ist eine echte Benachteiligung der Linkshänder, Teil einer größeren geschickten Verschwörung.)

Neben dem Ein-Aus-Schalter zieren noch weitere Schalter oder Knöpfe die Vorderseite des Bildschirms, mit deren Hilfe die Anzeige des Bildschirms gesteuert werden kann. Diese Knöpfe können wie eine Reihe hässlicher Zähne sichtbar oder hinter einer Abdeckung verborgen sein. Im folgenden Abschnitt erfahren Sie, was Sie mit diesen Knöpfen tun können.

Manche Bildschirme zeigen eine Meldung an, wenn der Bildschirm eingeschaltet ist, der PC jedoch nicht, oder wenn der Bildschirm kein Signal vom PC bekommt. Sobald Sie den PC einschalten, ist aber alles wieder in Ordnung.

Alles, was Sie über die Technik wissen müssen

Es gibt zahllose Fachausdrücke, mit denen die Funktionen und Fähigkeiten eines Bildschirms beschrieben werden. Von all diesen Ausdrücken sind eigentlich nur zwei wirklich wichtig: Größe und Lochabstand.

- ✔ **Größe.** Bei Bildschirmen wird die Größe der Bildröhre angegeben. Dabei ist die Größe eigentlich, wie beim Fernsehgerät, die Länge der Bildschirmdiagonalen und nicht die Höhe oder die Breite. Übliche Größen für Computerbildschirme sind 15, 17, 19 und 21 Zoll. Die am weitesten verbreiteten Bildschirme haben eine Diagonale von 17 Zoll, wobei ich die 19-Zoll-Bildschirme liebe und bei den 21-Zoll-Riesen beinahe in Ohnmacht falle! Oooooooooo!

- ✔ **Lochabstand.** Damit ist der Abstand zwischen den einzelnen Bildpunkten oder Pixeln auf dem Bildschirm gemeint, wobei der Abstand jeweils vom Mittelpunkt jedes Bildpunktes gemessen wird. Je geringer der Abstand zwischen den Bildpunkten ist, umso besser ist das Bild. Ein Lochabstand von 0,28 mm ist wirklich gut, kleinere Werte sind noch besser.

Neben diesen beiden Begriffen gibt es noch eine Fülle von Fachausdrücken, mit denen ein Bildschirm beschrieben wird. Am besten lassen Sie jedoch Ihre Augen entscheiden. Wenn der Bildschirm gut aussieht, kaufen Sie ihn!

- ✔ Andere Aspekte wie Auflösung, Farben, Speicher betreffen die Grafikkarte, nicht den Bildschirm.

- ✔ Ich bin ein großer Fan von Flachbildschirmen. Das sind die mit dem Flüssigkristall- oder LC-Display. Mehr Infos gibt es im Abschnitt »Flachbildschirme« weiter hinten in diesem Kapitel.

Die Anzeige des Bildschirms einstellen

Früher konnte man schon froh sein, wenn man am Bildschirm die Helligkeit und den Kontrast einstellen konnte. Heute haben Sie endlos viele Möglichkeiten, die Anzeige Ihres Bildschirms zu verändern. Sie nehmen die Einstellungen über die Knöpfe am Bildschirm vor.

Für jede Einstellung gibt es einen Knopf. Häufig werden Plus- und Minusknöpfe verwendet, um eine Einstellung vorzunehmen. Um beispielsweise den Kontrast zu ändern, drücken Sie den Knopf für den Kontrast und dann die Plus- oder Minustaste. Wie sich das Ganze auswirkt, können Sie auf dem Bildschirm sehen.

In Abbildung 11.2 sind die Symbole dargestellt, die für die Einstellung der Bildschirmanzeige verwendet werden.

11 ➤ Erstaunliche Bildschirme und fantastische Grafiken

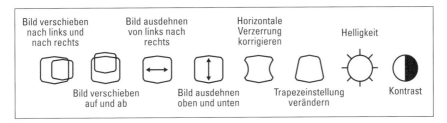

Abbildung 11.2: Symbole auf einem Bildschirm

Einige Bildschirme haben weniger Knöpfe. Hier werden die Einstellungen über Bildschirmanzeigen vorgenommen (siehe Abbildung 11.3). Sie wählen mit den Knöpfen am Bildschirm eine Einstellung, die Sie ändern möchten, und nehmen die Änderung dann mit Plus- und Minusknöpfen vor. Auch hier werden die in Abbildung 11.2 dargestellten Symbole verwendet.

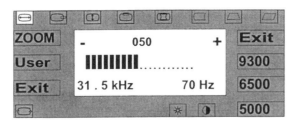

Abbildung 11.3: Typische Einstellungen für die Bildschirmanzeige

- ✔ Die Informationsanzeigen beim Einstellen der Bildschirmanzeige werden über alle anderen Anzeigen gelegt. Lassen Sie sich davon nicht irritieren.

- ✔ Ältere Bildschirme haben nicht so viele Einstellungsmöglichkeiten wie in Abbildung 11.2 dargestellt. Sie haben möglicherweise auch keine Anzeige auf dem Bildschirm.

 Durch Drücken der Knöpfe für das Verschieben des Bildes nach links und rechts, nach oben und unten und für das Ausdehnen des Bildes können Sie das Bild auf dem Bildschirm so einstellen, dass es den gesamten Anzeigebereich ausfüllt.

- ✔ Bei einigen Bildschirmen wird auch die Frequenz wie z. B. 31,5 kHz/70 kHz angezeigt, wenn der Bildschirmmodus beispielsweise für ein Spielprogramm geändert und eine andere Auflösung eingestellt wird.

- ✔ Die meisten Bildschirme verfügen über einen Knopf zum Speichern der Einstellungen, die Sie vorgenommen haben.

Den Bildschirm reinigen

Nichts zieht mehr Staub an als ein Computerbildschirm. Außer Staub befinden sich auch immer Fingerabdrücke und Spuren vom Niesen auf dem Bildschirm. Bildschirme sind schmutzig.

Um den Monitor zu säubern, sprühen Sie etwas Fensterreiniger auf einen weichen Lappen oder auf ein Papiertuch. Dann wischen Sie den Bildschirm sanft ab. Sie können auch Essig benutzen, wenn Sie wollen, dass Ihr Computer den Geruch von frischem Salat hat. Sie können auch spezielle Bildschirmreiniger direkt auf den Bildschirm sprühen, aber achten Sie darauf, dass Sie das nur mit speziellen Bildschirmreinigern tun.

Sprühen Sie niemals Fensterreiniger direkt auf den Bildschirm. Er läuft vielleicht in den Bildschirm hinein und verursacht ein elektronisches Desaster. Ein Flachbildschirm wird überhaupt nicht gereinigt. Wenn Sie einen Flachbildschirm mit etwas anderem als einem trockenen Tuch reinigen, können Sie schweren Schaden anrichten.

Flachbildschirme

Früher oder später werden Sie an Ihren Computer einen Flachbildschirm anschließen. Diese sehen so ähnlich aus, wie die bei Laptops verwendeten Bildschirme. Sie sind nicht nur leicht, flach und schön anzusehen, sondern machen auch jeden neidisch. Die schlechte Nachricht? Sie sind sehr teuer.

Achten Sie beim Kauf eines Flachbildschirms nicht auf die Anzeige von Grafiken. Am besten können Sie einen solchen Bildschirm anhand eines Textes beurteilen. Rufen Sie im Computerladen ein Textverarbeitungsprogramm auf, und sehen Sie sich an, wie geschriebener Text aussieht. Einige Flachbildschirme können Grafiken wunderbar darstellen, sind bei der Darstellung von Text jedoch nicht so gut.

- ✔ Die besten Flachbildschirme werden mit einer eigenen digitalen Grafikkarte ausgeliefert. Diese wird in der Regel in den AGP-Steckplatz (Accelerated Graphics Port) auf dem Motherboard Ihres PCs eingesteckt. Prüfen Sie also, ob Ihr PC über einen AGP-Steckplatz verfügt, bevor Sie einen Flachbildschirm kaufen.

- ✔ Es gibt auch eine ganze Reihe von Flachbildschirmen, die über den gewöhnlichen VGA-Anschluss an den Computer angeschlossen werden. Hier gibt es natürlich kein Problem.

- ✔ Ein 15-Zoll-Flachbildschirm hat in etwa denselben Anzeigebereich wie ein herkömmlicher 17-Zoll-Bildschirm. Flachbildschirme sind nämlich breiter als die meisten herkömmlichen Bildschirme.

- ✔ Flachbildschirme gibt es in jeder Größe: von 15 Zoll bis hin zu 20 Zoll. Diese 20-Zoll-Riesen sind zwar schön, aber auch sehr teuer.

- ✔ Wegen der LCD-Technik kann die Bildwiederholfrequenz hier ruhig bei 50 Hz liegen, ein Flimmern wird man nicht wahrnehmen. Es ist aber trotzdem wichtig, dass (zumindest die analogen Displays) Frequenzen bis 60/70 Hz verarbeiten können, da »normale« Grafikkarten erst ab diesem Bereich arbeiten.

- ✔ Die meisten Flachbildschirme können nur eine einzige Auflösung ohne Qualitätsverluste darstellen. Alle anderen Auflösungen müssen interpoliert werden, einige Modelle beherrschen dies sehr gut, andere hingegen richten jedes Bild in einer anderen Auflösung zu Grunde. Einige 15-Zoll-Bildschirme arbeiten beispielsweise am besten bei einer Auflösung von 1024 x 768 Pixeln.

- ✔ Achten Sie beim Kauf eines Flachbildschirms auf den Blickwinkel, der in Gradzahlen links und rechts vom Bildschirm angegeben wird, bei denen das Bild noch zu erkennen ist. Bildschirme mit einem Blickwinkel von 160° oder mehr sind am besten.

Alles über Grafikkarten

Der geheime, interne Teil des Grafiksystems eines Computers ist die Grafikkarte. Dabei handelt es sich um eine Erweiterungskarte, die auf dem Motherboard Ihres Computers steckt und diesen in die Lage versetzt, Text und Grafik auf dem Bildschirm anzuzeigen.

Grafikkarten sind in verschiedenen Preisklassen erhältlich und haben die unterschiedlichsten Funktionen. Hier ein schneller Überblick:

- ✔ Eine Grafikkarte wird danach bemessen, wie viel Grafikspeicher (Video-RAM oder VRAM) sie hat. Die meisten Grafikkarten verfügen über mindestens 16 bis 32 Mbyte Speicher. Die neueren Modelle können bis zu 64 Mbyte haben. Wow!

- ✔ Je mehr Speicher eine Grafikkarte hat, umso höhere Auflösungen kann sie unterstützen und umso mehr Farben kann sie mit dieser höheren Auflösung darstellen.

- ✔ Für viele Grafikkarten wird damit geworben, dass diese 3D-Grafiken unterstützen. Das mag zwar sein, funktioniert aber nur, wenn Ihre Software die 3D-Grafikfunktion Ihrer Grafikkarte unterstützt. (Das ist auf der Verpackung der Software angegeben.)

- ✔ Wenn Ihr Computer ein DVD-Laufwerk hat, benötigen Sie eine Grafikkarte, die DVD-Bilder auf dem Bildschirm anzeigen kann. Grafikkarten dieser Art haben einen S-Videoanschluss für ein Fernsehgerät (TV-Out), das Sie an Ihren Computer anschließen können, um dann Dinge auf einem größeren Bildschirm anzuschauen.

Einige Bildschirme mit hoher Auflösung können nur mit bestimmter Software verwendet werden. Computergrafik, CAD, Computeranimation und Design sind Bereiche, in denen es sich lohnt, viel Geld für einen guten Bildschirm auszugeben. Für »normale« Anwendungen wie Textverarbeitungsprogramme brauchen Sie keinen wirklich teuren Bildschirm.

Die Bildschirmanzeige mithilfe von Windows einstellen

Mit den Knöpfen am Bildschirm steuern Sie den Bildschirm. Um die Grafikkarte zu steuern, die die eigentliche Arbeit erledigt, brauchen Sie Windows bzw. – um genau zu sein – das Symbol ANZEIGE in der Systemsteuerung.

In den folgenden Abschnitten werden verschiedene eigenartige und wunderbare Dinge beschrieben, die Sie mit dem Dialogfeld EIGENSCHAFTEN VON ANZEIGE anstellen können, das über das Symbol ANZEIGE in der Systemsteuerung aufgerufen wird. Und so gehen Sie vor, um das Dialogfeld EIGENSCHAFTEN VON ANZEIGE aufzurufen:

1. **Klicken Sie mit der rechten Maustaste auf eine leere Stelle auf dem Desktop.**

   Damit rufen Sie das Kontextmenü des Desktop auf den Plan. Außerdem ist dies der schnellste Weg, um das Dialogfeld EIGENSCHAFTEN VON ANZEIGE anzuzeigen.

2. **Wählen Sie den Befehl EIGENSCHAFTEN.**

   Daraufhin wird das Dialogfeld EIGENSCHAFTEN VON ANZEIGE angezeigt (siehe Abbildung 11.4).

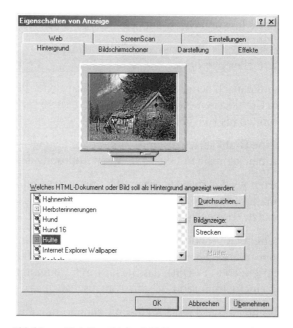

Abbildung 11.4: Das Dialogfeld EIGENSCHAFTEN VON ANZEIGE

3. **Spielen Sie mit dem Dialogfeld EIGENSCHAFTEN VON ANZEIGE.**

   Im Dialogfeld EIGENSCHAFTEN VON ANZEIGE können Sie den Hintergrund des Desktop ändern, einen Bildschirmschoner hinzufügen und die Systemfarben oder die Bildschirmauflösung ändern. Wie Sie das machen, wird in den folgenden Abschnitten erklärt.

4. **Schließen Sie das Dialogfeld EIGENSCHAFTEN VON ANZEIGE.**

   Wenn Sie Ihre Einstellungen vorgenommen haben, können Sie auf OK klicken, um Ihre Änderungen zu speichern, oder auf ABBRECHEN, um alles beim Alten zu belassen.

Sie können das Dialogfeld EIGENSCHAFTEN VON ANZEIGE auch über die Systemsteuerung öffnen, aber der von mir beschriebene Weg ist einfach der schnellere.

Wie Sie sich sicherlich schon gedacht haben, funktioniert das Dialogfeld für die Eigenschaften der Anzeige bei Windows XP etwas anders. Wie anders erkläre ich in den folgenden Abschnitten.

Hintergrund ändern

Der Hintergrund ist das, was Sie auf dem Desktop sehen. Sie können ein Muster, ein hübsches Bild oder einfach etwas anderes als die Standardvorgaben anzeigen.

Öffnen Sie das Dialogfeld EIGENSCHAFTEN VON ANZEIGE, wie im vorherigen Abschnitt beschrieben. Klicken Sie auf die Registerkarte HINTERGRUND (siehe Abbildung 11.4).

Es gibt zwei Möglichkeiten, wie Sie etwas auf dem Desktop anzeigen: Sie können entweder ein Muster oder einen Hintergrund auswählen.

Blättern Sie im Listenfeld, um sich jede Menge Grafikdateien anzuzeigen, die Sie als Hintergrundbild verwenden können. Sie können auch auf die Schaltfläche DURCHSUCHEN klicken, um irgendein Bild irgendwo auf der Festplatte des PC zu suchen und als Hintergrund zu verwenden.

Wenn das Bild groß genug ist, kann es den gesamten Bildschirm ausfüllen. Wenn es zu klein ist, wählen Sie im Listenfeld BILDANZEIGE die Option NEBENEINANDER oder STRECKEN.

Wenn Sie ein Muster wählen wollen, müssen Sie im Listenfeld zunächst die Option (KEIN) wählen und dann auf die nun aktivierte Schaltfläche MUSTER klicken. Eine ganze Reihe irrer aufregender Muster werden angezeigt (gähn). Sie können auch ein eigenes Muster erstellen. Das macht richtig Spaß. Versuchen Sie es mal! Klicken Sie auf OK, wenn Sie genug von den Mustern haben.

Wenn Sie ein neues Hintergrundbild oder ein neues Muster ausgewählt haben, klicken Sie auf OK, um das Dialogfeld EIGENSCHAFTEN VON ANZEIGE zu schließen.

In Windows XP klicken Sie auf die Registerkarte DESKTOP, um den Hintergrund zu ändern. Eine Option für Muster gibt es nicht.

- Jedes Mal, wenn Sie ein neues Muster oder einen neuen Hintergrund auswählen, wird es bzw. er in einem Minibildschirm angezeigt. Dieses Vorschaufeld ist ziemlich klein, deshalb ist der Effekt nicht gerade überwältigend. Wenn Sie sehen möchten, wie es wirklich aussieht, klicken Sie auf ÜBERNEHMEN.

 Sie können auch eine eigene Grafikdatei als Hintergrund verwenden. Die Grafik muss eine Bitmap- bzw. BMP-Datei oder eine GIF-Datei sein. Klicken Sie auf die Schaltfläche DURCHSUCHEN, um die Dateien zu suchen und dann auszuwählen. (In Kapitel 17 erfahren Sie mehr darüber, wie Bilder eingescannt und als Hintergrundbilder verwendet werden können.)

Auflösung und Farbe einstellen

Auf der Registerkarte EINSTELLUNGEN des Dialogfelds EIGENSCHAFTEN VON ANZEIGE stellen Sie die Farben und die Auflösung Ihres Bildschirms ein. Sie können die Einstellungen nur insoweit ändern, wie sie in diesem Teil des Dialogfelds angezeigt werden.

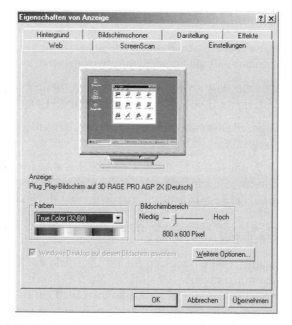

Abbildung 11.5: Die Registerkarte EINSTELLUNGEN im Dialogfeld EIGENSCHAFTEN VON ANZEIGE

Ich werde mich hier nicht über alle Einzelheiten auslassen. Wichtig ist, dass Sie zuerst die Farben von 16 Farben bis 16-Bit- oder 32-Bit-Farben wählen, je nachdem, was Windows Ihnen bietet.

Vorsichtig vor Web-Hintergründen

F: Ich habe einen Hintergrund gewählt, der mir gefallen hat, aber jetzt kann ich die Symbole auf dem Desktop nicht mehr erkennen. Ich weiß, dass sie noch da sind, denn wenn ich Glück habe und auf die richtige Stelle klicke, dann erwische ich sie. Aber sehen kann ich sie nicht. Was kann ich tun?

A: Sie haben einen webbasierten Hintergrund gewählt. Da kann es vorkommen, dass auf dem Desktop die Symbole ausgeblendet werden. Einige Grafiken, die im Dialogfeld EIGENSCHAFTEN VON ANZEIGE aufgeführt sind, können nur angezeigt werden, wenn Sie den Active Desktop aktiviert haben. (Damit lassen sich in Windows Webinhalte auf dem Bildschirm anzeigen.) Sie sehen dann zwar ein schönes Bild, aber weil Sie den Active Desktop aktiviert haben, sieht manches auf dem Bildschirm nicht so aus wie es sein sollte.

Um diese Ansicht zu deaktivieren, klicken Sie im Dialogfeld EIGENSCHAFTEN VON ANZEIGE auf die Registerkarte WEB und deaktivieren das Kontrollkästchen WEBINHALTE AUF DEM ACTIVE DESKTOP ANZEIGEN. Jetzt sollte das Problem behoben sein!

Übrigens: Wenn Sie den Web-Hintergrund wirklich so toll finden, dann verwenden Sie irgendein Grafikprogramm, um ihn aus dem JPEG- oder GIF-Format in das von Windows verwendete BMP-Format zu konvertieren. Wenn Sie jetzt die Grafik wieder auswählen, wird sie angezeigt, ohne dass Sie dafür den Active Desktop aktivieren müssen.

Als Nächstes wählen Sie die Auflösung. Die Vorschau im Minibildschirm ändert sich mit Ihrer Auswahl. Seien Sie nicht überrascht, wenn sich die Anzahl der Farben bei einer höheren Auflösung verringert. Diese beiden Dinge sind verknüpft, nur für den Fall, dass Sie nicht selbst draufkommen.

Um sich die Änderungen anzusehen, klicken Sie auf die Schaltfläche ÜBERNEHMEN. Ihr Monitor blinkt und flackert vielleicht einen Moment lang und dann fragt Windows, ob alles okay ist. Wenn es das ist, klicken Sie auf OK.

- ✔ Höhere Auflösungen funktionieren am besten auf größeren Bildschirmen. Aber vergessen Sie nicht, dass die maximale Auflösung und die Farbeinstellung nicht so sehr von der Größe des Monitors, sondern vor allem von der Grafikkarte abhängig sind.

- ✔ Bei einigen Computerspielen wird die Auflösung des Bildschirms geändert. Das ist in Ordnung. Die ursprüngliche Einstellung sollte automatisch wiederhergestellt werden, wenn Sie das Spielprogramm beenden.

- ✔ Manche Spiele verlangen eine Auflösung mit exakt 256 Farben. Das wird Ihnen mitgeteilt, wenn Sie das Programm installieren.

Wenn die Bilder auf Ihrem Bildschirm zu klein dargestellt werden, sollten Sie eine kleinere Auflösung, z. B. 800 x 600 oder sogar 640 x 480 Pixel, wählen. Sie können auch im Dialogfeld EIGENSCHAFTEN VON ANZEIGE auf die Registerkarte EFFEKTE klicken und dort das Kontrollkästchen GROSSE SYMBOLE VERWENDEN aktivieren.

✔ Wenn Sie die Auflösung nicht höher als 640 x 480 Pixel einstellen können, dann ist der Computer entweder im »abgesicherten Modus« (das steht dann in jeder Ecke des Bildschirms) oder Sie müssen dringend Ihre Grafiktreiber aktualisieren. Kapitel 27 enthält Informationen zum Thema »abgesicherter Modus«. Im letzten Abschnitt dieses Kapitels steht, wie Sie Grafiktreiber aktualisieren.

Bildschirmschoner aktivieren

Früher passierte etwas Unangenehmes, wenn der Bildschirm zu lange an war: Das Bild eines Programms brannte sich in den Bildschirm ein. So waren Bilder von 1-2-3 oder Word auch dann noch zu sehen, wenn der Bildschirm ausgeschaltet war!

Um zu verhindern, dass sich ein Bild in den Bildschirm *einbrennt*, kann ein Bildschirmschoner verwendet werden. Mit einem solchen Programm kann der Bildschirm abgedunkelt werden. Nach einigen Minuten der Inaktivität, d. h. weder Tastatur noch Maus werden betätigt, wird der Bildschirm abgedunkelt. Wenn die Maus bewegt oder eine Taste gedrückt wird, wird der Bildschirm wieder aktiv. Somit hat der Bildschirmschoner verhindert, dass sich das Bild des aktuellen Programms in den Bildschirm einbrennen konnte.

Glücklicherweise laufen Sie bei den heutigen Bildschirmen kaum noch Gefahr, dass sich ein Bild einbrennt. Dennoch haben sich die Bildschirmschoner gehalten, sorgen sie doch für Abwechslung und einen schönen Anblick, wenn Sie mal Pause machen. (Bei Windows 98/Me ist der Bildschirmschoner übrigens die beste Möglichkeit, Ihren PC per Kennwort zu schützen. Mehr dazu gleich.)

Macht Sie Ihr Computer auch seekrank?

F: Ich habe Ihnen schon vor einiger Zeit geschrieben, dass ich seekrank werde, wenn ich am Bildschirm arbeite. Sie gaben mir damals den Rat, einen Bildschirmfilter zu verwenden. Ich habe einen gekauft, hatte die Probleme aber immer noch.

Nun brachte mich meine Schwägerin auf eine Idee, die ich Ihnen mitteilen möchte. Sie kaufte sich für Ihre Autoreisen ein Armband gegen Seekrankheit. Nun, ich dachte mir, was für das Auto gut ist, hilft vielleicht auch beim Computer. Und es half tatsächlich! Ich glaube zwar nicht, dass das Armband so gut ist, dass ich damit Computerspiele spielen kann, aber ich kann meiner täglichen Arbeit am Computer nachgehen, ohne seekrank zu werden.

A: Ihren Tipp gebe ich gerne weiter und bedanke mich dafür! Sie können übrigens auch bestimmte Akupressurpunkte am Handgelenk und hinter dem Ohr stimulieren, um die Seekrankheit besser in den Griff zu bekommen.

Um einen Bildschirmschoner zu aktivieren, klicken Sie im Dialogfeld EIGENSCHAFTEN VON ANZEIGE auf die Registerkarte BILDSCHIRMSCHONER (siehe Abbildung 11.6).

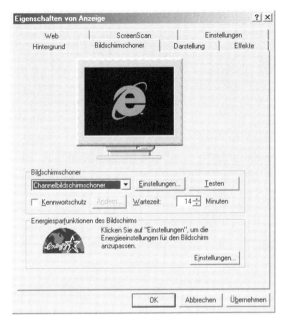

Abbildung 11.6: Hier können Sie einen Bildschirmschoner auswählen.

Sie können einen Bildschirmschoner im Dropdown-Listenfeld BILDSCHIRMSCHONER auswählen. In der Voranzeige auf dem Minibildschirm können Sie sehen, wie das Ganze aussehen wird.

Klicken Sie auf EINSTELLUNGEN, um den gewählten Bildschirmschoner Ihren Wünschen entsprechend anzupassen.

Klicken Sie auf TESTEN, um zu sehen, wie der Bildschirmschoner aussieht. (Bewegen Sie die Maus, um den Bildschirmschoner zu deaktivieren.)

Geben Sie im Feld WARTEZEIT die Zeit der Inaktivität in Minuten ein, nach der der Bildschirmschoner aktiviert werden soll.

- ✔ `Strg` ist eine sichere Taste zum Ausschalten des Bildschirmschoners. Anders als andere Tasten auf der Tastatur mischt sich diese Taste nicht in Anwendungen, die angezeigt werden, nachdem der Bildschirmschoner verschwunden ist.

- ✔ Nein, wenn Sie die Taste `Strg` drücken, wird der Bildschirmschoner nicht wirklich ausgeschaltet, sondern nur versteckt, sodass Sie den Desktop wieder sehen können.

- ✔ Um den Bildschirmschoner auszuschalten, können Sie auch mit der Faust auf den Tisch hauen. Dadurch wird Ihre Maus angerempelt und der Bildschirmschoner deaktiviert.

Einen Bildschirmschoner herbeizaubern

F: Ich habe gerade einen Bildschirmschoner aus dem Internet heruntergeladen. Wie bekomme ich den nun in Windows? Im Dialogfeld BILDSCHIRMSCHONER wird er nicht angezeigt.

A: Hierzu zwei Dinge. Erstens sollten Sie mit dem Herunterladen von Bildschirmschonern aus dem Internet vorsichtig sein. Auch wenn viele ganz harmlose witzige Bildschirmschoner sind, sind andere nichts als penetrante Werbung, die Sie obendrein hinterher weder deinstallieren noch entfernen können. Wenn Sie also einen Bildschirmschoner herunterladen, dann haben Sie ihn am Hals. Also vorsichtig!

Wenn Sie trotzdem unbedingt einen Bildschirmschoner aus dem Internet herunterladen müssen, dann speichern Sie die Datei im Ordner SYSTEM im Ordner WINDOWS (C:\Windows\System) bei Windows 98/Me bzw. im Ordner SYSTEM32 bei Windows 2000 (C:\WINNT\System32). Wenn Sie das gemacht haben, können Sie das Dialogfeld EIGENSCHAFTEN VON ANZEIGE aufrufen und werden sehen, dass Ihr Bildschirmschoner nun in der Liste mit aufgeführt wird.

Wenn Sie das Kontrollkästchen KENNWORTSCHUTZ aktivieren, können Sie Ihren Bildschirmschoner mit einem Kennwort schützen. Sie können es eingeben, indem Sie auf die Schaltfläche ÄNDERN klicken. Das ist eine gute Möglichkeit, Ihren PC zu schützen, solange Sie nicht daran arbeiten. Nur wenn Sie das Kennwort eingeben, können Sie den Bildschirmschoner deaktivieren und weiterarbeiten.

✔ Wenn Sie das Kennwort vergessen, müssen Sie den Computer neu starten. Da gibt es keine andere Möglichkeit.

Duell der Bildschirme

Sie werden es kaum glauben, aber Sie können an Ihren PC tatsächlich mehrere Bildschirme anschließen. Windows zeigt Daten dann auf zwei Bildschirmen an, und Sie haben im Handumdrehen eine doppelt so große Arbeitsfläche. Für diesen Spaß brauchen Sie einen zweiten Bildschirm *und* eine zweite Grafikkarte. (Sie können auch eine dieser Grafikkarten kaufen, an die Sie zwei Monitore hängen können.)

Ich habe kurz und in einfachen Worten zusammengefasst, wie das mit den zwei Bildschirmen funktioniert. Wenn Sie schon öfter an Ihrem PC herumgeschraubt haben, gebe ich Ihnen grünes Licht. Ansonsten sollten Sie lieber Ihren Händler oder einen befreundeten Guru um Hilfe bitten.

1. Schalten Sie den Computer ab und bauen Sie die alte Grafikkarte aus.
2. Installieren Sie die zweite Grafikkarte.

   Das ist notwendig, damit Sie die Treiber für diese Grafikkarte ordnungsgemäß laden können. Nur eine der beiden Grafikkarten kann den AGP-Steckplatz belegen, die zweite muss mit dem PCI-Bus vorlieb nehmen.

3. Stecken Sie den zweiten Bildschirm an die zweite Grafikkarte und schalten Sie den Rechner ein.
4. Installieren Sie die Software und die Treiber für diese Grafikkarte.

   Achten Sie darauf, dass die Grafikkarte ordnungsgemäß funktioniert.

5. Schalten Sie den Rechner aus.
6. Installieren Sie die erste Grafikkarte wieder und schließen Sie den Bildschirm an.
7. Schalten Sie den Computer ein.

Der Rechner sollte jetzt starten und die Treiber für beide Grafikkarten laden. Eine ist dann die primäre Grafikkarte für den primären Bildschirm. Hier werden Windows, der Desktop, die Taskleiste usw. angezeigt. Der zweite Bildschirm zeigt eine Meldung an, die Ihnen sagt, wie Sie die Task beenden sollen. Befolgen Sie diese Anweisungen, sonst kommen Sie in Teufels Küche und müssen den Support des Grafikkartenherstellers anrufen.

 Nur die Professional-Version von XP unterstützt mehrere Bildschirme.

✔ Beide Bildschirme werden im Dialogfeld EIGENSCHAFTEN VON ANZEIGE im Register EINSTELLUNGEN angezeigt. Sie können das Symbol des entsprechenden Bildschirms verschieben, um die Bilder besser anzuordnen.

✔ Sie können für jeden Bildschirm eine eigene Auflösung und eigene Einstellungen wählen. Klicken Sie dazu im Dropdown-Listenfeld ANZEIGE auf den entsprechenden Bildschirm und nehmen Sie die erforderlichen Einstellungen vor.

✔ Der Desktop wird auf beiden Bildschirmen angezeigt.

✔ Sie können Fenster von einem Bildschirm zum anderen ziehen. Es sieht wirklich niedlich aus.

✔ Spiele werden nur auf dem Hauptbildschirm ausgeführt (der Bildschirm, der beim Starten des Computers aktiv ist). DOS-Programme werden ebenfalls nur auf dem Hauptbildschirm ausgeführt. Vielleicht gibt es in der Zukunft Spiele, die auf beiden Bildschirmen laufen, aber ich würde mich nicht darauf verlassen. (Zwei Bildschirme sind einfach zu verrückt.)

✔ Wenn Sie ein Fenster maximieren, wird es nur auf einem Bildschirm angezeigt. Sie können ein Fenster aber über mehrere Bildschirme ausdehnen.

> ### Was ist ein Bildschirmausdruck?
>
> Unter Bildschirmausdruck versteht man den Vorgang, bei dem die Informationen auf Ihrem Computerbildschirm an den Drucker oder eine Datei gesendet werden. Bei DOS wurde dieser Vorgang mit der magischen Taste [Druck] auf der Tastatur ausgeführt. Bei Windows müssen Sie ebenfalls die Taste [Druck] drücken, aber es wird nichts gedruckt.
>
> Wenn Sie bei Windows die Taste [Druck] drücken, erstellen Sie eine Abbildung des Desktop. Sämtliche Grafikinformationen werden in der Zwischenablage gespeichert. Sie können diese Informationen in ein Programm einfügen, das Bilder anzeigen kann. Auch wenn nichts gedruckt wird, bekommen Sie doch eine Abbildung von dem, was auf dem Bildschirm zu sehen ist.

Lösungen für lästige Bildschirmprobleme

Die meisten Bildschirmprobleme werden durch die Grafikkarte verursacht. Bildschirme machen nur selten Probleme, und wenn doch, dann sollten sie ausgetauscht werden. Grafikkarten spielen viel öfter verrückt und können Ihnen das Leben ganz schön schwer machen. Sie starten beispielsweise Ihren Computer und plötzlich sehen Sie alles verzerrt, riesengroß oder doppelt und dreifach. Das sind dann die Momente, in denen Sie Ihren Rechner am liebsten in die Luft jagen würden.

Lösungen für »große« Probleme

Manchmal zeigt der Bildschirm ein Bild an, das so groß ist, dass man nichts damit anfangen kann. Das liegt meistens daran, dass Sie im Dialogfeld Eigenschaften von Anzeige mit den Optionen der Registerkarte Darstellung herumgespielt haben. Huch!

Um das Problem zu beheben, starten Sie den Computer im abgesicherten Modus. In diesem Modus werden die Einstellungen wieder auf normal zurückgesetzt und Sie können im Dialogfeld Eigenschaften von Anzeige die Dinge wieder ins Lot bringen. In Kapitel 27 steht, wie Sie den Computer im abgesicherten Modus starten.

Grafiktreiber neu installieren

Ich bekomme oft E-Mails von Leuten, die mir folgendes Bildschirmproblem schildern, dessen Ursache meistens bei der Grafikkarte liegt: Aus irgendeinem Grund ist die Anzeige auf 640 x 480 Pixel mit nur 16 Farben eingestellt. Jeder Versuch, eine höhere Einstellung vorzunehmen, scheitert. Frust, Frust, Frust!

Die Lösung des Problems: Installieren Sie den Grafiktreiber des Rechners neu. Der Grafiktreiber ist die Software, die die Grafikkarte steuert. In der Regel ist die Treiberdatei bereits auf dem Rechner vorhanden, sodass Sie nur die folgenden Schritte ausführen müssen, um ihn wieder dort hinzubringen, wo er hingehört.

1. Öffnen Sie das Dialogfeld EIGENSCHAFTEN VON ANZEIGE, wie weiter vorne in diesem Kapitel beschrieben.
2. Klicken Sie auf die Registerkarte EINSTELLUNGEN.
3. Klicken Sie auf die Schaltfläche WEITERE OPTIONEN bzw. ERWEITERT (Windows 2000).

   Das Dialogfeld für die Eigenschaften der Grafikkarte wird angezeigt.
4. Klicken Sie auf die Registerkarte GRAFIKKARTE.
5. In Windows 98/Me klicken Sie auf die Schaltfläche ÄNDERN.
6. In Windows 2000/XP klicken Sie auf die Schaltfläche EIGENSCHAFTEN, um ein weiteres Dialogfeld anzuzeigen. Dort klicken Sie auf die Registerkarte TREIBER und dann auf die Schaltfläche TREIBER AKTUALISIEREN.

   Egal, welchen Weg Sie einschlagen, ein Assistent wird aufgerufen, der Sie Schritt für Schritt durch die Installation des neuen Grafiktreibers führt.

   Die bereits ausgewählten Optionen sollten Sie übernehmen, dann können Sie nichts falsch machen. Höchstwahrscheinlich finden Sie die Treibersoftware auf Ihrem Rechner, sodass Sie sie nur neu zu installieren brauchen.

Manchmal müssen Sie den Computer neu starten. Falls Sie dazu aufgefordert werden, tun Sie es.

Wenn der Treiber nicht gefunden wird, dann sollten Sie sich im Internet auf die Suche nach einem neuen Treiber machen. Schreiben Sie sich den Namen der Grafikkarte bzw. des Grafiktreibers auf, der im Dialogfeld in Schritt 3 angezeigt wird. Suchen Sie dann im Internet nach dem Hersteller und dem Typ der Grafikkarte. Ich werde meistens auf der Seite `www.treiber.de` fündig. Viel Glück!

Iiih! – Das Kapitel mit der Maus

In diesem Kapitel
- Die Computermaus
- Die verschiedenen Maustypen
- Mäuse am Computer anschließen
- Mit der Maus arbeiten
- Mausterminologie
- Die Maus in Windows anpassen
- Die Maus für Linkshänder
- Die Maus reinigen
- Mäusedreck

Der Macintosh mag zwar der erste Computer mit einer Maus gewesen sein, aber heute findet man kaum noch einen PC, der ohne Maus verkauft wird. Einige Mäuse sind lustig, wie zum Beispiel die verrückten Modelle von Logitech. Andere Mäuse wie von IBM sind nur für ernsthafte Arbeiten gedacht. Wie auch immer, eine Maus ist praktisch, besonders wenn Sie ein grafisches Betriebssystem wie Windows haben.

- ✔ Doug Englebart erfand in den 60er-Jahren die Computermaus im Forschungsinstitut Stanford. Er erhielt nur $ 10.000 für seine Erfindung. Dafür hat er aber dann 1997 den mit $ 500.000 dotierten Lemelson-MIT-Preis für amerikanische Erfindungen verliehen bekommen.

- ✔ Der Plural von Maus ist *Mäuse*. Ein Computer hat eine Maus. Zwei Computer haben zwei Mäuse.

Hallo, Maus!

Eine Computermaus ist ein kleines Plastiknagetier, das auf Ihrem Schreibtisch herumläuft. Sie sieht aus wie ein Stück Seife mit einer großen Rollkugel an der Unterseite. Auf der Oberseite befinden sich mindestens zwei Drucktasten. Ein Schwanz (oder Kabel) verläuft von der Maus zur Rückseite Ihres PC. Abbildung 12.1 zeigt eine typische Maus.

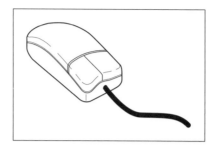

Abbildung 12.1: Eine typische Computermaus

Eine Maus brauchen Sie insbesondere bei einem Betriebssystem wie Windows, um das Betriebssystem über die grafischen Darstellungen steuern zu können. Die Maus ist eine ideale Ergänzung zur Tastatur. Sie hilft Ihnen, mit der grafischen Darstellung eines so verrückten Programms wie Windows zurechtzukommen.

- ✔ Auch wenn Ihr Computer mit einer eigenen Maus verkauft wurde, können Sie jederzeit ein anderes Modell kaufen (siehe »Maustypen« in diesem Kapitel).

 Sie müssen einen speziellen »Mausbereich« auf Ihrem Schreibtisch einrichten und ihn allein für die Maus freihalten, sodass Sie Platz haben, um die Maus zu bewegen. Ein Bereich in der Größe dieses Buchs sollte ausreichen, um die Maus herumzurollen.

- ✔ Eine Maus funktioniert am besten, wenn sie ein *Mauspad* als Unterlage hat. Das ist eine kleine Gummi- oder Kunststoffunterlage, die auf Ihrem Schreibtisch liegt. Ein Mauspad hat einen besseren Objektkontakt als Ihr glatter Schreibtisch, sodass die Mausbewegungen genauer sind.

 Die besten Mauspads haben eine raue Oberfläche, auf der die Maus einen guten Kontakt hat. Schlechte Mauspads sind glatt und sollten nicht benutzt werden. Es ist cool, ein PC-Logo, ein Foto von Ihrem Lieblingsstar oder irgendein Muster auf dem Mauspad zu haben. Uncool sind Mauspads mit Computerwerbung oder Katzenbildern.

Mausarten

Es gibt viele Spezies von Computermäusen. Neben dem Standardmodell, der Maus mit den zwei Tasten, gibt es noch andere Varianten: umgedrehte Mäuse, Mäuse mit zu vielen Tasten, Funkmäuse, Stiftmäuse usw. In den folgenden Abschnitten werden unterschiedliche Arten von Mäusen beschrieben.

- ✔ Ich habe einmal eine Maus gesehen, die hatte 52 Tasten, sodass man sie als Tastatur verwenden konnte. (Warum diese sich wohl nie durchgesetzt hat?)

- ✔ Eine andere Art von Maus ist die USB-Maus. Sie sieht zwar nicht anders aus als die herkömmliche Computermaus, wird jedoch über den USB-Anschluss an den Computer angeschlossen. (Kapitel 8 enthält Informationen über USB-Anschlüsse.)

Die Radmaus

Die Radmaus hat eine zusätzliche Taste zwischen den zwei Standardtasten. Diese Taste ist ein Rädchen, das Sie drehen können, um in den paar Windows-Programmen, die einer Radmaus gehorchen, in einem Dokument nach oben oder unten zu blättern. Sie können auch auf das Rädchen drücken. Dann wird das Dokument, ohne dass Sie die Maus bewegen, wie ein Film abgespult.

- ✔ Die meisten neuen Mäuse haben ein Rad. Ich denke, das wird sich auch durchsetzen.
- ✔ Die Microsoft-Version der Radmaus ist die IntelliMouse.
- ✔ Nicht alle Anwendungen unterstützen die Radmaus. Wenn sich bei Ihnen also mit dem Rad nichts Rollen oder Blättern lässt, dann geben Sie nicht der Maus die Schuld.

Die optische Maus

Das Neuste in Sachen Computermaus ist die optische Maus. Sie hat keine Rollkugel! Die optische Maus verwendet einen Infrarotsensor, um die Bewegungen auf der Oberfläche zu messen. Sie brauchen kein Mauspad mehr und können mit der Maus irgendwo auf Ihrem Schreibtisch agieren.

- ✔ Die schickste aller optischen Mäuse ist die IntelliMouse Explorer von Microsoft. Das ist die normale IntelliMouse mit dem Rad, allerdings als optische Ausführung.
- ✔ Es gibt auch noch eine spezielle IntelliMouse Explorer mit zwei bzw. drei zusätzlichen Tasten für die bessere Navigation im Internet. Sie haben dann eine Taste für WEITER und eine für ZURÜCK.
- ✔ Auch wenn die optische Maus ohne Mauspad funktioniert, darf die Oberfläche weder glänzend noch einfarbig sein. Wenn Sie merken, dass Ihre Maus nicht ganz richtig funktioniert, dann verwenden Sie irgendein Mauspad mit Aufdruck.

Der Trackball – die umgedrehte Maus

Ein Trackball sieht aus wie eine normale Maus, die umgedreht wurde. Anstatt die Maus herumzurollen, rollen Sie mit dem Daumen oder dem Zeigefinger die Kugel selbst. Dieses komische Gebilde ist feststehend, sodass es nicht viel Platz braucht und sich das Kabel nicht verwirren kann.

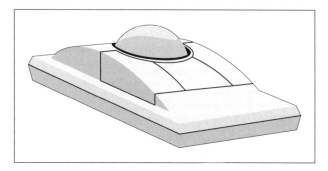

Abbildung 12.2: Ein Trackball

Trackballs sind nicht jedermanns Sache. Die einzigen Leute, die Trackballs aufgrund ihrer Präzision bevorzugen, sind Künstler. Tragen Sie Baskenmützen? Nun, dann wird Ihnen der Trackball wahrscheinlich gefallen.

Mausanschluss

Die Computermaus wird ganz einfach über den Mausanschluss an der Rückseite des Computers angeschlossen.

Serielle Mäuse werden über den seriellen Anschluss des Computers angeschlossen. Wenn Sie eine serielle Maus haben, dann schließen Sie sie über COM1 an, da COM2 häufig als Modemanschluss verwendet wird und es zu Problemen kommen kann, wenn Sie die Maus an COM2 anschließen.

Wenn Sie eine USB-Maus haben, schließen Sie sie über den USB-Anschluss an. Einen solchen Anschluss finden Sie in der Regel an der Tastatur, falls Ihr PC keinen hat.

✔ Es empfiehlt sich, den Computer auszuschalten, bevor Sie die Maus anschließen.

✔ Um eine USB-Maus anzuschließen, müssen Sie den Computer nicht ausschalten. Das ist ja der Clou bei USB-Anschlüssen.

✔ USB- und andere Computeranschlüsse werden in Kapitel 8 beschrieben.

✔ Möglicherweise haben Sie mit der Maus Software erhalten, die Sie mit dem praktischen Windows-Installationsprogramm installieren können (siehe Kapitel 19).

 Wenn Sie die Maus benutzen, zeigt das Kabel der Maus von Ihnen *weg*. (Ich könnte jetzt eine Geschichte über meinen früheren Chef erzählen, aber ich werde es nicht tun.)

Arbeiten mit der Maus

Die Maus steuert den Mauszeiger oder Cursor auf dem Bildschirm. Wenn Sie die Maus bewegen, bewegt sich der Zeiger auf dem Bildschirm. Rollen Sie die Maus nach links, bewegt sich der Zeiger auch nach links. Ziehen Sie Kreise mit der Maus, und der Zeiger macht es nach. Lassen Sie die Maus vom Tisch fallen, und Ihr Computer schreit »Au!« (War nur Spaß!)

Es ist nicht nötig, die Maus zu quetschen. Ein sanfter Griff tut es auch.

✔ Die meisten Leute halten die Maus in der Handfläche, wobei der Daumen gegen die linke Seite und der Ringfinger gegen die rechte Seite drückt. Zeige- und Mittelfinger ruhen auf den beiden Tasten. (Im Mittelalter wäre die Maus eine Faustwaffe und keine Fingerwaffe gewesen.)

✔ Wenn Sie das erste Mal eine Maus verwenden, lassen Sie sie vermutlich wild über den Schreibtisch kreisen, um die Zeigerspirale auf dem Bildschirm zu sehen. Es dauert lange, sich das abzugewöhnen (wenn es überhaupt jemals gelingt).

✔ Wenn das Mauskabel verwickelt ist, heben Sie die Maus hoch und schütteln Sie sie.

 Am besten und schnellsten lernen Sie den Umgang mit der Computermaus, wenn Sie ein Computerkartenspiel, wie Solitaire oder FreeCell – beide gehören zum Lieferumfang von Windows –, spielen.

Mit der Maus zeigen

Wenn Sie aufgefordert werden, *mit der Maus auf etwas zu zeigen*, bedeutet das, dass Sie mit der Maus den Mauszeiger auf dem Bildschirm verschieben, um damit auf etwas Interessantes (oder Uninteressantes) zu zeigen.

Versuchen Sie nicht, die Maus hochzuheben und wie mit der Fernbedienung auf ein Fernsehgerät zu zeigen. Es würde nicht funktionieren.

Mit der Maus klicken

Ein Klick ist ein Druck auf die Maustaste.

Oft lesen Sie: »Klicken Sie mit der Maus auf OK.« Das bedeutet, irgendwo auf dem Bildschirm ist eine Schaltfläche mit dem Wort OK. Bewegen Sie den Zeiger mit der Maus zum OK. Drücken Sie mit dem Zeigefinger die linke Maustaste. Das wird als *mit der Maus auf etwas klicken* bezeichnet. (Wenn Sie möchten, können Sie die Maus auch auf der Stirn herumrollen und klicken – passen Sie dabei aber auf, dass niemand zusieht.)

✔ Die Taste, die in der Regel gedrückt wird, ist die *linke* Maustaste. Das ist die Taste unter Ihrem Zeigefinger und die Haupttaste der Maus.

- ✔ Wenn Sie die *rechte* Maustaste drücken sollen, steht in der Anleitung so etwas wie: »Klicken Sie mit der rechten Maustaste auf ...« Dasselbe gilt auch für die Radtaste, falls Ihre Maus über eine solche verfügt.

 Wenn Sie die Maustaste drücken, hören Sie ein klickendes Geräusch. Deshalb werden Sie meistens aufgefordert zu *klicken*, wenn Sie eigentlich die Maustaste *drücken* sollen.

- ✔ Sie klicken mit der Maus auch, um etwas *auszuwählen* oder zu *markieren*. Wenn es in den Anweisungen also heißt: »Markieren Sie das Symbol für Laufwerk C:«, dann sollen Sie auf dieses Symbol zeigen und klicken.

- ✔ Wenn Sie mit der Maustaste klicken, drücken Sie die Taste einmal kurz und lassen sie dann wieder los. Halten Sie die Maustaste nicht gedrückt. (Genau genommen klickt die Maustaste zweimal: einmal, wenn sie gedrückt wird, und einmal, wenn sie wieder losgelassen wird. Können Sie das hören?)

- ✔ Gelegentlich werden Sie aufgefordert, eine Taste auf der Tastatur zu drücken und gleichzeitig mit der Maus zu klicken. Eine häufige Kombination ist Strg+Klicken, was bedeutet, Sie halten die Taste Strg gedrückt, während Sie mit der Maus klicken.

Mit der Maus doppelklicken

Ein Doppelklick sind zwei schnelle Klicks hintereinander. Bei Windows wird mit einem Doppelklick etwas geöffnet.

- ✔ Die Zeit zwischen den Klicks variiert, aber es muss nicht sehr schnell sein.

- ✔ Bewegen Sie die Maus zwischen den Klicks nicht. Beide Klicks müssen auf derselben Stelle gemacht werden.

- ✔ Das Klicken und das Doppelklicken sind zwei unterschiedliche Vorgänge. Wenn Sie aufgefordert werden zu klicken, drücken Sie einmal die linke Maustaste. Doppelklicken bedeutet, die linke Maustaste zweimal zu drücken.

 Wenn Sie mit der Maus doppelklicken und nichts passiert, klicken Sie möglicherweise nicht schnell genug. Lesen Sie den Abschnitt »Das Doppelklicken funktioniert nicht!« weiter hinten in diesem Kapitel.

Mit der Maus ziehen

Sie ziehen mit der Maus, um eine Gruppe von Elementen zu markieren oder um etwas zu verschieben.

Um mit der Maus etwas zu verschieben, gehen Sie wie folgt vor:

1. **Zeigen Sie mit dem Mauscursor auf das, was Sie verschieben möchten.**
2. **Halten Sie die Maustaste gedrückt.**

   Drücken Sie die linke Maustaste. Halten Sie die Taste gedrückt, klicken Sie nicht. Dadurch halten Sie das fest, worauf der Cursor auf dem Bildschirm zeigt.

   Sie können auch Objekte auswählen, indem Sie ein Rechteck darum ziehen.

3. **Ziehen Sie die Maus an eine andere Stelle.**

   Mit diesem Vorgang wird eigentlich etwas *verschoben*. Sie beginnen an einem Punkt auf dem Bildschirm und ziehen (verschieben) etwas an einen anderen Punkt.

4. **Lassen Sie die Maustaste los.**

   Nehmen Sie den Zeigefinger von der linken Maustaste. Das Ziehen ist beendet.

Wenn Sie die Maustaste loslassen, lassen Sie das los, was Sie gezogen haben.

- ✔ Sie können auch mehrere Elemente wählen, indem Sie ein Rechteck um die gewünschten Elemente ziehen.
- ✔ Das Ziehen wird bei vielen Zeichenprogrammen zum Erstellen von Bildern auf dem Bildschirm verwendet. Hier entspricht das Ziehen des Mauszeigers dem Ziehen eines Bleistifts oder eines Pinsels.
- ✔ Sie können statt mit der linken Maustaste auch mit der rechten etwas ziehen.
- ✔ Gelegentlich werden Sie aufgefordert, eine Taste zu drücken, während Sie etwas ziehen. Das wird zum Beispiel als [Strg]+Ziehen bezeichnet. Drücken Sie die Taste [Strg], [Alt] oder welche Taste auch immer, *bevor* Sie mit der Maus klicken, um etwas zu verschieben.

Die Maus konfigurieren

In der Systemsteuerung ist das Maussymbol verborgen, mit dem das Dialogfeld EIGENSCHAFTEN VON MAUS geöffnet wird. In diesem Dialogfeld, das in den folgenden Abschnitten beschrieben wird, können Sie die Maus konfigurieren. Öffnen Sie das Maussymbol wie folgt:

1. **Öffnen Sie die Systemsteuerung.**

   Klicken Sie im Startmenü auf EINSTELLUNGEN|SYSTEMSTEUERUNG. Das Hauptfenster der Systemsteuerung wird angezeigt.

2. **Doppelklicken Sie auf das Symbol MAUS.**

Maus

Lustig, dass das Maussymbol zufälligerweise genauso aussieht wie die Maus, die von Microsoft verkauft wird. Ach, was soll's. Doppelklicken Sie auf das Maussymbol. Dadurch wird das Dialogfeld EIGENSCHAFTEN VON MAUS angezeigt (siehe Abbildung 12.3). Je nach installierter Maus kann dieses Dialogfeld bei Ihnen anders aussehen.

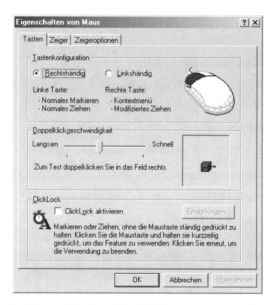

Abbildung 12.3: Das Dialogfeld EIGENSCHAFTEN VON MAUS

3. **Spielen Sie im Dialogfeld EIGENSCHAFTEN VON MAUS herum.**

   Im Dialogfeld EIGENSCHAFTEN VON MAUS können mehrere raffinierte Dinge angestellt werden. Einige davon werden in den folgenden Abschnitten beschrieben.

4. **Schließen Sie das Dialogfeld.**

   Wenn Sie genug Unsinn getrieben haben, stehen Ihnen zwei Möglichkeiten zur Auswahl offen: Klicken Sie auf OK, um Ihre Änderungen zu speichern, oder auf ABBRECHEN, um alles so zu lassen, wie es war.

Und so finden Sie das Dialogfeld für die Mauseigenschaften in Windows XP:

1. **Öffnen Sie das Dialogfeld SYSTEMSTEUERUNG über das Startmenü.**
2. **Wählen Sie die Kategorie DRUCKER UND ANDERE HARDWARE.**
3. **Wählen Sie dann MAUS.**

   Das war's!

Denken Sie daran, dass Sie in Windows XP auf Objekte nur einmal klicken müssen, um sie zu markieren und gleichzeitig zu öffnen.

»Das Doppelklicken funktioniert nicht!«

Wenn Sie nicht doppelklicken können, gibt es zwei Möglichkeiten: Entweder bewegen Sie den Mauszeiger zwischen den Klicks ein bisschen oder die Doppelklick*geschwindigkeit* ist zu schnell eingestellt.

1. **Öffnen Sie das Dialogfeld EIGENSCHAFTEN VON MAUS, wie oben beschrieben.**
2. **Klicken Sie auf die Registerkarte TASTEN.**

   Sie suchen den Bereich, in dem die Doppelklickgeschwindigkeit eingestellt wird. Dieser befindet sich in der Mitte des Dialogfelds (siehe Abbildung 12.3).
3. **Ziehen Sie den Schieberegler in Richtung SCHNELL oder LANGSAM, um die Doppelklickgeschwindigkeit einzustellen.**
4. **Testen Sie die neuen Einstellungen.**

   Klicken Sie auf ÜBERNEHMEN, damit Ihre Angaben von Windows übernommen werden können. Doppelklicken Sie auf die Schachtel im Testfeld. Wenn der alberne Clown auftaucht, ist die richtige Doppelklickgeschwindigkeit eingestellt.
5. **Klicken Sie auf OK, um das Dialogfeld EIGENSCHAFTEN VON MAUS zu schließen.**

Neue Mauszeiger braucht das Land

Windows versucht, Sie mit unterschiedlichen Mauszeigern auf verschiedene Aktionen hinzuweisen. Wenn Sie wissen wollen, was die verschiedenen Cursor bedeuten, dann besuchen Sie die Registerkarte ZEIGER im Dialogfeld EIGENSCHAFTEN VON MAUS. Abbildung 12.4 zeigt einen Teil der Auswahl.

Im Listenfeld werden verschiedene Zeiger für verschiedene Windows-Aktionen angezeigt. Und die können Sie nach Lust und Laune ändern.

Wenn Sie einen bestimmten Zeiger ändern wollen, doppelklicken Sie im Listenfeld darauf. Das Dialogfeld DURCHSUCHEN wird angezeigt, in dem Sie aus einer Reihe von Zeigern – beispielsweise auch animierte Zeiger – auswählen können.

Sie können auch alle Zeiger auf einmal ändern, wenn Sie aus dem Dropdown-Listenfeld oben im Dialogfeld ein Schema auswählen.

Abbildung 12.4: Wählen Sie einen anderen Mauszeiger aus.

Wenn Sie Dateien mit animierten Cursorn runterladen oder auf Diskette erhalten, sollten Sie die Dateien im Hauptordner von Windows im Ordner CURSOR speichern. (Der Pfadname lautet: C:\WINDOWS\CURSORS bzw. unter Windows 2000 C:\WINNT\CURSORS.) Die Cursordateien werden dann in der Cursorliste im Dialogfeld DURCHSUCHEN aufgeführt.

»Ich bin Linkshänder und die Tasten sind verkehrt herum!«

An alle Linkshänder: Wenn Ihnen die Rechte-Hand/linke-Gehirnhälfte-Welt nicht gefällt, können Sie die Maus einfach anders konfigurieren. Sie können natürlich auch die Mausunterlage links neben die Tastatur legen.

Öffnen Sie das Dialogfeld EIGENSCHAFTEN VON MAUS und klicken Sie auf der Registerkarte TASTEN auf das Optionsfeld LINKSHÄNDIG. Dieser Vorgang wechselt die Tasten im Gehirn von Windows um: Die rechte Taste übernimmt die Aufgaben der linken Taste und umgekehrt.

In diesem Buch und in allen Handbüchern wird vorausgesetzt, dass die linke Maustaste die Haupttaste ist. Wenn Sie mit der rechten Maustaste klicken sollen, wird ausdrücklich darauf hingewiesen. Wenn Sie Windows sagen, die Maus linkshändig zu verwenden, werden die Tasten ausgetauscht. Denken Sie daran, dass das in Computerbüchern nicht berücksichtigt wird.

✔ Es gibt keine Einstellung für beidhändige Leute.

Mausprobleme

Mäuse sind zwar zuverlässig, können aber trotzdem lästig werden, wenn sie nicht richtig funktionieren. Im Folgenden werden einige Probleme beschrieben, die mit der Maus auftreten können, und Sie werden erfahren, wie Sie diese Probleme beheben können.

Maushygiene: Das Reinigen der Mauskugel

Auf Ihrem Schreibtisch sammelt sich unaufhörlich eine Schicht aus Staub und Haaren an, insbesondere, wenn Sie eine Katze haben oder wenn auf der Mausunterlage eine Katze abgebildet ist. Wenn Ihre Maus nicht mehr so läuft, wie sie soll, müssen Sie wahrscheinlich die Kugel reinigen. Das ist ganz einfach. Sie müssen sie dazu nicht in die Werkstatt bringen.

Drehen Sie die Maus auf den Rücken und Sie werden eine kleine runde Platte sehen, die eine Kugel hält. Drehen Sie die Platte, um sie zu *öffnen*. Die Platte geht ab und der Ball fällt heraus, vom Tisch und unter den Stuhl.

Entfernen Sie die Haare und den anderen Schmutz aus der Öffnung und bürsten Sie den Ball ab. Prüfen Sie auch die Rollen in der Öffnung und säubern Sie sie gegebenenfalls. Verwenden Sie dazu eine Nadel und eine Pinzette. Legen Sie den Ball wieder in die Öffnung, schließen Sie die Platte und schon können Sie weiterarbeiten.

- ✔ Optische Mäuse haben keinen Ball, ergo müssen sie nicht gereinigt werden. Es kann aber trotzdem sein, dass Sie ab und zu einmal ein Haar aus der Sensoröffnung ziehen müssen. Am besten geht das mit einer Pinzette. Wenn Ihre Maus also ruckartige Bewegungen macht, dann könnte ein Haar daran schuld sein.

- ✔ Versuchen Sie gleichfalls, das Mauspad sauber zu halten. Wischen Sie es hin und wieder ab, um Chips, Kuchenkrümel und anderen Unrat, der sich angesammelt hat, zu entfernen.

Die Maus ist eine Schnecke

Mäuse werden mit der Zeit langsam. Warum? Wer weiß. Ich glaube, dass der Schmutz in der Maus daran schuld ist. Nicht einmal das Reinigen der Maus hilft.

Es gibt nur eine Lösung: Kaufen Sie eine neue Maus. Mäuse funktionieren gewöhnlich für zwei oder drei Jahre. Bevor Sie die Maus auf den Schreibtisch schlagen, kaufen Sie eine neue. Sie werden überrascht sein, wie das Ihre Nerven beruhigt.

Die Maus, die verschwindet oder hängen bleibt

Nach einer produktiven Sitzung, in der Sie Ihre Dateien verwaltet haben, bemerken Sie plötzlich, dass die Maus verschwunden ist.

Nein! Moment, hier ist sie!

Aber dann ist sie wieder verschwunden. Ich habe keine Ahnung, warum das passiert.

Oder der Mauszeiger bewegt sich einfach nicht mehr. Sie bewegen die Maus. Nichts passiert. Sie überschütten die Maus mit Flüchen. Nichts geschieht. Sie hauen mit der Maus auf den Schreibtisch. Nichts. Nichts. Nichts.

Die Lösung: Starten Sie den Computer neu (siehe Kapitel 2).

Das Kapitel über die Tastatur

In diesem Kapitel

- Die Tastatur
- Wichtige Tasten
- Wo ist die »beliebige« Taste?
- Die Umschalttasten
- Die Windows-Taste
- Die Bearbeitungstasten in Windows
- Lösungen für häufig auftretende Probleme mit der Tastatur

Sie haben sicherlich auch jede Menge Schlüssel an Ihrem Schlüsselbund. Ich war immer der Meinung, dass mit der Zahl der Schlüssel auch die Wichtigkeit der Person steigt. Gilt das immer noch?

Ein Klavier hat 88 Tasten, 55 weiße und 33 schwarze. Es kann Jahre dauern, bis man sie alle beherrscht.

Ihr Computer hat eine Tastatur mit über 100 Tasten. Häufig wird verlangt, dass man damit schon nach einer Woche umgehen kann. Worauf warten Sie also? Beeilen Sie sich und lesen Sie dieses Kapitel.

Lernen Sie Ihre Tastatur kennen

Über die Tastatur kommunizieren Sie direkt mit Ihrem Computer. Der Computer kann nicht hören. Sie können schreien oder mit den Armen wedeln, aber der Computer reagiert erst, wenn Sie etwas über die Tastatur eingeben.

Eine typische Computertastatur

Die typische PC-Tastatur ist in Abbildung 13.1 dargestellt. Computerfreaks nennen eine solche Tastatur eine *erweiterte Tastatur mit 104 Tasten*. Jawohl, die Tastatur hat 104 Tasten. Wenn Sie genug Zeit haben, können Sie sie nachzählen.

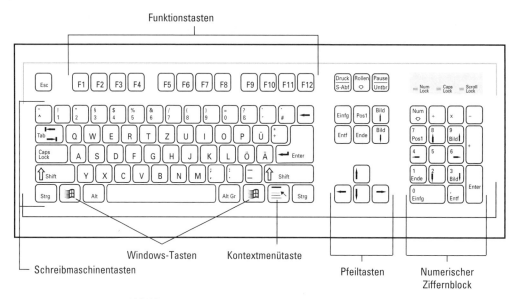

Abbildung 13.1: Die erweiterte Tastatur mit 104 Tasten

✔ Bei älteren Tastaturen gibt es die beiden *Windows-Tasten* und die Kontextmenütaste nicht.

✔ Manche Tastaturen haben spezielle Internet-Tasten oberhalb der Funktionstasten. Sie führen besondere Operationen aus, die über die normale PC-Tastatur nicht zur Verfügung stehen. Im Abschnitt »Besondere Tasten auf besonderen Tastaturen« weiter hinten in diesem Kapitel finden Sie mehr zu diesem Thema.

Das Tastaturlayout

Die Tastatur ist in vier Hauptbereiche eingeteilt (siehe Abbildung 13.1).

Funktionstasten: Diese Tasten befinden sich in der obersten Reihe der Tastatur. Sie sind beschriftet mit F1, F2, F3 bis zu F11 und F12.

Schreibmaschinentasten: Diese Tasten sind die normal aussehenden weißen Tasten in der Mitte der Tastatur. Sie enthalten Buchstaben, Zahlen und Satzzeichen.

Pfeiltasten: Diese vier Tasten werden auch Cursor-Steuertasten genannt. Sie bewegen den Textcursor entsprechend der Pfeilrichtung. Über den Pfeiltasten befinden sich weitere Cursor-Steuertasten: `Einfg`, `Entf`, `Pos1`, `Ende`, `Bild ↑` und `Bild ↓`.

Numerischer Ziffernblock: Beliebt bei Bankkassierern mit flinken Fingern, enthält der numerische Ziffernblock die Taschenrechnertasten.

- ✔ Der numerische Ziffernblock hat eine gespaltene Persönlichkeit. Manchmal generiert er Zahlen, ein anderes Mal dient er als Tastenfeld für die Cursor-Steuerung. Weitere Informationen darüber finden Sie weiter hinten in diesem Kapitel.
- ✔ Die Pfeiltasten werden verwendet, um den Textcursor zu verschieben, der wie ein blinkender Zahnstocher aussieht, wenn Sie in Windows Text eingeben oder bearbeiten. Der Mauszeiger wird oft Cursor genannt, wird jedoch nicht mit den Pfeiltasten gesteuert.
- ✔ Mit den Tasten `Bild ↑` und `Bild ↓` wird das Bild (oder eine Textseite) nach oben bzw. nach unten verschoben.
- ✔ `Einfg` und `Entf` sind Bearbeitungstasten, die häufig zusammen mit den Pfeiltasten verwendet werden.
- ✔ Die Taste `Druck` erstellt eine Abbildung des Desktops.

Wo ist denn nun also die »beliebige« Taste?

Nichts ist frustrierender als die vergebliche Suche nach dieser *beliebigen* Taste. Schließlich steht auf dem Bildschirm »Eine beliebige Taste drücken, um fortzufahren«. Also, wo ist sie?

»Eine beliebige Taste« bedeutet im wahrsten Sinne des Wortes eine beliebige Taste auf der Tastatur. Aber warum um den heißen Brei reden: Wenn es heißt: »Drücken Sie eine beliebige Taste«, drücken Sie die Leertaste.

- ✔ Wenn Sie die Leertaste nicht finden können, drücken Sie die Eingabetaste.
- ✔ Warum wird »Eine beliebige Taste drücken« anstatt »Drücken Sie die Leertaste« gesagt? Ich vermute, weil das die Sache vereinfachen soll, indem Sie die ganze Tastatur zur Auswahl haben. Falls das tatsächlich der Grund ist, warum heißt es dann aber nicht »Mit der flachen Hand auf die Tastatur schlagen, um fortzufahren?«

Eins und Null

Bei einer Schreibmaschine sehen das kleine L und die Zahl 1 oft gleich aus. Ich erinnere mich, dass auf meiner alten Olympia die 1-Taste fehlte. Leider besteht bei einem Computer ein großer Unterschied zwischen einer Eins und einem kleinen L.

Wenn Sie zum Beispiel 1.001 tippen, geben Sie nicht l.00l ein. Insbesondere in einer Tabellenkalkulation kann es Ihnen passieren, dass der Computer überhaupt nicht mehr weiß, was Sie von ihm wollen.

Dasselbe gilt für das große O und die Zahl 0. Diese beiden Zeichen sind nicht dieselben. Verwenden Sie die Null für Zahlen und das große O als Buchstaben.

Wo ist die Hilfetaste?

Wann immer Sie in Windows Hilfe benötigen, drücken Sie die [F1]-Taste. [F1] bedeutet Hilfe. Wenn Sie sich das nicht merken können, schneiden Sie die Tastenkappe auf der Schummelseite aus und kleben Sie diese auf die [F1]-Taste der Tastatur.

Was sind das für seltsame Windows-Tasten?

Die meisten neuen Tastaturen haben drei zusätzliche Tasten: Die Windows-Taste, die Kontextmenütaste und eine weitere Windows-Taste. Diese befinden sich zwischen den [Alt]- und [Strg]-Tasten auf beiden Seiten der Leertaste (siehe Abbildung 13.1).

Die Windows-Taste hat dieselbe Funktion wie die Tastenkombination [Strg]+[Esc]. Wenn Sie auf diese Taste drücken, öffnet sich das Startmenü. Darüber hinaus können Sie die Taste auch für einige Tastenbefehle verwenden (siehe Tabelle 13.1).

Tastenkombination	Funktion
[Win]+[D]	Ruft den Desktop auf (minimiert alle Fenster)
[Win]+[E]	Ruft den Windows-Explorer auf
[Win]+[F]	Ruft das Dialogfeld SUCHEN NACH auf
[Win]+[R]	Ruft das Dialogfeld AUSFÜHREN auf

Tabelle 13.1: Tastenkombinationen mit der Windows-Taste

Die Kontextmenütaste zeigt das Kontextmenü für das gewählte Objekt an. Das ist dasselbe wie mit der rechten Maustaste auf etwas zu klicken.

Tasten, mit denen der Modus der Tastatur geändert wird

Es gibt eine Reihe von Tasten, mit denen das Verhalten der Tastatur verändert werden kann. Die ersten drei dieser Tasten haben sogar ihr eigenes Licht, um anzuzeigen, dass sie aktiviert sind:

Feststelltaste: Diese Taste funktioniert so, als würden Sie die Umschalttaste gedrückt halten. Wenn Sie die Feststelltaste erneut drücken, werden die Buchstaben wieder klein geschrieben.

Num-Lock-Taste: Wenn Sie diese Taste drücken, produziert das numerische Tastenfeld auf der rechten Seite der Tastatur Zahlen. Drücken Sie diese Taste noch einmal und Sie können mit dem numerischen Ziffernblock den Cursor auf dem Bildschirm bewegen.

Scroll-Lock-Taste bzw. Rollen-Taste: Diese Taste hat keine wirkliche Aufgabe. Sie konnte für einige alte DOS-Tabellenkalkulationen verwendet werden. Wenn die Rollen-Taste gedrückt wurde, konnte mit den Pfeiltasten die gesamte Tabellenkalkulation verschoben werden. Ansonsten machte die Rollen-Taste nichts Wichtiges.

13 ➤ Das Kapitel über die Tastatur

Es gibt noch weitere Tasten, die Auswirkungen auf das Verhalten der Tastatur haben. Sie bewirken zusammen mit anderen Tasten die unterschiedlichsten Dinge:

Umschalttaste: Halten Sie die Umschalttaste gedrückt, um Großbuchstaben zu schreiben. Durch Drücken der Umschalttaste können Sie auch die Zeichen %&$?§ erzeugen, was für Kraftausdrücke in Comics praktisch ist. Wenn Sie die Umschalttaste loslassen, ist alles wieder wie immer, genauso wie bei einer Schreibmaschine.

Strg-Taste: Die Steuerungstaste, auf der Tastatur mit Strg abgekürzt, wird wie die Umschalttaste zusammen mit anderen Tasten verwendet. (Manchmal heißt sie auch Controltaste oder Ctrl-Taste.) Bei den meisten Windows-Programmen werden mit der Steuerungstaste und den unterschiedlichen Buchstabentasten bestimmte Befehle ausgeführt. Wenn Sie z. B. auf [Strg]+[S] drücken, speichern Sie eine Datei. Wenn Sie auf [Strg]+[P] drücken, können Sie drucken.

Alt-Taste: Die Alt-Taste wird wie die Umschalt- und Steuerungstaste zusammen mit anderen Tasten verwendet. Wenn Sie beispielsweise die [Alt]-Taste gedrückt halten und gleichzeitig die [F4]-Taste drücken, wird ein Fenster auf dem Desktop geschlossen.

✔ Die Feststelltaste, die Num-Lock-Taste und die Rollen-Taste haben eine Leuchtanzeige. Ist das Licht an, ist auch die Funktion der Taste aktiv.

✔ Bei einigen Tastaturen ist die Num-Lock-Taste bereits aktiv, wenn der Computer eingeschaltet wird. Ganz schön lästig, nicht wahr?

✔ Wenn die Leuchtanzeige der Num-Lock-Taste an ist, produziert der numerische Ziffernblock Zahlen. Denken Sie daran, wenn Sie mit einer Tabellenkalkulation arbeiten. Sonst wechselt einfach nur der Cursor von einer Zelle zur anderen.

✔ Wenn Sie die Umschalttaste drücken, während die Feststelltaste an ist, werden die Buchstaben wieder normal angezeigt. (Die Umschalttaste hebt die Feststelltaste wieder auf.)

Auch wenn Sie [Strg]+[S] oder [Alt]+[S] mit einem großen S sehen, heißt das nicht, dass Sie [Strg]+[⇧]+[S] oder [Alt]+[⇧]+[S] drücken müssen. Das S wird nur deshalb groß geschrieben, weil [Strg]+[s] wie ein Tippfehler aussieht.

✔ Seien Sie nicht überrascht, wenn die Umschalt-, Steuerungs- und Alt-Tasten in Kombination miteinander verwendet werden. Ich habe schon [⇧]+[Strg]+[C] und [Strg]+[Alt] gesehen. Drücken Sie beispielsweise [Strg]+[Esc], um das Startmenü zu öffnen. Denken Sie daran, die Umschalt-, Steuerungs- und Alt-Tasten zuerst zu drücken und gedrückt zu halten, bevor Sie auf die Buchstabentaste tippen. Lassen Sie alle Tasten gemeinsam los.

In einigen Handbüchern steht ^V statt [Strg]+[V]. Beides bedeutet dasselbe: Halten Sie die [Strg]-Taste gedrückt, drücken Sie die Taste [V] und lassen Sie die Tasten wieder los.

✔ Bei einigen Programmen haben die Steuerungs- bzw. Alt-Tasten allein auch eine Funktion. Sie können zum Beispiel die [Alt]-Taste drücken, um die Menüleiste in einem Windows-Programm zu aktivieren. Sie können auch die [Strg]-Taste drücken, um den Bildschirmschoner auszuschalten. Wenn Sie in Windows 2000/XP die [Alt]-Taste drücken, werden die unterstrichenen Buchstaben in der Menüleiste oder in einem Dialogfeld angezeigt.

Die allmächtige Eingabetaste

Fast alle PC-Tastaturen haben zwei Eingabetasten. Beide Tasten sind identisch, wobei mit der zweiten Eingabetaste beim numerischen Ziffernblock die schnelle Eingabe von Zahlen erleichtert werden soll.

Und was ist eine Enter- oder Return-Taste? Enter- oder Return-Taste ist nur eine andere Bezeichnung für Eingabetaste. Ich komme nur darauf zu sprechen, weil hin und wieder immer noch zu lesen ist, man solle die Enter- oder Return-Taste drücken.

✔ Das Drücken der Eingabetaste ist dasselbe wie das Klicken auf OK in einem Dialogfeld.

✔ In einem Textverarbeitungsprogramm drücken Sie die Eingabetaste am Ende eines Absatzes.

✔ Bei einem Webbrowser drücken Sie die Eingabetaste, nachdem Sie die Adresse einer Webseite eingegeben haben, um diese aufzurufen.

✔ Drücken Sie die Eingabetaste nicht, nachdem Sie in einem Dialogfeld etwas in ein Textfeld eingegeben haben. Wechseln Sie mit der Tabulatortaste von einem Textfeld in ein anderes. Dasselbe gilt für einige Datenbankprogramme. Verwenden Sie die Tabulatortaste, um fröhlich zwischen den Feldern herumzuspringen. La, la, la.

Die Tabulatortaste

Die Tabulatortaste hat zwei Funktionen.

Bei einem Textverarbeitungsprogramm wird mit der Tabulatortaste, wie bei einer Schreibmaschine, ein Absatz eingerückt.

Bei Dialogfeldern können Sie mit der Tabulatortaste zwischen den Textfeldern wechseln. So können Sie beispielsweise mit der Tabulatortaste vom Feld VORNAME in das Feld NACHNAME springen. Das Gleiche gilt auch für das Ausfüllen von Formularen im Internet.

✔ Auf der Tabulatortaste befinden sich zwei Pfeile: einer zeigt nach links, der andere nach rechts. Es kann sein, dass diese Taste noch zusätzlich mit der Aufschrift *Tab* gekennzeichnet ist.

✔ Sie fragen sich, warum die Pfeile auf der Tabulatortaste in zwei Richtungen zeigen? Es gibt auch die Tastenkombination [⇧]+[⇤] und damit wird der Cursor in einem Dialogfeld rückwärts durch die Optionen bewegt.

✔ Der Computer behandelt einen Tabstopp als ein einzelnes Zeichen. Wenn Sie in einem Textverarbeitungsprogramm einen Tabstopp mit der Rücktaste löschen, verschwindet er auf einmal – nicht Leerstelle für Leerstelle.

Das Geheimnis des Schrägstrichs und des umgekehrten Schrägstrichs

Auf der Tastatur befinden sich zwei Tasten mit einem Schrägstrich, was vielleicht etwas verwirrend ist.

Der normale Schrägstrich (/) sieht aus, als würde er nach rechts fallen. Dieser Schrägstrich wird unter anderem als Divisionszeichen verwendet. So können Sie zum Beispiel 52/13 für 52 geteilt durch 13 eingeben.

Der umgekehrte Schrägstrich (\), auch *Backslash* genannt, ist nach links gerichtet. Dieses Zeichen wird in *Pfadnamen* verwendet. Pfadnamen sind kompliziert und werden am Ende von Kapitel 5 beschrieben, wo sie niemand finden kann.

Die Tasten zum Beenden von Windows

Die Taste, mit der Sie Ihrem Computer sagen: »He! Hör auf damit!«, ist die Escape-Taste, die mit der Aufschrift *Esc* gekennzeichnet ist.

Wenn Sie auf die Escape-Taste drücken, ist dies dasselbe, als würden Sie in einem Dialogfeld auf ABBRECHEN klicken. Und Sie können damit, wenn auch nicht alle, so doch die meisten Fenster schließen.

✔ Wenn irgendetwas schief geht, kann das Drücken der Escape-Taste manchmal ganz hilfreich sein.

✔ Um ein Fenster zu schließen oder ein Programm zu beenden, können Sie die Tastenkombination ⌜Alt⌝+⌜F4⌝ drücken.

Kümmern Sie sich nicht um diese Tasten

Einige Tasten auf der Tastatur hatten bei alten Programmen eine Bedeutung, die sie inzwischen jedoch längst verloren haben. Ich wünschte, dies wäre für die Windows- und Kontextmenütasten auch der Fall. Bei Windows haben die folgenden Tasten keine Bedeutung mehr:

Die Pause-Taste : Ehrlich, die Pause-Taste funktioniert bei Windows nicht. Bei DOS konnte damit eine Ausgabe angehalten werden. Wenn Sie zum Beispiel eine umfangreiche Datei auf dem Bildschirm anzeigen lassen, können Sie die Pause-Taste drücken, um die Anzeige anzuhalten. Nachdem Sie einige Zeilen gelesen haben, drücken Sie die Pause-Taste erneut, und alles beginnt von vorne. Dieser Vorgang ist bei Windows nicht notwendig.

Die S-Abf-Taste: Die System-Abfrage-Taste (Ah! Dafür steht die Abkürzung also!) sollte in der nächsten Version von DOS verwendet werden. Aber es gab nie eine nächste Version von DOS. Auch wurde nie eine Verwendung für diese Taste gefunden. Dennoch befindet sie sich nach wie vor auf jeder Tastatur.

Die Untbr-Taste: Allein bewirkt die Unterbrechungstaste nichts. Zusammen mit der [Strg]-Taste konnte man jedoch die alten DOS-Programme beenden. Bei Windows hat diese Taste keine Funktion.

Noch ein paar Gedanken zum Thema »Tasten«:

- Die Pause-Taste funktioniert bei einigen Spielen. Sie können damit das Spiel anhalten, um beispielsweise ans Telefon zu gehen, und am anderen Ende merkt niemand, dass Sie spielen anstatt zu arbeiten.
- Falls Sie einmal mit einem DOS-Fenster arbeiten sollten und das Programm beenden möchten, können Sie dies entweder mit der Tastenkombination [Strg]+[Untbr] oder mit der Tastenkombination [Strg]+[C] tun, vorausgesetzt, Sie können sich an eine von beiden erinnern.

»Muss ich tippen lernen, um mit einem Computer zu arbeiten?«

Niemand muss tippen lernen, um mit einem Computer zu arbeiten. Viele Computerbenutzer tippen mit zwei Fingern. Die meisten Programmierer können nicht tippen. Sie sitzen gekrümmt vor der Tastatur und hacken mit fettigen, von Kartoffelchips verschmierten Fingern auf der Tastatur herum. Aber das ist nicht gerade produktiv.

Der Computer kann Ihnen übrigens das Tippen auch beibringen. Es gibt verschiedene Programme, die Sie in die hohe Kunst des Tippens einführen.

Kleine Geschichte am Rande: Der Chef einer Software-Firma stoppte einmal die gesamte Entwicklung und ließ seine Programmierer das Tippen lernen. Es dauerte zwei Wochen, aber danach erledigten alle ihre Arbeit schneller und hatten mehr Zeit, um Computerspiele zu machen.

Besondere Tasten auf besonderen Tastaturen

Wenn Ihnen 104 Tasten nicht ausreichen, dann ziehen Sie los und kaufen sich Spezialtastaturen mit noch mehr Tasten. Vielleicht haben Sie bereits so eine besondere Tastatur zusammen mit Ihrem PC erstanden. In der Regel haben diese Tastaturen eine zusätzliche Tastenreihe oberhalb der Funktionstasten. Sie können mit diesen Tasten besondere Aufgaben ausführen, z. B. sich mit dem Internet verbinden oder die Lautstärke des Computers einstellen.

Die Tasten auf diesen Tastaturen gehören nicht zum Standard, d. h. sie sind nicht auf jeder normalen PC-Tastatur zu finden, und sie müssen von einem Spezialprogramm unterstützt werden. Mithilfe dieses Programms steuern Sie die Tasten und deren Operationen. Wenn also die Tasten bei Ihnen nicht funktionieren, dann kann das an dem Programm liegen, nicht aber an Windows oder an Ihrem Computer.

Schlaue Windows-Tastenkombinationen

Windows ist nicht total auf die Maus fixiert. Es gibt eine ganze Reihe von Tastenkombinationen, die Ihren Fingern Macht über Windows verleihen. Tabelle 13.2 enthält einige dieser Befehle.

Tastenkombination	Befehl
Alt + ⇆	Wechselt zum nächsten Fenster/Programm.
Alt + ⇧ + ⇆	Springt zurück zum vorherigen Fenster/Programm.
Alt + Esc	Springt zwischen aktiven Programmen hin und her.
Strg + Esc	Zeigt das Startmenü an.
Alt + F4	Schließt das aktuelle Fenster.
⇧ + Pfeiltaste	Markiert Text in der Richtung der gewählten Pfeiltaste.
Alt + ↓	Öffnet ein Dropdown-Listenfeld.
F10	Aktiviert die Menüleiste.
Alt + ↵	Wiederholt die letzte Eingabe.

Tabelle 13.2: Windows-Tastenkombinationen

Was mit der Tastatur alles passieren kann

Tastaturen sind nicht ganz problemlos. Die folgenden Abschnitte sollen Ihnen bei Problemen mit der Tastatur behilflich sein.

»Meine Tastatur piepst mich an!«

Häufig auftretendes Problem. Viele Ursachen und Möglichkeiten, das Problem zu beheben.

Grund 1: Sie können im aktiven Fenster überhaupt nichts eingeben! Möglicherweise möchte das Programm an dieser Stelle nicht, dass Sie etwas eingeben, vielleicht ist auch eine bestimmte Taste verlangt. Denken Sie daran, dass Sie bei Windows nur jeweils in einem Fenster arbeiten können, auch wenn Sie gerade ein nicht aktives Fenster sehen.

Grund 2: Sie tippen zu schnell. Die Tastatur kann nur eine bestimmte Anzahl Tasten auf einmal schlucken. Wenn ihr Magen voll ist, fängt sie an zu piepsen, bis sie alles verdaut hat.

Grund 3: Die Piepfunktion Ihrer Tastatur ist aktiviert. Bitten Sie Ihren Guru, die Piepfunktion mithilfe des Setup-Programms Ihres PC zu deaktivieren. Oder bitten Sie ihn herauszufinden, welches Programm für das Piepsen verantwortlich ist, und dieses in dem Programm zu löschen.

Grund 4: Der Computer ist abgestürzt! In Kapitel 2 finden Sie Informationen über das Neustarten.

»Mist! Ich habe meinen Kaffee über die Tastatur geschüttet!«

Früher oder später werden Sie etwas Unappetitliches in die Tastatur schütten. Die ekelhaftesten Flüssigkeiten sind süß und klebrig: Cola, Fruchtsaft, billiger Sherry und Hundesabber (nicht süß, aber klebrig). Diese Dinge können die Tastatur ernsthaft beschädigen. Hier steht, was Sie tun müssen:

1. **Heben Sie das Glas auf oder schieben Sie den Bernhardiner zur Seite.**
2. **Sichern Sie Ihre Arbeit (falls die Tastatur noch funktioniert), schalten Sie den Computer aus und ziehen Sie den Stecker der Tastatur.**
3. **Stellen Sie die Tastatur auf den Kopf und schütteln Sie sie aus (wenn möglich nicht über der Tastatur eines Kollegen).**
4. **Saugen Sie mit einem Schwamm so viel wie möglich von der Flüssigkeit auf und lassen Sie die Tastatur dann trocknen.**

    Das dauert gewöhnlich 24 Stunden.

Überraschenderweise funktioniert die Tastatur vermutlich noch, insbesondere dann, wenn in dem Getränk nicht viel Zucker war. Leider kann es aber auch sein, dass die Tastatur nicht mehr funktioniert. In der Tastatur befinden sich spezielle Platinen. Wenn diese beschädigt werden, müssen Sie sich eine neue Tastatur kaufen. (Immerhin ist das billiger, als wenn Sie sich einen neuen Computer kaufen müssten.)

 Einige Firmen verkaufen Tastaturhüllen aus Kunststoff. Diese Hüllen sind für die Tastatur maßgeschneidert und funktionieren ziemlich gut. Besonders Raucher sollten in Erwägung ziehen, eine zu kaufen.

»Aua! Mein Handgelenk schmerzt!«

Was immer Sie ständig tun, kann schädlich sein: Rauchen, Essen, Trinken und das Schreiben auf einer Tastatur. Das kann ein ernsthaftes Problem sein, besonders dann, wenn Sie auf die Arbeit mit dem Computer angewiesen sind.

13 ➤ Das Kapitel über die Tastatur

Viele Menschen, die den ganzen Tag am Computer sitzen, leiden unter einer schmerzhaften Sehnenscheidenentzündung. Diese wird verursacht, wenn Muskeln im Handgelenk aneinander reiben. Einige Betroffene tragen teure verstärkte Handschuhe, die, wenn sie auch nicht wirklich den Schmerz lindern helfen, wenigstens mitfühlende Blicke von Kollegen auf sich ziehen. Linderung verschafft es auch, wenn Sie Ihre Hand an Daumen und kleinem Finger packen und zusammendrücken. Am besten ist es jedoch, es erst gar nicht so weit kommen zu lassen.

Im Folgenden ein paar Tipps, wie Sie eine Sehnenscheidenentzündung und Muskelschmerzen vermeiden können:

Kaufen Sie sich eine ergonomische Tastatur. Auch wenn Ihre Handgelenke so geschmeidig sind wie Gummibaumpflanzen, sollten Sie sich eine *ergonomische* Tastatur kaufen. Diese Art von Tastaturen sind so konstruiert, dass die Handgelenke auch bei längerem Eintippen nicht übermäßig belastet werden.

Verwenden Sie eine Handballenauflage. Damit werden Ihre Hände so gestützt, dass sie automatisch *höher als* die Tasten der Tastatur und nicht irgendwo unter der Leertaste liegen.

Passen Sie Ihren Stuhl an. Sie sollten so vor dem Computer sitzen, dass Ihre Ellbogen und Handgelenke eine Waagrechte bilden, so, wie sich das Ihr Schreibmaschinenlehrer immer gewünscht hat.

Passen Sie Ihren Bildschirm an. Sie sollten den Kopf nicht nach oben oder unten neigen müssen, um in den Bildschirm sehen zu können. Am besten ist es, wenn Sie gerade in den Bildschirm sehen. Das hilft zwar Ihren Handgelenken nicht, aber Ihrem Genick umso mehr.

- ✔ Ergonomische Tastaturen sind nur wenig teurer als normale Tastaturen. Die Investition lohnt sich jedoch, wenn Sie viele Stunden tippend am Computer verbringen oder zumindest den Eindruck erwecken wollen, als würden Sie das tun.
- ✔ Es gibt auch Mauspads mit Handauflagen. Diese eignen sich besonders für diejenigen, die viel mit der Maus arbeiten.
- ✔ Die meisten Tastaturen haben höhenverstellbare Füßchen, mit denen Sie die Tasten in einem bequemen Winkel positionieren können.

Wenn Ihr Chef Sie mit Mathe quält ...

Dicht gedrängt um den numerischen Ziffernblock, wie Camper um ein Lagerfeuer, befinden sich mehrere Tasten, die Ihnen bei der Arbeit mit Zahlen helfen. Wenn Sie mit einer Tabellenkalkulation arbeiten, sind diese Tasten besonders praktisch. Sehen Sie sich den Ziffernblock einmal genau an.

Ihr Computer verwendet für mathematische Vorgänge besondere Zeichen:

- \+ für Addition
- – für Subtraktion
- * bzw. x für Multiplikation
- / bzw. ÷ für Division

Das einzig seltsame Zeichen ist das Sternchen für die Multiplikation. Verwenden Sie nicht das kleine X auf den Schreibmaschinentasten! Das ist nicht dasselbe.

Willkommen im Land der Drucker

In diesem Kapitel

- Drucker
- Tintenstrahldrucker
- Geld für Tintenpatronen ausgeben
- Laserdrucker
- So funktioniert das Bedienfeld Ihres Druckers
- Stellen Sie Ihren Drucker ein
- Den Drucker einrichten
- Den Drucker in Windows installieren
- Drucken mit Windows
- Seitwärts drucken (Querformat)
- Bildschirmausdruck
- Wichtige Hinweise

Wenn Ihr Computer ein Themenpark wäre, dann wäre er in verschiedene Länder eingeteilt. Es gäbe das Internetland, das Hardwareland, das LAN-Land, das Peripherieland usw. Aber würde sich wohl jemand für das Druckerland interessieren? Es gäbe hier keine Attraktionen wie im Monitorland und keine Superrutschen wie im Tastaturland. Das Druckerland wäre vor allem laut, und die Gäste würden sich darüber beschweren, dass man bei der Fahrt auf der Baumstammrutsche mit echter Tinte voll gespritzt wird. Igitt!

Zum Glück ist Ihr Drucker nicht im Druckerland eines Vergnügungsparks zu Hause. Der Drucker macht einfach zu wenig her. Das liegt jedoch vor allem daran, dass er seine Arbeit zuverlässig und stressfrei ausführt. Das ist doch nett! Kein Stress! Endlich mal eine gute Nachricht. Willkommen im Land der Drucker.

Hallo! Ich heiße Stefan und ich werde Ihr Drucker sein

Drucker sind Geräte, die einen Ausdruck auf Papier erstellen. Bei diesem Ausdruck kann es sich um Text oder um Grafiken handeln. Diese können farbig oder schwarz-weiß sein. Der Einsatz des Druckers ist häufig der letzte Schritt in einer Reihe von Schritten bei der Erstellung einer Datei. Dabei entsteht das Endergebnis all Ihrer Arbeit. Daher sollte der erstellte Ausdruck so gut wie möglich sein.

Heute werden überwiegend zwei Arten von Druckern verwendet: *Tintenstrahldrucker* und *Laserdrucker*. In den folgenden Abschnitten werden die jeweiligen Vorteile der beiden Geräte beschrieben und die Funktionsweise dieser Drucker näher erläutert.

✔ Drucker werden nach ihrer Druckqualität beurteilt.

✔ Drucker werden auch nach ihren Preisen beurteilt. Es gibt Drucker, die schon für knapp 100 Euro zu haben sind. Für andere Drucker müssen Sie mehrere Tausend Euro auf den Ladentisch blättern.

✔ Drucker wurden früher auch nach ihrer Geschwindigkeit beurteilt, aber das ist heute kein Thema mehr.

Der Drucker erstellt den Ausdruck, d. h. er bringt das, was Sie auf dem Bildschirm sehen, auf Papier.

Der allseits beliebte Tintenstrahldrucker

Heute werden überwiegend Tintenstrahldrucker verkauft. Sie weisen beim Ausdruck sowohl von Texten als auch von Grafiken eine hohe Qualität auf und können auf fast jeder Art von Papier drucken. Einige bessere Tintenstrahldrucker bieten einen Ausdruck in Fotoqualität.

In Abbildung 14.1 ist ein typischer Tintenstrahldrucker dargestellt. Die wichtigsten Teile eines solchen Druckers sind in dieser Abbildung beschriftet.

Bei Tintenstrahldruckern werden winzige Tintentröpfchen auf das Papier gebracht. Für diesen Drucker sind weder Farbband noch Tonerkartuschen erforderlich. Die Tinte wird in einem Strahl auf das Papier gesprüht, daher auch der Name dieses Druckers.

Die meisten Tintenstrahldrucker können in Farbe und in schwarz-weiß drucken. Die Tinte befindet sich in kleinen Patronen, wobei in der Regel eine Patrone schwarze Tinte und die andere drei farbige Tinten enthält.

Diese Drucker sind nicht besonders teuer. Es gibt schon welche ab 100 Euro. Die etwas besseren Modelle haben eine höhere Qualität und sind schneller, können jedoch 300 Euro und mehr kosten. Aufgrund der breit gefächerten Preisangebote lässt sich für jeden Computer ein passender Tintenstrahldrucker finden.

✔ Tintenstrahldrucker sind auf gar keinen Fall unordentlich. Wenn das Papier aus dem Drucker kommt, ist die Tinte auf dem Papier längst trocken.

✔ Billigere Tintenstrahldrucker sind deswegen so preisgünstig, weil sie nicht intelligent sind. Das bedeutet, sie verfügen über keine gedruckten Schaltungen, die bei der Erzeugung des Ausdrucks behilflich sind. Stattdessen sind diese Drucker darauf angewiesen, dass der Computer die gesamte Denkarbeit übernimmt, was den ganzen Vorgang natürlich erheblich verlangsamt. Wenn Sie einen kostspieligeren Tintenstrahldrucker kaufen, bezahlen Sie damit auch die gedruckten Schaltungen.

✔ Tintenstrahldrucker der oberen Preisklasse bieten eine bessere Druckqualität, sind schneller, haben mehr Druckoptionen, können auf größeren Papierformaten drucken und verfügen über jede Menge schicke Optionen.

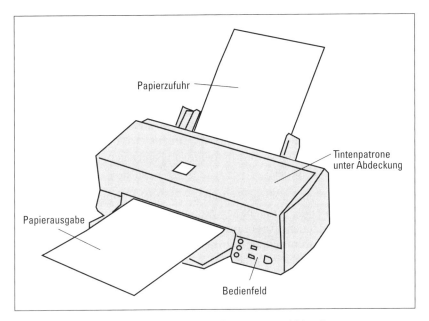

Abbildung 14.1: Ein typischer Tintenstrahldrucker

Bankrott durch Tintenpatronen

Die Firma Gillette hat ein Vermögen damit verdient, zuerst Nassrasierer zu verschenken und dann die passenden Rasierklingen dafür zu verkaufen. Das war eine grandiose Idee, die viele Unternehmer jahrzehntelang mal mehr mal weniger erfolgreich zu kopieren versucht haben. Tintenstrahldrucker sind eines der erfolgreicheren Beispiele. Die Drucker an sich sind sehr preisgünstig, allerdings kosten die Patronen ein Vermögen.

Tintenstrahldrucker brauchen Tintenpatronen, um zu drucken, und die sind irgendwann leer und Sie brauchen neue. Für den Ausdruck eines sehr großen blauen Posters brauchte ich eine ganze Tintenpatrone. Kosten: über 30 Euro. Und das ist noch relativ billig!

Sie haben auch keine andere Wahl, als die Patrone auszutauschen. Manche Drucker weigern sich weiterzudrucken, wenn bei der Farbpatrone zwar noch genügend gelbe und rote Tinte vorhanden ist, aber nur noch wenig oder gar keine blaue Tinte.

- ✔ Versuchen Sie Tintenpatronen immer in großen Mengen zu kaufen.
- ✔ Es gibt mehrere Online-Anbieter, bei denen Sie die Patronen günstiger bekommen als bei Ihrem örtlichen Händler.

Notieren Sie sich, welche Tintenpatronen Sie für Ihren Drucker benötigen. Bewahren Sie die Bestellnummer gut auf, so dass Sie jederzeit problemlos neue Patronen nachbestellen können.

- ✔ Wenn die Tintenpatrone mit einer Kanüle versehen ist, können Sie sie selbst nachfüllen. Nachfüllpakete können Sie von überall her beziehen. Das ist billiger als ständig neue Patronen zu kaufen. Diese Nachfüllpakete funktionieren am besten, wenn die Patrone mit einer entsprechenden Kanüle versehen ist. Wenn es sich bei der Patrone um einen reinen Aufbewahrungsbehälter handelt, fahren Sie besser, wenn Sie eine neue Patrone kaufen.

Befolgen Sie immer die Anweisungen zum Austauschen von Tintenpatronen. Alte Patronen können tropfen und überall Tintenkleckse hinterlassen. Ich empfehle Ihnen, eine alte Tintenpatrone immer in ein Papiertuch zu wickeln und darin zum Abfalleimer zu befördern.

Mit einem Tintenstrahldrucker müssen Sie nicht immer in Farbe drucken! Sie können auch einfach nur in schwarz-weiß drucken und somit die häufig sehr teuren Farbpatronen sparen. Im Dialogfeld DRUCKEN (das weiter hinten in diesem Kapitel noch ausführlicher beschrieben wird) gibt es eine Option, über die Sie angeben können, ob Sie in Farbe oder in schwarz-weiß drucken möchten.

Kauf eines speziellen Papiers

Lassen Sie sich von der Werbung für teures Papier nicht irritieren. Ihr Tintenstrahldrucker kann praktisch auf jedes Papier drucken. Es ist natürlich schon so, dass die Druckqualität bei teurerem Papier besser ist.

Ich verwende am liebsten *Papier für Laserdrucker*, das wie poliert aussieht und sich ein bisschen wie gewachst anfühlt. Die Farben kommen auf einem solchen Papier besser raus, und schwarz gedruckter Text sieht einfach viel sauberer aus als auf normalem Papier für Tintenstrahldrucker.

Das beste (und bei weitem teuerste) Papier ist ein spezielles Fotopapier. Wenn Sie Ihre Farbbilder im Modus für besonders hohe Qualität auf diesem Papier ausdrucken, sehen diese wie Fotos aus. Da die Seite hier aber um etwa ein Euro kostet, wird dieses Papier wohl eher besonderen Anlässen vorbehalten bleiben.

Eine weitere, lustige Papierart sind die so genannten Transferfolien. Damit können Sie ein Bild ausdrucken und mit einem Bügeleisen auf ein T-Shirt aufbügeln.

Laserdrucker bis in alle Ewigkeit

Tintenstrahldrucker sind Freizeitdrucker, Laserdrucker sind Arbeitsdrucker. Im Büro eignen sich Laserdrucker hervorragend für den Ausdruck von Text und Grafiken, in der Regel jedoch nur in schwarz-weiß. Es gibt auch bei den Laserdruckern Farbdrucker, die jedoch ein Vermögen kosten. Außerdem können für Farbausdrucke häufig auch die kostengünstigeren Tintenstrahldrucker verwendet werden.

In Abbildung 14.2 ist ein typischer Laserdrucker abgebildet. Häufig ähneln Laserdrucker kleinen Kopiergeräten. Die Papierzufuhr erfolgt über ein Papierfach. Das Papier wird durch den Drucker geführt und erscheint zum Schluss oben am Drucker.

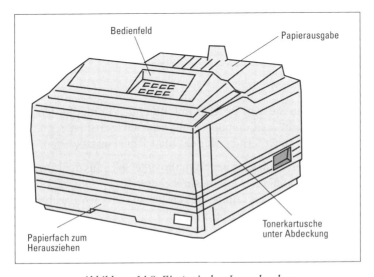

Abbildung 14.2: Ein typischer Laserdrucker

Laserdrucker funktionieren wie Kopiergeräte. Der Unterschied besteht lediglich darin, dass der Computer kein gespiegeltes Abbild auf Papier bringt, sondern das Bild erstellt und mit einem Laserstrahl auf das Papier überträgt.

Laserdrucker sind in der Regel teurer als Tintenstrahldrucker und auch etwas schneller. Die Farblaserdrucker sind wirklich sehr teuer, aber deren Farbqualität ist dafür besser als die von Tintenstrahldruckern.

 Laserdrucker benötigen zum Erstellen des Ausdrucks Wärme. Der Laserstrahl belichtet eine *Bildtrommel* und überträgt so das Druckbild. Diese Bildtrommel wird dann mit dem so genannten *Toner* bestäubt. Der Toner bleibt an den belichteten Stellen auf der Bildtrommel haften. Anschließend wird diese Bildtrommel über ein Papier gerollt und das Druckbild mittels Wärme auf dem Papier fixiert. Das Ganze ist so genial, dass Sie vielleicht denken, es wurde von Außerirdischen erfunden. Aber das ist nicht der Fall.

Seien Sie beim Austausch von Tonerkartuschen vorsichtig! Im Gegensatz zu Tintenpatronen können sie zwar nicht tropfen. Aber wenn Sie eine Tonerkartusche fallen lassen oder beschädigen, entweicht Toner. Toner gelangt überall hin und ist außerdem nicht gerade gesundheitsförderlich.

Das Bedienfeld Ihres Druckers

Jeder Drucker hat ein Bedienfeld. Die besseren Modelle haben LCD-Anzeigen mit viel Text: »Papierstau«, »Kein Papier«, »Dies ist ein Plagiat« usw. Andere Drucker verfügen lediglich über einen Ein-Aus-Schalter und eine Taste für die Papierausgabe. Schauen Sie sich das Bedienfeld Ihres Druckers einmal genauer an.

Suchen Sie zuerst nach folgenden Tasten:

✔ Der Online-Taste

✔ Der Taste für den Seitenvorschub

Mit der Online-Taste teilen Sie dem Drucker mit, ob er den Computer ignorieren soll. Wenn der Drucker offline ist, kann der Computer nicht drucken. Schalten Sie den Drucker offline, um z. B. einen Papierstau zu entfernen oder ein Blatt Papier auszuwerfen.

Die Taste für den Seitenvorschub wird benötigt, um eine Seite aus dem Drucker auszuwerfen. Im Moment fällt mir kein konkreter Anlass ein, bei dem dies erforderlich wäre. Aber es kann tatsächlich vorkommen, denn ich erinnere mich genau, dass ich darüber schon so viel geschrieben habe, dass es nicht erfunden sein kann.

✔ Nur wenn der Drucker online ist, kann der Computer drucken.

✔ Mein Tintenstrahldrucker hat nur zwei Tasten: Online und Seitenvorschub. Die anderen Druckerfunktionen können über ein spezielles Dialogfeld in Windows ausgeführt werden.

✔ Einige Laserdrucker haben möglicherweise nur eine Online-Taste, aber keine Taste für den Seitenvorschub. In diesem Fall müssen Sie im Druckerhandbuch nachsehen, was Sie tun müssen, um einen Seitenvorschub durchzuführen. Meist muss dazu ein Element in einem Menü ausgewählt oder irgendeine Kombination von Tasten gedrückt werden.

 Da wir gerade von Handbüchern reden: Am besten bewahren Sie Ihr Druckerhandbuch irgendwo auf, wo Sie es gleich zur Hand haben. Sie werden es zwar nie lesen, aber wenn Ihr Drucker plötzlich, außer `Fehler 34` anzuzeigen, nichts mehr tut, können Sie nachschlagen, was diese Fehlermeldung zu bedeuten hat. Ich spreche hier aus Erfahrung.

Einrichten Ihres geliebten Druckers

Drucker sind wirklich kinderleicht zu installieren und zu konfigurieren.

1. **Schalten Sie alles aus: den Computer, den Drucker, einfach alles.**
2. **Verbinden Sie den Drucker mit der Konsole des Computers.**

   Beginnen Sie mit dem Druckerkabel. Ach, herrje! Beim Drucker war gar kein Kabel dabei? Dann müssen Sie eins kaufen.

   Stecken Sie ein Ende des Druckerkabels an den Drucker an, das andere wird in den Druckeranschluss an der Rückseite der Konsole Ihres Computers gesteckt. Falls Sie einen USB-Drucker haben, stecken Sie das USB-Kabel in den USB-Anschluss an der Konsole.

   Die Kabelenden sehen unterschiedlich aus. Sie können sich also nicht vertun.

3. **Stecken Sie den Netzstecker des Druckers in die Steckdose.**

   Stecken Sie den Netzstecker des Druckers nicht in eine unterbrechungsfreie Stromversorgung. Einen Laserdrucker sollten Sie darüber hinaus direkt über eine Wandsteckdose und nicht über ein Verlängerungskabel oder eine unterbrechungsfreie Stromversorgung an das Stromnetz anschließen. Kapitel 2 enthält weitere Informationen zu diesem Thema.

Sehen Sie, schon sind Sie mit der Installation der Hardware fertig.

- ✔ Es ist sehr hilfreich, den Drucker in Reichweite des Computers stehen zu haben.
- ✔ Wenn Ihr PC mehr als einen Druckeranschluss hat, verwenden Sie für Ihren Drucker LPT1, den ersten Druckeranschluss.
- ✔ Einige USB-Drucker wollen direkt mit dem Computer und nicht über einen USB-Hub verbunden werden.
- ✔ Ein einziger Computer kann mit zwei Druckern arbeiten. Dazu benötigen Sie einen zweiten Druckeranschluss an Ihrem Computer. Sie müssen jedoch eine extrem starke Persönlichkeit sein, um so besitzergreifend zu sein.

Wenn Sie bereits ein anderes Gerät (CD-Brenner, DVD, ZIP, Scanner etc.) an den Druckeranschluss angeschlossen haben, dann müssen Sie den Drucker an dieses Gerät und nicht direkt an der Konsole anschließen. An dem Gerät sind zwei Anschlüsse: einer für das Kabel zur Konsole und einer für den Drucker.

Papier in den Drucker einlegen

Ihr Drucker braucht Papier. Das Drucken auf Luft liegt noch weit in der Zukunft.

Sowohl für Tintenstrahl- als auch für Laserdrucker werden einzelne Papierseiten verwendet. (Bei den alten Anschlagdruckern kam noch Endlospapier zum Einsatz.)

Bei Tintenstrahldruckern legen Sie das Papier in das Papierfach unten im Drucker oder oben auf dem Drucker.

Bei Laserdruckern wird ähnlich wie bei einem Kopiergerät ein Papierfach mit Papier gefüllt. Dieses wird dann komplett in den Drucker geschoben, nachdem es mit Papier aufgefüllt worden ist.

- ✔ Achten Sie immer darauf, dass Sie genug Druckerpapier haben.
- ✔ Für Ihren Drucker können Sie gewöhnliches Kopierpapier kaufen.
- ✔ Einige Drucker können auch Papier mit unterschiedlichen Größen und Dicken bedrucken. Sollte dies bei Ihrem Drucker möglich sein, dann achten Sie darauf, dass Sie das Papier richtig einlegen und Windows oder der von Ihnen verwendeten Anwendung mitteilen, dass Sie ein anderes Papier verwenden.
- ✔ Prüfen Sie, wie das Papier in Ihren Drucker eingelegt wird: mit der zu bedruckenden Seite nach oben oder nach unten. Und achten Sie darauf, wo oben ist. Diese Informationen brauchen Sie, wenn Sie beispielsweise Formulare ausdrucken möchten. (Näheres dazu erfahren Sie weiter hinten in diesem Kapitel.)

Tinte oder Toner nachfüllen

Bevor Sie drucken können, müssen Sie Ihren Drucker mit Tinte oder Toner versorgen.

Für Tintenstrahldrucker werden kleine Tintenpatronen verwendet. Entfernen Sie die Folie um die neue Patrone vorsichtig. Entfernen Sie die Abdeckung, wie in der Anleitung der Patrone beschrieben, und legen Sie die Patrone, ebenfalls wie in dieser Anleitung beschrieben, in Ihren Tintenstrahldrucker ein.

Für Laserdrucker werden Tonerkartuschen verwendet. Sie lassen sich einfach einlegen und sind ebenfalls mit einer Anleitung versehen. Blasen Sie auf keinen Fall in die Kartusche hinein oder Sie werden sterben. Einige Hersteller legen einen Rückumschlag für die leeren Kartuschen bei, sodass Sie diese zur Wiederaufbereitung oder ordentlichen Entsorgung zurücksenden können.

 Ich empfehle, Gummihandschuhe oder Einweghandschuhe zu tragen. Damit sehen Sie aus wie Batman, wenn Sie eine Tintenpatrone oder eine Tonerkartusche wechseln.

- ✔ Eine alte Tonerkartusche können Sie übrigens auch nachfüllen lassen. Sie können sie zu einer bestimmten Stelle bringen, an der die Kartusche gereinigt und neu aufgefüllt wird. Das funktioniert und ist häufig billiger als eine neue Kartusche.

Erzählen Sie Windows von Ihrem neuen Drucker: Installieren Sie die Software

Sie haben Windows sicherlich bereits für das Arbeiten mit Ihrem Drucker konfiguriert, als Sie Ihren neuen PC gekauft haben. Eine der ersten Fragen, die Windows Ihnen gestellt hat, war: »Mit welchem Drucker arbeiten Sie?«. Sie oder jemand anders haben die Anweisungen befolgt und den richtigen Drucker ausgewählt. Kein Problem.

Wenn Sie jedoch einen neuen Drucker kaufen, müssen Sie diesen manuell einrichten. Schließen Sie den Drucker am Computer an, wenn Sie das nicht sowieso schon getan haben. (Befolgen Sie die Schritte aus dem Abschnitt »Einrichten Ihres geliebten Druckers« weiter vorne in diesem Kapitel.) Stellen Sie sicher, dass sich Papier im Drucker befindet und der Drucker eingeschaltet ist. Gehen Sie wie folgt vor, um Windows alle Einzelheiten über Ihren Drucker mitzuteilen.

1. **Klicken Sie im Startmenü auf EINSTELLUNGEN|DRUCKER.**

   Klicken Sie auf START und wählen Sie aus dem Untermenü EINSTELLUNGEN den Befehl DRUCKER. Daraufhin wird ein Fenster angezeigt, in dem sämtliche Drucker angezeigt werden, die Sie möglicherweise bereits an Ihren PC angeschlossen haben, darunter auch ein Symbol für Netzwerkdrucker und das spezielle Symbol NEUER DRUCKER.

    In Windows XP öffnen Sie die Systemsteuerung über das Startmenü. Klicken Sie dann auf die Kategorie DRUCKER UND ANDERE HARDWARE. Wählen Sie die Aufgabe DRUCKER HINZUFÜGEN und fahren Sie mit Schritt 3 fort.

2. **Doppelklicken Sie auf das Symbol Neuer Drucker.**

    Doppelklicken Sie auf das Symbol NEUER DRUCKER, um es zu öffnen.

   Mama, schau! Der ASSISTENT FÜR DIE DRUCKERINSTALLATION.

3. **Klicken Sie auf Weiter.**

   Die folgenden Schritte können je nach der installierten Windows-Version variieren. Hier ein paar Tipps von mir:

   - Wählen Sie die Netzwerkdruckeroption nur, wenn Sie in einem Netzwerk arbeiten. Allerdings ist es in diesem Fall, wohl am besten, wenn Sie den Netzwerkguru um Hilfe bitten. (Obwohl es nicht weiter schwer ist, wenn Sie bereits wissen, wie man unter Windows im Netzwerk arbeitet.)

   - Windows wird Ihren Drucker wahrscheinlich automatisch erkennen, vor allem wenn es ein USB-Drucker ist. Wenn nicht, dann teilen Sie Windows die Marke und das Modell des Druckers mit. Beides können Sie aus einem Dialogfeld auswählen, das der Assistent Ihnen präsentiert.

- Sie müssen auch wissen, wie bzw. wo der Drucker mit dem Computer verbunden ist. Wie bereits erwähnt, hängt der Drucker meistens am Druckeranschluss LPT1.

- Vielleicht fragt Windows auch nach der System-CD, um den Druckertreiber zu laden. Wenn Sie die CD nicht haben, versuchen Sie es mal unter C:\WINDOWS\OPTIONS\CABS. Kann sein, dass Windows hier findet, was es braucht.

- Wenn zu Ihrem Drucker eine Installations-CD gehört, dann müssen Sie wahrscheinlich Programme von dieser CD installieren, um mit der Druckerinstallation zu beginnen oder diese abzuschließen. Lesen Sie in der Dokumentation zur CD nach.

4. **Zu guter Letzt: Drucken Sie eine Testseite, um zu sehen, ob alles ordnungsgemäß installiert ist.**

Ich war ehrlich gesagt enttäuscht, dass es sich bei der Testseite nicht um einen Katalog und ein Bestellformular für Microsoft-Produkte handelt. Aber immerhin können Sie anhand der Testseite feststellen, ob Ihr Drucker ordnungsgemäß angeschlossen ist und alles richtig funktioniert.

Druckerbasiswissen

Einschalten

Um den Drucker einzuschalten, gehen Sie wie folgt vor:

1. **Drücken Sie den Schalter.**

    - Vergewissern Sie sich immer, dass Ihr Drucker eingeschaltet ist, bevor Sie drucken.

    - Ihr Laserdrucker muss nicht die ganze Zeit über eingeschaltet sein. Laserdrucker brauchen viel Strom, und wenn sie drucken, noch viel mehr. Schalten Sie Ihren Laserdrucker daher nur ein, wenn Sie drucken.

    - Einen Tintenstrahldrucker können Sie ständig eingeschaltet lassen, da diese Drucker nicht so viel Strom brauchen.

Drucken

Unter Windows zu drucken ist ein Kinderspiel. Alle Anwendungen unterstützen den gleichen Druckbefehl: Klicken Sie in der Menüleiste auf DATEI|DRUCKEN und im Dialogfeld DRUCKEN auf OK. Und – hast Du nicht gesehen – schon haben Sie Ihren Ausdruck.

✔ Der Tastaturbefehl zum Drucken ist Strg+P.

✓ Viele Anwendungen haben in der Symbolleiste das Symbol DRUCKEN. Auf dieses können Sie klicken, um Ihr Dokument schnell zu drucken. Allerdings wird damit nicht das Dialogfeld DRUCKEN aufgerufen, d. h. Ihr Dokument wird mit den Standardeinstellungen des Druckers gedruckt.

✓ In der Regel empfiehlt es sich, das Dokument vor dem Drucken noch einmal anzusehen, bevor ein weiterer Baum zum Tode verurteilt wird. In vielen Windows-Programmen können Sie mit dem Befehl SEITENANSICHT im Menü DATEI die Seite ansehen, bevor sie auf einem Teil eines Baumes gedruckt wird. Retten Sie eine Eule. (Oder ein anderes Viech.)

Quer drucken

Beinahe alle Windows-Programme unterstützen das Drucken im *Querformat*.

Klicken Sie im Dialogfeld DRUCKEN auf EIGENSCHAFTEN. Klicken Sie im Dialogfeld EIGENSCHAFTEN Ihres Druckers auf die Registerkarte PAPIER (siehe Abbildung 14.3). Wählen Sie hier die Option QUERFORMAT. Klicken Sie auf OK, um das Dialogfeld zu schließen. Klicken Sie im Dialogfeld DRUCKEN auf OK, um im Querformat zu drucken.

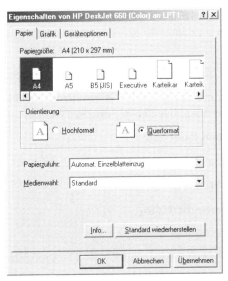

Abbildung 14.3: Die Registerkarte PAPIER im Dialogfeld EIGENSCHAFTEN

Bei Windows XP klicken Sie im Dialogfeld DRUCKEN auf die Schaltfläche EINSTELLUNGEN. Auf der Registerkarte LAYOUT stellen Sie dann die Druckrichtung ein.

✔ Es gibt einige Programme, bei denen es die Registerkarte PAPIER im Dialogfeld EIGENSCHAFTEN VON DRUCKER nicht gibt. In Microsoft Word können Sie die Einstellung beispielsweise über DATEI|SEITE EINRICHTEN|PAPIERFORMAT vornehmen.

Einmal ist nicht genug

F: In Ihrem Buch schreiben Sie, dass eine gebrauchte Tonerkartusche nur einmal nachgefüllt werden sollte. Das stimmt so nicht. Dank der heutigen modernen Nachfüllverfahren kann eine Tonerkartusche mehrere Male nachgefüllt werden.

A: Da haben Sie Recht. Außerdem ist das Nachfüllen preisgünstiger als der Kauf einer neuen Kartusche.

Den Bildschirm drucken

Auch wenn auf der Tastatur eine Taste mit der Aufschrift »Druck« ist, können Sie damit keine Kopie des Bildschirms an den Drucker senden. Wenigstens nicht direkt. Wenn Sie eine gedruckte Kopie des Desktop oder eines Fensters auf dem Bildschirm benötigen, gehen Sie wie folgt vor:

1. **Ordnen Sie den Bildschirm so an, wie Sie ihn drucken möchten.**

2. **Wenn Sie eine Aufnahme des gesamten Bildschirms möchten, drücken Sie die Taste Druck. Wenn Sie nur das aktive Fenster drucken wollen, drücken Sie Alt + Druck.**

3. **Rufen Sie das Programm Paint auf.**

   Klicken Sie dazu im Startmenü auf PROGRAMME|ZUBEHÖR|PAINT.

   Das Programm PAINT wird geöffnet.

4. **Klicken Sie auf BEARBEITEN|EINFÜGEN.**

   Das Bild wird in Paint eingefügt.

   Wenn eine Warnung angezeigt wird, dass das Bild zu groß ist, klicken Sie auf JA.

5. **Drucken Sie das Bild.**

   Klicken Sie auf DATEI|DRUCKEN, um das Dialogfeld DRUCKEN zu öffnen.

6. **Klicken Sie auf OK, um den Druck zu starten.**

Wenn das Bild sehr groß ist, können Sie mit dem Befehl DATEI|SEITENANSICHT prüfen, wie es gedruckt aussieht und wie viele Seiten gedruckt werden (wenn es riesig ist).

Briefumschläge drucken

Um einen Briefumschlag zu bedrucken, müssen Sie ihn einfach in den dafür vorgesehenen Schacht einlegen. Manchmal ist der Schacht hinter einer Klappe versteckt. Anhand einer speziellen Illustration auf der Klappe können Sie sehen, wie Sie den Briefumschlag einlegen müssen: mit dem Gesicht nach oben oder unten, längs oder quer. Wenn Sie den Umschlag eingelegt haben, teilen Sie Ihrer Software mit, dass nun gedruckt werden kann, und schon wird der Briefumschlag eingezogen und kommt mit der aufgedruckten Adresse wieder zum Vorschein.

- ✔ Der Einzug von Briefumschlägen ist von Drucker zu Drucker verschieden.
- ✔ Jedes Programm hat einen anderen Befehl, um einen Umschlag zu drucken. Üblicherweise müssen Sie dem Programm die Ausrichtung des Umschlags mitteilen, damit es weiß, wohin die Adresse gedruckt werden soll.
- ✔ Bei einigen Druckern müssen Sie die Online-Taste drücken, um den Umschlag zu drucken. Ich richte z. B. meinen Drucker ein, lege den Umschlag in den Schacht und drucke mit meiner Software. Nach ein paar Sekunden wird die Meldung Einzug angezeigt und ich muss die Online-Taste drücken.

Wichtige Dinge, die Sie sich merken sollten

 Drucker werden nicht mit Kabeln geliefert! Sie müssen die Kabel zusätzlich kaufen.

Das Druckerkabel sollte nicht länger als 6 Meter sein. Das ist natürlich lächerlich, da der beste Platz für Ihren Drucker sowieso in Reichweite ist.

Drucker werden auch nicht mit Papier geliefert. Kaufen Sie immer das richtige Papier für Ihren Drucker. Kaufen Sie Papier auf Vorrat, das ist preisgünstiger.

Wechseln Sie den Toner, bevor er völlig aufgebraucht ist, und Tintenpatronen, bevor sie alt und eingetrocknet sind. Sie denken vielleicht, das spart Ihnen Geld, aber der Drucker nutzt sich schneller ab, wenn Sie auch noch den letzten Tintentropfen rauspressen wollen.

Laserdrucker zeigen an, wenn nicht mehr genügend Toner vorhanden ist. Beim ersten Mal können Sie die Tonerkassette aus dem Drucker nehmen und seitwärts schütteln. Dadurch wird der Toner neu verteilt. Machen Sie das aber nur einmal! Ersetzen Sie die alte Tonerkartusche durch eine neue, sobald die Warnung erneut angezeigt wird.

Bei Tintenstrahldruckern erscheint die Warnmeldung, dass nicht mehr genügend Tinte vorhanden ist, in der Regel entweder auf dem Bedienfeld oder auf dem Bildschirm. Wechseln Sie die Tintenpatrone sofort! Einige Drucker sind diesbezüglich sehr kleinlich.

Auf den meisten Druckern befinden sich kleine Abbildungen, die zeigen, ob das Papier mit der bedruckten Seite nach oben oder unten in den Drucker eingelegt wird.

Das Modem-Kapitel

In diesem Kapitel

- Was ein Modem alles kann
- Interne und externe Modems
- Modemgeschwindigkeiten
- Die unterschiedlichen Modemtypen
- Modems anschließen
- Modemprobleme

Die Kommunikation über Modem hat sich schneller weiterentwickelt als jeder andere IT-Bereich. Früher waren Modems optionale Peripheriegeräte und teuer dazu. Das ist heute nicht mehr der Fall! Vor kurzem habe ich einen PC ohne Modem bestellt und der Händler dachte, ich sei verrückt. Wie die Zeiten sich doch ändern!

Dies ist nun also Ihr Modem-Kapitel. Es ist ein Kapitel über die Hardware, da Sie die Modemsoftware nur fürs Internet brauchen. Darüber erfahren Sie dann in Teil V mehr. In diesem Kapitel werden Modems erläutert, ohne sich dabei in den Fachbegriffen der Telekommunikation zu verlieren.

Was macht ein Modem?

Poetisch ausgedrückt übersetzt ein Modem die groben Einser und Nullen der Computersprache in Töne. Es singt die binären Informationen buchstäblich über die Telefonleitung einem anderen Modem vor. Das andere Modem übersetzt das Lied dann wieder zurück in Einser und Nullen, die der Computer verstehen kann.

Wissenschaftlich ausgedrückt übersetzt das Modem die digitalen Informationen Ihres Computers in analoge Signale (Töne), die über eine gewöhnliche Telefonleitung gesendet werden können. Das Konvertieren digitaler Daten in analoge Daten wird *Modulation* genannt, umgekehrt heißt es *Demodulation*. Die Bezeichnung *Modem* setzt sich daher zusammen aus *Modulator* und *Demodulator*.

✔ Sie als Mensch nutzen das Modem nicht direkt. Stattdessen ist die Kommunikationssoftware für das Senden und Empfangen von Informationen über das Modem verantwortlich.

✔ Die Kommunikationssoftware wählt und stellt eine Verbindung zu einem anderen Modem her. Sie sorgt dafür, dass die beiden Computer miteinander kommunizieren.

✔ Modems werden über serielle Anschlüsse an den PC angeschlossen. Das gilt auch für interne Modems. Näheres über Anschlüsse erfahren Sie in Kapitel 9.

Modemtypen

Es gibt Hunderte von verschiedenen Modemtypen: interne und externe Modems, Modelle mit unterschiedlicher Geschwindigkeit und unterschiedlichen Eigenschaften, verschiedene Markennamen und Preise (von superbillig bis extrem teuer). Das ist der reine Wahnsinn!

Wo befindet sich das Modem?

Es gibt zwei Modemarten:

Interne Modems: Dieser Modemtyp wird in die Konsole Ihres Computers eingebaut.

Externe Modems: Dieses Modem befindet sich in einem Kästchen außerhalb der Konsole Ihres Computers.

Beide Modemtypen funktionieren gleich. Das externe Modem ist lediglich in einem kleinen Kunststoffgehäuse untergebracht. Außerdem hat es ein extra Stromkabel und ein Kabel für den seriellen Anschluss.

✔ Interne Modems sind billiger. Sie werden in einen Erweiterungssteckplatz im Computer eingebaut. In den sichtbaren Teil der Karte an der Rückseite des Computers werden die Telefonleitungen eingesteckt.

✔ Externe Modems kosten mehr, weil Sie für das kleine Kunststoffgehäuse bezahlen müssen. Sie müssen darüber hinaus auch ein serielles Kabel kaufen, damit Sie das Modem über den seriellen Anschluss an den Computer anschließen können.

Ich könnte jetzt eine Liste mit den Vor- und Nachteilen dieser beiden Modemtypen aufstellen. Mittlerweile sind jedoch interne Modems zur PC-Standardausstattung geworden, sodass sich die Diskussion über das Für und Wider erübrigt.

Ich habe das Verlangen nach Geschwindigkeit

Wie einige Computer sind auch einige Modems schneller als andere. Aber alle Modems sind weitgehend kompatibel: Das schnellste kann noch mit dem langsamsten kommunizieren.

Die meisten Modems, die heute verkauft werden, haben eine Übertragungsgeschwindigkeit von 56,6 Kbit/s. Damit wird angegeben, wie viele Bits das Modem in einer Sekunde über die Telefonleitung schicken kann. Es gibt auch langsamere Modems, und nur, weil das Modem 56,6 Kbit/s übertragen kann, heißt das nicht, dass es das auch tut. Wenn die Verbindung z. B. zum Online-Provider langsamer ist als die Modemgeschwindigkeit, dann muss auch das Modem einen langsameren Gang einschalten.

- ✓ Wenn Ihnen 56,6 Kbit/s zu langsam sind, dann brauchen Sie ein Modem, das nicht die Standardtelefonleitung zur Datenübertragung verwendet, also ein DSL- oder Kabelmodem. Im Abschnitt »Die vergnügte Welt des Modems« finden Sie mehr Infos zu diesem Thema.

- ✓ Die Geschwindigkeit, mit der Sie diesen Satz lesen, beträgt wohl so um die 300 Bit/s. Wenn ein Modem so langsam wäre, würde es Minuten dauern, bis eine Webseite geladen wäre.

- ✓ Windows gibt die Übertragungsgeschwindigkeit des Modems an, sobald eine Verbindung aufgebaut ist. Ihnen ist wahrscheinlich schon aufgefallen, dass die Geschwindigkeit immer niedriger ist als die Höchstgeschwindigkeit des Modems. Das liegt an der Telefonleitung und an der Verbindungsqualität. Die ist manchmal besser, manchmal schlechter (schneller oder langsamer). Und trotz der vielen Anzeigen, die Ihnen im Internet entgegen springen, können Sie die Übertragung nicht beschleunigen.

Einige Leute beschreiben die Modemgeschwindigkeit mit *Baud*. Das ist so nicht richtig. Die korrekte Maßeinheit ist *Bit/s*. Korrigieren Sie sie begeistert, wenn Sie als Besserwisser gelten wollen.

Was ist ein Faxmodem?

Vor einigen Jahren haben die Entwickler von Modems die Ähnlichkeit zwischen der Modem- und der Faxtechnologie festgestellt. Beide Technologien wurden miteinander kombiniert und das Ergebnis war das *Faxmodem*.

Mit der richtigen Software kann ein Faxmodem nicht nur mit anderen Modems kommunizieren, sondern auch mit Faxgeräten. Das war damals ein großer Tag für die Computerbenutzer.

Heutzutage können fast alle Modems Faxe senden und empfangen. Inzwischen ist das so selbstverständlich, dass keiner mehr darüber spricht.

Damit Sie Ihr Modem wie ein Faxgerät verwenden können, benötigen Sie spezielle Faxsoftware. Windows 95 enthält diese Funktion, Windows 98 nicht, aber in Windows XP ist sie jetzt wieder integriert Glücklicherweise erhalten Sie mit Ihrem Modem vermutlich auch die erforderliche Faxsoftware, die bestimmt viel einfacher zu verwenden ist als das Programm von Microsoft.

Die vergnügte Welt der Modems

Vor langer, langer Zeit gab es nur zwei Arten von Modems: intelligente und nicht-intelligente Modems. Das ist keine Erfindung von mir!

Modems wurden als *intelligent* bezeichnet, wenn sie eine Nummer wählen, das Telefon abnehmen und über Software gesteuert werden konnten.

Nicht-intelligente Modems waren einfache Geräte, die über zwei oder mehr Schalter gesteuert wurden. Sie mussten die Nummer von Hand wählen, das Modem dann einschalten oder den Telefonhörer am Modem einhängen. Dumm, dumm, dumm.

Heute sind alle Modems intelligent. Aber unter den intelligenten Modems gibt es auch wieder unterschiedliche Arten. Manche werden auf eine bestimmte Art und Weise betrieben, andere benötigen einen speziellen Dienst, damit die hohen Geschwindigkeiten genutzt werden können. Im Folgenden werden die einzelnen Arten kurz erläutert.

Gewöhnliches Standardmodem: Standardmodems von der Stange können Sie an Ihr Telefonsystem anschließen. Die Preise variieren je nach Geschwindigkeit, Hersteller und Modell, wobei die schnellsten Standardmodems zur Zeit auf eine Geschwindigkeit von 56 Kbit/s kommen.

Softmodem: Softmodems sind bei den Herstellern sehr beliebt, denn sie kosten wenig. Diese Art von Modem verfügt über keine wirkliche Intelligenz. Vielmehr übernimmt der Computer die gesamte Verarbeitung. Das hört sich zwar nicht nach Aufgabenverteilung an, der Vorteil dabei ist jedoch der, dass Sie das Modem über die Software aktualisieren können. Ein neues Modem kaufen zu müssen, gehört somit der Vergangenheit an. Sie bringen einfach die Software des Modems auf den neuesten Stand, und schon haben Sie ein brandneues Modem. Oder so ähnlich. Wird zumindest behauptet. Der Nachteil liegt jedoch darin, dass der PC-Prozessor wesentlich mehr arbeiten muss, also RAM beansprucht, und das Softmodem stark vom Betriebssystem abhängig ist.

ISDN-Modem: Der nächste Schritt aufwärts vom herkömmlichen Modem ist das ISDN-Modem. Dazu benötigen Sie einen ISDN-Dienst, den Ihre Telefongesellschaft installieren (und Ihnen glücklich in Rechnung stellen) kann. Ein solcher Anschluss ist praktisch überall möglich. Und mit dem ISDN-Modem erreichen Sie eine mehr als doppelt so hohe Geschwindigkeit für Ihre Internet-Verbindung.

DSL-Modem: Diese Art von Modem bietet durch die Nutzung ungenutzter Frequenzen im Telefonnetz (wie die Pausen, die entstehen, nachdem Ihre Tochter am Telefon gesagt hat:»Ich weiß auch nicht. Was willst Du machen?«) einen schnellen Zugriff. Außer, dass dieser Dienst nicht überall verfügbar ist, besteht der einzige Nachteil darin, dass Sie sich nur wenige Kilometer von der Hauptniederlassung der Telefongesellschaft befinden dürfen, um den DSL-Dienst nutzen zu können. Ach ja, und teuer ist es auch.

Satellitenmodem: Sie benötigen eine Satellitenschüssel, ein Modem und ein Abonnement mit einem entsprechenden Anbieter, und schon haben Sie eine der schnellsten Modemverbindungen, die es zur Zeit gibt. Bei manchen Systemen kann das Modem sowohl senden als auch empfangen, bei anderen empfängt das Satellitenmodem nur Informationen aus dem Internet, und Sie brauchen dann trotzdem noch ein normales Modem, um Informationen an das Internet zu senden.

Kabelmodem: Diese Art von Modem ist die schnellste, die es gibt. Dieses Modem ist häufig schneller als der Computer, an den es angeschlossen ist. Zwei unangenehme Nachteile: Sie müssen in der Nähe einer Gesellschaft leben, die den Zugriff per Kabelmodem ermöglicht, und je mehr Nachbarn Kabelmodems nutzen, umso langsamer wird das Ganze. Aber um 2 Uhr morgens *qualmt* Ihr Kabelmodem!

- ✔ ISDN steht für *Integrated Services Digital Network*, d. h. diensteintegrierendes digitales Netzwerk.
- ✔ Ein weiterer Vorteil von ISDN besteht darin, dass Sie in der Regel auf derselben Leitung, an die Ihr Modem angeschlossen ist, auch Faxe empfangen und ein normales Telefon anschließen können.
- ✔ DSL steht für *Digital Subscriber Line*, d. h. digitale Abonnentenleitung. Die gängigste DSL-Variante ist ADSL (Asymmetric Digital Subscriber Line, d. h. asymmetrische digitale Abonnentenleitung). Je nach Telefongesellschaft sind auch andere Varianten (xDSL) verfügbar.
- ✔ Bei ISDN-, DSL-, Satelliten- und Kabeldiensten werden pro Verbindung Gebühren berechnet. Somit müssen Sie schon mehr für ein ausgefallenes Modem und dann auch noch die Gebühren für den Internetzugriff und die Verbindung bezahlen.

Schließen Sie Ihr Modem an

Ein Modem einzurichten ist so einfach, dass es auch für jemanden, der im Umgang mit elektronischen Geräten noch unerfahren ist, kein Problem darstellt. In den folgenden Abschnitten erfahren Sie, was zu tun ist.

- ✔ Am besten lassen Sie für das Modem eine eigene Telefonleitung einrichten. Fast in jedem Haus bzw. jeder Wohnung kann eine zweite Leitung installiert werden. Wenn Sie eine zweite Leitung haben, dann nutzen Sie diese für das Modem. Warum? Nun ...

Sie können nicht telefonieren, während das Modem die Leitung belegt. Wenn Sie den Hörer abnehmen, wird das Signal gestört und möglicherweise die Verbindung unterbrochen. Abgesehen davon bläst Ihnen das entsetzliche Kreischen die Ohren weg.

Modems anschließen

Ich hoffe, dass bereits jemand Ihr Modem im PC installiert hat, dann brauchen Sie lediglich das Telefonkabel des Modems in die Telefonbuchse zu stecken.

In Abbildung 15.1 können Sie sehen, wie die Rückseite eines internen Modems aussieht. Es hat zwei Telefonanschlüsse. Stecken Sie das Telefonkabel in den Anschluss *Line* und das andere Ende in die Telefonbuchse.

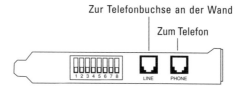

Abbildung 15.1: Wichtige Dinge an der Rückseite eines internen Modems

Wenn das interne Modem nur einen Telefonanschluss hat, dann gehört dieser in die Telefonbuchse an der Wand.

Es spielt keine Rolle, welches Ende des Kabels an das Modem bzw. an die Telefonbuchse angeschlossen wird. Das Anschließen eines Modems funktioniert genauso wie beim Telefon. Wenn bereits ein Telefon in der Telefonbuchse steckt, ziehen Sie den Stecker. Schließen Sie das Telefon danach über den Anschluss Phone an der Rückseite Ihres Modems an. (Aber Achtung! Dies funktioniert nur mit ISDN-Telefonen!)

- ✔ Woher wissen Sie, ob alles richtig angeschlossen ist? Probieren Sie es einfach aus! Wenn das Modem keine Verbindung herstellen kann, dann vertauschen Sie die Anschlüsse einfach.

- ✔ Diese Anweisungen gelten nur für Standardmodems. Wenn Sie ein Kabelmodem, ein DSL-Modem oder irgendein anderes schickes Modem haben, dann sollten Sie sich fachmännischen Rat holen, bevor Sie diese Teile anschließen.

- ✔ Externe Modems müssen auch noch über ein serielles Kabel in die Rückseite Ihres Computers entweder in COM1 oder in COM2 gesteckt werden. Als Nächstes verbinden Sie das Modem mit der Telefonbuchse.

Modems installieren

Nachdem Sie Ihr Modem angeschlossen haben, müssen Sie es in Windows installieren. Diese Aufgabe ist heute viel einfacher als früher. Öffnen Sie die Systemsteuerung und doppelklicken Sie auf das Symbol MODEMS, um das Dialogfeld EIGENSCHAFTEN VON MODEMS zu öffnen (siehe Abbildung 15.2).

Klicken Sie auf die Schaltfläche HINZUFÜGEN und folgen Sie den Anweisungen des Assistenten, um das Modem aufzuspüren und zu installieren. Ich empfehle Ihnen, Windows das Modem nicht automatisch suchen zu lassen. Nehmen Sie das selbst in die Hand und wählen Sie das Modem in der Liste der Hersteller und Modelle aus.

Nachdem Sie den Assistenten für die Hardware-Installation ausgeführt haben, müssen Sie noch die Modem-Software installieren. Die wird auf einer CD mitgeliefert und sollte sich in der Modemschachtel befinden. Legen Sie die CD ins Laufwerk und befolgen Sie die Anweisungen.

Abbildung 15.2: Das Dialogfeld EIGENSCHAFTEN VON MODEMS

Bei Windows XP müssen Sie, wie Sie vielleicht bereits bemerkt haben, immer einen Schritt mehr tun, um an die gewünschte Stelle zu gelangen. Das Dialogfeld EIGENSCHAFTEN VON MODEMS erreichen Sie in Windows XP auf diesem Wege: Wählen Sie im Startmenü den Befehl SYSTEMSTEUERUNG. Klicken Sie auf die Kategorie NETZWERK- UND INTERNETVERBINDUNGEN. Wählen Sie im Aufgabenbereich auf der linken Seite die Option TELEFON- UND MODEMOPTIONEN. Klicken Sie im Dialogfeld TELEFON- UND MODEMOPTIONEN auf die Registerkarte MODEMS. Hier finden Sie eine Schaltfläche HINZUFÜGEN, die Sie zur Installation eines neuen Modems führt. (Unter Windows XP soll übrigens alles viel leichter sein ...!)

Einige Tipps

Jeder, der Ihnen erzählt, er hatte nie Probleme mit seinem Modem, lügt oder versucht Ihnen eines zu verkaufen (oder beides). Es gibt wahrscheinlich einen psychologischen Ausdruck dafür: *Modemjammer* oder so. Da bin ich mir ganz sicher.

Da ich schon seit *Ewigkeiten* ein Modem benutze, habe ich eine Liste mit hilfreichen Tipps und Vorschlägen zusammengestellt, um Ihnen das Leben etwas zu erleichtern. In Kapitel 27 erfahren Sie, wie Sie am besten mit Modemproblemen umgehen.

Das Modem finden, wenn es nicht von Windows erkannt wird

Aus unerfindlichen Gründen kann es passieren, dass Windows das Modem nach einem Neustart des Computers nicht mehr erkennt. Wenn Sie z. B. den Computer neu gestartet oder eingeschaltet haben, behauptet Windows, dass es das Modem nicht finden kann. Ja. Super. Die Lösung? Versuchen Sie es einfach noch einmal. Das sollte funktionieren.

- ✔ Geben Sie sich nicht selbst die Schuld, wenn das passiert.
- ✔ Wenn Sie ein externes Modem verwenden, stellen Sie sicher, dass es eingeschaltet ist, bevor Sie wählen. (Manchmal tritt dieses Problem auf, wenn ein externes Modem ein- und ausgeschaltet wird.)

Es wählt zu schnell

Modems wählen Telefonnummern selbstständig und möglicherweise langsam. Aber das ist kein Problem. Es kann jedoch zu einem Problem werden, wenn Sie eine 0 für eine Amtsleitung wählen müssen. Das bedeutet, dass Mr. Modem nach der 0 warten muss, bevor er die Nummer wählt. Sonst passiert es, dass Sie wieder mit der netten Dame in der Telefonzentrale verbunden sind, die Ihnen sagt, dass es, wenn Sie mit dem Telefon nicht umgehen können, vielleicht besser wäre, wenn Sie der Zivilisation den Rücken kehrten und Bären jagen gingen.

 Um das Modem zu verlangsamen, fügen Sie nach der 0 ein Komma ein. Zum Beispiel:

0,11-202-555-7892

Das ist die Nummer, die ich wählen würde, um die Kommandozentrale im Pentagon anzurufen. Da mein Hotel in Minsk eine langsame Verbindung hat, füge ich nach der 0 ein Komma ein.

Den Standort für einen Laptop ändern

Wenn Sie unterwegs sind und ein Laptop benutzen, müssen Sie Windows Ihren neuen Standort mitteilen, damit Sie mit dem Modem wählen können.

1. **Öffnen Sie das Dialogfeld Eigenschaften für Modems.**

   Befolgen Sie dazu die Anweisungen weiter oben in diesem Kapitel.

2. **Klicken Sie auf Wählparameter.**

   Das Dialogfeld WÄHLPARAMETER wird angezeigt.

3. **Klicken Sie auf Neu.**

   Daraufhin wird ein weiteres Dialogfeld mit der Bezeichnung WÄHLPARAMETER angezeigt, über das Ihnen mitgeteilt wird, dass ein neuer Standort erstellt wurde.

4. **Geben Sie einen Namen für Ihren Standort ein.**

   Wenn ich mich z. B. in Hamburg aufhalte, habe ich einen Eintrag für das Hilton und einen für meine Mutter.

5. **Geben Sie die Ortskennzahl und andere wichtige Informationen ein.**

   Sie teilen Windows nur mit, wie unterschiedliche Nummern an einem neuen Standort gewählt werden. (Windows ist klug und kennt sich mit Ferngesprächen aus.)

6. **Klicken Sie auf OK, um Ihre Angaben zu speichern.**

Wenn Sie das Dialogfeld WÄHLPARAMETER das nächste Mal öffnen, können Sie Ihren Standort im Dropdown-Listenfeld auswählen. Sie müssen die Informationen nicht erneut eingeben.

Bei Windows XP ist es natürlich wieder etwas schwieriger. Sie müssen erst das Dialogfeld TELEFON- UND MODEMOPTIONEN aufrufen (wird weiter oben in diesem Kapitel beschrieben), um dann mit Schritt 3 fortfahren zu können.

Sie können das Dialogfeld WÄHLPARAMETER immer verwenden, um eine Verbindung mit dem Internet oder mit einem lokalen System herzustellen.

✔ Wenn Sie Windows die Ortskennzahl und den Standort mitteilen, müssen Sie diese Informationen nicht ständig neu eingeben.

✔ Speichern Sie den Standort, von dem aus Sie am häufigsten wählen, als Standard.

Der singende PC

In diesem Kapitel

- Mit dem PC Geräusche erzeugen
- Entdecken Sie die Soundkarte Ihres PCs
- Windows mitteilen, wie und wann Musik gemacht werden soll
- Abspielen von Sounddateien
- Nehmen Sie Ihre Stimme auf
- Lautstärke regeln
- Software zum Diktieren

D o, re, mi, fa, so, la, si, DOS!

Obwohl der erste PC von IBM einen Lautsprecher hatte, konnte er nur PIEP sagen. Spielprogramme konnten einfache Melodien spielen, aber Anspruchsvolles war nicht möglich. Glücklicherweise begannen ein paar Unternehmen *Soundkarten* zu entwickeln, in erster Linie, damit Spieler von Computerspielen Musik und vorsintflutliche Grunzgeräusche hören konnten. Im Laufe der Zeit wurden die Soundkarten im Motherboard integriert. Alles, was Sie jetzt noch brauchen, sind Lautsprecher und einen Subwoofer, und schon haben Sie einen modernen, musikalischen Computer.

Dies hier ist Ihr Musikkapitel. Stellen Sie sich ihm. Es wird Ihnen *Spaß* machen! Sie können sich natürlich etwas vormachen und behaupten, Sie würden die Audiomöglichkeiten für *geschäftliche Präsentationen* und für *Weiterbildungszwecke* verwenden. Aber wenn Sie ehrlich sind, möchten Sie doch hören, wie beim berühmten Golfspiel von Microsoft der Ball getroffen wird.

Musik in Ihrem PC

Fast jeder PC hat heute eine integrierte Soundkarte. Nur wenn Ihr PC vor 1993 gebaut wurde, ist er stimmlos. Die heute eingebauten Soundkarten sind ziemlich gut, und nur wenn Sie vorhaben, ein professionelles Tonstudio einzurichten, müssen Sie sich eine professionelle Soundkarte (und die damit verbundene teure Software) zulegen.

»Woher weiß ich, ob mein Computer eine Soundkarte hat?«

Viele Leute fragen mich, wie sie feststellen können, ob ihr Computer eine Soundkarte hat. Ganz einfach: Werfen Sie einen Blick auf die Rückseite der Konsole.

Wenn eine Soundkarte installiert ist, sollte der Computer drei Anschlüsse haben. An diesen Anschlüssen steht: Mic, LineIn, LineOut oder Speakers. Dort passen diese kleinen Klinkenstecker hinein, wie sie auch die Walkman-Kopfhörer haben.

Wenn diese Anschlüsse vorhanden sind, kann der Computer Töne wiedergeben. Wenn die Audiowiedergabe nicht funktioniert, handelt es sich um ein Softwareproblem. (Fragen Sie bei Ihrem Händler nach.)

Wenn Sie zwei Gruppen mit jeweils drei Anschlüssen sehen, dann gehört die zweite Gruppe sicherlich zu einer Erweiterungskarte, entweder zu einer hochwertigen Soundkarte oder zu einer DVD-Erweiterungskarte. Verwenden Sie auf jeden Fall die Anschlüsse der Erweiterungskarte!

Die Soundkarte

Wenn Ihr PC eine Soundkarte entweder als Erweiterungskarte oder als Schaltkreis auf dem Motherboard hat, kann er mehr, als nur Piepgeräusche von sich geben.

Das Erste, was eine Soundkarte kann, sind *Wave-Audiodateien* abspielen. Dabei handelt es sich um die Töne, die Sie hören, wenn Sie den Computer einschalten oder ein Programm ausführen. Das sind auch die Töne, die Sie hören, wenn Sie ein Computerspiel spielen: ein »Ding-Dong« für die richtige Antwort, ein »Autsch« für die falsche Antwort. All das sind Wave-Audiodateien.

Das Zweite, was die meisten Soundkarten können, ist Musik spielen. Im Audioschaltkreis ist ein kompletter Synthesizer integriert. Mithilfe dieses Synthesizers können Sie MIDI-Dateien abspielen. Damit können Sie über die Lautsprecher Ihres PCs nahezu realistische Musik hören.

Ja, und schließlich können Soundkarten noch Musik vom CD-ROM-Laufwerk Ihres PC verstärken und abspielen.

- ✔ Zusammen mit einem Mikrofon und der entsprechenden Software können Sie mit der Soundkarte Ihre eigene Stimme aufzeichnen. Mehr dazu erfahren Sie weiter hinten in diesem Kapitel.

- ✔ Um eine Soundkarte einzusetzen, brauchen Sie Sounddateien, die Sie abspielen können. Meistens enthalten Spiele solche Dateien. Sie können aber auch eigene Sounddateien erstellen oder sich welche aus dem Internet herunterladen.

- ✔ Audiodateien belegen Unmengen an Speicherplatz. Das ist der Grund dafür, warum die meisten dieser Dateien auf kurze Töne wie den Schlag mit einem Golfschläger oder irgendein Grunzen beschränkt sind.

Wave-Audiodateien werden als WAV-Dateien gespeichert.

Lautsprecher

Damit Sie die Töne hören können, die Ihre Soundkarte produziert, benötigt Ihr Computer Lautsprecher. Die meisten PCs werden inzwischen mit Lautsprechern ausgeliefert oder die Lautsprecher sind als Zusatzausrüstung erhältlich. Wenn nicht, bekommen Sie bei Ihrem Händler Lautsprecher mit einem Subwoofer ab ca. 60 Euro.

- ✔ Die Qualität der Lautsprecher ist nicht wirklich wichtig. Wenn Sie nicht gerade ein Musikfanatiker sind, gibt es keinen Grund, zu viel Geld für Lautsprecher auszugeben. Dennoch würde ich externe Lautsprecher den in manchen Bildschirmen integrierten Lautsprechern vorziehen, weil externe Lautsprecher eine höhere Qualität haben.

 Es ist besser, die Lautsprecher nicht über Batterien, sondern über das elektrische Netz mit Strom zu versorgen. Wenn Ihre Lautsprecher keinen Netzadapter haben, können Sie in jedem Computerladen einen kaufen.

- ✔ Subwoofer? Diese kleinen Kisten stehen auf dem Boden unter Ihrem PC und verstärken Töne am unteren Ende des Tonspektrums. Sie verleihen dem Bass dieses spezielle Umpf. Da hört sich das dumpfe Aufschlagen des Gegners in einem Computerspiel einfach viel besser an. Ich kann Subwoofer nur empfehlen!

 Wenn Sie Lautsprecher auf Ihren Tisch stellen, sollten Sie daran denken, dass diese Magnete enthalten. Falls Disketten zu nahe an die Lautsprecher geraten, können die Daten darauf gelöscht werden.

Audiospaß in Windows

Wenn Sie Zeit übrig haben, können Sie aus Ihrem intelligenten Computer einen dämlichen Computer machen, indem Sie Windows mit Audiosignalen ausstatten. Ich werde hier nicht ins Detail gehen, da dies ein weiter Bereich zum Spielen ist. Aber ich zeige Ihnen den Spielplatz.

Der Klangspielplatz

Die Schaltzentrale für musikalische Klänge befindet sich im Dialogfeld EIGENSCHAFTEN VON SOUNDS UND MULTIMEDIA, das Sie über die Systemsteuerung erreichen. Hier die erforderlichen Schritte:

1. **Doppelklicken Sie in der Systemsteuerung auf das Symbol Sounds und Multimedia.**

   Klicken Sie dazu im Startmenü auf EINSTELLUNGEN und dann auf SYSTEMSTEUERUNG. Anschließend doppelklicken Sie auf das Symbol SOUNDS UND MULTIMEDIA.

   In Windows 98 heißt das Symbol AKUSTISCHE SIGNALE.

   In Windows XP klicken Sie auf die Kategorie SOUNDS, SPRACHEIN-/AUSGABE UND AUDIOGERÄTE und dann auf die Aufgabe SOUNDSCHEMA ÄNDERN.

   Egal, auf welchem Weg Sie dorthin gelangen, es wird auf jeden Fall ein Dialogfeld geöffnet, in dem Sie Klänge, Signale oder Sounds einstellen können (siehe Abbildung 16.1).

   Abbildung 16.1: Das Dialogfeld EIGENSCHAFTEN VON SOUNDS UND MULTIMEDIA

2. **Experimentieren Sie mit diesem Dialogfeld.**

   In der Liste SOUNDEREIGNISSE sind viele Dinge aufgeführt, die Windows und Ihre Anwendungen machen. Sie können jedem Ereignis ein Signal zuordnen.

   Blättern Sie beispielsweise in der Liste bis zum Ereignis NEW MAIL NOTIFICATION. Hier können Sie Windows nämlich mitteilen, dass es Ihnen akustisch signalisieren soll, wenn Sie eine E-Mail (in Outlook Express) bekommen. Um einen neuen Sound einem Ereignis zuzuweisen, markieren Sie den Eintrag in der Liste und öffnen dann das Dropdown-Listenfeld NAME, um dort einen neuen Sound auszuwählen, oder klicken auf die Schaltfläche DURCHSUCHEN, um nach einem Sound in einem bestimmten Ordner auf der Festplatte zu suchen.

Wenn Sie auf die Schaltfläche mit dem kleinen Dreieck klicken, wird der Sound abgespielt.

Wenn Sie einem Ereignis keinen Sound zuweisen wollen, dann wählen Sie die Option (KEIN) ganz oben im Dropdown-Listenfeld NAME.

3. Klicken Sie auf OK, um wieder zu arbeiten.

Windows enthält eine Reihe von bereits fertigen Audio-Schemata, die Sie im Dropdown-Listenfeld SCHEMA wählen können. Sie können sich aber auch ein eigenes Schema zusammenstellen und dieses dann mithilfe der Schaltfläche SPEICHERN UNTER speichern.

✔ Wenn Sie ein Ereignis in der Liste nicht finden können, dann können Sie ihm auch keinen Sound zuweisen.

 Das Dialogfeld SOUNDS UND MULTIMEDIA wird verwendet, um Ereignissen Sounds zuzuweisen. Bei bestimmten Ereignissen kann Windows keine MIDI- oder MP3-Dateien abspielen. Sie müssen diese zuerst in eine WAV-Datei konvertieren, damit es funktioniert.

✔ Die beste Soundquelle ist das Internet. Hier gibt es Bibliotheken voller Sounddateien.

✔ Sie müssen sich nicht schämen, wenn Sie aus irgendeinem Grund den Kundendienst anrufen und das Kasperle bei jedem Öffnen eines Fensters »Seid ihr alle da?« fragt.

✔ Wenn Sie wissen wollen, wie Sie Ihre eigene Stimme aufnehmen, dann lesen Sie den Abschnitt »Aufzeichnen Ihrer Stimme« weiter hinten in diesem Kapitel.

 Wenn Sie sich mit viel Mühe ein eigenes Soundschema zusammengestellt haben, dann sollten Sie es unbedingt unter einem eigenen Namen speichern. Sie können es dann jederzeit im Dropdown-Listenfeld SCHEMA auswählen.

Sounds

Eine Sounddatei in Windows abzuspielen ist ein Kinderspiel. Egal ob es eine WAV-, MIDI- oder MP3-Datei ist, doppelklicken Sie auf die Datei und schon hören Sie etwas.

Das Programm, mit dem Sie die Dateien abspielen, heißt Windows Media Player. Es sei denn, Sie haben selbst ein besseres installiert. In Abbildung 16.2 sehen Sie den Windows Media Player in seinem Standard-Outfit. Wenn Sie wollen, können Sie ihn aber in weitaus peppigeren Versionen anzeigen.

Ich will hier gar nicht groß ins Detail gehen. Der Windows Media Player hat so viele Optionen, mit denen sich herumspielen und experimentieren lässt. Das können Sie auch selbst ausprobieren. Es wird Ihnen Spaß machen!

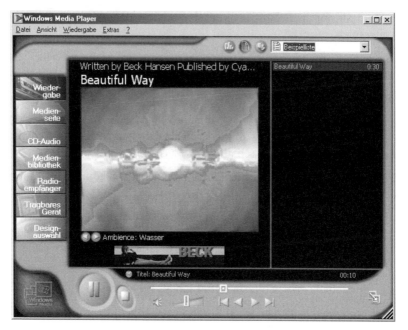

Abbildung 16.2: Der Windows Media Player in seinem Standard-Outfit

 Erstellen Sie sich eigene Wiedergabelisten aus Musik- oder Sounddateien. Klicken Sie hierzu auf die Schaltfläche MEDIENBIBLIOTHEK, und befolgen Sie die Anweisungen in den Hilfethemen, um so eine Liste zu erstellen.

- ✔ Bei den neueren Windows-Versionen gibt es einen Ordner EIGENE MUSIK, der wiederum ein Unterordner von EIGENE DATEIEN ist. Hier werden die meisten Musikdateien, die Sie aus dem Internet herunterladen, gespeichert. Ich empfehle sogar, dem Ordner EIGENE MUSIK noch weitere Unterordner für bestimmte Musikkategorien oder Musikalben hinzuzufügen.

- ✔ MP3 ist ein spezielles Wave-Dateiformat, das qualitativ hochwertige Musik über Ihre PC-Lautsprecher abspielt. Kapitel 25 enthält Informationen darüber, wie Sie MP3-Dateien aus dem Internet herunterladen.

- ✔ MIDI steht für *Musical Instrument Digital Interface*, d. h. digitale Schnittstelle für Musikinstrumente. Es ist der Standard für die Aufzeichnung von elektronischer Musik.

- ✔ MIDI-Dateien enthalten keine aufgezeichnete Musik. In den Dateien sind vielmehr Noten und Informationen über die Instrumente, die diese Noten spielen, gespeichert. So »spielen« die MIDI-Dateien quasi den Synthesizer auf der Soundkarte Ihres PCs.

- ✔ Mithilfe der entsprechenden Software und vielleicht ein paar MIDI-Musikinstrumenten können Sie Ihre eigenen MIDI-Dateien erstellen.

Warum sind MP3-Dateien so riesig?

F: Etwas verstehe ich nicht. Warum sind MIDI-Dateien kleiner als MP3-Dateien, auch wenn die MIDI-Dateien gleich lange spielen wie die MP3-Dateien? Ist MP3 nicht ein neueres und komprimierteres Format? Warum sind diese Dateien so umfangreich? Eine dreiminütige MP3-Datei belegt etwa 3 Mbyte Speicher, während eine vergleichbare MIDI-Datei nur etwa 30 Kbyte benötigt. Das verstehe ich nicht.

A: Eine MIDI-Datei enthält lediglich Anweisungen, um den internen Synthesizer des PC zu spielen. Sie wissen schon: »Spiel ein Dis 0,125 Sekunden lang«. Das sind nur etwa vier Byte Programmcode. Bei den MP3-Dateien handelt es sich dagegen um komprimierte Audioaufzeichnungen, die über die Lautsprecher wiedergegeben werden. In der Regel belegen MP3-Dateien pro Minute 1 Mbyte. Das ist im Vergleich zu anderen Audiodateiformaten gar nicht schlecht.

Aufzeichnen Ihrer Stimme

Wenn Sie an Ihren PC ein Mikrofon anschließen, können Sie Ihre eigene Stimme aufzeichnen. Außer dem Mikrofon benötigen Sie auch noch die entsprechende Software. Diese wurde entweder mit Ihrem PC oder der Soundkarte ausgeliefert. Wenn nicht, können Sie auch das Windows-Programm AUDIORECORDER verwenden.

Rufen Sie das Programm AUDIORECORDER auf, indem Sie im Startmenü auf PROGRAMME|ZUBEHÖR|UNTERHALTUNGSMEDIEN|AUDIORECORDER klicken.

In Windows XP klicken Sie im Startmenü auf ALLE PROGRAMME|ZUBEHÖR|UNTERHALTUNGSMEDIEN|AUDIORECORDER.

Das Fenster des Programms AUDIORECORDER (siehe Abbildung 16.3) wird angezeigt.

Abbildung 16.3: Der AUDIORECORDER

Machen Sie sich am Mikrofon bereit und klicken Sie dann auf die Schaltfläche für Aufnehmen. Beginnen Sie zu sprechen oder zu singen oder was immer Sie auch tun möchten.

Wenn Sie aufhören möchten, klicken Sie einfach auf das Symbol für Wiedergabe beenden.

 Um sich selbst zu hören, klicken Sie auf das Symbol für Wiedergabe.

Sie können Ihre Aufnahme wie in jeder anderen Anwendung speichern, indem Sie auf Datei und dann auf Speichern unter klicken.

- ✔ Wenn Sie das Programm Audiorecorder im Startmenü nicht finden können, suchen Sie über Suchen (siehe Kapitel 7) nach der Datei SNDREC32.EXE.

- ✔ Wenn Sie den Audiorecorder über Suchen auch nicht finden, können Sie ihn von der Windows-CD installieren. In Ihrem Lieblingsbuch über Windows sollte beschrieben sein, wie das geht. Sonst können Sie auch folgende (englische) Internetseite aufrufen:

  www.wambooli.com/help/PC/Sounds

- ✔ Soundkarten enthalten häufig bessere, anspruchsvollere Programme für die Audioaufzeichnung.

- ✔ Audiodateien sind riesig! Das Abspielen und Sammeln von Audiodateien macht zwar Spaß, aber vergessen Sie dabei nicht, dass diese eine Menge Speicherplatz belegen.

 Wenn Sie ein ZIP-Laufwerk haben, sollten Sie wissen, dass Audiodateien auf einer ZIP-Diskette hervorragend aufgehoben sind.

- ✔ Der Audiorecorder kann auch über den LineIn-Anschluss Töne aufnehmen. Klicken Sie einfach auf die Schaltfläche für Aufnehmen und spielen Sie danach die Töne ab.

Lautstärke regeln

 Die Lautstärke Ihres PCs lässt sich auf zwei verschiedene Arten regeln: zum einen über den Lautstärkeregler an den PC-Lautsprechern (oder dem Subwoofer), zum andern über das Lautsprechersymbol in den Systemfeldern der Taskleiste. Wenn Sie auf dieses Symbol klicken, wird ein Lautstärkeregler wie in Abbildung 16.4 angezeigt.

Abbildung 16.4: Hier regeln Sie die Lautstärke.

Bei Windows XP müssen Sie wahrscheinlich auf der rechten Seite der Taskleiste auf die zwei Pfeile (<<) klicken, um das Lautsprechersymbol anzuzeigen. (Dieser Bereich heißt bei Windows XP jetzt »Infobereich«.)

Klicken Sie auf den Lautstärkeregler und verschieben Sie ihn nach oben (lauter) oder nach unten (leiser).

Wenn Sie wissen wollen, wie laut der Sound jetzt ist, klicken Sie einfach auf den Schieberegler und Windows macht ein Geräusch.

Aktivieren Sie das Kontrollkästchen TON AUS, wenn Sie gar nichts hören wollen.

Klicken Sie auf eine beliebige Stelle auf dem Desktop, um das Popup-Fenster wieder verschwinden zu lassen.

Mit dem Lautstärkeregler stellen Sie einfach nur lauter oder leiser. Wenn Sie jedoch neben der Lautstärke noch weitere Einstellungen vornehmen wollen, dann müssen Sie auf das Lautsprechersymbol doppelklicken. Daraufhin wird das Fenster LAUTSTÄRKESTEUERUNG geöffnet, in dem Sie gleich eine ganze Reihe von Lautstärkereglern und TON-AUS-Kontrollkästchen haben (siehe Abbildung 16.5).

Wenn Sie es beispielsweise absolut nicht haben können, dass MIDI-Dateien abgespielt werden, wenn Sie im Internet surfen, dann aktivieren Sie für dieses Element das Kontrollkästchen TON AUS. Alle anderen Klänge können Sie dann weiterhin hören, aber mit MIDI ist Schluss.

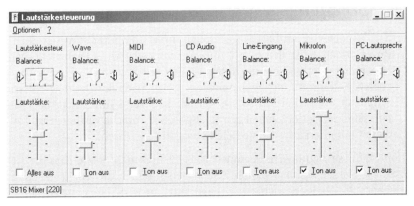

Abbildung 16.5: Jede Menge Schieberegler für mehr oder weniger Lärm

(Wählen Sie im Menü OPTIONEN den Befehl EIGENSCHAFTEN, um noch weitere Klanggeräte in diesem Fenster anzuzeigen.)

Wo ist dieses Lautsprechersymbol abgeblieben?

Grämen Sie sich nicht, wenn das Lautsprechersymbol nicht in der Taskleiste angezeigt wird. Je nach Windows-Version erhalten Sie es wie folgt zurück:

In Windows 98 klicken Sie in der Systemsteuerung auf das Symbol MULTIMEDIA. Aktivieren Sie im daraufhin angezeigten Dialogfeld das Kontrollkästchen LAUTSTÄRKEREGLER IN DER TASKLEISTE ANZEIGEN und klicken Sie dann auf OK.

In Windows Me/2000 klicken Sie in der Systemsteuerung auf das Symbol SOUNDS UND MULTIMEDIA. Aktivieren Sie im daraufhin angezeigten Dialogfeld das Kontrollkästchen LAUTSTÄRKEREGLER IN DER TASKLEISTE ANZEIGEN und klicken Sie dann auf OK.

In Windows XP wird das Lautsprechersymbol im so genannten Infobereich ausgeblendet, wenn Sie es eine Weile nicht verwendet haben. Wenn Sie auf die Pfeile (<<) klicken, um sich den gesamten Bereich anzuzeigen und das Lautsprechersymbol auch dann noch nicht finden, dann müssen Sie zu anderen Mitteln greifen. Öffnen Sie die Systemsteuerung und klicken Sie auf die Kategorie SOUNDS, SPRACHEIN-/AUSGABE UND AUDIOGERÄTE. Klicken Sie dann auf SOUNDS UND AUDIOGERÄTE, um das Dialogfeld EIGENSCHAFTEN VON SOUNDS UND AUDIOGERÄTE zu öffnen. Auf der Registerkarte LAUTSTÄRKE aktivieren Sie das Kontrollkästchen LAUTSTÄRKEREGELUNG IN DER TASKLEISTE ANZEIGEN. Klicken Sie auf OK, um das Dialogfeld zu schließen.

Kann er sprechen?

Nur Windows XP enthält Software, die Ihren Computer sprechen lässt. So kann Ihr PC Ihnen damit den Inhalt eines Fensters oder eines Dialogfelds vorlesen. Sie öffnen diese Option über die Kategorie EINGABEHILFEN in der Systemsteuerung. Suchen Sie dann im Aufgabenbereich SIEHE AUCH nach der Option SPRECHER. Aktivieren Sie den Sprecher mit einem Mausklick. – Nein! Tun Sie das lieber nicht! Erstens ist diese Option derzeit nur in englischer Sprache verfügbar und zweitens ist diese Computerstimme eine Beleidigung für die Ohren.

Diese Option ist für sehbehinderte Personen gedacht und nicht dazu, dass Sie sich Ihre E-Mails laut vorlesen lassen können, während Sie nebenan Kaffee kochen. Trotzdem muss diese im Ansatz sicherlich gute Idee, noch etwas reifen, um eine wirkliche Hilfe zu werden.

✔ Wenn Sie nicht mit Windows XP arbeiten, dann ist Ihre Soundkarte vielleicht mit einer speziellen Sprachsoftware ausgestattet. Sound Blaster hat mal das Programm Text-olé angeboten, das Textdateien mit unterschiedlichen Stimmen laut vorlesen kann. Ich bin nicht auf dem Laufenden, ob dieses Programm immer noch mit der Sound-Blaster-Soundkarte ausgeliefert wird.

✔ Andere Leseprogramme sind auch über das Internet oder bei Ihrem lokalen Software-Anbieter erhältlich.

PC, zum Diktat bitte!

Ich möchte mich hier kurz fassen: Es gibt Programme, mit deren Hilfe Sie mit Ihrem Computer sprechen können. Sie können Ihrem PC etwas diktieren, das Programm wandelt die Sprache relativ genau in Text um und das Ganze wird dann auf dem Bildschirm angezeigt. Das ist wirklich erstaunlich.

- ✔ Wenn Sie eine Spracherkennungssoftware auf Ihrem Rechner installieren, dann denken Sie daran, dass diese dem Rechner viel Leistung abverlangt. Sie brauchen mindestens einen 166 MHz Pentium mit wenigstens 32 Mbyte RAM, damit die Software einigermaßen rund läuft.

- ✔ Für einen schnellen Schreibmaschinenschreiber, wie ich es einer bin, sind diese Programme nicht so geeignet. Für mich sind Sprechen und Tippen zwei völlig verschiedene Dinge. Außerdem ändere ich meine Meinung beim Tippen häufig, sodass ich meinen eigenen Text permanent überarbeite. Und das ist etwas, was diese Spracherkennungsprogramme nicht gut können.

- ✔ Wenn Sie ein Spracherkennungsprogramm kaufen möchten, dann kann ich Ihnen für ein professionelles Arbeiten vier Produkte empfehlen: Dragon Natural Speaking, G Data Power Dictate!, IBM Via Voice Pro und L&H Voice Express Pro. Ein Spracherkennungsprogramm umfasst neben der Software auch ein Mikrofon, das Sie sich wie einen Kopfhörer aufsetzen können. Sie brauchen ein paar Stunden, um das Programm zu installieren und zu konfigurieren, aber das Programm funktioniert danach ziemlich gut.

Scanner und Digitalkameras

In diesem Kapitel

- Scanner und Digitalkameras
- Das Symbol für Scanner und Digitalkameras in der Systemsteuerung
- Arbeiten mit dem Scanner
- Digitale Bilder aufnehmen
- Mit Bildbearbeitungssoftware arbeiten
- Bilder ausschneiden und in der Größe verändern
- Bilder in bestimmten Formaten speichern

Ich persönlich bin ja der Meinung, dass sich die Fotografie nur entwickeln konnte, weil es zu viele Menschen gab, die gerne malen wollten, aber leider überhaupt kein Talent dazu hatten. Denken Sie nur an die Massen von Menschen vor dem Eiffelturm: Hunderte von Familien und Paaren, die in Posen verharren und mit künstlichem Lächeln in die Pariser Sonne blinzeln, während Sie darauf warten, dass Ihre Pinsel schwingenden Verwandten endlich mit dem verflixten Portrait fertig werden. Nun, die Fotografie hat uns alle vor diesem Übel bewahrt.

Jetzt im Computerzeitalter, besonders in der grafischen Windows-Welt, gibt es Malprogramme, die allerdings trotz ihrer heiß umworbenen Benutzerfreundlichkeit doch eher von denen benutzt werden sollten, die sowieso schon mit einem Talent für Leinwand und Pinsel gesegnet sind. Der Rest von uns sollte lieber mit einer grafischen Ausdrucksform vorlieb nehmen. Greifen Sie zu Scanner und Digitalkamera. Schluss mit der dunklen formenlosen Welt. Jetzt kann jeder Grafiken auf dem PC erstellen.

Die Hardware

Die Aufgabe der Hardware ist es, das Bild aus der Realität, wo alles lebt und farbenfroh ist, in das Innere des Computers zu bekommen, wo alles dunkel und voller Elektronik ist. Um eine digitale Kopie der Realität zu machen, brauchen Sie eine Hardware, die sich *Scanner* nennt.

Es gibt zwei Scannertypen. Das eine ist der traditionelle Scanner, der aussieht wie ein zu klein geratener Kopierer, und das andere ist eine Digitalkamera, die nichts anderes als ein tragbarer Handscanner ist.

✔ Ja, eine Digitalkamera ist tatsächlich ein Handscanner. Im Innern verbirgt sie alle Elektronik, die auch ein Scanner hat. Allerdings wird anstatt eines gespiegelten Bildes eine Linse verwendet, um das Bild scharf zu stellen.

 Alles was im Computer ist, ist digital. In der Realität sind alle Dinge analog.

Der Scanner

Scanner sind intelligente kleine Geräte, die wie Kopiergeräte funktionieren. Ein Scanner kopiert jedoch kein Bild, sondern übersetzt das Bild in eine Grafik im Computer. Dort können Sie das Bild ändern, auf Festplatte speichern, in einem Dokument hinzufügen oder als Anhang in einer E-Mail versenden.

Abbildung 17.1 zeigt einen Scanner. Sie werden so ein Gerät vermutlich schon einmal gesehen haben, aber ich wollte Ihnen diese Zeichnung nicht vorenthalten.

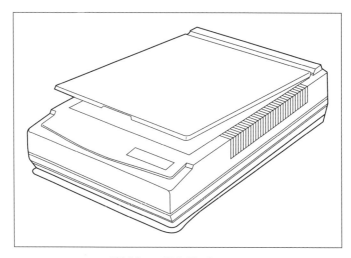

Abbildung 17.1: Ein Scanner

Im Folgenden zu Ihrer Unterhaltung ein paar Gedanken zum Thema »Scanner«.

✔ Wie schließe ich den Scanner an den PC an? Die besten und schnellsten Scanner verwenden eine FireWire- (oft auch SCSI-) Verbindung. Die meisten Scanner werden jedoch über USB- oder Druckeranschlüsse mit dem PC verbunden.

✔ Scanner werden nach Ihrer Auflösung beurteilt, die anhand der Anzahl Punkte pro Zoll (dots-per-inch = dpi) gemessen wird, die ein Scanner lesen kann. Je höher die dpi-Auflösung, umso besser ist das gescannte Bild.

- ✔ Scanner werden stets mit der passenden Software – in der Regel mit drei verschiedenen Paketen – verkauft. Mit dem ersten können Sie mit dem Scanner ein Bild einscannen. Das zweite enthält irgendeine Bildbearbeitungssoftware, z. B. Adobe PhotoDeluxe. Das dritte verbirgt eine so genannte OCR-Software (Optical Character Recognition, d. h. optische Zeichenerkennung), mit der ein Dokument im OCR-Modus eingelesen und dann in Text übersetzt wird, den Sie an Ihrem Computer bearbeiten können.

- ✔ Die Preise für Scanner schwanken zwischen 70 und 250 Euro. Je höher der Preis, umso besser die Bildqualität. Die richtig teuren Scanner sind dabei eher für die Grafikindustrie gedacht. Teurere Scanner bieten außerdem die Option, Adapter für das Scannen von Dias oder Negativen oder eine Einzelblattzufuhr anzuschließen, um größere Mengen Text einzuscannen.

- ✔ Kümmern Sie sich nicht um SCSI-Scanner, außer Ihr PC hat einen SCSI-Anschluss.

- ✔ Wenn Sie einen USB-Anschluss am PC haben, dann kaufen Sie einen USB-Scanner.

 Lassen Sie sich von niemandem einreden, dass Sie Ihren Computer durch die Installation eines Scanners zu einem Kopierer machen. Es ist schon richtig, dass Sie ein Bild einscannen und anschließend ausdrucken können. Aber das dauert länger, als zum nächsten Copy-Shop zu fahren und dort ein paar Kopien zu machen. (Na ja, vielleicht nicht ganz so lange. Aber Scannen und Drucken sind die Bereiche, in denen Computer nicht gerade schnell sind.)

Die Digitalkamera

Der neueste Schrei sind jetzt Digitalkameras. Dieses wunderbare Spielzeug ist nicht nur viel billiger geworden, sondern die Qualität der Bilder, die damit aufgenommen werden können, lässt sich inzwischen mit denen herkömmlicher Kameras vergleichen.

Digitalkameras sind zu Preisen zwischen ein paar Hundert bis zu ein paar Tausend Euro zu haben. Aber noch vor wenigen Jahren musste für einen Scanner ebenso viel auf den Ladentisch geblättert werden. Es ist also durchaus möglich, dass die Preise weiter fallen werden.

Bei einer Digitalkamera müssen Sie auf drei Dinge achten: auf die Auflösung, auf die Anzahl der Fotos, die die Kamera speichern kann, und wie das Bild von der Kamera in den Computer gelangt.

Auflösung: Die Auflösung wird in horizontalen und vertikalen Pixeln (Bildpunkten) angegeben, je mehr, umso besser und teurer die Kamera. Kaufen Sie keine Kamera mit einer geringeren Auflösung als 1024 x 768 Pixel. Im unteren Preisbereich finden Sie Kameras mit 1,31 bis 2,1 Mio Pixel. Mit 3,3 Mio Pixel warten die Kameras der höheren Preisklasse auf. Je höher die Werte sind, umso schärfer ist der Ausdruck des Bildes, vor allem wenn das Bild vergrößert werden soll.

Die Anzahl der Bilder, die eine Kamera speichern kann, hängt von der Auflösung ab. Wenn Sie Bilder nur für das Internet schießen, dann kann Ihre Kamera wahrscheinlich 100 oder mehr Bilder speichern. Sobald Sie jedoch Bilder mit einer höheren Auflösung schießen, reduziert sich die Anzahl der Bilder, die gespeichert werden können. Interessant dabei ist, dass Sie Bilder löschen und damit Platz für neue schaffen können.

Bildspeicher: Alle Digitalkameras haben irgendein internes Speichermedium. Einige Kameras verwenden eine Standarddiskette, die Sie dann einfach in den PC einlegen. Im Handumdrehen sehen Sie die Bilder auf dem Bildschirm. Die meisten Kameras haben jedoch eine spezielle Speicherkarte. Der Vorteil dieser Karte liegt daran, dass sie sehr viel mehr Daten als eine Standarddiskette speichern kann und zwar einige Megabytes!

Wie kommt das Bild in den PC? Eine letzte, sehr wichtige Überlegung beim Kauf einer Digitalkamera ist, wie das Bild von der Kamera in den Computer gelangt. Bei einer Kamera mit Disketten als Speichermedium schieben Sie die Disketten nur in das Laufwerk und fertig. Alle anderen Kameras sind in der Regel mit einem Kabel (wahrscheinlich einem USB-Kabel) ausgestattet, über das Sie Bilder an den Computer senden. Oder Sie können einen Adapter kaufen, der den Inhalt der Speicherkarte liest, und dann darüber auf die Bilder zugreifen.

Hier noch ein paar Dinge, die Sie vor dem Kauf einer Digitalkamera bedenken sollten:

✔ Die meisten Kameras verwenden LCD-Sucher, d. h. Sie müssen sie von sich weg halten, um ein Bild zu sehen. Sicherlich haben Sie so etwas schon einmal bei einem Camcorder gesehen.

 Kaufen Sie keine Digitalkamera, die zu viele unzureichend beschriftete Schalter und Knöpfe hat.

✔ Wenn Sie eine Kamera mit Speicherkarte wollen, dann kaufen Sie sich gleich ein paar davon. Je mehr Karten Sie haben, umso mehr Bilder können Sie aufnehmen.

✔ Der einfachste Weg, Digitalbilder in den Computer zu bringen, ist mithilfe eines Adapters, mit dem die Speicherkarte direkt in den PC eingelegt werden kann.

Bilder einscannen

Mit Scannern und Digitalkameras sammeln Sie Bilder. Das Praktische dabei ist, dass Sie diese Bilder in den Computer laden können, um sie dort zu bearbeiten, zu speichern, zu drucken, per E-Mail zu senden usw. An diesem Punkt setzt dann der softwareseitige Teil dieses digitalen Abenteuers ein.

Was Sie in Windows auf jeden Fall ignorieren sollten

Alle neuen Windows-Versionen (damit meine ich nicht Windows 98 oder noch ältere Versionen) haben in der Systemsteuerung das neue Symbol für Scanner und Digitalkameras. Hier speichert Windows Informationen über Digitalkameras (auch Videokameras) oder Scanner, die an Ihren PC angeschlossen sind.

 Bei Windows XP finden Sie die Option SCANNER UND KAMERAS über die Kategorie DRUCKER UND ANDERE HARDWARE.

Es ist mein voller Ernst: Ignorieren Sie diese Option. Sie können damit zwar einen Scanner oder eine Digitalkamera dem Hardwareverzeichnis des Computers hinzufügen, aber es ist eigentlich nicht erforderlich. Alle Scanner und Digitalkameras haben ihre eigene Installationssoftware. Die ist besser als die von Windows.

Nachdem Sie die Hardware installiert haben, verwenden Sie das Bildbearbeitungsprogramm, das mit dem Scanner oder der Digitalkamera geliefert wurde.

Scannen in zehn Schritten

Mit einem Scanner können Sie alles, was flach ist oder sich falten lässt, in eine Grafik konvertieren. Und so funktioniert's:

1. **Schalten Sie Ihren Scanner ein.**

   Das machen Sie wahrscheinlich automatisch. Manche Scanner schalten sich ein, wenn Sie deren Deckel heben oder die Scannersoftware aufrufen. Andere Geräte müssen eingeschaltet werden.

2. **Rufen Sie Ihr Programm auf.**

   Die meisten Scanner werden mit Software wie z. B. Adobe PhotoDeluxe oder Photoshop oder Microsoft Picture It! oder PhotoDraw ausgeliefert. Hier landet letztendlich das gescannte Bild.

3. **Legen Sie Ihr Bild mit der Vorderseite nach unten in den Scanner ein.**

   Die meisten Scanner scannen von hinten nach vorne. In der Regel wird angegeben, welche Ecke *rechts oben* ist. Versuchen Sie, Ihr Bild möglichst genau in diese Ecke zu legen, was schließlich kein Hexenwerk ist.

4. **Wählen Sie den Befehl zum Scannen eines Bildes.**

   Den Befehl finden Sie aller Wahrscheinlichkeit nach im Menü DATEI. Vielleicht gibt es ja auch eine Schaltfläche in der Symbolleiste. Das Programm startet daraufhin ein spezielles Scanprogramm, das den gesamten Scanvorgang direkt steuert

5. **Sehen Sie sich das Bild in der Vorschau an.**

   Rufen Sie die Bildvorschau im Scannerprogramm auf. Sie nutzen die Bildvorschau, um nur die Informationen einzuscannen, die Sie haben wollen. Wenn Sie beispielsweise Onkel Richards Boot einscannen möchten, Onkel Richard aber nicht auf dem Bild sein soll, können Sie dem Scanner sagen, dass er Onkel Richard nicht einscannen soll.

6. **Wählen Sie den Teil des Bildes aus, den Sie haben wollen.**

   Markieren Sie mit dem Auswahlwerkzeug nur den Teil des Bildes, den Sie einscannen möchten. Ziehen Sie die Markierung mit der Maus nach außen oder innen.

   Mithilfe des Zoom-Werkzeugs können Sie sich das Bild genauer ansehen und sicherstellen, dass Sie wirklich nur den gewünschten Teil des Bildes einscannen.

7. **Passen Sie das Bild an.**

   Manche Scannerprogramme bieten die Möglichkeit, Bilder in Schwarz-weiß oder in Farbe einzuscannen. Einige ermöglichen das Scannen mit unterschiedlichen Auflösungen. Wählen Sie die Optionen, die für das einzuscannende Bild am ehesten passen.

   Die meisten Scannerprogramme verfügen über eine Schaltfläche, mit der der Computer die erforderlichen Einstellungen selbst vornimmt.

8. **Scannen Sie das Bild.**

   Klicken Sie dazu auf die Schaltfläche SCANNEN.

   Der Scanner wird einen Augenblick brauchen, um sich aufzuwärmen oder einzustellen.

   Scannen ... scannen ... scannen ....

   (Tut mir leid, dass ich hier kein geeignetes Scannergeräusch einfügen kann.)

9. **Übernehmen Sie das Bild in Ihre Anwendung.**

   Einige Scannerprogramme verfügen über die Schaltfläche OK. Falls dies bei Ihrer Scannersoftware der Fall ist, dann klicken Sie darauf. Damit wird das Bild in die Anwendung eingefügt und kann dann bearbeitet, gespeichert oder ausgedruckt werden.

   Es kann sein, dass Ihr Scanner das Bild automatisch in die Anwendung einfügt. Ist dies der Fall, müssen Sie natürlich nichts anklicken!

10. **Experimentieren Sie mit dem Bild.**

    Nun können Sie das Bild bearbeiten, ausdrucken oder speichern.

Im Abschnitt über die Bild- und Fotobearbeitungssoftware erfahren Sie mehr über das Bearbeiten eines Bilds.

Es kann sein, dass Sie mehrere Fotos gleichzeitig einscannen können: Scannen Sie alle Fotos ein und speichern Sie dann mit dem Bildbearbeitungsprogramm jedes Foto einzeln ab. Das geht schneller als wenn Sie jedes Bild einzeln einscannen.

✔ Um Dias scannen zu können, ist eine spezielle Hardware erforderlich. Dabei handelt es sich entweder um einen speziellen Diascanner oder um ein Zusatzgerät zum herkömmlichen Scanner. Leider können Sie Ihre Dias vom letzten Urlaub auf den Bermudas nicht einfach auf einen Flachbettscanner auflegen und einscannen. Wenn Sie es dennoch versuchen, wird auf dem Bildschirm nur ein schwarzes Rechteck zu erkennen sein.

 TWAIN ist ein Akronym, das Sie in diesem Zusammenhang sicher öfter hören und für *Technology Without An Important Name* (Technologie ohne wichtigen Namen) steht. Das habe ich mir nicht ausgedacht!

Aufnahme eines digitalen Bildes

Ein Bild mit einer Digitalkamera aufzunehmen, ist eine weitere Möglichkeit, Bilder in den Computer zu bekommen. Auf welchem Weg, die Bilder da hineinkommen, hängt davon ab, wie die Kamera an den PC angeschlossen ist.

Digitalkameras, die via Kabel mit dem PC verbunden sind, werden mit einer speziellen Software zum Einlesen der Bilder ausgestattet, die entweder über die Bildbearbeitungssoftware oder direkt gestartet wird. Dieses Hilfsprogramm, listet die Bilder auf, die sich in der Kamera befinden, und lässt Sie eins oder mehrere aussuchen, um diese auf den Rechner zu laden.

Für Kameras mit Wechselspeichern, z. B. Disketten, legen Sie das Speichermedium lediglich in das entsprechende Laufwerk und greifen darüber auf die Bilder wie auf jede andere Datei in Ihrem Computer zu.

Als Nächstes wollen Sie wahrscheinlich ein Bildbearbeitungsprogramm starten, um die Bilder zu vergrößern, zu verkleinern, auszuschneiden, in speziellen Grafikformaten zu speichern oder als E-Mail-Anhänge zu senden. Dazu mehr im nächsten Abschnitt.

✔ Nachdem Sie die Bilder von der Kamera in den Computer gebeamt haben, sollten Sie sie in der Kamera löschen. Sie verlieren Ihre Bilder dabei ja nicht, da diese auf der Festplatte des Rechners gespeichert sind.

 Wenn Sie noch keinen eigenen Ordner erstellt haben, dann sollten Sie den Unterordner EIGENE BILDER im Ordner EIGENE DATEIEN als Hauptspeicherort für Ihre Bilder wählen. Sie können in diesem Unterordner noch weitere Unterordner für verschiedene Themen anlegen.

✔ Nichtsdestotrotz sollten Sie ab und zu den Inhalt des Ordners EIGENE BILDER auf einer ZIP-Diskette oder einer CD-R speichern, um sich wieder Platz auf der Festplatte zu verschaffen. Sie werden sehen: Bilder nehmen einfach wahnsinnig viel Platz weg.

Foto- und Bildbearbeitungssoftware

Im Lieferumfang der meisten Scanner ist auch ein Programm zum Bearbeiten von Fotos enthalten, mit dem Sie ein eingescanntes Bild bearbeiten können. Einige dieser Programme, wie z. B. PhotoDeluxe von Adobe oder PaintShop Pro von Jasc Software, sind wirklich einfach zu handhaben.

Es wurden bereits ganze Bücher über Bild- und Fotobearbeitungsprogramme geschrieben. Falls Sie sich näher für dieses Thema interessieren, würde ich Ihnen empfehlen, sich einige dieser Bücher zu Gemüte zu führen. Wenn Sie nur ein paar Dinge mit den Bildern anstellen möchten, dann reichen vielleicht auch schon die folgenden Abschnitte aus.

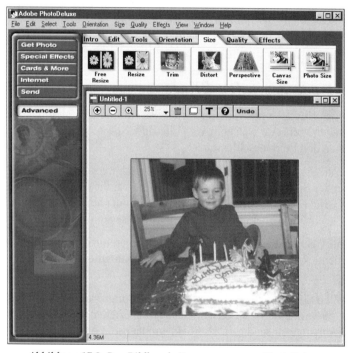

Abbildung 17.2: Das Bildbearbeitungsprogramm PhotoDeluxe

Das Bild beschneiden

Beschneiden ist dasselbe wie das Schneiden mit der Schere. Sie können damit ein Bild so zurechtschneiden, dass nur die von Ihnen gewünschten Teile abgebildet werden.

 Dieser Befehl versteckt sich häufig hinter dem am Rand abgebildeten Symbol.

Wie drucke ich ein Bild, das größer ist als der Bildschirm?

F: Ich habe versucht, eine Landkarte, die ich auf einer Webseite gefunden habe, auszudrucken. Aber ohne Erfolg! Die Karte ist größer als mein Bildschirm, und der Drucker weigert sich, alles zu drucken. Gibt es eine Möglichkeit, die Karte auszudrucken, auch wenn ich dazu mehrere Blatt Papier brauche?

A: Klicken Sie mit der rechten Maustaste auf die Karte, um das Kontextmenü anzuzeigen. Wählen Sie den Befehl BILD SPEICHERN UNTER... und speichern Sie das Bild auf Ihrer Festplatte. Jetzt können Sie das Bild öffnen und es mit einem Bildbearbeitungsprogramm bearbeiten und in der Größe so ändern, dass es auf eine Seite passt.

Um ein Bild zu beschneiden, wählen Sie das Beschneiden-Werkzeug und ziehen über den Teil des Bildes, den Sie behalten möchten. Schließen Sie das Ganze ab, indem Sie in das Bild doppelklicken oder die Eingabetaste drücken.

Die Abmessungen des Bildes ändern

Gescannte Bilder scheinen auf den ersten Blick riesig zu sein, was aber gar nicht stimmt. Die Größe eines Bilds wird nach seiner vertikalen und horizontalen Auflösung, z. B. 1024 x 768 Pixel, gemessen. Wenn Ihr Bildschirm dieselbe Auflösung hat, dann füllt dieses den gesamten Bildschirm aus. Wenn Sie es jedoch mit einem 600-dpi-Drucker drucken, dann ist das Bild nur noch 10 x 15 cm groß. (Ich nehme an, das hat etwas mit der Auflösung oder so zu tun.)

In den meisten Bildbearbeitungsprogrammen können Sie genau berechnen, wie groß das Bild sein wird. In Abbildung 17.3 sehen Sie das Dialogfeld BILDGRÖSSE ÄNDERN. Hier wird angezeigt, wie die Pixelgröße des Bilds und die tatsächliche Druckgröße ist.

Wenn Sie die Größe des Bilds ändern wollen, geben Sie einfache neue Werte in das Dialogfeld ein. Geben Sie Werte in Zentimeter ein, wenn Sie das Bild drucken wollen, bzw. in Pixel, wenn das Bild auf einer Webseite oder in einer E-Mail verwendet werden soll. Für ein Bild in einer E-Mail sollten Sie eine Breite von 300 Pixeln wählen.

Wenn Sie das Bild als Hintergrundbild für Ihren Desktop in Windows speichern wollen, sollte das Bild so groß wie der Desktop sein: Klicken Sie mit der rechten Maustaste auf den Desktop und wählen Sie aus dem Kontextmenü die Option EIGENSCHAFTEN aus. Notieren Sie sich die Größe, die im Dialogfeld EIGENSCHAFTEN VON ANZEIGE auf der Registerkarte EINSTELLUNGEN unter BILDSCHIRMBEREICH angegeben ist. Passen Sie die Größe Ihres Bildes exakt an diese Abmessungen an.

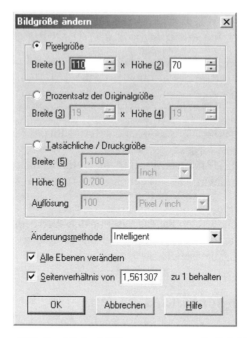

Abbildung 17.3: Das Dialogfeld BILDGRÖSSE ÄNDERN in PaintShop Pro

Das Bild in einem bestimmten Format abspeichern

Ob Sie Ihr eingescanntes Bild nun bearbeitet haben oder nicht, Sie werden es letztlich auf Festplatte speichern.

 Seien Sie mit dem Befehl SPEICHERN vorsichtig! Die meisten Bildbearbeitungsprogramme verwenden für Bilder eigene Dateiformate. Wenn Sie beispielsweise ein Bild in PaintShopPro-Format speichern, nimmt dieses nicht nur viel Platz auf der Festplatte in Anspruch, sondern kann auch nur von denjenigen geöffnet werden, die dieses Programm haben. Nein, es ist am vorteilhaftesten, das Dateiformat zu wählen, das am besten zu dem passt, was Sie mit dem Bild machen.

✔ Wenn Sie das Bild an einen Freund per E-Mail schicken oder in eine Webseite stellen, empfiehlt es sich, das Bild im JPEG-Format abzuspeichern.

✔ Wenn das Bild von Hand erstellt wurde, also eine Skizze, eine Unterschrift, eine Kinderzeichnung oder irgendetwas anderes ist, das kein Foto ist, dann verwenden Sie das GIF-Format. Auch GIF-Dateien können per E-Mail gesendet werden oder auf eine Webseite hochgeladen werden.

✔ Wenn Sie das Bild in einem anderen Programm wie z. B. in einem DTP-, Textverarbeitungs- oder sonstigem Programm einfügen möchten, sollten Sie die Datei im TIF-Format speichern. Dieses Format braucht wahnsinnig viel Speicherplatz, sodass es trotz der einwandfreien Bildqualität nicht per E-Mail gesendet werden sollte. (TIF-Bilder werden auf einer Webseite gar nicht erst angezeigt.)

✔ Wenn Sie das Bild als Hintergrundbild für Windows verwenden möchten, bietet es sich an, es als Bitmap-Datei (BMP) abzuspeichern.

Um das Bild in diesen Formaten zu speichern, verwenden Sie den Befehl SPEICHERN UNTER oder EXPORTIEREN.

Wenn Sie den Befehl SPEICHERN UNTER verwenden, wählen Sie das entsprechende Dateiformat im Dropdown-Listenfeld DATEITYP aus. (Lesen Sie Kapitel 5, wenn Sie Informationen zu diesem Befehl suchen.)

Der Befehl EXPORTIEREN stellt meistens eine Fülle von Dateiformaten zur Verfügung. Wählen Sie das gewünschte Format aus der Liste aus.

Wenn Sie nach dem Exportieren das Programm beenden möchten, werden Sie gewarnt, dass das Bild nicht gespeichert ist. Das ist in Ordnung! Das Programm meint damit, dass das Bild nicht in seinem Dateiformat gespeichert ist. Sie müssen das auch nicht tun, wenn Sie die Datei in einem anderen Format gespeichert haben (und ich wünschte, das Programm würde das zur Kenntnis nehmen, aber ich bin nur ein kleines Licht im Dunkeln).

Peripheriegeräte – noch mehr Geräte für Ihren Computer

In diesem Kapitel

- Was ist ein Peripheriegerät?
- Neue Hardware in Windows installieren
- Weitere Laufwerke installieren
- Alles über Bandlaufwerke
- Wie, wann und was am PC aufrüsten

*W*issenschaftler behaupten, dass sich das Universum ständig in alle Richtungen weiter ausdehnt. Das sagt mein Arzt auch über meinen Bauch! Nun, dann habe ich wenigstens eine Gemeinsamkeit mit dem Universum.

Auch das Universum der Computer dehnt sich immer weiter aus. Es gibt zahllose Geräte, die Sie an Ihren Computer anschließen können, damit dieser nützlicher wird oder mehr Spaß macht und auf jeden Fall wertvoller wird. Diese zusätzlichen Geräte werden als *Peripheriegeräte* bezeichnet. In diesem Kapitel sehen wir uns einige der häufiger verwendeten Peripheriegeräte einmal näher an.

Die unendlich weite Welt der Peripheriegeräte

Als *Peripherie* wird alles bezeichnet, was sich am Rand, außerhalb von was auch immer, befindet. So besteht beispielsweise das *periphere Nervensystem* aus all den Nerven in Ihrem Körper außerhalb des Gehirns (das wiederum als *zentrales Nervensystem* bezeichnet wird). Das *periphere Gesichtsfeld* bezeichnet den Bereich, den Sie sehen können, wenn Sie einen Gegenstand nicht direkt ansehen. Und *nervöse periphere Visionen* sind das, was der Computerkäufer bekommt, wenn er zum ersten Mal einen Computerladen betritt. Wie auch immer, bei einem Computer umfasst die *Peripherie* alles, was Sie an Zubehör oder Zusatzausstattung kaufen und an den Computer anschließen können.

Die Liste der Peripheriegeräte, die Sie kaufen können, ist endlos. Beliebte Peripheriegeräte sind: Scanner, Bandsicherungsgeräte, CD-Brenner, Digitalkameras, Videokameras und zahlreiche andere Geräte.

- ✔ Mithilfe von Peripheriegeräten können Sie Ihr Computersystem erweitern, ohne einen völlig neuen Computer kaufen zu müssen. Sie können diese zusätzliche Hardware selbst anschließen oder einen Guru, Computerberater oder einen anderen überbezahlten Menschen bitten, dies für Sie zu tun.
- ✔ Sämtliche Peripheriegeräte sind Hardware.
- ✔ Obwohl sich das Wort *Peripheriegerät* auf Geräte außerhalb des Computers bezieht, können Sie Peripheriegeräte auch intern anbringen – in der Konsole. (Peripheriegeräte sind also all die Geräte, die nicht standardmäßig im Computer enthalten sind.)

- Wenn Ihr PC einen USB-Anschluss hat, dann sollten Sie stets eine USB-Version des Peripheriegeräts kaufen, egal ob es sich dabei um Lautsprecher, Joystick, Scanner oder was auch immer handelt. USB-Hardware ist mit Abstand am besten und einfachsten zu installieren.
- ✔ Korrektur: Einige FireWire-Geräte sind besser als USB-Geräte. FireWire-Speicherlaufwerke (wie Festplatten, CD-Rs usw.) und FireWire-Scanner sind viel schneller als ihre USB-Verwandtschaft.

Installieren eines Peripheriegeräts

Die Hardware eines Peripheriegeräts zu installieren, ist wirklich einfach. Die meisten Peripheriegeräte sind externe Geräte, bei denen Sie lediglich den Stecker in die richtige Buchse am PC stecken müssen.

Na ja, Sie müssen bei der Installation eines Peripheriegeräts auch noch andere Anweisungen befolgen. Das Gerät an den Computer anzuschließen, ist jedoch das Wichtigste.

Da manche Peripheriegeräte auch im PC installiert werden, kann es sein, dass Sie die Konsole öffnen und die entsprechende Erweiterungskarte anschließen müssen. Das ist nicht allzu schwierig. Aber Sie brauchen sich auch nicht zu schämen, wenn Sie jemanden beauftragen, das gegen Bezahlung für Sie zu erledigen.

- ✔ Die meisten Peripheriegeräte werden über die normalen Anschlüsse an der Rückseite eines Computers angeschlossen. Näheres dazu erfahren Sie in Kapitel 8.
- ✔ Wann immer Sie Hardware installieren und somit intern oder extern an Ihren Computer anschließen, müssen Sie grundsätzlich immer zuerst den Computer ausschalten. In Kapitel 2 können Sie nachlesen, wie Sie dabei vorgehen.
- ✔ USB-Geräte lassen sich am einfachsten installieren. Dazu müssen Sie noch nicht einmal den Computer ausschalten. Stecken Sie einfach das USB-Kabel ein. Das war's dann schon.

Manchmal müssen Sie die Software des Peripheriegeräts zuerst installieren. Bei dem ZIP-Laufwerk und dem Modem, die ich gerade installiert habe, musste ich bei beiden zuerst die Software installieren und dann erst die Hardware einstecken. Manchmal geht es anders herum. Lesen Sie in jedem Fall zuerst die mitgelieferte Dokumentation, bevor Sie loslegen.

Erzählen Sie Windows von Ihrer neuen Hardware

Alle Peripheriegeräte werden mit der passenden Software geliefert. Die Software installieren Sie je nach den Anweisungen des Handbuchs entweder vor oder nach der Hardware.

Nachdem Sie die Hardware angeschlossen haben, wird sie von Windows gefunden und dann der geheimen internen Windows-Hardwareliste hinzugefügt. Wenn nicht, dann müssen Sie die Sache selbst in die Hand nehmen. Das Handbuch sollte aber auch hier Auskunft geben.

Es kann gut sein, dass Windows einige Modems nicht erkennt. Um die Modeminstallation abzuschließen, müssen Sie daher in der Systemsteuerung auf das Symbol MODEM klicken und dann auf die Schaltfläche HINZUFÜGEN, um das Modem zu installieren. Diese Regelung gilt auch für Joysticks: Hier müssen Sie in der Systemsteuerung auf das Symbol SPIELEOPTIONEN und dann auf die Schaltfläche HINZUFÜGEN klicken, um den Joystick zu installieren.

- ✔ In Windows 98 und Windows 2000 heißt dieses Symbol GAMECONTROLLER.

In Windows XP verbergen sich die GAMECONTROLLER in der Kategorie DRUCKER UND ANDERE HARDWARE.

- ✔ Die Fähigkeit von Windows, neue Peripheriegeräte sofort zu erkennen, heißt *Plug&Play*. Bei diesen Geräten erkennt Windows die neue Hardware, wenn Sie Ihren Computer nach der Installation neu starten (außer es handelt sich um ein USB-Gerät, bei dessen Installation Sie den PC nicht ausschalten müssen).

- ✔ Ein Treiber ist nichts anderes als ein Programm, das ein bestimmtes Hardwareteil steuert. Wenn also jemand sagt: »Windows benötigt einen neuen Treiber«, dann ist das nicht als Beleidigung für Sie als Bediener des Computers gemeint.

- ✔ Plug&Play ist nicht narrensicher. Aus diesem Grund wird es oft »Plug&Pray« (engl. für Einstecken und Beten) genannt.

»Windows ist dumm und erkennt das neue Peripheriegerät nicht!«

In einigen wenigen Fällen kann es vorkommen, dass Windows Ihre neue Hardware nicht erkennt. Die Ursache dafür kann sein, dass das neue Gerät nicht Plug&Play-kompatibel ist oder dass das neue Gerät die Aufmerksamkeit des Computers nicht direkt auf sich zieht, wie z. B. bei einem externen Modem.

Hardware

Wenn Windows die neue Hardware nicht erkennt, müssen Sie den Hardware-Assistenten ausführen. Öffnen Sie dazu die Systemsteuerung und doppelklicken Sie auf das Symbol HARDWARE.

Befolgen Sie die Anweisungen der Treibersoftware. Lesen Sie die Meldungen auf dem Bildschirm. Klicken Sie auf WEITER oder wählen Sie bei Bedarf die entsprechenden Optionen aus. Nach wenigen Augenblicken sollte Ihre Hardware installiert und betriebsbereit sein.

Bei Windows XP öffnen Sie in der Systemsteuerung die Verknüpfung DRUCKER UND ANDERE HARDWARE. Suchen Sie dann im Aufgabenbereich SIEHE AUCH nach der Option HARDWARE.

✔ Die große Entscheidung beim Hardware-Assistenten ist die, ob Windows nach der neuen Hardware suchen soll oder ob Sie sie selbst aus einer Liste von Möglichkeiten auswählen möchten. Manchmal ist es einfacher, Windows suchen zu lassen, ein anderes Mal ist man besser beraten, das Gerät selbst aus einer Liste auszusuchen.

✔ Windows kann (oder will) Bandsicherungsgeräte nicht erkennen, insbesondere dann nicht, wenn es sich um interne Geräte handelt. Wenn Sie gerade ein solches Gerät installiert haben, wundern Sie sich nicht, wenn Windows davon keine Notiz nimmt. Führen Sie einfach die mit dem Gerät mitgelieferte Software aus. Diese sollte das Gerät erkennen.

Einige beliebte Peripheriegeräte

Dieses Kapitel wird von Ausgabe zu Ausgabe kürzer. 1992 wurden Modems und CD-ROM-Laufwerke noch als Peripheriegeräte bezeichnet. Inzwischen ist die Liste schon nicht mehr so lang und wird auch immer kürzer.

Das beliebteste Peripheriegerät ist heute der Scanner. Allerdings ist er mittlerweile so beliebt, dass ich ihm zusammen mit den Digitalkameras ein eigenes Kapitel gewidmet habe (Kapitel 17). Also bleiben für dieses Kapitel die beliebten externen Laufwerke (ZIP-Laufwerk, CD-Brenner), Bandlaufwerke und Videokameras übrig.

Externe Laufwerke

Es ist ganz einfach, einen Computer um ein weiteres Speichermedium zu erweitern: Installieren Sie einfach ein neues! Ein CD-ROM-Laufwerk, einen CD-Brenner, eine Festplatte, ein DVD-Laufwerk oder ein ZIP-Laufwerk zu installieren, ist wirklich ein Kinderspiel.

Am einfachsten installieren Sie externe Laufwerke über den USB-Anschluss. (Falls Ihr PC keinen hat, dann kaufen Sie sich eine USB-Erweiterungskarte, und schon sind Sie mit von der Partie!) Über einen USB-Anschluss können Sie so viele externe Laufwerke anschließen wie Ihre Eurocard zulässt.

Alternativ können Sie externe Speichergeräte auch über den Druckeranschluss anschließen. Leider können Sie hier nur ein Gerät dranhängen, wenn also der Druckeranschluss bereits mit einem Scanner oder einem ZIP-Laufwerk belegt ist, ist für ein weiteres Gerät kein Platz mehr.

> **Auswahl eines Peripheriegeräts zum Erstellen von Sicherungskopien**
>
> **F:** Sie haben gar nichts über das Erstellen von Sicherungskopien auf Disketten geschrieben. Ich dachte, dafür sind Disketten da?
>
> **A:** Nein, der eigentliche Zweck einer Diskette geht zurück auf das Jahr 1978, um auch denjenigen eine Speichermöglichkeit zu schaffen, die sich die (damals) teuren Festplatten nicht leisten konnten. Bei den heutigen Festplatten bräuchten Sie jedoch Hunderte von 1,44-Mbyte-Disketten, um alle Daten darauf zu sichern. Das würde mehr als ein Bandsicherungsgerät kosten, also warum nicht gleich eins kaufen? Ganz zu schweigen davon, dass Disketten ein ziemlich unzuverlässiges Speichermedium sind und dass es etwa eine Woche dauern würde, bis Sie mit der Diskettensicherung fertig wären.

- ✔ FireWire-Geräte sind eigentlich besser als USB, allerdings gibt es noch nicht jedes externe Speichergerät als FireWire-Version.
- ✔ Wenn Sie jedoch FireWire haben, dann kaufen Sie FireWire-Geräte!
- ✔ Externe Speichergeräte haben einen entscheidenden Vorteil: Sie überleben die aktuelle Konfiguration Ihres Rechners. Ich kann beispielsweise mein externes FireWire-Festplattenlaufwerk nach dem Ableben meines jetzigen Rechners an das neue Modell anschließen. Ich brauche dafür noch nicht einmal meine Software zu kopieren, sondern einfach nur das FireWire-Laufwerk einzustecken. Genial!

Bandsicherungen

Ein Bandlaufwerk ist ein Gerät, das zum Erstellen von Sicherungskopien sämtlicher Daten auf der Festplatte eines Computers verwendet wird. Sämtlicher Daten. Das ist eine Kopie für den Notfall. Eine Sicherungskopie. Eine Nur-für-den-Fall-Kopie.

Nachdem Sie Ihr Bandsicherungsgerät installiert haben, müssen Sie es auch nutzen! Erstellen Sie *mindestens* einmal im Monat eine Sicherungskopie Ihrer Arbeit. Ich erstelle von den Büchern, an denen ich arbeite, *jeden Tag* eine Sicherungskopie. Und mit dem Sicherungsprogramm geht das ganz automatisch. Ich musste dem Programm lediglich mitteilen, was wann gesichert werden soll. Es gibt Momente, in denen diese Computer alles halten, was die Werbung verspricht.

- ✔ Bandlaufwerke werden mit *einem* Band ausgeliefert. Kaufen Sie noch mehr Bänder. Sie werden etwa drei Stück benötigen, um immer im Wechsel Sicherungskopien erstellen zu können.
- ✔ Die Menge an Daten, die auf einem Band gespeichert werden kann, ist unterschiedlich. Auf einigen Bändern können nur 500 Mbyte, auf anderen mehr als 8 Gbyte gespeichert werden. Kaufen Sie ein Band mit mindestens der Kapazität all Ihrer Festplatten zusammen.

- ✔ Sie können eine Sicherungskopie auch auf CDs erstellen. Die CD-Brenner, die Sie dazu benötigen, werden mit der entsprechenden Software ausgeliefert. Allerdings passen auf diese CDs maximal 650 Mbyte, was sehr viel weniger ist als die Kapazität eines einzigen Bandes.

Da gerade von Windows und Sicherungskopien die Rede war: Ich empfehle Ihnen eine Sicherungskopie Ihrer Festplatte nicht mit Windows, sondern mit der Software Ihres Sicherungsgeräts zu erstellen. Die Software von Windows ist nicht gerade die beste. Das Programm, das Sie zusammen mit Ihrem Bandsicherungsgerät bekommen, ist bestimmt um einiges besser.

Es lebt und befindet sich auf Ihrem Bildschirm!

Ein interessantes Spielzeug für Ihren Computer ist die Videokamera. Diese kleinen mechanischen Augen werden in der Nähe Ihres Computers, in der Regel auf dem Bildschirm angebracht. Sie können damit Filme oder einzelne Bilder aufnehmen oder bewegte Bilder über das Internet verschicken. Was Sie im Einzelnen damit machen können, hängt von der mit der Kamera mitgelieferten Software ab.

- ✔ Meine Kamera scheint defekt zu sein. So viel zum Thema Einfügen einer Live-Aufnahme von mir beim Schreiben dieses Buches ...

- ✔ Wenn Sie eine dieser Kameras möchten, mit denen Sie Bilder ins Web schicken können, dann brauchen Sie eine so genannte *Webcam*.

Achten Sie darauf, dass die erforderliche Software im Lieferumfang des Geräts enthalten ist. Videokonferenzen sind beispielsweise nur mit der entsprechenden Software möglich. Die Kamera ist nur das Gerät. Damit Sie dieses nutzen können, brauchen Sie Software.

»Ich habe etwas Geld übrig und möchte meine Hardware aufrüsten«

Die meisten Leute kaufen sich nicht jedes Jahr ein neues Auto. Fernsehgeräte, Videorecorder, Mixer und Radiowecker behält man, bis sie kaputtgehen, und kauft erst dann neue. Warum sollte man etwas reparieren, wenn es billiger ist, ein neues Gerät zu kaufen?

In der Welt der Computer, die, wie wir alle wissen, bizarr und völlig anders ist, werden monatlich, wenn nicht sogar wöchentlich, Updates und Upgrades angeboten. Ständig gibt es etwas Neues und Besseres! Und Sie haben immer noch 3000 Euro Guthaben auf Ihrer Visa-Karte!

Was Sie zuerst kaufen sollten

Manchmal ist es billiger, einen alten Computer aufzurüsten, als einen neuen zu kaufen. Am besten suchen Sie sich jemanden, der es für Sie macht. Aber was sollen Sie als Erstes kaufen? Zu viele verlockende Dinge machen eine sinnvolle Entscheidung schwierig. Lassen Sie mich helfen:

Arbeitsspeicher: Der Arbeitsspeicher sollte die höchste Priorität beim Aufrüsten haben. Er ist nicht so teuer und die Installation ist nicht allzu schwierig. Fast alle Ihre Programme werden sich freuen, mehr Arbeitsspeicher zur Verfügung zu haben.

- ✔ Zusätzlicher Arbeitsspeicher kann Ihre Programme schneller machen und mehr Informationen verwalten. Der Computer kann auch mehr Grafik und Audiosignale verarbeiten.
- ✔ Mehr Arbeitsspeicher ist das Beste, was Sie für Ihren PC kaufen können.
- ✔ Weitere Informationen über den Arbeitsspeicher finden Sie in Kapitel 10.

Festplatte: Kaufen Sie eine zweite Festplatte. Eine große. Die meisten Computer können mit zwei Festplatten umgehen. Und wenn Sie eine neue Festplatte benötigen, wissen Sie ziemlich genau, wie groß diese sein muss.

- ✔ Der einfachste Weg zur neuen Festplatte führt über einen FireWire- oder USB-Anschluss. Sie können daran Dutzende von Festplatten an Ihren PC anschließen.

 Wenn Sie eine unterbrechungsfreie Stromversorgung (USV) haben, dann stecken Sie dort alle externen Laufwerke an. Sonst kann der Rechner die Dokumente nicht speichern, wenn der Strom ausfällt. (Kapitel 2 enthält Informationen zur USV.)

- ✔ Nebenbei gesagt: Größere Festplatten brauchen nicht mehr Platz in der Konsole. Sie müssen also kein neues Gehäuse kaufen.

Monitor: Kaufen Sie einen großen Monitor, zum Beispiel einen mit 21 Zoll. Diese Geräte sind *großartig*. Sie können Unmengen von Fenstern auf dem Bildschirm anzeigen, ohne Platzangst zu bekommen. Meistens ist es einfach, den alten Monitor zu ersetzen. Sie können es sogar selbst machen, aber lassen Sie jemanden mit breiten Schultern das Ding hochhieven.

- ✔ Machen Sie etwas Verrücktes und kaufen Sie sich einen Flachbildschirm. Sie sind wunderbar, sie schonen die Augen und sind leider immer noch sehr teuer.
- ✔ Vergessen Sie nicht, dass Sie unter Windows mehrere Monitore an Ihren PC anschließen können. (Okay, bei der Home-Edition von Windows XP funktioniert das nicht!)
- ✔ Weitere Informationen über Monitore finden Sie in Kapitel 11.

Mikroprozessor: Einen Mikroprozessor aufzurüsten ist etwas, das ich nicht empfehle. Im Allgemeinen ist es besser, einen komplett neuen Computer zu kaufen. Auf diese Art und Weise bekommen Sie lauter neue Komponenten zu einem günstigeren Preis, als wenn Sie sich den Computer nach und nach neu zusammenkaufen.

Meiner Meinung nach fahren Sie besser, wenn Sie einen größeren Arbeitsspeicher oder eine größere Festplatte installieren. Beides führt umgehend zu einem spürbaren Ergebnis, während Sie einen schnelleren Prozessor vielleicht merken oder auch nicht. Aber das ist natürlich nur meine Meinung. Wenn Sie einen schnelleren Prozessor kaufen möchten, dann nur zu.

Wann ein neuer Computer fällig ist

Ersetzen Sie Ihren PC alle vier oder fünf Jahre. Die Kosten für ein neues System werden dann geringer sein, als alles aufzurüsten.

Ihr PC ist bereits in dem Moment veraltet, in dem Sie ihn kaufen. In diesem Moment werden in Silicon Valley neue Mikroprozessoren und bessere Motherboards entwickelt, die weniger kosten. Vielleicht nicht gerade in der *Minute*, in der Sie Ihren PC gekauft haben, aber früher oder später wird Ihr High-Tech-Computer Schnee von gestern sein.

Aber müssen Sie wirklich einen neuen Computer kaufen? Möglicherweise nicht. Wofür haben Sie den Computer gekauft? Erfüllt er noch seinen Zweck? Wenn ja, ist alles in Ordnung. Rüsten Sie nur auf, wenn Sie es unbedingt müssen. Ansonsten ist es wenig sinnvoll, noch mehr Geld in das Gerät zu stecken.

✔ Die Computertechnologie entwickelt sich schneller, als Fliegen eine saubere Windschutzscheibe verschmutzen können. Aber wenn sich Ihre Anforderungen nicht drastisch geändert haben, kann Ihr Computer die Aufgaben, für die Sie ihn gekauft haben, trotzdem erfüllen.

✔ Die meisten Leute kaufen neue Computer, weil sie schneller sind. Jedoch bedeutet erhöhte Geschwindigkeit nicht immer erhöhte Produktivität. Zum Beispiel wird die meiste Zeit bei der Textverarbeitung damit verbracht, nach den richtigen Worten zu suchen. Ein schnellerer Computer kann dabei auch nicht helfen. Schnellere Computer unterstützen Programme, die die zusätzliche Leistung nutzen können: Grafik-, Animations-, DTP- und ähnliche Programme.

✔ Vergleichen Sie den Preis eines neuen Computers mit der Zeit, die Sie mit einer schnelleren Verarbeitungsgeschwindigkeit sparen. Wenn Sie eine Menge Zeit damit verbringen, auf Ihren Computer zu warten, mag eine Aufrüstung in Ordnung sein.

 Erliegen Sie nicht der Verführung der Computerzeitschriften, die Sie drängen zu kaufen! Kaufen! Kaufen! Den neuesten Computer. Denken Sie daran, wer die meisten Anzeigen in diesen Magazinen bezahlt.

Teil IV

Software-Führer für Anfänger

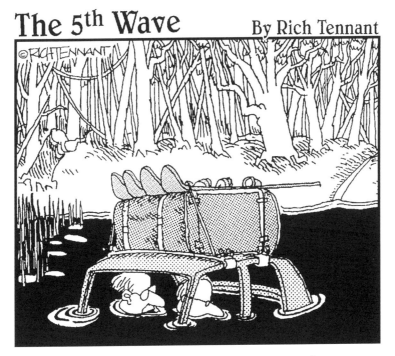

»Also, Hans, ich glaube, wir haben die Navigationssoftware doch nicht richtig installiert.«

In diesem Teil ...

Die Software sorgt dafür, dass die Hardware funktioniert. Sie ist das eigentliche Gehirn des Ganzen, auch wenn sie in diesem Buch erst nach der Hardware kommt. Warum? Weil Sie zuerst das eine haben müssen, bevor Sie mit dem anderen etwas machen können. Die Software braucht die Hardware, so wie eine Symphonie ein Orchester braucht. Aber was soll ein Fagott, wenn man nicht darauf spielt? Und ist Fagott nicht ein lustiges Wort?

Fagott.

Ich würde gerne noch mehr über das Fagott und darüber philosophieren, was ich glaube, wie das Fagott im siebzehnten Jahrhundert von einem Hobbyinstallateur erfunden wurde. Aber lassen wir das. In diesem Teil des Buches geht es um die Software und nicht um Musikinstrumente. Viel Spaß also mit Ihrer Software, und wenn Sie genügend Zeit haben, können Sie immer noch lernen, Fagott zu spielen.

Das 1 x 1 der Software

In diesem Kapitel

- Software kaufen
- Was ist alles in der Schachtel?
- Software installieren
- Software deinstallieren
- Software aktualisieren
- Windows aktualisieren oder nicht aktualisieren
- Software-Tipps

Wenn Sie mit dem Computer arbeiten, dann benutzen Sie Software. Selbst eine so hardwaremäßige Tätigkeit wie das Auswerfen einer Diskette wird von der Software gesteuert. Sie sagen der Software, dass sie die Diskette auswerfen soll, und die Hardware (das Diskettenlaufwerk) gehorcht der Software und spuckt die Diskette aus. Sie sehen schon: Die Software ist der Boss.

Es wurden bereits tonnenweise Bücher über die Software geschrieben. Deshalb habe ich mich in diesem Buch auch mehr auf die Hardware verlagert. Da es aber so ganz ohne Software nicht geht, habe ich mich in diesem Kapitel auf die »ersten Schritte« konzentriert. Sie erfahren, wie Sie Software installieren und aktualisieren, denn diese Aufgaben machen erfahrungsgemäß die größten Probleme.

Einige Worte zum Kaufen von Software

Das Kaufen von Software gehört zum Kaufen eines Computers. Eigentlich sollten Sie zuerst die Software aussuchen und erst dann die passende Hardware. Aber Sie können nicht Ihre gesamte Software auf einmal kaufen. Nein, eines schönen Tages werden Sie durch einen Computerladen streifen und sich das Softwareangebot ansehen. Wenn Sie das tun, bedenken Sie Folgendes:

- ✔ Vergleichen Sie Programme, um böse Überraschungen zu vermeiden. Oder noch besser, schauen Sie sich um, was andere benutzen. Mit welchen Programmen arbeiten Ihre Kollegen im Büro? Welche Programme empfehlen Ihre Freunde?
- ✔ Probieren Sie die Software aus, bevor Sie sie kaufen. Falls das in Ihrem Laden nicht geht, suchen Sie sich einen anderen! Es gibt Geschäfte, die Ihnen die Software vorführen.

Prüfen Sie vor dem Kauf die Rückgabebedingungen. Wenn es heißt, dass Sie geöffnete Ware nicht zurückgeben können, dann heißt das im Klartext, dass die Ware vom Umtausch ausgeschlossen ist. Also, Augen auf beim Kauf!

✔ Stellen Sie sicher, dass die Software-Anforderungen mit der Hardware Ihres Computers übereinstimmen. Ganz banal ausgedrückt: Kaufen Sie keine DVD-Version eines Programms, wenn Ihr Rechner nur ein CD-ROM-Laufwerk hat.

Was ist alles in der Schachtel?

Überraschenderweise enthalten viele große Software-Schachteln Polsterungen aus Kunststoff oder Pappe, um die Schachteln im Regal größer und eindrucksvoller aussehen zu lassen. Es macht einfach mehr her, als die CD und das dünne Heft für 199 Euro in einem Papierumschlag zu verkaufen.

Das Wichtigste in der Schachtel sind die Datenträger. Fast alle Programme sind auf einer oder mehreren CDs zu haben. Manche Programme werden jedoch immer noch auf Disketten ausgeliefert. Ab und zu finden Sie jetzt auch schon mal eine DVD, vor allem in Schachteln mit mehreren CDs.

Neben den Datenträgern befindet sich noch das Handbuch und möglicherweise einige andere nette Dinge in der Schachtel. Hier ist eine Übersicht:

Das schreckliche Handbuch: Den meisten Programmen liegt ein Handbuch bei, gewöhnlich im Umfang einer politischen Abhandlung und auch in etwa so spannend. Es ist vielleicht mehr als nur ein Handbuch dabei. Suchen Sie als Erstes nach dem Abschnitt »Installation«. (Vorbei sind die Zeiten der dicken Handbücher, und den Tag, an dem Sie ein nützliches Handbuch finden, wird es nie geben.)

Registrierkarte: Die Registrierkarte sieht einer langweiligen Postkarte ähnlich. Sie tragen Ihren Namen und Ihre Adresse ein, außerdem beantworten Sie ein paar Fragen über die Software. Anschließend schicken Sie die Karte an die Firma zurück. Die kann Sie dann über Fehler, zum Beispiel über nicht funktionierende Befehle, unterrichten. Einige Firmen verlangen, dass Sie die Registrierkarte ausfüllen, bevor Sie am Telefon technischen Support erhalten.

Schnellübersicht: Das Handbuch erklärt alles in großartigen Details, aber Sie benötigen meistens nur einige Befehle. In einer Schnellübersicht sind diese nützlichen Befehle übersichtlich aufgelistet. Sie können sie neben die Tastatur legen und bei Bedarf schnell einen Blick darauf werfen. Nicht jede Software wird mit einer Schnellübersicht geliefert.

Schnellinstallationsübersicht: Computeranwender wollen die sofortige Befriedigung. Auf Knopfdruck muss alles sofort erledigt werden. Niemand will sich mehr mit dicken Handbüchern abplagen, vor allem nicht beim Installieren der Software. Eine Schnellinstallationsübersicht enthält eine verkürzte Version der Installationsanweisungen im Handbuch. Durch Eintippen der Befehle können Sie die Software installieren, ohne das Handbuch aufzuschlagen. Hurra!

Lizenzvereinbarungen: Dieses Kleingedruckte beansprucht durchschnittlich 3346 Wörter Amtsdeutsch, um vier Dinge zu sagen: 1. Geben Sie keine Kopien dieses Programms an Freunde weiter – die sollen ihre eigenen Programme kaufen. 2. Wenn Sie versehentlich irgendwelche Daten verlieren, ist das nicht unsere Schuld. 3. Wenn diese Software nicht funktioniert, ist das auch nicht unsere Schuld. 4. Tatsächlich besitzen Sie diese Software gar nicht. Sie besitzen gerade mal eine Lizenz, um die Software zu benutzen. Die Software ist unser Eigentum. Wir sind böse. Eines Tages wird uns die Welt gehören. Ha, ha!

Lies mich zuerst: Wenn die Firma in ihrem kürzlich gedruckten Handbuch einen Fehler entdeckt, wird sie ihn nicht ausbessern und das Ganze neu drucken. Die Korrekturen befinden sich auf einem Blatt Papier mit der Überschrift »Lies mich zuerst!« Heften Sie dieses Papier auf die innere Umschlagseite Ihres Handbuchs.

Dinge, die Sie gar nicht wollten: Schließlich befinden sich in den Software-Schachteln immer noch Kataloge der Unternehmen und kostenlose Angebote von anderen Firmen. Das können Sie alles wegwerfen, wenn Sie möchten.

Noch ein paar Gedanken zum Thema:

Bewahren Sie die CD-ROMs oder Disketten nicht einfach irgendwo auf. Ich stecke sie nach der Installation gleich wieder in die Schachtel zurück, dann finde ich sie wenigstens gleich wieder, wenn ich sie mal brauche.

✔ Manchmal wird mit dem Programm kein Handbuch mitgeliefert. Es kann sein, dass Sie Installationsanweisungen auf einer Karte oder einem Blatt Papier finden. Das Handbuch befindet sich *auf dem Datenträger*.

✔ Wenn sich das Programm auf einer CD befindet, Ihr PC jedoch kein CD-ROM-Laufwerk hat, können Sie das Programm auf Diskette bestellen. Halten Sie sich fest: Sie können dann zwischen 2 und 36.000 Disketten zugesandt bekommen!

✔ Manchmal sind die Lizenzvereinbarungen auf einen kleinen Aufkleber auf einem Umschlag gedruckt. Sie müssen ihn zerreißen, bevor Sie die Disketten entnehmen können. Ob das bedeutet, dass Sie den Lizenzvertrag annehmen oder nicht, sollen die Rechtsanwälte herausfinden.

✔ Bei vielen Produkten können Sie sich nicht nur über die Registrierkarte, sondern auch online registrieren lassen. Alternativ können Sie die Informationen aber auch ausdrucken und per Fax verschicken.

Software installieren

Wenn Sie einen Computer länger als einen Monat haben, dann haben Sie bestimmt bereits neue Software installiert. Das gehört einfach zu den Pflichten eines PC-Benutzers. Die folgenden Abschnitte wollen Ihnen bei dieser Aufgabe zur Seite stehen:

Der einfachste Weg, Software zu installieren

Lassen Sie es jemand anderen machen.

Wenn's einfach nicht geht, dann eben so:

Beachten Sie die folgenden Schritte, um neue Software zu installieren. Ich gehe davon aus, dass Sie die schreckliche Plastikhülle nach mehreren Anläufen und Flüchen entfernt haben und bis zu den CDs vorgedrungen sind. Legen Sie alles zur Seite, was Sie momentan nicht brauchen können und machen Sie sich startbereit.

1. **Lesen Sie den »Lies mich zuerst«-Zettel.**

   Wenn Sie die Schachtel das erste Mal öffnen, suchen Sie nach einem Blatt Papier, auf dem »Lies mich zuerst!« oder etwas Ähnliches steht, und folgen Sie der ersten Anweisung: Lesen Sie es. Versuchen Sie zumindest, es zu verstehen.

   Manchmal besteht der »Lies mich zuerst!«-Zettel nur aus ein oder zwei Sätzen, die dem Handbuch auf Seite 127 im dritten Absatz entnommen wurden: »Dwibbeln Sie Ihre Schrumpelstilz in drei Frips.« Auch wenn Sie diesen Zettel nicht verstehen, werfen Sie ihn nicht weg. Vielleicht verstehen Sie ihn, wenn Sie mit dem Programm arbeiten.

2. **Legen Sie das Handbuch zur Seite.**

   Sagen Sie dabei: »So!«

3. **Legen Sie die Installationsdatenträger in das Laufwerk ein.**

   Suchen Sie nach dem Datenträger mit der Beschriftung »Installation«, »Setup«, »CD 1« oder »Diskette 1«, und schieben Sie den Datenträger in das entsprechende Laufwerk.

   Falls Sie von Disketten installieren, stapeln Sie diese der Reihe nach auf, die erste Diskette oben. Auf diese Art können Sie die Disketten eine nach der anderen in das Laufwerk schieben, ohne sie ständig durchwühlen zu müssen.

4. **Starten Sie das Installationsprogramm.**

   Wenn Sie Glück haben, wird das Installationsprogramm automatisch ausgeführt, wenn Sie die CD in das CD-ROM-Laufwerk einlegen.

   Software
   Wenn das Installationsprogramm nicht automatisch startet, müssen Sie es selbst aufrufen. Das können Sie tun, indem Sie in der Systemsteuerung auf das Symbol SOFTWARE klicken. Klicken Sie dann auf INSTALLIEREN, damit Windows nach dem Installationsprogramm sucht und dieses ausführt.

5. **Lesen Sie den Text auf dem Bildschirm sorgfältig durch. Klicken Sie, wenn nötig, auf** WEITER.

Lesen Sie die Anweisungen sorgfältig. Manchmal enthalten sie wichtige Einzelheiten. Mein Freund Jerry (sein richtiger Name) hat einfach immer auf WEITER geklickt, ohne die Anweisungen zu lesen. So verpasste er einen wichtigen Hinweis, der besagte, dass eine ältere Version des Programms gelöscht wird. Der arme Jerry hat sein Programm nie zurückbekommen.

6. **Aktivieren Sie die benötigten Optionen und machen Sie die erforderlichen Angaben.**

   Das Programm fordert Sie auf, Ihren Namen, den Namen Ihrer Firma und möglicherweise eine Seriennummer einzugeben. Tippen Sie das alles ein.

   Keine Sorge, wenn das Programm bereits weiß, wer Sie sind. Windows hat in dieser Hinsicht hellseherische Fähigkeiten.

   Wenn Sie aufgefordert werden, eine Entscheidung zu treffen, ist die bereits gewählte Option (*Standard*) meistens die beste. Nur wenn Sie wirklich wissen, was Sie tun, sollten Sie eine andere Option wählen.

   Die Seriennummer finden Sie im Handbuch, auf der CD-Hülle, der ersten Diskette oder auf einer Karte, die Sie vermutlich weggeworfen haben, obwohl ich Ihnen gesagt habe, Sie sollten sie aufbewahren.

7. **Die Dateien werden kopiert.**

   Schließlich kopiert das Installationsprogramm die Dateien von den Disketten oder von der CD auf die Festplatte.

   Wenn Sie Pech haben und von Disketten installieren müssen, legen Sie eine nach der anderen in das Laufwerk ein. Vergewissern Sie sich, dass die Disketten in der richtigen Reihenfolge sind (sie sind nummeriert). Nehmen Sie immer erst die letzte Diskette aus dem Laufwerk, bevor Sie die nächste einlegen.

8. **Fertig.**

   Das Installationsprogramm ist beendet, und der Computer wird neu gestartet, um spezielle Programme zu installieren, die Windows benötigt.

Beginnen Sie mit dem Programm zu arbeiten!

✔ Ich gebe hier nur allgemeine Tipps. Ihre neue Software gibt hoffentlich genauere Anweisungen.

✔ Sie können Software auch aus dem Internet bekommen. Dabei spricht man vom *Herunterladen* von Software. Mehr dazu erfahren Sie in Kapitel 25.

✔ Legen Sie die Schnellübersicht neben den Computer, nachdem Sie das Programm installiert haben. Sie ist hilfreicher als das Handbuch.

✔ Manche Programme wollen, dass Sie die Antivirensoftware deaktivieren, bevor Sie mit der Installation beginnen. Das ist eigentlich keine schlechte Idee. Denn auch wenn die Antivirensoftware sehr nützlich ist, so verlangsamt sie die Installation und unterbricht den normalen Installationsvorgang häufiger als notwendig. Lesen Sie meinen Rat dazu in Kapitel 26.

✔ Wenn die Software über eine Seriennummer verfügt, bewahren Sie sie gut auf! Schreiben Sie sie ins Handbuch. Verlieren Sie sie nicht! Bei einigen Programmen wie z. B. Adobe PageMaker können Sie nur mit der richtigen Seriennummer ein Upgrade kaufen.

Wie beende ich alle anderen Programme?

F: Das Installationsprogramm fragt mich, ob ich sicher bin, dass ich alle laufenden Programme beendet habe. Woher soll ich denn wissen, welche Programme laufen und welche nicht? Und warum soll ich diese Programme beenden? Was kann passieren?

A: Ich kann auch nur mutmaßen, aber ich glaube, dass der Grund für das Beenden aller aktiven Programmen einfach der ist, dass Sie keine nicht gespeicherten Dokumente verlieren. Wenn das Installationsprogramm nämlich den Rechner neu startet, könnten Sie eine bis dahin nicht gespeicherte Datei verlieren. Wenn Sie alle Programme beenden, sind Sie auf der sicheren Seite.

Um sicher zu gehen, dass keine Programme mehr ausgeführt werden, drücken Sie die Tasten [Alt]+[⇆]. Wenn Sie auf diese Weise zu einem aktiven Programm gelangen, beenden Sie es. Landen Sie in einem anderen Fenster, schließen Sie es. Drücken Sie so lange [Alt]+[⇆], bis nur noch das Installationsprogramm auf dem Bildschirm zu sehen ist.

Software deinstallieren

Verwenden Sie ein Deinstallationsprogramm, um ein Programm zu löschen. Das ist kein Windows-Programm. Jedes Programm hat sein eigenes Deinstallationsprogramm. Falls Ihr Programm nicht mit einem eigenen Deinstallationsprogramm ausgestattet ist, wird es ziemlich schwierig, dieses Programm wieder loszuwerden.

Sie deinstallieren Software, indem Sie das Deinstallationsprogramm ausführen. In der Regel finden Sie dieses Programm im Startmenü direkt bei dem Symbol, über das Sie die Software normalerweise aufrufen. In Abbildung 19.1 sehen Sie, wie das aussehen kann. Die Moorhuhnjagd steckt im Ordner PROGRAMME im Startmenü. In einem Untermenü befindet sich die Option MOORHUHNJAGD DEINSTALL, mit der Sie die Software deinstallieren.

Wenn Ihre Software kein eigenes Deinstallationsprogramm hat, können Sie versuchen, die Software mithilfe von Windows zu löschen. Doppelklicken Sie dazu in der Systemsteuerung auf das Symbol SOFTWARE. Daraufhin wird das Dialogfeld EIGENSCHAFTEN VON SOFTWARE (siehe Abbildung 19.2) angezeigt.

19 ➤ Das 1 x 1 der Software

Abbildung 19.1: Das Untermenü MOORHUHNJAGD im Startmenü

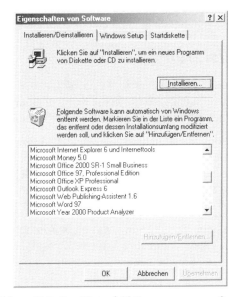

Abbildung 19.2: Das Dialogfeld EIGENSCHAFTEN VON SOFTWARE

Die Liste der Programme, die Windows kennt und deinstallieren kann, sind im unteren Teil des Dialogfelds aufgeführt (siehe Abbildung 19.2). Klicken Sie auf das Programm, das Sie deinstallieren möchten. Damit wird das Programm markiert. Klicken Sie danach auf die Schaltfläche HINZUFÜGEN/ENTFERNEN.

Eine Warnung erscheint, bevor Windows sich daran macht, das Programm zu löschen. Klicken Sie auf JA.

 Bei Windows XP klicken Sie in der Systemsteuerung auf die Kategorie SOFTWARE, um das Dialogfeld SOFTWARE zu öffnen.

 Versuchen Sie nicht, ein Programm zu deinstallieren, indem Sie es von der Festplatte löschen. Sie sollten keine Datei löschen, die Sie nicht selbst erstellt haben. Sie können jedoch alle von Ihnen erstellten Dateien und eingerichteten Verknüpfungen löschen.

✔ Über die Schaltfläche Hinzufügen/Entfernen können Sie natürlich auch einzelne Komponenten Ihrer Programme installieren. Sie können beispielsweise auf Microsoft Office klicken, um eine neue Komponente dieser Software zu installieren, eine Komponente, die Sie bei der ursprünglichen Installation der Software nicht installiert haben.

✔ Um Komponenten zu installieren, die in Windows fehlen, klicken Sie im Dialogfeld Eigenschaften von Software auf die Registerkarte Windows Setup.

Software aktualisieren

Wenn ein Roman geschrieben ist, ist er fertig. In nachfolgenden Auflagen werden lediglich Tippfehler korrigiert. Software ist dagegen nie fertig. Es ist zu einfach, die Software zu ändern. Von den meisten Programmen ist einmal im Jahr eine neue Version erhältlich.

Der Grund, warum früher Software aktualisiert wurde, war, Programmfehler zu beheben oder neue Funktionen einzuführen. Aber ehrlich gesagt ist heute der Grund für neue Versionen eines Programms der, dass Software-Entwickler damit mehr Geld verdienen. Aktualisieren bedeutet, dass jeder, der die Software hat, eine neue Version kauft und somit den Umsatz des Anbieters steigert. Ja, das ist die reine Gier.

Mein Rat: Bestellen Sie die neue Version nur, wenn diese Funktionen oder Änderungen enthält, die Sie unbedingt benötigen. Wenn Ihre aktuelle Version den Zweck erfüllt, kümmern Sie sich nicht darum.

Raus, Software, raus!

Die beste Möglichkeit, insbesondere Programme ohne eigenes Deinstallationsprogramm zu deinstallieren, besteht darin, sich von einem Drittanbieter ein spezielles Programm zum Aufräumen der Festplatte zu kaufen. Marktführend sind da beispielsweise die Programme CleanSweep von Peter Norton/Symantec oder QuickClean von McAfee.

CleanSweep sucht auf der gesamten Festplatte nach jeder möglichen Komponente eines Programms. Es zeigt eine Liste an, in der Sie die zu löschenden Komponenten markieren können. Darüber hinaus erstellt es eine Sicherungskopie des deinstallierten Programms, sodass Sie *rückgängig* machen können, was CleanSweep getan hat.

CleanSweep und andere Programme dieser Art können Software am besten deinstallieren, wenn sie bereits deren Installation überwacht haben. So wissen diese Programme ganz genau, was gelöscht werden und was erhalten bleiben muss, damit Ihr Computer nach der Deinstallation wieder so aussieht wie vor der Installation der Software.

- »Software veraltet nie.« – Bill Gates
- Wägen Sie jedes Aktualisierungsangebot sorgfältig ab: Werden Sie die neuen Funktionen jemals nutzen? Brauchen Sie ein Textverarbeitungsprogramm, bei dem Sie die Kopfzeilen verkehrt herum drucken können? Brauchen Sie Säulendiagramme zur Darstellung der Anzahl der Wörter? Können Sie wirklich mit einer Netzwerkversion effektiver arbeiten, wenn Sie ein einsamer Benutzer sind, der allein zu Hause sitzt?
- Noch etwas, das Sie vielleicht bedenken sollten: Wenn Sie noch DoodleWriter 4.2 benutzen und alle anderen DoodleWriter 6.1, haben Sie möglicherweise Schwierigkeiten beim Austauschen von Dokumenten. Nach einer Weile werden die neueren Programmversionen zu älteren inkompatibel.
- In einem Büro sollten alle dieselbe Software-Version verwenden. (Nicht die *neueste* Version, nur *die*selbe.)

Was ist mit dem Aktualisieren von Windows?

Windows zu aktualisieren ist gar *nicht so einfach*. Warum? Weil alles andere auf Ihrem Computer von Windows abhängt. Deshalb ist es eine bedeutende Änderung, über die Sie ausgiebig nachdenken sollten.

Häufig hat die neuere Version von Windows viel mehr Funktionen als die ältere. Benötigen Sie diese Funktionen? Wenn nicht, aktualisieren Sie Windows auch nicht.

Ein Problem, das bei der Aktualisierung auftreten kann, ist, dass Ihre Software nicht mehr richtig funktioniert. Keine meiner Adobe-Anwendungen mochte Windows 95, als es herauskam. Ich musste mehrere Monate warten und eine Menge bezahlen, bevor alles wieder normal funktionierte.

Als Windows 98 auf den Markt kam, habe ich mich entschieden, diese Aktualisierung nicht durchzuführen, um das alles nicht noch einmal mitmachen zu müssen.

Nach einer Weile kommen neuere Programme für die neueste Windows-Version auf den Markt. Die neuen Programme sind besser als die alten, was bedeutet, dass Sie Windows aktualisieren müssen, wenn Sie die Vorzüge des neuen Programms nutzen möchten.

Was also tun? Aktualisieren Sie Windows nicht! Warten Sie, bis Sie einen neuen Computer kaufen. Auf diesem ist dann die neueste Version von Windows bereits installiert und konfiguriert.

Einige Tipps zum Lernen eines Programms

Die Benutzung von Software schließt das Lernen des Umgangs mit dem Programm mit ein. Das braucht seine Zeit. Deshalb mein erster Tipp: Nehmen Sie sich genügend Zeit, um das neue Programm zu erlernen. Leider ist das in der heute üblichen Hektik nicht so einfach. Es ist einfach nur Dummheit, wenn Sie Ihr Chef morgens in den Software-Laden schickt und erwartet, dass Sie zurückkommen und noch am gleichen Tag etwas Großartiges schaffen. Das ist einfach nicht machbar, nicht einmal dann, wenn Sie ein Spezialist sind.

In den meisten Fällen wird die Software zusammen mit einem Arbeitsheft oder einem Lehrbuch geliefert, das eine Reihe von Lektionen enthält, in denen die Handhabung des Programms und seine grundlegenden Eigenschaften beschrieben werden. Ich empfehle Ihnen dringend, das Lehrbuch durchzuarbeiten. Folgen Sie den Anweisungen auf dem Bildschirm. Wenn Sie auf etwas Interessantes stoßen, schreiben Sie es auf.

Einige Lehrbücher sind echter Blödsinn. Zögern Sie nicht, das Buch in den Müll zu werfen, wenn es Sie langweilt oder verwirrt. Sie können das Programm ebenso in Kursen erlernen, obwohl Sie das möglicherweise auch langweilt. Wie auch immer, die meisten Leute begreifen das Programm viel besser, nachdem sie das Lehrbuch gelesen haben.

Wenn Sie das Lehrbuch durchgearbeitet haben, spielen Sie mit der Software. Probieren Sie, etwas damit zu machen. Versuchen Sie, etwas auf einer Diskette zu speichern. Drucken Sie etwas. Beenden Sie das Programm. Das sind die wenigen elementaren Schritte, die Sie bei jedem Programm ausführen müssen. Wenn Sie das beherrschen, erweitern Sie Ihre Kenntnisse nach Bedarf.

- ✔ Vielleicht veranstaltet Ihre Firma eigene Schulungen, in denen Ihnen die Grundlagen der intern verwendeten Software beigebracht werden. Machen Sie sich so viele Notizen wie möglich. Legen Sie ein kleines Büchlein an, in dem Sie alle wichtigen Anweisungen festhalten.

- ✔ Machen Sie sich Notizen, wann immer Ihnen jemand etwas zeigt. Versuchen Sie nicht, das Gezeigte zu lernen. Notieren Sie einfach, was man Ihnen zeigt, sodass Sie nicht telefonieren müssen, wenn Sie noch einmal vor dem gleichen Problem stehen sollten.

- ✔ Werfen Sie das Handbuch nicht weg. Lesen Sie das Handbuch einige Wochen, nachdem Sie begonnen haben, ein Programm zu lernen, noch einmal durch. Sie werden dann einige Dinge besser verstehen. Denken Sie daran, dass derjenige, der das Handbuch geschrieben hat, mit dem Programm vertraut war.

- ✔ Computerbücher sind ebenfalls eine gute Quelle, um etwas über Programme zu lernen. Es gibt zwei Arten von Computerbüchern: Nachschlagewerke und Lehrbücher. Ein Lehrbuch eignet sich hervorragend zum Lernen eines Programms. Ein Nachschlagewerk ist für diejenigen gedacht, die wissen, was sie tun möchten, aber vergessen haben, wie es funktioniert.

- ✔ Dieses Buch ist ein Nachschlagewerk. Alle »... für Dummies«-Bücher sind Nachschlagewerke.

Software en masse

In diesem Kapitel

- Finanzsoftware
- Spiel- und Unterhaltungssoftware
- Lernprogramme
- Textverarbeitungsprogramme
- Tabellenkalkulationsprogramme
- Datenbankprogramme
- Hilfsprogramme
- Shareware und Freeware

Früher war es so, dass man nur einen Computer hatte, und auf diesem Computer hatte man eine Kopie aller auf dem Markt erhältlichen Programme. Heute ist das ganz anders. Inzwischen sind Programme derart komplex und belegen so viel Speicherplatz – einmal ganz abgesehen davon, dass sich manche Programme nicht miteinander vertragen – dass es einfach nicht mehr möglich ist, alle Programme zu haben. Sie können es ja versuchen, es wird Ihnen aber nicht gelingen.

Mit diesem zweiten und bereits letzten Kapitel im Softwareteil des Buches wird die Behandlung der Software abgeschlossen. Hier geht es um Programme, die Computerfreaks ganz besonders mögen! Vielleicht gefallen sie Ihnen auch, falls Sie genügend Zeit und Lust dazu haben.

Software für den Hausgebrauch

Wer hätte gedacht, dass ein Computer einmal zu einem Einrichtungsgegenstand wird? Früher hat man bei der Einrichtung einer Wohnung an die Anrichte, das Chaiselongue und die Vitrine gedacht, aber doch nicht an einen Computertisch!

Computeranwender zu Hause haben andere Interessen als Benutzer in der Geschäftswelt. Daher gibt es bestimmte Software nur für den Hausgebrauch, z. B. Lern-, Unterhaltungs- und Finanzsoftware. Es gibt auch Leute, die zu Hause arbeiten, aber alles, was mit Arbeit zu tun hat, fällt unter die Rubrik »Software fürs Geschäftliche«.

Persönliche Finanzen

Früher waren die Gründe dafür, sich einen Computer zu kaufen, verträumt und unpraktisch: Sie konnten Ihren Buchungsabschluss machen, Ihre Rezeptsammlung auf dem Laufenden halten und eine Versandliste für Weihnachten erstellen. Mein Gott. Die hätten mal sagen sollen, dass Sie den Mann Ihrer Träume treffen, mit dem Bundeskanzler telefonieren, eine Rakete abschießen oder eine Million Außerirdische töten können, ohne sich die Hände schmutzig zu machen.

Wie auch immer. Eines der beliebtesten Softwarepakete aller Zeiten heißt Quicken. Dabei handelt es sich um Finanzsoftware für zu Hause (und in der Geschäftswelt), mit dem es einfach ist und Spaß macht, sein Geld im Auge zu behalten. Ja, es macht Spaß, so viel Spaß, dass sich die meisten Leute tatsächlich hinsetzen und ihre Finanzen verwalten, weil es derart einfach ist.

✔ Mit Quicken können Sie auch die Finanzen eines kleineren Unternehmens verwalten. Für größere Unternehmen gibt es andere Finanzsoftware.

✔ Neben Quicken gibt es noch ein Finanzverwaltungsprogramm von Microsoft: Microsoft Money. Und auch wenn Quicken noch immer der erfolgreichste Finanzmanager ist, hat Microsoft Money etwas aufgeholt.

Spiele und Unterhaltung

Wenn Sie nach Innovationen der Spitzentechnologie suchen, die immer die Nase vorn haben und immer volle Leistung verlangen, dann sind Sie bei den Computerspielen an der richtigen Adresse. Ob Sie es glauben oder nicht, aber Spielesoftware verlangt der Hardware mehr ab als jede andere Art von Software im Kombipack. Der PC ist aber auch die beste Spieleplattform, die jemals entwickelt wurde. Blättern Sie doch bloß mal in einer Zeitschrift für Computerspiele, und Sie werden den fortschrittlichsten und leistungsstärksten Computer darin sehen, der derzeit auf dem Markt ist. Die Spiele brauchen diese Hardware nicht nur, sie verlangen sie.

Um auf Ihrem PC Computerspiele spielen zu können, sollte er über Folgendes verfügen:

✔ Den aktuellsten und schnellsten Mikroprozessor.

✔ Eine große geräumige Festplatte.

✔ Ein CD-ROM- oder DVD-Laufwerk. Fast alle Spiele sind auf CD-ROM erhältlich. Aber es wird nicht mehr lange dauern, bis die Spiele die erste Softwarekategorie sein werden, die DVD-Laufwerke brauchen.

✔ Eine leistungsfähige Grafikkarte. 3D-Grafikkarten sind besser. Und ein großer Arbeitsspeicher auf der Grafikkarte (ab 8 Mbyte aufwärts) ist noch besser.

✔ Eine Soundkarte. Was sind Actionspiele ohne den richtigen Sound!

Bewertung von Spielen

Nichts ist enttäuschender, als wenn Sie meinen, Sie kaufen ein nettes, unterhaltsames Computerspiel für Ihren Neunjährigen, und Sie sehen ihn dann mit Schaum vor dem Mund seinem elektronischen Gegner den Bauch aufschlitzen. Um einen solchen Schock zu vermeiden (für die Eltern, nicht für den elektronischen Gegner), haben sich Bewertungssysteme entwickelt, die Eltern und allen anderen Käufern von Computerspielen Informationen über Spiele geben, sodass diese schon vor dem Kauf wissen, worauf sie sich einlassen.

In Deutschland gibt es dafür die USK (Unterhaltungssoftware SelbstKontrolle), die die Software prüft und dann in verschiedene Alterseinstufungen einteilt, die sichtbar auf den Produktverpackungen angebracht sind.

Die USK hat fünf verschiedene Siegel geschaffen, die unterschiedlichen Altersstufen zuzuordnen sind:

- ✔ **Ohne Altersbeschränkung:** Spiele mit diesem Siegel sind aus der Sicht des Jugendschutzes für Kinder jeden Alters unbedenklich. (Sie sind aber nicht zwangsläufig schon für jüngere Kinder verständlich oder gar komplett beherrschbar.)

- ✔ **Ab 6 Jahren:** Spiele, die zwar Gegnerschaft und Wettbewerb beinhalten, aber durch abstrakte oder comicartige Darstellungen unwirklich erscheinen, sodass keine emotionale Überforderung der Kinder ab Grundschulalter zu befürchten ist.

- ✔ **Ab 12 Jahren:** Hier spielen kampfbetonte Grundmuster bei der Lösung von Spielaufgaben bereits eine größere Rolle. Die Spielkonzepte setzen z. B. auf Technikfaszination (historische Militärgerätschaft oder Science-Fiction-Welt) oder auch auf die Motivation, tapfere Rollen in komplexen Sagen- und Mythenwelten zu spielen.

- ✔ **Ab 16 Jahren:** Eine bestimmte Reife des sozialen Urteilsvermögens und die Fähigkeit zur kritischen Reflexion der interaktiven Beteiligung am Spiel sind erforderlich. Voraussetzung für die Erteilung dieser Einstufung ist, dass jugendgefährdende Kriterien nicht zutreffen.

- ✔ **Nicht geeignet unter 18 Jahren:** Das gesamte einseitig gewaltträchtige Spielkonzept sowie die effektvoll programmierte Visualisierung und Soundgestaltung löst Befürchtungen schädigender Wirkungen sowohl für Kinder als auch für Jugendliche aus.

Detaillierte Informationen finden Sie im Internet unter www.usk.de

Optional können Sie auch einen Joystick kaufen. Die meisten Spiele können Sie jedoch mit der Maus und der Tastatur spielen. Wenn Sie sich einen Joystick kaufen, sollten Sie darauf achten, dass er zu dem Spiel, das Sie spielen möchten, kompatibel ist. Viele Flugsimulatoren sind so ausgelegt, dass sie nur mit dem Joystick eines bestimmten Herstellers ausgeführt werden können. Wenn Sie das schon vor dem Kauf wissen, können Sie sich den am besten geeigneten Joystick kaufen.

- ✔ Siehst du, Papa! Hier steht's auch. Wenn Kinder sagen, sie brauchen die neuste und beste Software für ihre Spiele, dann ist das die reine Wahrheit.

- ✔ Der Traum aller echten Spielernaturen: ein leistungsstarker Computer, der an einen wandgroßen Videoprojektor angeschlossen ist, Stereosound und ein großer, bequemer Sessel zum darin Versinken. Ziehen Sie den Stecker des Telefons. Bis dann, in einer Woche.

- ✔ Ganz beliebt sind auch die Online-Spiele. Gehen Sie mal zu einer LAN-Party und spielen Sie mit mehreren Gegnern gleichzeitig.

Bringe mir heute etwas Neues bei

Es gab schon immer Lernprogramme für Computer. Diese waren möglicherweise nicht so aufwändig wie heute, aber es ist eine alte Tradition. Und denken Sie bloß nicht, dass ein Lernprogramm nichts anderes kann, als Ihnen das ABC beizubringen. Lernprogramme können Sie unter anderem lehren, Musiknoten zu lesen oder einen 24.000-Volt-Transformator an Ihr Telefon anzuschließen.

Wie bei den Spielen gibt es auch verschiedene Arten von Lernprogrammen. So gibt es beispielsweise Programme, mit denen man durch eine Reihe von Übungen, die als Spiele aufgemacht sind, Schreibmaschine schreiben lernen kann. Mit anderen Programmen können Kinder lesen und schreiben lernen. Am wenigsten mag ich die Programme, die aussehen wie ein Buch auf dem Bildschirm. Wer mag es schon, dazusitzen und Text auf dem Bildschirm zu lesen. Das macht doch keinen Spaß.

Am besten findet man ein gutes Lernprogramm, indem man herumfragt. Fragen Sie, was Schulen und Kindergärten empfehlen. In Familienzeitschriften finden Sie Bewertungen und Empfehlungen.

Vermeiden Sie Spielprogramme, die als Lernprogramme getarnt sind. Viele Programme, die für kleine Kinder entwickelt wurden, sind in Wirklichkeit blödsinnige Spiele. Ihr Kind hat vielleicht Spaß damit, aber es lernt nichts.

- ✔ Lassen Sie sich nicht dazu hinreißen, ein Computerspiel mit dem Argument zu rechtfertigen, dass es gut für die Motorik, in diesem Fall die Koordination von Auge und Hand, sein soll. Das lernen Kinder immer noch am besten durch Ballspiele.

Software fürs Geschäftliche

Die meiste Software wird für geschäftliche Zwecke verkauft. Das liegt wahrscheinlich daran, dass Computer in erster Linie Büroausstattung sind. Das heißt aber nicht, dass Sie die Software nicht auch zu Hause verwenden können. Microsoft Word ist ein professionelles Textverarbeitungsprogramm, aber es wird deswegen trotzdem auf privaten PCs eingesetzt, um damit Briefe, Tagebücher und Schülerzeitungen zu schreiben.

Die folgenden Abschnitte beleuchten einige der gängigsten Softwarekategorien, die für berufliche Zwecke eingesetzt werden.

Alles zum Schreiben

Fast jeder will mit seinem Computer etwas schreiben. Ob es sich um ein Dankesschreiben an Tante Trude, einen Brief an den verrückten Redakteur der Lokalzeitung oder um einen mitreißenden Liebesroman über zwei Entomologen in Paraguay handelt, Computer machen das Schreiben viel einfacher.

Das Schreiben am Computer heißt *Textverarbeitung*. Die Textverarbeitung ist das beliebteste Programm auf dem Computer. Warum auch nicht? Das Schönste beim Schreiben auf einem Computer ist, dass Sie das, was Sie geschrieben haben, nachträglich ändern können, ohne dabei die gedruckte Seite verunstalten zu müssen. Bearbeiten auf dem Bildschirm bedeutet, dass jede gedruckte Seite perfekt sein wird. Oder zumindest so perfekt, wie Sie und der Computer es hinkriegen.

Es gibt drei Arten von Programmen für die Verarbeitung von Text: Texteditoren, Textverarbeitungsprogramme und DTP-Programme.

Texteditoren: Texteditoren sind einfache Textverarbeitungsprogramme. Sie können in einem Texteditor keine Ränder einstellen, den Text nicht formatieren und keine verschiedenen Schriftarten verwenden. Texteditoren sind jedoch einfach und schnell. Genau das Richtige, um einfache Textdateien (oder ASCII-Dateien) zu erstellen. Meistens brauchen Sie nämlich gar nicht die volle Leistung eines Textverarbeitungsprogramms. Da ist dann so ein Texteditor genau das Richtige.

- ✔ Ein Texteditor ist im Grunde ein Textverarbeitungsprogramm ohne Besonderheiten.
- ✔ Der Texteditor von Windows heißt *Editor*.
- ✔ Texteditoren speichern Dokumente als einfache Text- oder ASCII-Dateien.

 Genau genommen kann jedes Textverarbeitungsprogramm ein Texteditor sein. Das Geheimnis ist, die Datei im *Nur-Text*-Format zu speichern. In Kapitel 5 erhalten Sie weitere Informationen über das Speichern von bestimmten Dateitypen.

Textverarbeitungsprogramme: Die Textverarbeitung ist die natürliche Evolution der Schreibmaschine. Die Wörter werden nicht mehr direkt auf Papier geschrieben, sondern auf dem Bildschirm angezeigt, wo sie nach Belieben herumgeworfen und neu angeordnet werden können. Bearbeiten, Fehler ausbessern, Rechtschreibprüfung, Formatieren – Computer sind dafür geschaffen. Kein Wunder, dass IBM keine Schreibmaschinen mehr herstellt.

✔ Textverarbeitungsprogramme arbeiten mit Text wie Texteditoren, jedoch mit dem Unterschied, dass mit Textverarbeitungsprogrammen Texte formatiert, die Rechtschreibung geprüft und alles Mögliche andere angestellt werden kann, das Sie in einem Arbeitsleben gar nicht lernen können.

✔ Die Dateien, die von Textverarbeitungsprogrammen gespeichert werden, werden gewöhnlich *Dokumente* genannt.

✔ Anfang dieses Jahrhunderts schrieb Vladimir Nabokov mit der Hand, während er an einem Pult stand. Hätte er damals schon einen Computer gehabt, hätte er höchstwahrscheinlich ein Textverarbeitungsprogramm benutzt (wahrscheinlich aber auch im Stehen).

✔ Windows enthält das Textverarbeitungsprogramm *WordPad*. Dieses Programm ist wie eine ältere Version von Microsoft Word. Tatsächlich hat WordPad Funktionen, die vor zehn Jahren noch undenkbar waren. Heute sind diese Funktionen natürlich eine Selbstverständlichkeit. Immerhin ist WordPad kostenlos in Windows integriert.

✔ Das meistverkaufte Textverarbeitungsprogramm ist Microsoft Word.

✔ Ein anderes beliebtes Textverarbeitungsprogramm gehört zum Lieferumfang von Microsoft Works. Aber Achtung! Microsoft Works und Microsoft Word sind zwei Paar Stiefel!

Desktop-Publishing: Beim DTP bzw. Desktop-Publishing werden aus Texten und Grafiken professionell aussehende Dokumente und Publikationen, d. h. Sie arbeiten mit einem Textverarbeitungsprogramm, um Text zu erstellen, und dann verwenden Sie verschiedene Grafikprogramme, um Grafiken zu erstellen. Fügt man beide Funktionen zu einem Programm zusammen, dann erhalten Sie ein DTP-Programm.

✔ Okay, es stimmt, dass einige Textverarbeitungsprogramme auch Text und Grafik kombinieren können. Aber haben Sie das schon einmal ausprobiert? Das Textverarbeitungsprogramm wird ungeheuer langsam und stürzt sogar ab, wenn Sie zu extravagante Grafiken einfügen wollen. Bei DTP-Programmen passiert Ihnen das nicht, die sind ja extra dafür konzipiert.

✔ DTP-Programme sind teuer. Preisgünstigere Versionen für den *privaten Bedarf* sind erhältlich. Die Programme, die die Profis benutzen, gehören mit zu den teuersten Programmen überhaupt.

Der Computer und die Zahlen

Mit Textverarbeitungsprogrammen verarbeiten Sie Wörter, aber für Zahlen brauchen Sie eine Software, die sich *Tabellenkalkulationsprogramm* nennt, z. B. Microsoft Excel (siehe Abbildung 20.1).

Ein Tabellenkalkulationsprogramm legt ein großes Gitter aus rechteckigen *Zellen* auf dem Bildschirm an. In diese Zellen können Sie Text, Zahlen oder Formeln eingeben.

20 ➤ Software en masse

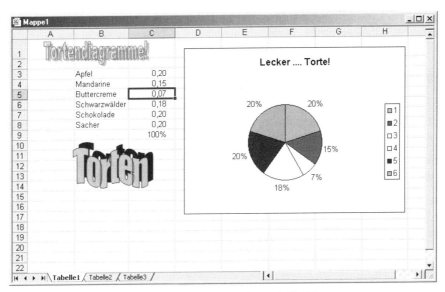

Abbildung 20.1: Ein typisches Tabellenblatt

Die Formeln machen das Tabellenkalkulationsprogramm erst so richtig leistungsfähig: Sie können verschiedene Zellen hinzufügen, Werte vergleichen und beliebig viele knifflige mathematische Operationen bzw. *Funktionen* ausführen. Die gesamte Tabelle wird auch sofort aktualisiert, wenn Sie einen Wert ändern. Millionen von Mark wurden auf diese Art veruntreut.

- ✔ Für einfache Rechnungen hat Windows einen integrierten Taschenrechner, den Sie im Startmenü unter PROGRAMME|ZUBEHÖR finden.

- ✔ Tabellenkalkulationsprogramme können mit Informationen, die in eine Tabelle eingegeben werden, noch besser umgehen als mit Zahlen. Wenn ich z. B. meinen Urlaub plane, arbeite ich häufig mit einer Kalkulationstabelle, da die Tabelle einfacher zu handhaben ist als die Tabulatoren in Word.

- ✔ Tabellenkalkulationsprogramme können darüber hinaus auch gut mit Grafiken umgehen. Um das Kreisdiagramm in Abbildung 20.1 zu erstellen, musste ich ein paar Ja-oder-Nein-Fragen beantworten und brauchte etwa 20 Sekunden. Schon erstaunlich, das Ganze!

- ✔ Scheuen Sie sich nicht, Farben für Ihre Tabellenkalkulationen zu verwenden, besonders dann nicht, wenn Sie einen Farbdrucker haben.

- ✔ Die Dateien eines Tabellenkalkulationsprogramms werden *Tabellenblätter* genannt. Ein Tabellenblatt wird immer von einem Tabellenkalkulationsprogramm erstellt. Manche Leute nennen ein Tabellenblatt auch Arbeitsblatt. Das ist nicht strafbar.

- ✔ Die meisten Tabellenkalkulationsprogramme können die Zahlen in Grafiken und Diagramme umwandeln und machen es leichter zu erkennen, wie viel der Vorstandsvorsitzende *wirklich* verdient.

✔ Normalerweise sind Tabellenblätter leer und müssen ausgefüllt werden. Aber es gibt für bestimmte Aufgaben vordefinierte Tabellenblätter, so genannte *Vorlagen*.

Datenbanken

Weil ihnen die Bearbeitung von Wörtern und Zahlen von Textverarbeitungs- und Tabellenkalkulationsprogrammen weggeschnappt wurde, organisieren Datenbankprogramme alle anderen Daten.

Datenbanken machen zwei Dinge: sortieren und berichten. Sie können mit jeder Information umgehen, gleichgültig, ob diese aus Wörtern, Zahlen oder trivialem Allgemeinwissen besteht.

✔ Wie Tabellenkalkulationen können Datenbanken angepasst werden, um bestimmten Anforderungen gerecht zu werden. Beauftragen Sie einen Programmierer, eine Datenbank zu erstellen, die perfekt an Ihre Bedürfnisse angepasst ist.

✔ Stellen Sie den Programmierer am besten fest ein. Diese Typen werden mit ihrer Arbeit nie fertig.

✔ Datenbanken und Tabellenkalkulationen können manchmal die Arbeit des anderen übernehmen. Wenn die Felder in einer Datenbank hauptsächlich Zahlen enthalten, ist eine Tabellenkalkulation eher geeignet. Umgekehrt funktioniert eine Datenbank besser, wenn ein Tabellenblatt überwiegend Bezeichnungen und Text aufweist.

✔ Von allen Computerprogrammen sind Datenbanken die langsamsten. Besonders, wenn Sie sehr große Dateien haben, dauert das Aufrufen von Daten in der Datenbank recht lange.

Office-Pakete

Um noch mehr Geld zu verdienen, haben sich die Software-Entwickler so genannte *Office-Pakete* einfallen lassen. Diese bestehen aus mehreren Programmen, die als eine Einheit verkauft werden. Office-Pakete kosten weniger, aber der Software-Hersteller verdient eine Menge Geld mit dem Verkauf von neuen Versionen. (Weitere Informationen über das Aktualisieren erhalten Sie in Kapitel 19.)

Office-Pakete eignen sich hervorragend, wenn Sie gerade mit der Computerei beginnen. Den Kauf eines Pakets sollten Sie sich jedoch noch einmal überlegen, wenn Sie nur eines der Programme nutzen wollen. Wenn Sie beispielsweise Microsoft Office kaufen, nur um Excel oder Word auszuführen, kaufen Sie die Programme einzeln. Es ist wenig sinnvoll, Ihre Festplatte mit Programmen voll zu stopfen, die Sie nie benutzen.

✔ Die meisten Leute kaufen Microsoft Office, um mit Word zu arbeiten. Sie zahlen für die anderen Programme, aber benutzen diese nie.

✔ Außerdem wird Speicherplatz verschwendet, wenn nicht benötigte Programme installiert werden.

- ✔ Die meisten Pakete erlauben Ihnen zu wählen, welche Anwendungen installiert werden. Sie können die anderen Anwendungen später immer noch installieren.
- ✔ Ein gutes Paket umfasst ein Textverarbeitungs-, ein Tabellenkalkulations-, ein Datenbank-, ein Grafik- und Präsentationsprogramm und – sehr wichtig – die Möglichkeit, alle miteinander zu kombinieren. Die Zusammenarbeit der einzelnen Programme sollte reibungslos funktionieren.

Software für Freaks

Freaks ist hier natürlich nett gemeint. Mit einem Computer ausgerüstet zu sein, ist einfach etwas Tolles. Diejenigen, die ihre PCs lieben, nennen sich Computerfreaks und sind stolz darauf.

Vielleicht werden Sie eines Tages auch ein Computerfreak. Vielleicht auch nicht. Wenn Sie einer werden, werden Sie vielleicht Computer programmieren. Oder Sie befassen sich am liebsten mit Hilfsprogrammen, die in diesem Kapitel ebenfalls beschrieben werden.

Denken Sie daran, dass Computerfreaks die Hard- und Software *erstellen*, die Sie benutzen. Es ist leicht über etwas, das nicht einfach nachzuvollziehen ist, zu schimpfen. Aber sparen Sie dann auch ebenso wenig mit Lob für etwas, das problemlos funktioniert und Spaß macht.

- ✔ Nur weil manche Programme auf einen bestimmten Benutzerkreis zugeschnitten sind, bedeutet das noch lange nicht, dass Sie die Programme nicht auch benutzen können. Grafikprogramme machen Spaß, und die Ergebnisse können recht erstaunlich sein, auch wenn Sie nicht aus der Designer-Szene stammen.

Brauchen Sie ein Datenbankprogramm?

Nein. Sie brauchen kein Datenbankprogramm. Vielleicht profitieren Sie von einem Datenbankprogramm, aber Tabellenkalkulationsprogramme werden weitaus häufiger verwendet als Datenbankprogramme.

Ein Datenbankprogramm, das ich jedem empfehlen kann, ist ein Adressverwaltungsprogramm, das es bestimmt bei Ihrem Softwarehändler gibt. Sie können damit Namen, Adressen, Telefonnummern oder Geburtstage verwalten und Versandetiketten ausdrucken und E-Mail-Listen erstellen und und und.

Programmieren oder: Sagen Sie dem dummen Ding, was es tun soll!

Jeder kann Computer programmieren. Man muss nur eine Sprache sprechen, die er versteht – eine Programmiersprache. Und das ist gar nicht so schwer. Ich kenne 9-Jährige, die »C++ für Kids« gelesen haben und mir dann die Programme schicken, die sie geschrieben haben.

Die am einfachsten zu erlernende Programmiersprache ist BASIC. Microsoft vertreibt das Produkt Visual Basic, mit dem das Schreiben eines Programms so einfach wie Ausschneiden und Einfügen ist. Die meisten BASIC-Befehle sind Englisch. Wenn Sie z. B.

```
PRINT "Ich bin dumm"
```

eingeben, zeigt der Computer die Meldung Ich bin dumm auf dem Bildschirm an. (Er sendet den Text nicht an den Drucker, was vielleicht sinnvoll wäre. Aber daran lässt sich noch arbeiten.)

- ✔ Bevor Sie sich an das Programmieren machen, sollten Sie wissen, was eine Variable ist und wie sie verwendet wird. Dabei schaden minimale Kenntnisse in Algebra nicht.

- ✔ Wenn Sie programmieren, übernimmt der Computer den mathematischen Teil. Sie erläutern dem Computer lediglich das Problem und dieser löst es.

- ✔ BASIC ist die Abkürzung für *Beginner's All-Purpose Symbolic Instruction Code*, d. h. Allzweckprogrammiersprache für Anfänger.

- ✔ C ist eine andere gute Programmiersprache. Die meisten Programme, die heute verkauft werden, sind in C oder C++, einer Variante von C, geschrieben.

- ✔ Wenn Sie Anwendungen für das Internet programmieren wollen, dann wären Kenntnisse in Java und Perl ganz hilfreich.

Hilfsprogramme

Die meisten Programme wurden entwickelt, um Sie bei der Arbeit zu unterstützen. *Hilfsprogramme* helfen dagegen Ihrem Computer bei der Arbeit. Im Grunde hilft ein Hilfsprogramm einem Computer, eine unangenehme Aufgabe zu erledigen, ob es dabei um die Organisation der Festplatte geht oder um die Diagnose, warum diese nicht richtig funktioniert. Genau genommen sind die meisten Hilfsprogramme Datenträgerprogramme.

Windows enthält viele der Hilfsprogramme, die Sie benötigen. Um die Datenträgerprogramme anzuzeigen, klicken Sie im Fenster Arbeitsplatz mit der rechten Maustaste auf ein Laufwerk und wählen Sie im dann angezeigten Kontextmenü die Option Eigenschaften. Klicken Sie auf die Registerkarte Extras, um zwei Hilfsprogramme anzuzeigen, die Sie von Zeit zu Zeit ausführen können und sollen (siehe Abbildung 20.2).

Abbildung 20.2: Datenträgerprogramme von Windows

✔ Sie können die Datenträgerprogramme auch über START|PROGRAMME|ZUBEHÖR|SYSTEMPROGRAMME aufrufen. In Windows XP wählen Sie ALLE PROGRAMME|ZUBEHÖR|SYSTEMPROGRAMME.

✔ Windows enthält einige praktische Hilfsprogramme, aber das heißt nicht, dass Sie keine weiteren kaufen sollen. Eine Menge Hilfsprogramme von anderen Herstellern sind wesentlich besser als die Programme in Windows.

✔ Ein Programm, mit dem Windows nicht ausgestattet ist, ist ein Antivirenprogramm. Diese Hilfsprogramme überprüfen Ihre Festplatte auf heimtückische Programme und löschen diese, bevor sie Schaden anrichten können. Ein Antivirenprogramm ist ein Muss, wenn Sie Dateien vom Internet herunterladen (siehe Kapitel 25).

✔ Windows soll zwar Software deinstallieren können, dennoch sollten Sie in Erwägung ziehen, ein Deinstallationsprogramm zu kaufen. Diese Programme sind viel besser als Windows und sparen oft eine Menge Speicherplatz. CleanSweep von Norton/Symantec oder QuickClean von McAfee sind Deinstallationsprogramme.

(Fast) kostenlose Software

Einige vom System frustrierte Programmierer geben ihre Programme umsonst her. Na ja, fast umsonst, mit kleinen Einschränkungen. Genau genommen gibt es mehrere Arten dieser frei verfügbaren Programme:

Public-Domain-Software: Hierbei handelt es sich um völlig kostenlose Programme, die zum Wohle der Menschheit geschrieben wurden. Für Programme dieser Art wird nie eine Rechnung gestellt, und Sie können damit machen, was Sie wollen.

Freeware: Diese Programme stehen ebenfalls kostenlos zur Verfügung, wobei sich der Autor jedoch die Eigentumsrechte vorbehält. Sie dürfen Software dieser Art nicht ohne Genehmigung ändern.

Shareware: Shareware-Programme können Sie kostenlos ausprobieren. Es kann sein, dass Sie beim Start des Programms gebeten werden, Geld zu überweisen, oder dass einige Funktionen des Programms deaktiviert sind. Nach der Bezahlung bekommen Sie eine komplette Version des Programms.

Die meisten kostenlosen oder fast kostenlosen Programme finden Sie im Internet, worauf ich in Kapitel 25 näher eingehen werde. Solche Programme gibt es aber auch im Computerladen, bei Tauschbörsen oder bei Benutzergruppen.

Beziehen Sie Ihre Software nur von namhaften Quellen. Verwenden Sie möglichst keine Programme, die Sie durch Zufall oder von »Bekannten« bekommen haben. Diese Programme sind häufig virenverseucht. Näheres über Viren erfahren Sie in Kapitel 26.

✔ Wenn Sie Shareware benutzen, dann bezahlen Sie sie. Ich mache das auch.

✔ Public-Domain-Software und Freeware sind als solche gekennzeichnet. Wenn diese Kennzeichnung fehlt, dann ist die entsprechende Software nicht kostenlos.

Teil V

Internet für Anfänger

In diesem Teil ...

Das Internet ist inzwischen so groß geworden, dass es schon fast beängstigende Ausmaße annimmt. Eines Tages werden die Telefonleitungen den Erdball so sehr umwickelt haben, dass Außerirdische, die gerade Urlaub machen, extra einen kleinen Umweg fliegen werden, um sich den gigantischen, galaktischen Kabelsalat anzuschauen. Nun ja, vielleicht übertreibe ich ein wenig, aber wenn Sie im Kino sitzen und sich die Witze des Films alle auf das Internet usw. beziehen, dann dürfte klar sein, dass das Internet eine wirklich große Sache ist.

Dieser Teil des Buches befasst sich mit dem Internet. Damit meine ich das World Wide Web und E-Mails. Oder Bilder Ihres Hundes, die Sie an jeden schicken, den Sie auch nur im Entferntesten kennen! Nun, das und noch viel mehr. In diesen Kapiteln bekommen Sie so eine Art Schnellkurs. (Erfrischungen werden in den Pausen gereicht!)

Auf ins Internet

In diesem Kapitel

- Was ist das Internet?
- Was Sie für das Internet benötigen
- Internetdienstanbieter finden
- Windows für das Internet einrichten
- Verbindung mit dem Internet herstellen
- Das Internet verlassen

Ihr Telefon, Fernseher und Computer treffen an einem bestimmten Punkt in Raum und Zeit zusammen: dem *Internet*.

War es früher noch eine Möglichkeit für Computerwissenschaftler und Forscher, Informationen auszutauschen, so ist das Internet heute eine Möglichkeit für Sie, mithilfe Ihres PCs mit dem Rest der Welt zu kommunizieren. Ich kenne kaum noch jemanden, der noch nicht im Internet gewesen ist oder zumindest ins Internet will. Diejenigen, die nichts vom Internet wissen wollen, müssen die Konsequenzen dieser reaktionären Entscheidung selbst tragen!

Aber der Reihe nach! Schrittweise werde ich Ihnen in diesem Kapitel erklären, wie Sie überhaupt ins Internet kommen, dann, was Sie dort überhaupt tun können, und zu guter Letzt, wie Sie es wieder verlassen. (Das ist der schwierigste Schritt!)

Eine kurze Beschreibung des Internets

Das Internet lässt sich sehr einfach dadurch beschreiben, dass man aufzählt, was es alles nicht ist:

Das Internet ist keine Software.

Das Internet ist kein einzelner Computer.

Das Internet gehört nicht einer einzigen Person allein, obwohl Bill Gates hart daran arbeitet.

Das Internet setzt sich vielmehr aus Tausenden von Computern in der ganzen Welt zusammen. Die Computer senden Informationen, sie empfangen Informationen und, was am wichtigsten ist, sie speichern Informationen. Das ist das Internet.

- ✔ Die Idee, die hinter der Nutzung des Internet steht, ist der Erhalt von Informationen.
- ✔ Der beste Weg, an die im Internet gespeicherten Informationen zu gelangen, ist die Verwendung einer speziellen Software, dem so genannten Webbrowser. Ich behandele die Browser in den beiden folgenden Kapiteln.
- ✔ Darüber hinaus werden Informationen mittels E-Mail ausgetauscht. Die E-Mail-Funktion wird von vielen Menschen weitaus häufiger als das World Wide Web benutzt. (Ob Sie es nun glauben oder nicht, E-Mail steht an erster Stelle, und erst weit abgeschlagen, an zweiter Stelle, folgt das Web.)
- ✔ Kapitel 22 befasst sich mit dem Bereich E-Mail. Auch in Kapitel 24 finden sich dazu Informationen. Das Thema E-Mail ist einfach wichtig.

Sechs Dinge, die Sie für das Internet benötigen

Um von Ihrem eigenen Computer aus auf das Internet zuzugreifen, benötigen Sie sechs Dinge. Die Chancen stehen gut, dass Sie schon fünf davon haben.

Hier die fünf Dinge, die Sie wahrscheinlich schon haben:

Einen Computer: Darüber brauchen wir kein weiteres Wort zu verlieren.

Ein Modem: Ein Computer ohne Modem ist fast schon eine Rarität. Sollte Ihr Rechner zufällig so eine Rarität sein, dann kaufen Sie sich am besten gleich heute ein externes Modem. (In Kapitel 15 finden Sie mehr Informationen über Modems.)

Eine Kommunikationsmöglichkeit mit dem Internet: Sie verbinden sich in der Regel über die Telefonleitung mit dem Internet, vielleicht stehen Ihnen aber auch eine DSL-Verbindung, ein Kabelmodem oder andere moderne Internetzugangsmöglichkeiten zur Verfügung.

Spezielle Internetsoftware: Windows enthält bereits fast alles an Software, was nötig ist.

Geld: Genauso wie Kabelfernsehen kostet auch der Zugang zum Internet Geld. Die Kosten können je nach Angebotspalette Ihres Internetdienstanbieters mehr oder weniger stark variieren.

Und hier das letzte Teil, das für Ihren Internetzugang fehlt und das Sie wahrscheinlich noch nicht haben:

Einen Internetdienstanbieter oder Provider: Wie Sie einen Internetdienstanbieter finden, wird im nächsten Abschnitt beschrieben.

- ✔ Obwohl das Internet kein Programm ist, benötigen Sie spezielle Software, um Zugang zum Internet zu bekommen und Informationen zu verschicken und zu empfangen.
- ✔ Obwohl Windows bereits fast alles an Internetsoftware beinhaltet, was nötig ist, gibt es natürlich Alternativen. Diese Alternativen werden in den folgenden Kapiteln an geeigneter Stelle erwähnt.

✔ Der beste Internetzugang ist über eine eigene Telefonleitung. Gönnen Sie sich und Ihrem Computer diesen kleinen Luxus.

✔ Wenn Sie für ein großes Unternehmen arbeiten, haben Sie möglicherweise bereits über das Firmennetzwerk Zugang zum Internet. Das Gleiche gilt für Universitäten und einige Behörden.

Der Internetdienstanbieter

Der beste Weg, auf das Internet zuzugreifen, ist mithilfe eines Internetdienstanbieters. Die englische Bezeichnung für den Internetdienstanbieter lautet *Internet Service Provider* oder kurz *ISP*. Umgangssprachlich ist häufig auch einfach vom *Provider* die Rede. Mit einem Internetdienstanbieter haben Sie direkten Zugang zum Internet. Häufig bietet dieser darüber hinaus auch eine 24-Stunden-Hotline an, für den Fall, dass Probleme auftreten, oder auch Einführungskurse für Anfänger.

Wie der Name schon sagt, soll der Internetdienstanbieter Sie mit Diensten versorgen. Hierzu sollten mindestens die folgenden Dinge gehören:

✔ Internetzugang über Ihren PC via Modem. Das ist Grundvoraussetzung.

✔ Eine Ortsrufnummer für die Einwahl.

✔ Ein E-Mail-Konto. Einige Internetdienstanbieter bieten für Familien oder Bürogemeinschaften mehrere E-Mail-Konten an. Schließlich braucht jeder Einzelne ein E-Mail-Konto. Besorgen Sie sich auch die Namen und Kennwörter für das Einloggen oder Anmelden.

✔ Eine Einführung in Form eines kleinen Handbuchs, eines Kurses, einer Software o. Ä., um Sie sicher auf die Datenautobahn zu bringen.

✔ Praktisch wäre die Nummer einer Hotline, ein Einführungskurs oder irgendeine andere Art *menschlicher* Hilfestellung. Besonders für Anfänger ist das von größter Wichtigkeit.

 Besonderen Wert lege ich auf Internetdienstanbieter, die Sie mit einer Art Basisbroschüre ausstatten. Diese Broschüre sollte alle Informationen beinhalten, die für die Verbindung mit dem Internet notwendig sind, wie z. B. all diese Geheimnummern, die Sie brauchen werden, sowie die Rufnummer für den Zugang, Ihr Kennwort usw. Das ist ein absolutes Muss.

Neben diesen Grundlagen sollte Ihnen Ihr Internetdienstanbieter nach Möglichkeit auch noch die folgenden Dinge anbieten:

✔ **Unbegrenzte Zugriffszeit:** Einige Internetdienstanbieter rechnen auf Stundenbasis ab. Diese sollten Sie meiden. Wenn sie nach Zeitblöcken abrechnen, versuchen Sie herauszubekommen, bei welchem Internetdienstanbieter Sie 100 Stunden pro Monat bekommen können. Nur wirklich fanatische Internetfans können länger als 100 Stunden monatlich im Internet verbringen.

- **Speicherplatz (Webspace):** Es handelt sich hierbei um einen kleinen Teil des Speicherplatzes des Anbieters, den Sie für eigene Zwecke nutzen können. Wenn Ihr Internetdienstanbieter Ihnen Speicherplatz zur Verfügung stellt, können Sie diesen beispielsweise für die Erstellung Ihrer eigenen Webseite verwenden.

Extras: Diese sind nur wichtig, wenn Sie Ihre eigene Webseite erstellen möchten: FTP-Zugriff, Audio-/Videofunktionen, CGI-Programmierung, Webseitenstatistik und viele andere Dinge, die viel zu komplex sind, um sie an dieser Stelle zu vertiefen, aber durchaus nützlich, wenn Sie sich mit dem Thema Webdesign näher befassen möchten.

- **Sonstiges:** Die Angebotspalette eines Internetdienstanbieters kann ziemlich groß sein: Hochgeschwindigkeitszugang via DSL oder Kabelmodem, Newsgruppen und vieles mehr. Je größer das Angebot, umso schöner das Internet.

Auf der Suche nach dem richtigen Internetdienstanbieter

Die meisten Großstädte und selbst einige Kleinstädte haben ihre eigenen Internetdienstanbieter. Ich empfehle Ihnen, sich lieber einen örtlichen Anbieter als eine große unpersönliche Organisation auszusuchen. Dienstleistungen sind das A und O eines Providers, und wenn es bei Ihnen zum Beispiel ein Bürgernetz mit einem Internetcafé gibt, dann ist das zumindest für den Anfang eine gute Wahl.

Wenn es in Ihrer Gegend mehrere Internetdienstanbieter gibt, schauen Sie sich genau um. Picken Sie sich den heraus, der Ihnen das beste Angebot macht. Häufig bieten besonders preisgünstige Internetdienstanbieter nur eine eingeschränkte Leistungspalette (was sie Ihnen natürlich nicht mitteilen werden, bis Sie selbst merken, was Ihnen eigentlich noch alles fehlt). Auch ist es günstiger, quartals- oder jahresweise zu zahlen (wenn Sie sich das leisten können). Es gibt sehr viele Möglichkeiten, vorausgesetzt, Sie haben eine ungefähre Ahnung davon, was Sie eigentlich wollen.

Wechseln Sie den Internetdienstanbieter, wenn Sie nicht zufrieden sind. Ich habe das bereits getan. Geben Sie sich nicht mit einem schlechten Service ab, es gibt genug andere Internetdienstanbieter als Alternative.

- In vielen Gegenden gibt es mehrere Internetdienstanbieter, die den Zugang zum Internet ermöglichen. Neben den großen Providern (T-Online, AOL) bieten sich mittlerweile auch Banken oder Zeitungen ihren Kunden als ISPs an.

- Ich sollte vielleicht noch erwähnen, dass ich Internetdienstanbieter vorziehe, die einen 24-Stunden-Service bieten. Wenn Sie um 11 Uhr nachts Probleme mit dem Zugriff auf Ihr E-Mail-Konto haben und Sie noch dringend online gehen müssen, ist es schön, jemanden zu haben, der Ihnen helfen kann.

Windows für das Internet konfigurieren

Den Computer für das Internet einzurichten, ist überhaupt nicht schwierig, vorausgesetzt, Sie verfügen über die folgenden drei Dinge:

- ✔ Eine silberne Schale
- ✔ Ein Zeremonienmesser, vorzugsweise mit Juwelen besetzt
- ✔ Eine Ziege

Nein, warten Sie. Diese Dinge wurden früher benötigt, als Windows noch nicht den Assistenten für den Internetzugang hatte. Alles, was Sie jetzt noch brauchen, sind einige Informationen von Ihrem Internetdienstanbieter:

- ✔ Die Rufnummer, mit der Sie sich einwählen.
- ✔ Der Domainname Ihres Internetdienstanbieters – so etwas wie `blorf.com` oder `jaddi.org`.
- ✔ Ihre Internet-Anmelde-ID und Ihr Kennwort.
- ✔ Ihren E-Mail-Namen, Ihre Adresse und Ihr Kennwort (sofern diese anders sind als die Anmelde-ID und das Anmeldekennwort).
- ✔ Der Name des E-Mail-Servers Ihres Internetdienstanbieters. Darin enthalten sind die Akronyme POP3 oder SMTP.

Vermutlich brauchen Sie auch noch folgende Angaben:

- ✔ Die Nummer für den DNS (Domain Name Server) Ihres Internetdienstanbieters. Es handelt sich hierbei um eine vierteilige Nummer, die durch Punkte unterteilt ist. Beispiel: 123.456.789.0.
- ✔ Der Name des Newsservers (NNTP) Ihres Internetdienstanbieters.

Wenn Sie Glück haben, hat Sie Ihr Internetdienstanbieter bei Vertragsunterzeichnung mit *allen* diesen Informationen versorgt, die in handlicher Form entweder auf einem Blatt Papier oder auf einer Seite Ihres Handbuchs vorliegen sollten. Sie müssen dem Assistenten für den Internetzugang jetzt nur noch all diese Nummern mitteilen, den Rest erledigt er.

Der Assistent für den Internetzugang

Am schnellsten starten Sie den Assistenten für den Internetzugang über eine Verknüpfung auf dem Desktop. Falls es die bei Ihnen gibt, genügt ein Doppelklick, und es kann losgehen. Um den Assistenten für den Internetzugang vom Startmenü aus zu starten, wählen Sie PROGRAMME|ZUBEHÖR|KOMMUNIKATION|ASSISTENT FÜR DEN INTERNETZUGANG.

In Windows XP versteckt er sich unter ALLE PROGRAMME|ZUBEHÖR|ZUBEHÖR|ASSISTENT FÜR NEUE VERBINDUNGEN.

Führen Sie den Assistenten aus, und beantworten Sie die Fragen mithilfe der Informationen, die Sie von Ihrem Internetdienstanbieter erhalten haben. Klicken Sie auf die Schaltfläche WEITER, um fortzufahren.

DFÜ-Netzwerk

Wenn Sie alle notwendigen Informationen eingegeben haben, klicken Sie auf die Schaltfläche FERTIG STELLEN. Ihre Internetverbindung wird in einem speziellen Ordner gespeichert. Dieser Ordner ist mit einem Symbol gekennzeichnet, hinter dem sich Ihre soeben eingegebenen Einstellungen verbergen. Wenn Sie auf dieses Symbol klicken, werden Sie mit dem Internet verbunden. Sie können natürlich auch ein Internetprogramm, wie den Internet Explorer, aufrufen, damit gelangen Sie auch sofort ins Internet.

✔ In Windows 98 heißt dieser Ordner DFÜ-NETZWERK und ist im Fenster ARBEITSPLATZ zu finden.

✔ In Windows Me öffnen Sie den Ordner DFÜ-NETZWERK über die Systemsteuerung.

✔ Windows 2000 hat hierfür einen ganz besonderen Ordner, der NETZWERK- UND DFÜ-VERBINDUNGEN heißt und über das Startmenü im Untermenü EINSTELLUNGEN zu finden ist.

In Windows XP öffnen Sie die Systemsteuerung, wählen die Kategorie NETZWERK- UND INTERNETVERBINDUNGEN und klicken dann auf das Symbol NETZWERKVERBINDUNGEN. Das Fenster NETZWERKVERBINDUNGEN wird angezeigt, indem Sie Einstellungen für das Internet oder ein lokales Netzwerk bearbeiten können.

✔ Wenn Sie sich über AOL oder T-Online mit dem Internet verbinden möchten, installieren Sie einfach die entsprechende Software auf Ihrem Computer und folgen der Benutzerführung. Das ist alles.

✔ Sie müssen den Assistenten für den Internetzugang nur einmal ausführen, es sei denn, Sie wechseln den Internetdienstanbieter. Auch wenn Sie zu Netscape wechseln, müssen Sie ihn erneut ausführen.

✔ Werfen Sie die Broschüre oder das Blatt Papier, das Sie von Ihrem Internetdienstanbieter erhalten haben, nicht weg! Möglicherweise benötigen Sie die Informationen zu einem späteren Zeitpunkt erneut.

✔ 111.111.111 x 111.111.111. = 12.345.678.987.654.321

Die Verbindung mit dem Internet herstellen

Sich mit dem Internet zu verbinden, ist ein Kinderspiel. Führen Sie einfach eine Internetsoftware auf Ihrem Rechner aus und Windows wählt automatisch Ihren Internetdienstanbieter an und stellt die Verbindung her. Führen Sie zu diesem Zweck die folgenden Schritte aus.

1. **Starten Sie Ihren Webbrowser.**

    In Windows heißt der Webbrowser *Internet Explorer*. Doppelklicken Sie auf das Symbol für den Internet Explorer auf dem Desktop oder wählen Sie im Startmenü PROGRAMME|INTERNET EXPLORER.

2. **Füllen Sie das Dialogfeld für die Verbindung aus (falls es angezeigt wird).**

   Nach dem Start der Internetsoftware (in diesem Fall der Webbrowser) wird wahrscheinlich das Dialogfeld VERBINDEN MIT angezeigt. In Abbildung 21.1 sehen Sie eine mögliche Version dieses Dialogfelds. Es gibt noch eine andere Variante, bei der eine zusätzliche Liste angezeigt wird, die Sie über die Aktivitäten des Verbindungsvorgangs informiert.

   Geben Sie Ihren Benutzernamen ein.

   Geben Sie Ihr Kennwort ein.

   Klicken Sie auf die Schaltfläche VERBINDEN.

Abbildung 21.1: Das Dialogfeld VERBINDEN MIT

✧ Aktivieren Sie das Kontrollkästchen KENNWORT SPEICHERN, wenn Sie sich das erneute Eintippen des Kennworts bei jedem neuen Anmeldevorgang ersparen möchten. Was allerdings Laptops und die Arbeit in Büros anbelangt, in denen Sie nicht allein sind, geht meine Empfehlung dahin, dieses Kontrollkästchen lieber zu deaktivieren.

 Sie können die Verbindung mit dem Internet automatisch herstellen, ohne dass Sie vorher mit einem Dialogfeld für die Verbindung konfrontiert werden. Um diese Option auszuwählen, aktivieren Sie das Kontrollkästchen VERBINDUNG AUTOMATISCH HERSTELLEN.

✧ Wenn Sie Windows für die automatische Herstellung der Verbindung konfiguriert haben, müssen Sie gar nicht auf VERBINDEN klicken. In diesem Fall wählt das Modem von selbst: *Boop-beep-doop-dap-dee-dee-dee.*

3. **Warten Sie, während das Modem die Verbindung herstellt.**

   Warten Sie. Warten Sie. Warten Sie.

4. **Sie sind drin!**

   Wenn Sie verbunden sind, wird möglicherweise das Dialogfeld VERBINDUNG HERGESTELLT angezeigt. Sie haben es geschafft! Willkommen im Internet. Lesen Sie sich den Inhalt des Dialogfeldes durch. Wenn Sie möchten, können Sie die Option DIESE MELDUNG KÜNFTIG NICHT MEHR ANZEIGEN aktivieren. Klicken Sie anschließend auf SCHLIESSEN.

 Nachdem Sie das Dialogfeld VERBINDUNG HERGESTELLT geschlossen haben – und auch selbst dann, wenn es gar nicht erst erschienen ist – müssten Sie rechts in der Taskleiste ein neues Symbol wie das hier am Rand dargestellte Symbol bemerken. Dieses Symbol zeigt Ihnen an, dass Sie online im Internet und bereit für die Ausführung Ihrer Internetsoftware sind.

Lesen Sie weiter.

- ✔ Um sich mit AOL zu verbinden, starten Sie die AOL-Software. Wählen Sie Ihren »AOL-Namen« aus und geben Sie direkt unter dem AOL-Namen Ihr »Passwort« ein. Klicken Sie auf die Schaltfläche ANMELDEN, um die Verbindung herzustellen. Sehen Sie? Ganz einfach.

- ✔ Bei T-Online rufen Sie einfach die T-Online-Software auf und klicken dann auf die Schaltfläche INTERNET.

- ✔ Wenn Sie ein DSL- oder Kabelmodem haben, dann sind Sie wahrscheinlich ständig mit dem Internet verbunden. In diesem Fall brauchen Sie sich nicht mehr manuell mit dem Internet zu verbinden oder die Verbindung zu trennen. Führen Sie einfach Ihre Internetsoftware aus und tauchen Sie ab ins Internet.

- ✔ Bei manchen DSL- oder Kabelmodems wird je nach Konfiguration des Internetdienstanbieters die Verbindung trotzdem nach einiger Zeit automatisch getrennt. Dann müssen Sie doch manuell eine Verbindung herstellen, wie oben beschrieben.

- ✔ Verwenden Sie die Schaltfläche OFFLINE ABREITEN, um Windows mitzuteilen, dass es sich *nicht* mit dem Internet verbinden soll. Auf diese Art und Weise können Sie Ihren Webbrowser dazu verwenden, sich Dokumente auf Ihrem Computer anzusehen oder Ihre E-Mails zu lesen, ohne mit dem Internet verbunden zu sein.

 Wenn es Sie zu einem späteren Zeitpunkt nervt, dass Windows sich automatisch mit dem Internet verbindet, können Sie diese Option jederzeit abschalten. Klicken Sie im Dialogfeld VERBINDEN MIT auf das Kontrollkästchen AUTOMATISCH VERBINDEN, um diese Option zu deaktivieren.

- ✔ Achten Sie auf das kleine Symbol in der Taskleiste, das angezeigt wird, sobald Sie online sind. Es erinnert Sie daran, dass Ihr PC gerade mit dem Internet kommuniziert.

Ich muss immer mein Kennwort eingeben!

F: Sie sagen in Ihrem Buch, dass man das System so konfigurieren kann, dass man das Kennwort nicht immer wieder eingeben muss. Ich habe da gar keine andere Wahl. Ich muss immer das Kennwort eingeben und das Kontrollkästchen KENN-WORT SPEICHERN ist abgeblendet. Da kann ich nichts aktivieren. Wissen Sie einen Rat?

A: Es gibt mehrere Ursachen für dieses Problem. Vielleicht haben Sie einen Laptop und können daher aus Sicherheitsgründen das Kennwort nicht speichern. Oder Sie haben sich nicht korrekt bei Windows angemeldet. Wenn Sie im Dialogfeld NETZWERKKENNWORT EINGE-BEN auf ABBRECHEN geklickt haben, dann erinnert sich Windows an keines der von Ihnen eingegebenen Kennwörter mehr. Sie müssen sich dann noch einmal ordnungsgemäß bei Windows anmelden, um ihm auf die Sprünge zu helfen.

Das Internet nutzen (Verwenden von Internetsoftware)

Nachdem Sie die Verbindung zu Ihrem Internetdienstanbieter hergestellt haben, können Sie jedes beliebige Internetprogramm oder auch alle Internetprogramme ausführen, die Sie besitzen. Starten Sie Ihren Webbrowser, Ihr E-Mail-Programm oder eine beliebige andere Anwendung, die für das Internet geeignet ist.

✔ Solange die Verbindung mit dem Internet besteht, können Sie für den Zugriff auf Informationen im Internet jedes beliebige Programm verwenden.

✔ Ja, Sie können auch mehrere Internetprogramme gleichzeitig ausführen. Bei mir laufen typischerweise drei oder vier zur selben Zeit. (Da das Internet recht langsam ist, kann ich so in einem Fenster lesen, während ich darauf warte, dass irgendetwas anderes in einem weiteren Fenster angezeigt wird.)

✔ Sie können auch dann im Internet bleiben, wenn Sie gerade ein Anwendungsprogramm wie z. B. Word oder Excel benutzen. Vergessen Sie aber nicht, dass Sie online sind.

Schließen Sie Ihre Internetprogramme, wenn Sie sie nicht mehr benötigen.

Auf Wiedersehen, Internet!

Um sich aus dem Internet zu verabschieden, gehen Sie wie folgt vor:

1. **Schließen Sie alle Internetprogramme.**

    Dieser Schritt ist zwar nicht zwingend notwendig, aber immerhin ein guter Ausgangspunkt. Wenn Sie Ihre Programme geöffnet lassen möchten (weil Sie z. B. eine lange Webseite lesen möchten), dann ist das auch in Ordnung. Lassen Sie das betreffende Fenster also geöffnet und machen Sie mit dem nächsten Schritt weiter.

2. **Teilen Sie Windows mit, dass es auflegen soll.**

    Wahrscheinlich wird Windows automatisch versuchen, die Verbindung zum Internet zu trennen, wenn Sie Ihre Internetprogramme schließen. In diesem Fall erscheint ein Dialogfeld wie das in Abbildung 21.2. Klicken Sie auf die Schaltfläche VERBINDUNG TRENNEN (möglicherweise heißt die Schaltfläche auch einfach nur TRENNEN) und Sie haben die Verbindung zum Internet abgebrochen.

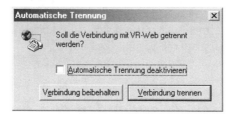

Abbildung 21.2: Ein Dialogfeld zum Trennen der Verbindung

 Wenn ein solches Dialogfeld zum Trennen der Verbindung nicht angezeigt wird, weil Sie vielleicht noch ein oder zwei Fenster geöffnet lassen möchten, dann müssen Sie die Verbindung *manuell* trennen. Zu diesem Zweck doppelklicken Sie auf das kleine Symbol in der Taskleiste, das Ihnen anzeigt, dass Sie online sind. Ein Fenster wie das in Abbildung 21.3 wird angezeigt. Klicken Sie auf TRENNEN. Das ist alles.

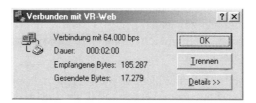

Abbildung 21.3: Klicken Sie auf TRENNEN, um sich aus dem Internet zu verabschieden.

✔ In AOL können Sie den Menübefehl ABMELDEN wählen, wenn Sie die Verbindung trennen, aber das AOL-Programm offline weiter benutzen möchten.

✔ Bei T-Online wird die Verbindung getrennt, wenn Sie den Befehl ABWAHL wählen. In diesem Fall können Sie die T-Online-Software offline weiter benutzen.

 Denken Sie immer daran, die Verbindung zu trennen, wenn Sie das Internet verlassen möchten.

21 ➤ Auf ins Internet

✔ Ein verlässlicher Hinweis darauf, dass Sie nicht länger mit dem Internet verbunden sind, ist, wenn das kleine Online-Symbol in der Taskleiste verschwunden ist.

✔ Die Zeit, die Sie bereits online sind, können Sie jederzeit mithilfe des Dialogfeldes VERBUNDEN MIT XYZ im Auge behalten. Diese Information ist wichtig, wenn Sie irgendwann einmal doch mehr Stunden im Internet verbringen, als Sie eigentlich vorhatten. Klicken Sie einfach auf das kleine Online-Symbol in der Taskleiste und achten Sie auf die Zeitangabe. Dann rufen Sie entsetzt aus »Mein Gott, ist das lang!« und klicken auf OK.

Das World Wide Web

In diesem Kapitel

- Ihr Webbrowser
- Im Web surfen
- Verwendung der Navigationsschaltflächen
- E-Mails verschicken
- E-Mails lesen
- Auf eine Nachricht antworten

Eigentlich ist es dem World Wide Web zu verdanken, dass das Internet heute so beliebt ist. Dank des Webs kam das Internet zu Grafiken und Text. Und nachdem das wirklich hässliche und einschüchternde Unix-basierte Aussehen des Internet geändert wurde, wollten alle nur noch im Internet surfen.

Neben dem Web gibt es noch die E-Mail, die eigentlich noch beliebter ist. E-Mails sind so alt wie das Internet selbst, aber mit der Popularität des Webs ist auch die Kommunikation via E-Mail explosionsartig gestiegen. Und was gibt es Schöneres als eine E-Mail zu bekommen?

In diesem Kapitel finden Sie alles über das Internet und E-Mails. Mit diesen zwei Dingen werden Sie die meiste Zeit vertrödeln – ich meine: verbringen –, wenn Sie online sind.

Begrüßen Sie das Web

Bereiten Sie sich mental darauf vor, ins kalte Wasser des Internet zu springen ...

Das wichtigste Stück Software für den Zugriff auf Informationen im Internet ist der Webbrowser oder kurz *Browser*. Zum Wohle der gesamten Menschheit hat Microsoft dafür gesorgt, dass Windows bereits selbst ein Webbrowser ist. Das bedeutet, dass Sie keine zusätzliche Software kaufen müssen, um auf die Informationen im Internet zugreifen zu können. Ist das nicht toll?

✔ Auch wenn es andere Webbrowser gibt, gehe ich in diesem Buch davon aus, dass der Internet Explorer der Webbrowser Ihrer Wahl ist.

Den Internet Explorer starten

Klicken Sie auf das Symbol für den Internet Explorer auf dem Desktop, um Ihren Webbrowser zu starten. Wenn Sie nicht bereits mit dem Internet verbunden sind, werden Sie jetzt verbunden (siehe Kapitel 21). Und schon bald danach öffnet sich das Hauptfenster des Internet Explorer und zeigt Ihnen eine ganze *Seite* voller Informationen aus dem Word Wide Web (siehe Abbildung 22.1).

Die erste Seite, die Sie zu sehen bekommen, nennt man die *Startseite*. Es ist die erste Seite überhaupt, die Sie sehen, wenn Sie Ihren Webbrowser starten. (Es ist nicht Ihre eigene Homepage im Web, aber das können Sie einstellen, wenn Sie möchten. Siehe den Abschnitt »Zurück zur Startseite« weiter hinten in diesem Kapitel.)

Abbildung 22.1: Der Internet Explorer

Beachten Sie die folgenden Dinge im Fenster Ihres Webbrowsers:

Die Schaltflächenleiste: Unterhalb der Menüleiste befinden sich mehrere Schaltflächen. Mithilfe dieser Schaltflächen können Sie verschiedene Webseiten besuchen und grundlegende Funktionen Ihres Webbrowsers ausführen.

Das hektische Ding: Ganz rechts am Ende der Schaltflächenleiste befindet sich ein kleines Symbol, das ich gerne als *das hektische Ding* bezeichne. Das hektische Ding fängt an, sich zu bewegen, sobald der Webbrowser aktiv wird, was für gewöhnlich bedeutet, dass er darauf wartet, Informationen aus den weit entfernten Regionen des Internet zu erhalten. Für Sie ist es das Signal, sich hinzusetzen, zu warten und sich in Geduld zu üben. Das Web ist ein viel beschäftigtes Ding.

Die Adressleiste: Wie damals zu den Zeiten von DOS können Sie an dieser Stelle Befehle eingeben, die den Browser dazu veranlassen, bestimmte Webseiten aufzusuchen. Diese Befehle heißen offiziell URLs, ich ziehe es allerdings vor, sie als Webseitenadressen zu bezeichnen. Aber ganz egal, wie Sie sie nennen: Was Sie dort eingeben, sieht merkwürdig aus. Aber keine Angst, Sie werden sich daran gewöhnen.

Die Webseite: Der Inhalt des Webbrowsers (das, was angezeigt wird) ist eine Seite im Web. In Abbildung 22.1 sehen Sie, was Ihnen die Suchmaschine AltaVista alles bietet.

Die Bildlaufleisten: Das, was Sie sich im Web ansehen, ist häufig größer als das Fenster Ihres Browsers. Mithilfe der Bildlaufleisten können Sie den Inhalt der Webseite verschieben und sich so nach und nach den gesamten Inhalt ansehen.

Der Webbrowser zeigt Ihnen, wie einfach es ist, sich Informationen im Internet anzeigen zu lassen. Was Sie zu sehen bekommen, sind Grafiken und Text, fast wie in einer Zeitschrift. Darüber hinaus enthalten viele Webseiten Animationen oder geben Musik wieder, während Sie sie betrachten (was teilweise recht nervig sein kann). Eingaben erledigen Sie mit der Maus. Nur selten müssen Sie etwas manuell eintippen.

✔ Bereiten Sie sich darauf vor, dass das hektische Ding sogar sehr hektisch sein wird. Es wird häufig darauf hingewiesen, dass die Abkürzung für das World Wide Web eigentlich WWWW heißen sollte, wobei das vierte W dann für Warten steht.

URL ist ein Akronym für Uniform Resource Locator. Im Grunde ist es ein Befehl, der den Webbrowser dazu veranlasst, eine bestimmte Information im Internet zu suchen.

✔ Die meisten URLs beginnen mit `http://`, was eigentlich ein Internetbefehl ist. Der nachfolgende Text ist die Adresse der gesuchten Information bzw. die Adresse eines Computers irgendwo auf der Welt. Stellen Sie es sich vielleicht wie einen Pfad für eine Datei im Internet vor, so ähnlich wie der Pfad einer Datei auf Ihrer Festplatte.

✔ Sie müssen nur selten eine Webadresse eingeben. Meistens navigieren Sie im Web, indem Sie auf die verschiedenen Links auf einer Webseite klicken oder eine Webseite auswählen, die in Ihrer Lesezeichen- oder Favoritenliste gespeichert ist.

✔ Auch in AOL und T-Online arbeiten Sie mit dem Internet Explorer oder einem anderen Webbrowser. Die Vorgehensweise für das Aufrufen von Webseiten ist also unverändert.

✔ Webseiten sind häufig so groß, dass sie nicht vollständig im Fenster des Browsers angezeigt werden können. Denken Sie daher an die Bildlaufleisten! Oder noch besser: Maximieren Sie das Browserfenster, bis es den gesamten Bildschirm ausfüllt.

Webseiten besuchen

Grob geschätzt befinden sich ca. 100 Millionen Webseiten im World Wide Web. Warum besuchen Sie sie nicht einfach alle?

Es gibt zwei Möglichkeiten, eine Webseite zu besuchen. Sie können die Adresse manuell eingeben und sich mit all dem `http://www - Punkt - Schrägstrich - Punkt - com - Bindestrich - Unterstrich`-Zeug herumplagen, das einem heutzutage überall ins Auge springt. Die zweite und weitaus einfachere Möglichkeit besteht darin, auf einen Link zu klicken. Ein Link ist ein kurzer Text oder eine Grafik auf einer Webseite, über den Sie direkt auf eine andere Webseite geführt werden.

Die manuelle Eingabe: Um irgendeine beliebige Webseite in dem uns bekannten Universum zu besuchen, geben Sie die Adresse in die Adressleiste oben im Fenster des Webbrowsers ein.

Geben Sie die Adresse ganz genau ein und achten Sie unbedingt auf korrekte Groß- und Kleinschreibung.

Drücken Sie die Rücktaste oder die Taste `Entf`, um den Text zu löschen, der sich zurzeit noch in der Adressleiste befindet.

Wenn Sie bereit sind, drücken Sie die Eingabetaste.

Um z. B. die Webseite der Dummies-Bücher zu besuchen, geben Sie Folgendes ein: `http://www.dummies-welt.de`. Die Eingabe funktioniert Folgendermaßen: **http**, ein Doppelpunkt, zwei Schrägstriche, **www**, ein Punkt, **dummies-welt**, noch ein Punkt, **de**. Am Ende der Adresse darf kein Punkt eingegeben werden. Geben Sie den ganzen Zeichensalat einfach so ein, wie er da steht. Drücken Sie die Eingabetaste und der Webbrowser beginnt sofort mit der Suche nach der Dummies-Welt-Webseite im Internet. Die Webseite wird geladen und ihr Inhalt (Text, Grafiken und die neuesten Nachrichten aus der ganzen Welt) angezeigt.

✔ Wenn die Webseite nicht geladen wird, erscheint irgendeine Form von Fehlermeldung. Als Erstes sollten Sie in diesem Fall einfach einen neuen Versuch unternehmen. Im Web ist manchmal sehr viel los, was dazu führt, dass eine Fehlermeldung ausgegeben wird.

✔ Wenn Sie eine Fehlermeldung vom Typ *404* erhalten, dann haben Sie die Webseitenadresse vermutlich nicht korrekt eingegeben. Versuchen Sie es einfach noch einmal!

- ✔ Die Tastenkombination für den Zugriff auf die Adressleiste ist ⌈Strg⌉+⌈L⌉. Wenn Sie diese Tastenkombination drücken, erscheint ein Dialogfeld, in das Sie die Adresse eingeben können.

Der `http://`-Teil einer Webseitenadresse ist optional. Der Browser geht automatisch davon aus, dass Sie `http://` eingeben wollten, auch wenn Sie es vergessen haben. Der `www`-Teil ist für die meisten Webseiten erforderlich. Generell ist es empfehlenswert, die Webseitenadresse immer vollständig einzugeben.

Wenn eine Adresse mit `ftp://` oder `gopher://` beginnt, dann müssen Sie diese Befehle auch so eingeben.

Die automatische Methode: Das Web heißt *Web* (Englisch für *Netz*), weil fast jede Seite durch einen Link auf andere Seiten verweist und so eine Netzstruktur entsteht. Eine Webseite, die sich mit dem Ende der Welt befasst, kann z. B. Links auf Webseiten mit dem Thema Nostradamus verweisen oder auf Webseiten von Typen, die mit einem Schild um den Hals herumlaufen, auf dem steht »Das Ende ist nah«. Klicken Sie auf einen Link, um sich weitere Informationen anzeigen zu lassen.

Die meisten Links auf Webseiten sind Text, der unterstrichen oder farblich vom Rest des Textes auf dem Bildschirm abgehoben ist.

Links können auch Grafiken oder Bilder sein. Um sicherzugehen, zeigen Sie einfach mit der Maus auf einen Link. Wenn sich der Mauszeiger in eine Hand mit ausgestrecktem Zeigefinger verwandelt, handelt es sich tatsächlich um einen Link, den Sie anklicken können.

- ✔ Links führen Sie zu einer anderen Webseite, ohne dass Sie die neue Adresse manuell eingeben müssen.
- ✔ Viele Webseiten sind lediglich eine Ansammlung diverser Links.
- ✔ Informative Webseiten enthalten auf jeden Fall Links zu weiteren Themenbereichen. Ein Großteil der Links befindet sich häufig am unteren Seitenrand. Auf anderen Webseiten sind die Links hingegen im gesamten Text verteilt.

Link ist die Abkürzung für *Hyperlink*, eine weitere Information, die zu nichts anderem dient, als Ihre Gehirnzellen auf Trab zu halten.

Zurück, noch weiter zurück, vorwärts und stopp

Links können Spaß machen. Durch das Surfen mithilfe von Links verbringen die meisten Leute ihre Zeit im Internet. Ich habe z. B. kürzlich eine englischsprachige Webseite mit einer ausführlichen Erklärung zu Don McLeans Lied *American Pie* gefunden. Ich weiß gar nicht mehr, wie ich dort überhaupt hingekommen bin. Ich bin dort gelandet, nachdem ich auf einige Links geklickt hatte. Anders als Hänsel und Gretel hinterlasse ich auf dem Datenhighway allerdings keine Brotkrümel, aber zum Glück übernimmt das der Webbrowser für mich.

 Klicken Sie auf die Schaltfläche ZURÜCK Ihres Webbrowsers, um zu der Webseite zurückzukehren, die Sie sich gerade angesehen haben. Wenn Sie die Schaltfläche ZURÜCK mehrfach drücken, gehen Sie immer weiter zurück bis hin zu der ersten Webseite, die Sie sich vor etwa 18 Stunden angesehen haben.

Wenn Sie wirklich sehr weit zurückgehen möchten, klicken Sie auf den nach unten zeigenden Pfeil neben der Schaltfläche ZURÜCK. Daraufhin wird eine Liste der zuletzt von Ihnen besuchten Webseiten angezeigt.

 Wenn Sie anschließend wieder vorwärts gehen möchten, klicken Sie auf die Schaltfläche VORWÄRTS. Zurück. Vorwärts. Fast wie in der Fahrschule. Das Anfahren am Berg entfällt allerdings.

 Wenn Sie aus Versehen auf einen Link geklickt und es sich jetzt doch anders überlegt haben, klicken Sie auf die Schaltfläche ABBRECHEN. Das Internet stoppt in diesem Fall das Senden der Informationen an Sie. (Möglicherweise müssen Sie anschließend wieder auf die Schaltfläche ZURÜCK klicken, um auf die zuletzt geöffnete Webseite zurückzukehren.)

✔ Hier der Link zu *American Pie*, falls es Sie interessiert:

   http://www.urbanlegends.com/songs/american_pie_interpretations.html

Aktuelle Gründe für das Aktualisieren

 Die Schaltfläche AKTUALISIEREN erfüllt in einer Welt, in der sich die Informationen schneller ändern, als man es für möglich hält, eine wichtige Funktion. Im Grunde veranlasst die Schaltfläche AKTUALISIEREN das Internet dazu, Ihnen die Informationen auf einer Webseite erneut zu schicken.

Drei aktuelle Gründe für das Aktualisieren:

Ändern von Informationen: Viele Webseiten enthalten Informationen, die in gewissen Abständen aktualisiert werden. Wenn Sie auf die Schaltfläche AKTUALISIEREN klicken, erhalten Sie stets die neueste Version der betreffenden Webseite.

Fehlende Bilder: Gelegentlich kommt es vor, dass einzelne Grafiken nicht angezeigt werden. In diesem Fall erscheint ein leeres Symbol, das anzeigt, dass an dieser Stelle ein Bild fehlt.

Manchmal führt die Benutzung der Schaltfläche AKTUALISIEREN dazu, dass das fehlende Bild doch noch wie von Zauberhand angezeigt wird.

Sie haben aus Versehen auf die Schaltfläche Abbrechen geklickt: Huch! Klicken Sie auf AKTUALISIEREN, um den Abbruch abzubrechen und die betreffende Webseite erneut zu laden.

Zurück zur Startseite

Wenn Sie Ihre Startseite öffnen möchten, klicken Sie auf die Schaltfläche STARTSEITE. Sie werden automatisch zu der Seite zurückgeführt, die Sie zuerst sahen, als Sie das erste Mal die Verbindung mit dem Internet hergestellt haben.

Was an der Startseite wirklich sehr schön ist, ist, dass Sie sie beliebig ändern können. Ich verwende eine leere Seite als Startseite, weil ich nicht zuerst auf irgendeiner Webseite landen möchte, bevor ich mich auf die weitere Reise durchs Internet mache. Sie können aber auch Yahoo! als Startseite einrichten. (Yahoo! ist ein Internetportal, das Ihnen Zugang zu anderen netten Plätzchen im Internet verschafft.) Um die Startseite zu ändern, gehen Sie wie folgt vor:

1. **Statten Sie der Webseite, die Sie zur Startseite machen wollen, einen Besuch ab.**

   Wenn es Yahoo! werden soll, dann geben Sie in die Adressleiste http://de.yahoo.com ein, um diese Seite zu besuchen.

2. **Wählen Sie im Menü EXTRA den Befehl INTERNETOPTIONEN.**

3. **Klicken Sie auf der Registerkarte ALLGEMEIN im Gruppenfeld STARTSEITE auf die Schaltfläche AKTUELLE SEITE.**

   Abbildung 22.2 hilft vielleicht weiter.

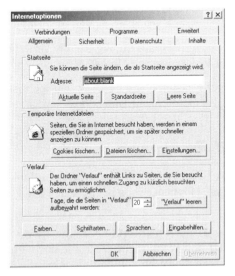

Abbildung 22.2: Das Dialogfeld INTERNETOPTIONEN

4. **Klicken Sie auf OK.**

Die neue Startseite ist nun eingestellt. Natürlich können Sie sie jederzeit wieder beliebig ändern. Schließlich ist es ja *Ihre* Startseite!

Schließen des Webbrowsers

Wenn Sie genug im World Wide Web gesurft haben – in anderen Worten: wenn es bereits 4.00 Uhr morgens ist und Sie in 90 Minuten aufstehen müssen, um rechtzeitig zur Arbeit zu kommen – dann sollten Sie den Internet Explorer schließen. Das geht ganz einfach: Wählen Sie DATEI|SCHLIESSEN in der Menüleiste.

Wenn Sie den Internet Explorer beenden, heißt das nicht automatisch, dass Sie auch die Verbindung mit dem Internet getrennt haben. Wenn Sie sich via Modem eingewählt haben, müssen Sie die Verbindung manuell trennen, sofern Windows Sie nicht in einem Dialogfeld dazu auffordert. Kapitel 21 enthält mehr Informationen zum Trennen einer Internetverbindung.

Traritrara, die Post ist da!

Nichts ist schöner an einem Tag im Internet, als E-Mails zu bekommen. Wenn Sie mit AOL arbeiten, werden Sie bereits am Beginn eines produktiven Arbeitstages mit den Worten »Sie haben Post!« begrüßt. *Ahhhhhhh, die Leute schreiben mir! Ich werde geliebt!*

In den folgenden Abschnitten geht es um E-Mails. Viele Leute nutzen das Internet eher für E-Mails als für das Surfen im Web. Und wenn sie nicht gerade Nachrichten verschicken, dann warten sie ungeduldig darauf, welche zu erhalten. Man ist förmlich besessen.

✔ In diesem Kapitel geht es schwerpunktmäßig um die Verwendung von Outlook Express (Version 6), dem E-Mail-Programm von Microsoft.

✔ Outlook Express ist nicht dasselbe wie Outlook. Outlook ist ein weiteres E-Mail-Programm von Microsoft, das im Microsoft-Office-Paket enthalten ist.

Starten des E-Mail-Programms

 Starten Sie Outlook Express, indem Sie auf das Outlook-Express-Symbol auf dem Desktop doppelklicken. Möglicherweise befindet sich das Symbol auch auf der Schnellstartleiste.

Wenn Sie zu diesem Zeitpunkt noch nicht mit dem Internet verbunden sind, stellt Outlook Express die Verbindung jetzt her. Wenn nicht, lesen Sie noch einmal in Kapitel 21 nach, in dem beschrieben wird, wie man die Verbindung mit dem Internet herstellen kann.

Sie können E-Mails erst dann senden und empfangen, wenn Sie mit dem Internet verbunden sind.

Als Erstes prüft Outlook Express nach, ob neue E-Mails für Sie eingegangen sind. Lesen Sie den Abschnitt »Lesen von E-Mails« weiter hinten in diesem Kapitel, wenn Sie wirklich gleich loslegen möchten. Gleichzeitig werden auch alle E-Mails versandt, die bereits fertig, aber noch nicht abgeschickt sind.

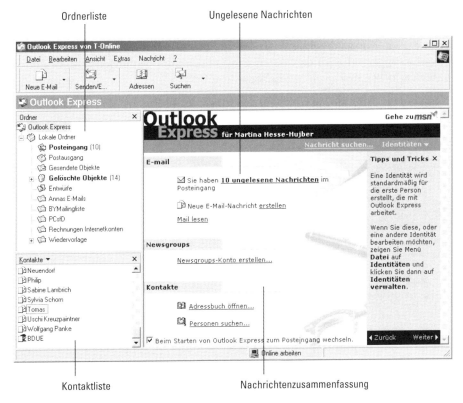

Abbildung 22.3: Der Eingangsbildschirm von Outlook Express

In Abbildung 22.3 sehen Sie eine Detailansicht des Outlook-Express-Fensters. Es besteht aus drei Teilen:

Ordnerliste: In der linken oberen Ecke des Fensters befindet sich die Liste mit Ordnern, in die die gesendeten, erhaltenen, gelöschten und abgelegten Nachrichten einsortiert werden.

Kontaktliste: Links unten befindet sich eine Liste mit *Kontakten*, also Personen, mit denen Sie für gewöhnlich kommunizieren.

Nachrichtenzusammenfassung: Rechts sehen Sie eine Art »Startseite« für Nachrichten, Newsgroups usw. Anstelle dieses Bildschirms können Sie sich auch den Posteingang anzeigen lassen, sobald Outlook Express gestartet wird. Zu diesem Zweck müssen Sie das Programm entsprechend konfigurieren und das Kontrollkästchen BEIM STARTEN VON OUTLOOK EXPRESS ZUM POSTEINGANG WECHSELN aktivieren.

Diesen Eingangsbildschirm von Outlook Express wollten Sie gar nicht sehen, oder? Sie wollten sehen, wer Ihnen geschrieben hat? Klicken Sie also auf die Verknüpfung zum Posteingang und lesen Sie alle alten und neuen Nachrichten.

Auf der rechten Seite des Bildschirms sehen Sie nun den Posteingang (siehe Abbildung 22.4). Im oberen Bereich wird die E-Mail-Liste angezeigt. Ungelesene E-Mails sind durch Fettdruck markiert, während Normaldruck anzeigt, dass die betreffenden E-Mails bereits gelesen wurden (weiterhin angezeigt wird dies durch das Symbol eines geöffneten bzw. geschlossenen Briefumschlags neben den einzelnen E-Mails).

Rechts unten sehen Sie eine Vorschau auf den Inhalt der Nachricht (siehe Abbildung 22.4).

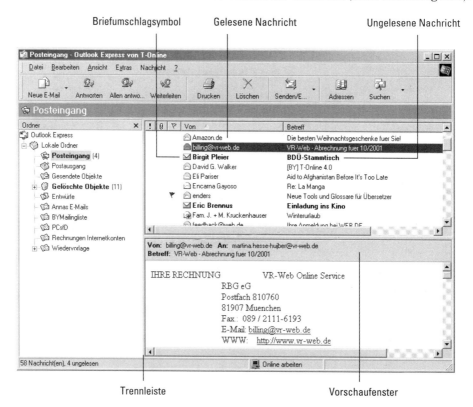

Abbildung 22.4: Der Posteingang von Outlook Express

Der linke und der rechte Bildschirmteil werden durch eine Trennleiste voneinander abgetrennt. Diese Trennleiste können Sie mithilfe der Maus verschieben und so einen der beiden Bereiche vergrößern. Meine Empfehlung lautet, die Trennleiste nach links zu verschieben, um den Posteingang und das Vorschaufenster zu vergrößern.

Das reicht wohl als Einführung! Wenn Sie bereits eine ungeöffnete E-Mail vorliegen haben, lesen Sie im Kapitel »Lesen von E-Mails« weiter. Wenn nicht, lesen Sie zunächst im nächsten Abschnitt alles darüber, wie man eine neue Nachricht erstellt.

✔ Die meisten E-Mail-Programme ähneln in ihrem Aussehen Outlook Express. Häufig werden ungelesene Nachrichten durch Fettdruck und bereits gelesene Nachrichten durch Normaldruck gekennzeichnet. Links befindet sich meistens eine Liste der verfügbaren Ordner.

✔ Wahrscheinlich ist zu diesem Zeitpunkt noch keine E-Mail für Sie eingegangen. Oh, vielleicht doch, und zwar eine Willkommensnachricht von Microsoft.

E-Mails senden

Wenn Sie E-Mails bekommen möchten, müssen Sie zunächst einmal E-Mails verschicken.

Natürlich sind Sie allseits beliebt und bekannt. Die Leute mögen Sie. Und Sie geben Ihre E-Mail-Adresse jedem, der Ihnen irgendwann einmal begegnet ist. Und dennoch: Wenn Sie E-Mails bekommen möchten, müssen Sie auch E-Mails verschicken. Gelegentlich werden sich auch einige Leute spontan bei Ihnen melden, aber trotzdem sollten Sie immer im Hinterkopf behalten, dass Kommunikation nun einmal eine zweigleisige Angelegenheit ist.

 Um eine neue Nachricht in Outlook Express zu erstellen, klicken Sie auf die Schaltfläche NEUE E-MAIL. Das in Abbildung 22.5 abgebildete Fenster NEUE NACHRICHT wird angezeigt. Ihre Aufgabe ist es, die leeren Bereiche auszufüllen.

An: An wen möchten Sie Ihre Nachricht verschicken? Geben Sie die E-Mail-Adresse der betreffenden Person in das Feld AN ein.

✔ Um eine E-Mail zu erstellen, benötigen Sie die E-Mail-Adresse einer anderen Person im Internet. Ihre Freunde und Kollegen können Ihnen Ihre E-Mail-Adressen geben, und es gehört heutzutage einfach zum guten Ton, die eigene E-Mail-Adresse auf Visitenkarten zu drucken oder in Lebensläufen anzugeben.

✔ In E-Mail-Adressen dürfen keine Leerzeichen enthalten sein! Was Sie für ein Leerzeichen halten, ist vermutlich ein Unterstrich!

✔ Sie müssen die E-Mail-Adresse vollständig eingeben: blah@wambooli.com. Es gibt allerdings eine Ausnahme: Wenn Sie in Ihrem Adressbuch so genannte E-Mail-Rufnamen erstellt haben, können Sie anstelle der vollständigen Adresse auch den Rufnamen in das Feld AN eintragen. (Mehr dazu in Kapitel 24).

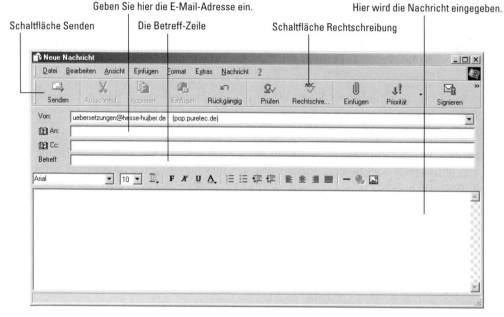

Abbildung 22.5: Das Fenster NEUE NACHRICHT

- ✔ Sie können mehr als nur eine Adresse in das Feld AN eingeben. Wenn Sie das tun, müssen Sie die verschiedenen E-Mail-Adressen, wie unten gezeigt, durch ein Komma oder ein Semikolon voneinander trennen.

    anfragen@vmi-buch.de;lektorat@vmi-buch.de

- ✔ Wenn Sie eine E-Mail-Adresse falsch eingeben, kommt die E-Mail wieder zu Ihnen zurück. Das ist eigentlich eine gute Sache. Versuchen Sie es mithilfe der korrekten Adresse einfach noch einmal.

Cc: Cc steht für den englischen Ausdruck »carbon copy« und bezeichnet das Feld für mögliche Kopienempfänger. Es enthält also die Adressen von Leuten, denen Sie eine Kopie der E-Mail zukommen lassen möchten.

Betreff: An dieser Stelle geben Sie den Betreff ein. Um was geht es in der Nachricht? Es wäre hilfreich, wenn Ihr Eintrag im Feld BETREFF irgendwie mit der betreffenden Nachricht zu tun hätte. Die Person, an die Sie die Nachricht schicken, sieht den Betreffeintrag im Posteingang.

Die Nachricht selbst: Zum Schluss geben Sie die gewünschte Nachricht ein.

Denkbar wäre etwa folgender Wortlaut: Nein, ich glaube nicht, dass die Holländer schon irgendeinen Verdacht hegen ...

Wenn Sie fertig sind, sollten Sie mithilfe der Schaltfläche RECHTSCHREIBUNG Ihre Nachricht noch auf Rechtschreibfehler hin überprüfen. Beim Durchlauf der Rechtschreibprüfung durch Ihren Text werden möglicherweise falsch geschriebene Wörter markiert. Wählen Sie aus dem Dialogfeld, das sich öffnet, das korrekt geschriebene Wort aus. Das Ganze funktioniert genau so wie die Rechtschreibprüfung in Ihrem Textverarbeitungsprogramm.

Lesen Sie sich Ihre Nachricht noch einmal durch! Die Rechtschreibprüfung kann keine Grammatikfehler oder möglicherweise beleidigende Ausdrucksweisen erkennen. Denken Sie immer daran, dass Sie eine E-Mail nicht wieder zurückholen können, wenn Sie sie erst einmal abgeschickt haben.

Zum Schluss verschicken Sie die Nachricht. Klicken Sie auf SENDEN und schon ist die E-Mail auf ihrem Weg ins Internet. Sie wird billiger und zuverlässiger zugestellt, als das von irgendeinem Postamt auf der Welt erledigt werden könnte.

Wenn Sie die Nachricht nicht abschicken möchten, schließen Sie das Fenster NEUE NACHRICHT. Das Programm wird Sie daraufhin fragen, ob Sie die Nachricht speichern möchten. Klicken Sie auf JA, und die Nachricht wird im Ordner ENTWÜRFE abgelegt. Wenn Sie auf NEIN klicken, wird die Nachricht gelöscht.

- ✔ Sie können die Erstellung einer neuen Nachricht starten, indem Sie die Tastenkombination `Strg`+`N` eingeben oder im Menü DATEI die Befehle NEU|E-MAIL-NACHRICHT wählen.

- ✔ In AOL erstellen Sie eine neue Nachricht, indem Sie auf die Schaltfläche SCHREIBEN in der Symbolleiste klicken. Klicken Sie auf die Schaltfläche ABSENDEN, um die Nachricht abzuschicken, wenn Sie online sind. Wenn Sie beim Schreiben der Mail offline sind, müssen Sie SPÄTER ABSCHICKEN anklicken.

- ✔ Bei T-Online rufen Sie das E-Mail-Programm auf, indem Sie auf die Schaltfläche EMAIL klicken. Wenn das Fenster des E-Mail-Programms auf dem Bildschirm angezeigt wird, klicken Sie auf SCHREIBEN, und schon können Sie eine E-Mail schreiben.

- ✔ E-Mails werden sofort verschickt. Ich habe eines Abends eine Nachricht an einen Leser in Australien geschickt und erhielt seine Antwort in weniger als 10 Minuten.

- ✔ Bitte schreiben Sie nicht ausschließlich in GROSSBUCHSTABEN. Für die meisten Leute sieht das so aus, ALS WÜRDEN SIE SIE ANSCHREIEN!

- ✔ Die Rechtschreibprüfung in Outlook Express funktioniert nur, wenn Sie Microsoft Word bzw. das gesamte Microsoft-Office-Paket installiert haben.

- ✔ Seien Sie vorsichtig, was Sie schreiben. E-Mails werden häufig in einem relativ lockeren Stil verfasst und können leicht falsch interpretiert werden. Bleiben Sie unverfänglich.

- ✔ Ignorieren Sie Leute, die Ihnen unverschämte E-Mails schicken. Das ist nicht leicht, aber es geht.

✔ Gehen Sie nicht davon aus, dass Sie immer eine schnelle Antwort auf Ihre E-Mails bekommen. Besonders Leute aus der Softwareindustrie haben damit so ihre Schwierigkeiten.

✔ Wenn Sie eine Nachricht abschicken möchten, die Sie zuvor in den Ordner ENTWÜRFE verschoben haben, öffnen Sie zunächst den Ordner ENTWÜRFE (mithilfe eines Doppelklicks). Dann doppelklicken Sie auf die gewünschte Nachricht, um sie zu öffnen. Daraufhin wird wieder das Fenster NEUE NACHRICHT angezeigt. Dort können Sie die Nachricht weiter bearbeiten und sie anschließend abschicken, indem Sie auf die Schaltfläche SENDEN klicken.

E-Mails lesen

Um eine Nachricht zu lesen, markieren Sie sie in der Liste im Posteingang. Der Text der Nachricht wird im unteren Bereich des Fensters angezeigt (siehe Abbildung 22.4).

Weitere Nachrichten lesen Sie, indem Sie sie anschließend ebenfalls in der Liste markieren. (Sie müssen die Nachrichten nicht in der Reihenfolge lesen, in der sie erscheinen.) Wenn Sie eine Nachricht markieren, wird ihr Inhalt im unteren Bereich des Fensters angezeigt.

Um eine Nachricht in einem eigenen Fenster zu öffnen, doppelklicken Sie auf die betreffende Nachricht im Posteingang. (Das können Sie sowohl mit geöffneten als auch mit ungeöffneten Nachrichten machen.) Ein spezielles Fenster für das Lesen der Nachricht (siehe Abbildung 22.6) wird geöffnet.

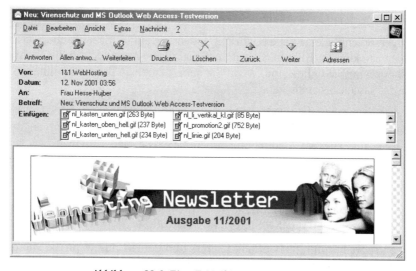

Abbildung 22.6: Eine E-Mail im eigenen Fenster

Da es sich hierbei um ein eigenständiges Fenster handelt, können Sie die Größe des Fensters nach Belieben verändern oder das Fenster an jede beliebige Stelle auf Ihrem Bildschirm schieben. Außerdem ist es möglich, mehrere Nachrichtenfenster gleichzeitig zu öffnen. Das ist besonders hilfreich, wenn Sie sich gleichzeitig Überblick über mehrere Nachrichten verschaffen müssen, die zueinander in Bezug stehen.

Im Nachrichtenfenster finden Sie zwei sehr nützliche Schaltflächen: ZURÜCK und WEITER.

Wenn Sie auf die Schaltfläche ZURÜCK klicken, können Sie die vorhergehende Nachricht im Posteingang lesen. Genauer gesagt jene, die in der Liste vor der aktuellen Nachricht steht.

Klicken Sie auf die Schaltfläche WEITER, um die nächste Nachricht in Ihrem Posteingang zu lesen. Wenn Sie bereits die letzte Nachricht im Posteingang lesen, führt das Klicken auf die Schaltfläche WEITER zu einem unangenehmen Geräusch.

Schließen Sie das Nachrichtenfenster, wenn Sie fertig sind.

Um eine E-Mail-Nachricht zu drucken, wählen Sie im Menü DATEI den Befehl DRUCKEN. Das Dialogfeld DRUCKEN wird angezeigt. Klicken Sie auf OK, um den Druck zu starten. Sie können eine E-Mail auch drucken, indem Sie auf die Schaltfläche DRUCKEN in der Symbolleiste klicken.

Um auf eine E-Mail-Nachricht zu antworten, klicken Sie auf die Schaltfläche ANTWORTEN.

Outlook Express übernimmt eine Reihe von Dingen automatisch für Sie:

✔ Der Name des Absenders wird automatisch im Feld AN eingetragen. Ihre Antwort wird direkt an den ursprünglichen Absender geschickt, ohne dass Sie die Adresse der betreffenden Person manuell eingeben müssen.

✔ Dem Originalbetreff werden in der Betreffzeile die Buchstaben (Re) vorangestellt.

✔ Die Originalnachricht wird *zitiert*, also ebenfalls aufgeführt. Das ist wichtig, weil einige Leute sehr viele E-Mails erhalten und so besser erkennen können, auf welche ihrer eigenen E-Mails sich ihre Antwort bezieht.

Geben Sie Ihre Antwort ein, und klicken Sie auf die Schaltfläche SENDEN, um die Antwort abzuschicken.

Beim Weiterleiten einer Nachricht schicken Sie quasi eine Kopie der Nachricht weiter. Um eine Nachricht weiterzuleiten, klicken Sie auf die Schaltfläche WEITERLEITEN. Tragen Sie in das Feld AN die Adresse der Person ein, an die Sie die Nachricht weiterleiten möchten. (An dieser Stelle unterscheidet sich die Weiterleitung einer Nachricht von dem Antworten auf eine Nachricht. In diesem Fall hier müssen Sie eine neue E-Mail-Adresse eingeben.) Die weiterzuleitende Nachricht erscheint in der neuen Nachricht in *zitierter* Form. Geben Sie zusätzliche Kommentare ein, wenn Sie möchten. Klicken Sie dann auf die Schaltfläche SENDEN, um die E-Mail abzuschicken.

Warum erscheint in meinen E-Mails mein wirklicher Name?

F: Warum erscheint mein wirklicher Name in E-Mails, die ich verschicke? Ich habe heute eine E-Mail von jemandem bekommen und in dieser E-Mail tauchte der wirkliche Name der betreffenden Person nicht auf. Woher weiß ich, von wem die Nachricht denn nun wirklich stammt?

A: Ihr E-Mail-Programm ist so konfiguriert, dass es Ihren wirklichen Namen in jeder Nachricht anzeigt, die Sie verschicken. Das haben Sie so festgelegt, als Sie das Programm eingerichtet haben. Der Name erscheint bei jeder Nachricht, die Sie verschicken, in der Zeile VON.

Um eine Nachricht, die Sie gerade lesen, zu löschen, klicken Sie auf die Schaltfläche LÖSCHEN. Puff, weg ist sie! Nun, um genau zu sein, befindet sich die Nachricht jetzt im Ordner GELÖSCHTE OBJEKTE links im Outlook-Express-Fenster.

- ✔ Eigentlich müssen Sie mit einer gelesenen Nachricht aber auch gar nichts weiter unternehmen. Sie können sie einfach im Posteingang lassen.

- ✔ Neue E-Mails werden im Posteingang in Fettdruck angezeigt.

- ✔ Sie können zitierten Text bearbeiten, wenn Sie auf eine Nachricht antworten oder diese weiterleiten. Ich teile ihn beispielsweise gerne in mehrere Teile auf, um auf jede Passage einzeln zu antworten.

- ✔ Sie können den zitierten Text auch löschen, wenn er Sie stört.

Verwenden Sie die Schaltfläche ALLEN ANTWORTEN, wenn Sie auf eine Nachricht antworten, von der Kopien an mehrere Personen geschickt wurden. Indem Sie auf die Schaltfläche ALLEN ANTWORTEN klicken, erstellen Sie eine Antwort, in der als Adressaten alle jene Personen aufgeführt sind, die auch die Originalnachricht erhalten haben. Auf diese Weise erhalten die betreffenden Personen auch die von Ihnen verfasste Antwort.

Nachdem Sie auf eine Nachricht geantwortet haben, ändert sich das Symbol im Posteingang (siehe Seitenrand). Diese Veränderung ist ein Hinweis darauf, dass auf die Nachricht geantwortet wurde.

Gelöschte E-Mails bleiben so lange im Ordner GELÖSCHTE OBJEKTE, bis Sie diesen Ordner leeren. Um dies zu tun, wählen Sie im Menü BEARBEITEN den Befehl ORDNER "GELÖSCHTE OBJEKTE" LEEREN.

Outlook Express beenden

Wenn Sie fertig sind und Outlook Express beenden möchten, schließen Sie entweder das Programmfenster oder wählen Sie im Menü DATEI den Befehl BEENDEN.

> ### Wie kann ich Nachrichten, die unzustellbar waren und zu mir zurückgeschickt wurden, erneut verschicken?
>
> **F:** Wenn ich die Adresse bei einer E-Mail falsch eingebe und die E-Mail dann mit dem Vermerk, dass die Adresse unbekannt ist, an mich zurückgeschickt wird, kann ich die Adresse dann korrigieren und die Nachricht erneut verschicken?

A: Sie können die E-Mail an die korrekte Adresse weiterleiten. Die Tastenkombination für die Weiterleitung lautet [Strg]+[F]. Geben Sie dann die korrekte Adresse ein, und fügen Sie vielleicht noch eine kleine Erklärung dazu, in der Sie darlegen, wie und warum Sie sich vertan haben. Alternativ dazu können Sie den Text der Nachricht auch kopieren und anschließend in ein neues Fenster für eine neue Nachricht, in dem die korrekte Adresse eingetragen ist, einfügen.

Noch mehr zum World Wide Web

In diesem Kapitel

- Informationen im Internet finden
- Online einkaufen
- Bei einer Internet-Auktion mitbieten
- Was sind Favoriten?
- Web-Aufenthalte verfolgen
- Tipps und Tricks rund um den Internet Explorer

Einer der Gründe, warum das Internet so erfolgreich ist, ist sicherlich, weil es einfach zu handhaben ist. Früher war es vielleicht mal etwas komplizierter, aber heute sind die Webseiten so schön gestaltet und verfügen über eine einfache Zeigen-und-Klicken-Oberfläche, dass jeder gleich versteht, wie es funktionieren soll. Ich will Sie deshalb nicht damit langweilen, wie Sie Flugtickets online bestellen, sondern habe in dieses Kapitel Tipps und Tricks für das Arbeiten mit dem Internet Explorer sowie allgemeine Ratschläge für die (bereits) Internetmüden unter Ihnen gepackt.

Informationen im Internet finden

Das Internet ist wie eine Bibliothek ohne Bibliothekar. Auch einen Katalog können Sie lange suchen. Webseiten sind in keiner Weise geordnet, und die in ihnen enthaltenen Informationen erheben keinen Anspruch auf Vollständigkeit oder Genauigkeit. Da jeder die Möglichkeit hat, alle möglichen Dinge ins Netz zu stellen, tut das auch jeder.

Sie finden Informationen im Netz mithilfe von *Suchmaschinen*. Eine Suchmaschine ist im Grunde eine Webseite, die einen gigantischen Katalog anderer Webseiten enthält. Diesen Katalog können Sie nach allen nur erdenklichen Dingen durchsuchen. Die Suchergebnisse werden angezeigt, und Sie können anschließend auf jene Links klicken, die Sie schließlich zu der gewünschten Webseite führen. Es ist wirklich sehr simpel.

Wenn ich nach irgendwelchen Informationen im Internet suchen möchte, starte ich Yahoo!. Yahoo! ist wahrscheinlich die älteste Suchmaschine überhaupt (siehe Abbildung 23.1). Yahoo! finden Sie unter der Adresse http://de.yahoo.com.

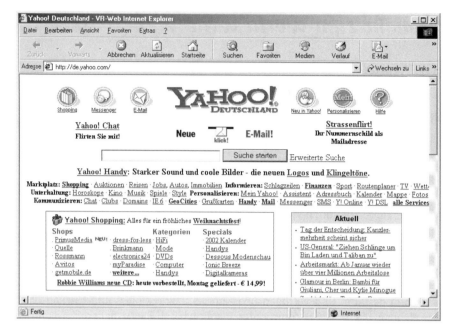

Abbildung 23.1: Die Suchmaschine Yahoo!

Bei Yahoo! haben Sie zwei Möglichkeiten: Sie können den gewünschten Suchbegriff entweder in das Textfeld neben der Schaltfläche SUCHE STARTEN eintragen oder verschiedene Kategorien durchsuchen, indem Sie mithilfe der Maus auf die entsprechenden Links klicken.

Yahoo! listet Ihnen wenig später alles auf, was zu dem gesuchten Thema verfügbar war. Die Liste kann sowohl Treffer nach Kategorien (entsprechend der Einträge in einem Bibliothekskatalog) oder einzelne Webseiten enthalten. Die Suchergebnisse werden alle auf dem nächsten Bildschirm angezeigt.

Es gibt aber nicht nur Yahoo!. Es gibt eine ganze Reihe Suchmaschinen sowie so genannte Internetportale, die alles bieten: Nachrichten, Online-Spiele, E-Mail-Funktionen, Chats, eben alles, was man so im Internet sucht. Tabelle 23.1 enthält einige beliebte Suchmaschinen und Internetportale.

Seite	Adresse	Seite	Adresse
AOL	www.aol.de	T-Online	www.t-online.de
Excite	www.excite.de	Web.de	www.web.de
Infoseek	www.infoseek.de	Yahoo!	http://de.yahoo.com
Lycos	www.lycos.de	Fireball	www.fireball.de
Microsoft	www.msn.de	Altavista	http://de.altavista.com

Tabelle 23.1: Eine Auswahl beliebter Suchmaschinen und Internetportale

23 ➤ Noch mehr zum World Wide Web

- Viele andere Suchmaschinen greifen auf Yahoo! zurück, um nach Informationen zu suchen.
- Wenn sich die Treffer der Suchmaschine auf mehr als eine Bildschirmseite erstrecken, wird am unteren Seitenrand ein Link mit dem Namen DIE NÄCHSTEN 20 TREFFER (oder so ähnlich) angezeigt. Wenn Sie auf diesen Link klicken, können Sie die nächste Seite mit passenden Webseiten einsehen.
- Je mehr Informationen Sie im Suchfeld eingeben, umso genauer ist das Suchergebnis.
- Bei allen Suchvorgängen im Internet liefert die Suche nach Personen vermutlich die wenigsten Ergebnisse. Sie werden herausfinden, dass die meisten Suchmaschinen für die Suche nach Personen Unmengen von Informationen über die gesuchte Person benötigen. Und selbst dann sind sie häufig nicht in der Lage, die Person letztendlich wirklich zu finden.
- Wenn Sie wissen wollen, wie man nach Personen oder Firmen sucht, dann besuchen Sie doch mal folgende Websites: www.suchen.de, www.branchenbuch.com oder http://people.yahoo.com.

Regen Sie sich nicht auf, wenn Sie sich selbst (mitsamt Ihrer Adresse und Telefonnummer) mittels einer solchen Suchmaschine finden. Die meisten Suchmaschinen ermöglichen es Ihnen völlig problemlos, Ihren Eintrag zu löschen.

Ein Internetportal ist hervorragend als Startseite im Internet geeignet. Sie müssen ein Internetportal nicht zu Ihrer Startseite machen. Trotzdem sollten Sie Folgendes bedenken: Wenn Sie ein Internetportal als Ihre Startseite festlegen, können Sie jederzeit sehr schnell dorthin zurückkehren, indem Sie einfach auf die Schaltfläche STARTSEITE klicken. Lesen Sie auch Kapitel 22 zu diesem Thema.

Wie kann ich noch mehr Geld online ausgeben?

Einkaufen über das Internet ist momentan schwer im Trend. Während Sie sich bequem auf Ihrem Schreibtischstuhl oder sonst wo lümmeln, können Sie Computer, Bücher, Kleidung, Süßigkeiten, ja sogar Immobilien kaufen. Alles, was Sie dazu brauchen, ist eine Maus und eine Kreditkartennummer.

Kleines Frage- und Antwortspiel zum Thema Online-Shopping

Keine Angst, online einkaufen ist schnell, einfach und »sicher«. Nur ein paar Klicks und Sie überschreiten den Kreditrahmen Ihrer Visa-Card ...

F: Was kann ich online kaufen?

A: Alles: Lebensmittel, Medikamente, Bücher, Computer, Spielwaren, Stereoanlagen – was immer Sie sich wünschen.

F: Ist es nicht ein bisschen merkwürdig, dass Computer online verkauft werden?

A: Eigentlich nicht. Als das Radio auf den Markt kam, wurde in der Radiowerbung vor allem für Radios geworben.

F: Wie funktioniert das mit dem Einkaufen?

A: Zunächst suchen Sie sich eine Webseite, auf der irgendetwas verkauft wird. Sehr beliebt ist z. B. Amazon.de, ein Unternehmen, das zunächst nur Bücher online verkaufte, inzwischen aber alle Arten von Waren vertreibt. Die Adresse von Amazon lautet `http://www.amazon.de`.

F: Wie lege ich fest, was ich kaufen möchte?

A: Das tun Sie, indem Sie das gewünschte Produkt in Ihren *virtuellen Einkaufswagen* legen. Für gewöhnlich klicken Sie auf eine Schaltfläche, und der betreffende Artikel wird in einen *Korb* gelegt, dessen Inhalt Sie später noch einmal überprüfen können.

F: Wie läuft das mit der Bezahlung?

A: Genauso wie in einem »echten« Geschäft. Sie öffnen das Fenster Ihres Einkaufskorbs (für gewöhnlich, indem Sie auf den entsprechenden Link klicken) und überprüfen noch einmal die Artikel, die dort aufgelistet sind. Folgen Sie für das Bezahlen dann den Anweisungen auf dem Bildschirm. An dieser Stelle müssen für gewöhnlich Angaben zur Person sowie zur gewünschten Versandart gemacht werden. Darüber hinaus müssen Sie meistens Ihre Kreditkartennummer angeben.

F: Sind die Daten meiner Kreditkarte sicher?

A: Sehr sicher sogar. Die meisten Shopping-Seiten und Webbrowser verwenden spezielle Verschlüsselungsmechanismen, um sicherzustellen, dass niemand Ihre Kreditkartendaten auf dem Weg durchs Internet abfangen kann. (Das Verfahren, das hier zum Einsatz kommt, ist wesentlich sicherer als beispielsweise die Aushändigung Ihrer Kreditkarte an die Bedienung in einem Restaurant.)

Bezahlen Sie immer mit Kreditkarte. Wenn Sie nicht das bekommen, was Sie bestellt hatten, oder wenn Sie eventuell sogar überhaupt keine Waren zugeschickt bekommen, können Sie die Belastung Ihrer Kreditkarte relativ einfach stornieren. Mit einer Kreditkarte schützen Sie sich vor finanziellen Verlusten, wenn sich herausstellen sollte, dass Ihr Online-Händler ein Betrüger ist.

F: Wie sieht es aus, wenn man Waren zurückschicken möchte?

A: Das ist ein sehr wichtiger Aspekt. Sie sollten unbedingt die Rücksendemodalitäten des Online-Händlers prüfen. Einige akzeptieren Rücksendungen sehr schnell und ohne Probleme. Wenn möglich, suchen Sie sich einen Online-Händler, der Ihre Waren zurücknimmt, ohne nach dem Grund für die Rücksendung zu fragen. Aber passen Sie auf! Auf manchen Webseiten sind die Informationen zu Rücksendefragen sehr gut versteckt.

Hier einige andere Ratschläge, die ich in das Frage-Antwort-Spiel nicht mit einbauen konnte:

 Schauen Sie nach, ob Sie eine Telefonnummer und Adresse des Online-Händlers finden. Bisher sind keine größeren Online-Betrügereien vorgekommen, und die meisten Unternehmen, die online tätig werden, sind seriös. Diejenigen, die das nicht sind, geben vermutlich auch keine Telefonnummer und Adresse an.

✔ Einige Online-Anbieter verfügen auch über Alternativen zur Bezahlung per Kreditkarte, wenn Ihnen die Online-Bezahlung nicht ganz geheuer ist. Manchmal kann der Bestellvorgang auch telefonisch oder per Fax abgewickelt werden.

✔ Sie können, genauso wie in einer Suchmaschine, eine Schaltfläche für das Suchen bestimmter Waren benutzen. Wenn Sie sich beispielsweise gerne ein Nachtsichtgerät zulegen würden, geben Sie den Suchbegriff **Nachtsichtgerät** in das Textfeld für den Suchbegriff ein und warten ab, was der Computer ausspuckt.

✔ Viele Online-Händler haben eine Liste ihrer Verkaufsschlager. Die sollten Sie sich ruhig einmal ansehen. Achten Sie auch auf Kommentare anderer Kunden über die von ihnen gekauften Produkte, wenn diese Funktion auf der Webseite verfügbar ist. Und denken Sie an die Sonderangebote! Ich kaufe ständig Produkte, die nur im Internet zu einem Sonderpreis erhältlich sind. Sparen Sie Geld!

Auktionen

Es gibt zwei Arten von Auktionshäusern. Zum einen die so genannten Schnellfeuer-Auktionshäuser, die Zahlen wie Maschinengewehrsalven ausspucken, und zum anderen Auktionshäuser vom Typ Sotheby's oder Christie's, die durch ein besonders höfliches Auftreten auffallen: »Das Gebot liegt bei 35,2 Millionen Dollar für den Van Gogh. Höre ich 35,3 Millionen? Mr. Gates vielleicht?«

Eigentlich gibt es bei Online-Auktionen gar keinen Auktionator. Häufig ist die Webseite selbst der Auktionator. Das funktioniert wie eine Mischung aus einer Suchmaschine und einem Online-Händler.

Mithilfe der Suchmaschine können Sie aussuchen, was Sie überhaupt kaufen möchten, sagen wir mal die originalverpackte Darth-Vader-Actionfigur aus dem Jahre 1977. Der Anbieter nennt einen Preis, und Sie machen Ihr Gebot, indem Sie den Betrag, den Sie zu zahlen bereit sind, an die Webseite abschicken. Stündlich geben hunderte von Mitbietern ihre Gebote ab, sodass der Preis kontinuierlich steigt. Wenn Sie bis zum Ende durchhalten, bekommen Sie den gewünschten Artikel und der Anbieter sein Geld.

Eines der beliebtesten Online-Auktionshäuser ist eBay. Bei eBay können Sie so gut wie alles kaufen und verkaufen. Nach der Registrierung können Sie sich ins Getümmel stürzen und nach irgendeinem Teil suchen, das Sie gerne kaufen möchten, oder Informationen über einen Artikel veröffentlichen, den Sie gerne verkaufen würden. eBay finden Sie unter http://www.ebay.de.

Neben eBay bieten auch Amazon, Yahoo! oder z. B. auch Andsold Online-Auktionen an. Hier die Adressen: http://de.auctions.yahoo.com, http://s1.amazon.de, http://www.andsold.de. (Um auf die Auktionsseiten von Yahoo! und Amazon zu kommen, können Sie auch einfach auf die entsprechenden Links auf den Startseiten von Yahoo! und Amazon klicken.)

✔ Ihr Geld verdienen die Online-Auktionshäuser damit, dass sie sich von den Anbietern Provisionen auszahlen lassen.

✔ Am Ende, wenn Sie den Zuschlag erhalten haben, müssen Sie sich mit dem Anbieter nur noch über die Zahlungs- und Versandbedingungen einigen (wenn diese nicht bereits vorher festgelegt wurden).

✔ Um ihre Kunden davor zu schützen, abgezockt zu werden, veröffentlichen die besseren Online-Auktionshäuser Informationen über den Anbieter inklusive der Kommentare anderer Käufer.

✔ Sie können die Dienste eines Online-Treuhänders in Anspruch nehmen, wenn Sie die Zahlung zurückhalten möchten, bis Sie die Ware erhalten haben. Ein solcher Dienstleister für den amerikanischen Markt ist beispielsweise I-Escrow, den Sie unter der Adresse http://www.tradenable.com finden.

Haben wir nicht alle unsere Favoriten?

Sie werden häufig auf Webseiten stoßen, die Sie einfach genial finden und immer wieder besuchen möchten. Wenn dies der Fall ist, erstellen Sie ein *Lesezeichen*. Sie können die betreffende Webseite jederzeit wieder öffnen, indem Sie das dazugehörige Lesezeichen aus einer Liste auswählen.

Um ein Lesezeichen zu erstellen, verwenden Sie die Tastenkombination Strg+D.

Mithilfe dieses Befehls wird die Webseite sofort zu Ihren Favoriten hinzugefügt. (Eine weitere Möglichkeit ist die Verwendung der Schaltfläche FAVORITEN.)

Wenn Sie die betreffende Webseite erneut öffnen möchten, rufen Sie sie einfach mithilfe des Menüs FAVORITEN auf.

✔ Wenn Ihnen eine Webseite gefällt, dann sollten Sie sie auch der Favoritenliste hinzufügen. So finden Sie sie beim nächsten Mal ganz schnell wieder. Und löschen können Sie sie jederzeit!

✔ Ich wünschte wirklich, Microsoft würde die *Favoriten* endlich bei ihrem richtigen Namen nennen: Lesezeichen. Bei allen anderen Webbrowsern ist von Lesezeichen die Rede, eine Benennung, die ja wohl wesentlich eingängiger als *Favoriten* ist.

- ✓ Um in AOL eine Webseite o. Ä. zu Ihrer Favoritenliste hinzuzufügen, klicken Sie auf die Schaltfläche MARKER. Wählen Sie in dem sich öffnenden Dialogfeld die Option FENSTER ALS MARKER SPEICHERN.

- ✓ Wenn Sie eine wichtige Webseite nicht in der Favoritenliste abgelegt haben, dann bleibt Ihnen immer noch das Dropdown-Listenfeld in der Adressleiste, das alle Websites enthält, denen Sie in letzter Zeit einen Besuch abgestattet haben. Oder Sie verwenden für diesen Zweck die Verlaufsliste. Hierzu mehr unter »Wo bin ich überall gewesen?« weiter hinten in diesem Kapitel.

Favoriten verwalten

Die Favoritenliste wird in Nullkommanix unübersichtlich. Da hilft nur eins: durchorganisieren. Sie können die Favoritenliste verwalten oder neu organisieren, indem Sie Lesezeichen, die Sie nicht brauchen, löschen oder indem Sie Untermenüs und Unteruntermenüs erstellen. Das ist alles kinderleicht!

Um die Favoritenliste neu zu organisieren, wählen Sie im Internet Explorer im Menü FAVORITEN den Befehl FAVORITEN VERWALTEN. Das Dialogfeld FAVORITEN VERWALTEN wird angezeigt (siehe Abbildung 23.2).

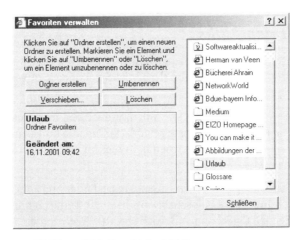

Abbildung 23.2: Das Dialogfeld FAVORITEN VERWALTEN

Um einen neuen Ordner zu erstellen, klicken Sie auf die Schaltfläche ORDNER ERSTELLEN. Ein neuer Ordner wird angezeigt, der noch den Namen NEUER ORDNER trägt, den Sie jedoch umbenennen können.

Um ein markiertes Lesezeichen in einen Ordner zu verschieben, ziehen Sie das Lesezeichen mit der Maus in den Ordner und legen es dort ab. Sie können aber auch mit der Schaltfläche VERSCHIEBEN arbeiten.

Um ein Lesezeichen umzubenennen, markieren Sie es und klicken dann auf die Schaltfläche UMBENENNEN. Das sollten Sie vor allem bei langen Namen tun, die die Favoritenliste unnötig breit machen. Ich habe beispielsweise den fürchterlich langen Namen einer Webseite, auf der ich mir immer das Lokalwetter anzeige, schlicht und einfach in »Wetter« geändert. Mehr muss ich nicht wissen, um dieses Lesezeichen in meiner Liste wieder zu finden.

Natürlich können Sie auch Lesezeichen löschen. Markieren Sie sie mit der Maus und klicken Sie auf die Schaltfläche LÖSCHEN.

✔ Ich versuche immer, nur so viele Lesezeichen in der Favoritenliste zu haben, wie auf dem Bildschirm Platz haben. So räume ich wenigstens regelmäßig auf!

✔ Erstellen Sie Ordner für bestimmte Kategorien von Lesezeichen: Nachrichten, Wetter, Sport, Musik, Unterhaltung, Computer usw.

✔ Außerdem sollten Sie Unterordner erstellen, um auch innerhalb der Themen Ordnung zu schaffen.

Löschen Sie ruhig die Favoriten, die Microsoft im Menü FAVORITEN vorinstalliert hat. Diese Lesezeichen verweisen auf Unternehmen, die Geld dafür bezahlt haben, damit an dieser Stelle für ihre Produkte geworben wird. Sie können sie mit Nichtbeachtung strafen oder, was noch besser ist, einfach löschen.

Der Ordner mit den Links

Ein ganz spezieller Ordner im Menü FAVORITEN des Internet Explorer ist der Ordner LINKS. Alle Einträge in diesem Ordner werden auch in der Links-Symbolleiste angezeigt, was sie einfach schneller zugänglich macht.

Wenn Sie die Links-Symbolleiste anzeigen wollen, wählen Sie im Menü ANSICHT die Befehle SYMBOLLEISTEN|LINKS. Die Links-Symbolleiste zeigt daraufhin alle Links an, die im Menü FAVORITEN im Ordner LINKS abgelegt sind. Untermenüs in diesem Ordner werden als Menüs in der Links-Symbolleiste angezeigt.

Ich habe das Dialogfeld FAVORITEN VERWALTEN geöffnet und alle vorinstallierten Links aus dem Ordner LINKS gelöscht. Dann habe ich Untermenüs für die Websites erstellt, denen ich täglich einen Besuch abstatte: Nachrichten, Computer, Einkaufen usw. Meine Lesezeichen habe ich dann in die entsprechenden Untermenüs im Ordner LINKS verschoben. Jetzt habe ich meine Lieblingssites sofort über die Links-Symbolleiste bei der Hand.

Wo bin ich überall gewesen?

Der Internet Explorer merkt sich ganz genau, welche Webseiten Sie heute, gestern oder vor ein paar Wochen besucht haben. Manche Leute mögen diese Funktion, da sie noch mal nachsehen können, wo sie gewesen sind, und dort vielleicht erneut vorbeischauen. Andere Leute wiederum hassen diese Funktion, weil man ihnen damit auf die Schliche kommen kann, wo sie überall gewesen sind.

Um die Verlaufsliste anzuzeigen, klicken Sie in der Symbolleiste des Internet Explorer auf die Schaltfläche VERLAUF. Auf der linken Seite wird dann ein Fenster wie in Abbildung 23.3 angezeigt. Wie Sie sehen, enthält das Fenster verschiedene Einträge: HEUTE, VORIGE WOCHE, VOR ZWEI WOCHEN usw. Hinter jedem Datum verbergen sich Ordner mit den zu dem Zeitpunkt besuchten Websites. Klicken Sie auf einen Ordner, um sich die Liste der einzelnen Webseiten anzuzeigen.

Schließen Sie die Verlaufsliste, indem Sie auf die Schaltfläche mit dem X oder einfach auf die Schaltfläche VERLAUF in der Symbolleiste klicken.

✔ Um einer Seite einen erneuten Besuch abzustatten, wählen Sie sie einfach aus der Verlaufsliste aus. Öffnen Sie den Eintrag HEUTE oder VORIGE WOCHE, und wählen Sie zuerst die Website und dann aus der angezeigten Liste die Webseite aus, die Sie wieder besuchen wollen.

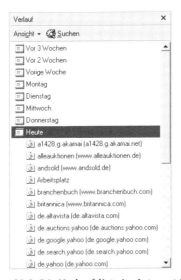

Abbildung 23.3: Die Verlaufsliste im Internet Explorer

Wenn Sie eine Seite oder eine Website aus der Liste löschen wollen, dann klicken Sie mit der rechten Maustaste auf den Eintrag und wählen aus dem angezeigten Kontextmenü den Befehl LÖSCHEN.

✔ Wenn Sie die Verlaufsliste nicht mögen, können Sie sie auch gänzlich außer Kraft setzen. Wählen Sie im Menü EXTRAS den Befehl INTERNETOPTIONEN, um das Dialogfeld INTERNET-OPTIONEN zu öffnen. Suchen Sie auf der Registerkarte ALLGEMEIN das Gruppenfeld VERLAUF. Setzen Sie den Wert der Option TAGE, DIE DIE SEITEN IM "VERLAUF" AUFBEWAHRT WERDEN auf null, um die Verlaufsliste zu deaktivieren. Klicken Sie abschließend auf OK.

✔ Sie können auch alle Einträge in der Verlaufsliste auf einen Schlag löschen, indem Sie auf die Schaltfläche "Verlauf" leeren klicken, die Sie auch auf der Registerkarte Allgemein im Dialogfeld Internetoptionen finden.

Tipps und Tricks rund um den Internet Explorer

Zum Schluss dieses Kapitel möchte ich noch mit einigen Tipps und Tricks aufwarten, die Ihnen das Leben im Web angenehmer gestalten sollen. Sie stammen entweder aus hunderten von Fragen, die mir meine Leser gestellt haben, oder aus Erkenntnissen, die ich aus dem mittlerweile jahrelangen Arbeiten mit dem Internet Explorer gewonnen habe.

Wie kann ich diese nervtötenden, nicht jugendfreien Seiten löschen?

F: Äh, neulich habe ich mal eine dieser nicht jugendfreien Webseiten besucht, obwohl ich da gar nicht hin wollte. Auch jeden Fall bin ich Ihrem Rat gefolgt und habe die Seite auf der Verlaufsliste entfernt. Sie wurde aber immer noch im Dropdown-Listenfeld der Adressleiste angezeigt, wenn ich Teile der Web-Adresse eingebe. Wissen Sie einen Rat?

A: Es gibt wohl niemanden, der nicht schon einmal versehentlich auf einer dieser Webseiten gelandet ist. Machen Sie sich darüber keine Sorgen! Wenn Sie jedoch die Adresse dieser Website gänzlich aus dem Speicher des Computers entfernen wollen, dann müssen Sie dazu in die Windows-Registrierung gehen und von der sollten Sie eigentlich die Finger lassen. Am besten ist es, Sie suchen sich jemanden, der sich mit der Windows-Registrierung oder dem Programm REGEDIT auskennt. Bitten Sie diese Person, nach dem Eintrag HKEY_USERS/Default/Software/Microsoft/Internet Explorer/TypedURLs zu suchen. Dort kann die Adresse dann entfernt werden.

Aktivieren Sie den Inhaltsratgeber lieber nicht

Der Internet Explorer enthält eine Funktion, die sich *Inhaltsratgeber* nennt. Damit sollen Webseiten auf bestimmte Inhalte überprüft werden und dann gar nicht erst angezeigt werden. Das hört sich zunächst gut an, denn wem ist es nicht schon so gegangen, dass er über einen harmlosen Link auf einer Pornoseite gelandet ist.

Leider ist der Inhaltsratgeber nicht der ideale Weg, um Sie vor solchen Seiten zu schützen. Tatsache ist, dass er auch bei ganz harmlosen Websites ein heilloses Durcheinander veranstalten kann. Ganz zu schweigen davon, dass er nur schwer wieder zu entfernen ist, sobald man ihn einmal aktiviert hat. Aus diesen Gründen rate ich Ihnen ganz einfach davon ab, den Inhaltsratgeber zu aktivieren.

- ✓ Anstelle des Inhaltsratgebers empfehle ich Ihnen, ein spezielles Programm zu kaufen, das Sie vor den Gefahren des Internet schützt (z. B. CyberPatrol oder CyberSitter).
- ✓ Für den Inhaltsratgeber brauchen Sie ein Kennwort. Sollten Sie ihn also doch aktivieren wollen, vergessen Sie nie Ihr Kennwort.

Webseiten drucken

Um Webseiten zu drucken, wählen Sie im Menü DATEI den Befehl DRUCKEN. Ganz einfach!

Einige Webseiten werden jedoch nicht richtig ausgedruckt. Sie sind entweder zu breit oder haben weißen Text auf schwarzem Hintergrund, was nicht besonders toll aussieht. Deshalb sollten Sie immer mit dem Befehl DRUCKVORSCHAU arbeiten, um sich vorher anzuzeigen, was gedruckt wird. Bei Problemen helfen vielleicht die folgenden Lösungsvorschläge:

- ✓ Speichern Sie die Webseite zunächst auf der Festplatte. Wählen Sie dazu im Menü DATEI den Befehl SPEICHERN UNTER. Im Dropdown-Listenfeld DATEITYP wählen Sie WEBSEITE, KOMPLETT. Sie können dann diese Datei in Microsoft Word oder Excel bzw. in irgendeinem Programm zum Bearbeiten von Webseiten öffnen und dort bearbeiten und aus diesem Programm heraus drucken.
- ✓ Wenn Sie eine große Grafik von einer Webseite drucken möchten, dann laden Sie die Grafik erst auf die Festplatte herunter (siehe Kapitel 25). Öffnen Sie sie dann in einem Bildbearbeitungsprogramm oder in Paint, um die Grafik in der Größe so anzupassen, dass sie auf eine Seite passt. Jetzt können Sie den Druck starten.
- ✓ Wählen Sie im Menü DATEI den Befehl SEITE EINRICHTEN, um die Option QUERFORMAT zu wählen und damit Webseiten zu drucken, die breiter als normal sind.
- ✓ Ändern Sie im Dialogfeld DRUCKER die Einstellungen des Druckers, indem Sie auf die Schaltfläche EIGENSCHAFTEN klicken. Die Einstellungen sind je nach Druckertyp verschieden, aber es gibt welche, bei denen können Sie den Ausdruck auf 75 oder 50 Prozent verkleinern. Oder Sie stellen ein, dass Sie statt in Farbe lieber Schwarz-weiß oder in Graustufungen drucken wollen.

Was bitte ist ein PlugIn?

PlugIns sind kleine Programme, die die Leistungsfähigkeit des Internet Explorer verbessern. Die meisten sind Multimedia-PlugIns, mit deren Hilfe der Internet Explorer animierte Dateien abspielen, 3-D-Grafiken anzeigen und anderes Multimediazeug produzieren kann.

Die wohl bekanntesten PlugIns sind Flash und Real Player.

Flash ist ein grafisches Werkzeug, mit dem Sie Animationen abspielen und Klänge hören können. Animationen und Geräusche werden schnell geladen. Das ist auch der Grund, warum Flash so beliebt ist.

Mit Real Player können Sie Klänge – auch Live-Klänge – hören und sogar Videoclips anzeigen.

Sie möchten diese PlugIns auch haben? Gehen Sie einfach auf irgendeine Webseite, die diese Technologie verwendet. Dort finden Sie einen Link, mit dem Sie das PlugIn-Programm herunterladen können. Das ist ganz legal, und wenn Sie sich dieses PlugIn nicht holen, dann können Sie weder Animationen noch musikalische Klänge hören.

- ✔ Die meisten PlugIns sind kostenlos. Sie können sie einfach downloaden und die Software dann installieren.

- ✔ Webseiten, die PlugIns einsetzen, bieten alternative Webseiten für diejenigen an, die diese PlugIns nicht haben oder nicht einsetzen wollen.

- ✔ Der Real Player ist mit Vorsicht zu genießen. Dieses PlugIn scheint den ganzen Computer in Beschlag zu nehmen. Außerdem will es ständig aktualisiert oder aufgerüstet werden und das ist mir einfach zu lästig.

Diese lästigen PopUp-Fenster

Einige Webseiten verwenden spezielle Fenster, die, ohne zu fragen, auf dem Bildschirm angezeigt werden. Meistens enthalten sie Werbung, und meistens wird Sie das ziemlich nerven, weil Ihnen dieses PopUp-Fenster ständig die Sicht auf das nimmt, was Sie sehen wollen.

Was tun? Leider gar nichts. Was Sie sehen, sind die Auswüchse der Webprogrammiersprache *JavaScript*. Diese Sprache weist Ihren Webbrowser an, neue Fenster zu öffnen und Informationen anzuzeigen, wenn Sie es am wenigsten brauchen können. Das Einzige, was Sie tun können, ist, die Fenster, sobald sie angezeigt werden, zu schließen.

- ✔ Die schlimmsten PopUp-Fenster sind die mit pornografischer Werbung, die Ihnen ab und zu über den Bildschirm flimmern. Wenn Sie versuchen, sie zu schließen oder auf die Schaltfläche ZURÜCK zu klicken, dann werden nur noch mehr Fenster angezeigt. Sie müssen jedes einzelne schließen oder den Internet Explorer beenden, wenn Sie Ihre Ruhe haben wollen.

- ✔ Sie können natürlich dem »Webmaster« eine E-Mail schreiben, wenn Sie diese PopUp-Fenster loswerden wollen. Eine E-Mail wird zwar nicht helfen, wenn aber viele sich zusammentun, dann verzichtet die besagte Website vielleicht auf diese PopUp-Dinger.

- ✔ Hoffen wir, dass Microsoft eine Funktion erfindet, mit der diese lästigen Fenster in künftigen Internet-Explorer-Versionen deaktiviert werden können.

E-Mails – und was es sonst noch gibt

24

In diesem Kapitel

- Benutzerdefinierte E-Mails erstellen
- Signaturen hinzufügen
- Mit E-Mail-Ordnern arbeiten
- Mit dem Ordner GELÖSCHTE OBJEKTE arbeiten
- Einträge im Adressbuch erstellen
- Rufnamen verwenden
- Mailgruppen erstellen
- Nachrichten sperren

Heutzutage scheint kaum noch jemand Probleme mit E-Mails zu haben. Gehen Sie mal auf einen Seniorennachmittag, und Sie werden staunen, dass untereinander öfter E-Mail-Adressen als die Bilder der Enkelkinder ausgetauscht werden.

Um das Thema E-Mail in diesem *PCs für Dummies* abzuschließen, habe ich in diesem Kapitel noch einmal verschiedene Tipps und Tricks und ein paar Extrainformationen für meine Leserinnen und Leser untergebracht. Es gibt sicherlich noch viel mehr zu wissen und zu entdecken, aber vielleicht inspiriert Sie ja dieses Kapitel dazu, noch effizienter mit Outlook Express zu arbeiten.

✔ Grundlagen zu E-Mails werden in Kapitel 22 behandelt.

✔ Kapitel 25 enthält Informationen zu E-Mail-Anhängen.

E-Mails mit persönlicher Note

E-Mails bestehen aus Text. Alle! Buchstaben, Zahlen, Satzzeichen sind die Grundlage aller E-Mails, die um den Globus geschickt werden. Trotz alledem gibt es Möglichkeiten, Ihre E-Mails aufzupeppen und persönlicher zu gestalten, die ich in den nächsten beiden Abschnitten behandle.

Nachrichten mit Stil

Mit Outlook können Sie besonders stilvolle Nachrichten verfassen. Ich nenne es stilvoll, weil die Nachricht anschließend besser aussieht als ganz normaler Text.

Wenn Sie eine besonders stilvolle Nachricht erstellen möchten, klicken Sie auf den nach unten zeigenden Pfeil neben der Schaltfläche NEUE E-MAIL. Daraufhin wird eine Liste mit verschiedenen Briefpapieroptionen angezeigt (siehe Abbildung 24.1). Wählen Sie das gewünschte Briefpapier aus der Liste aus. Outlook Express erstellt dann eine neue Nachricht mit einem besonderen Hintergrundmuster, einem Bild oder einem besonderen Styling, in die Sie wie gewohnt Ihren Text eingeben.

Abbildung 24.1: Briefpapier für eine neue Nachricht

Arbeiten Sie mit den Textformatierungswerkzeugen, um die Nachricht noch persönlicher zu gestalten. Sie können die Schriftart, -größe und -farbe sowie noch weitere Formatierungsattribute anwenden. Die Schaltflächen in der Symbolleiste entsprechen im Wesentlichen den Schaltflächen, die Sie auch in Ihrer Textverarbeitung vorfinden, wobei auch die Auswirkung auf Ihren Text dieselbe ist.

✔ Klicken Sie auf die Schaltfläche SENDEN, um Ihre stark formatierte Nachricht abzuschicken.

✔ Wenn Sie Ihr eigenes Briefpapier kreieren möchten, klicken Sie auf die Schaltfläche NEUE E-MAIL (siehe Abbildung 24.1) und wählen den Befehl BRIEFPAPIER AUSWÄHLEN. Im Dialogfeld BRIEFPAPIER AUSWÄHLEN klicken Sie anschließend auf die Schaltfläche NEU ERSTELLEN, um den BRIEFPAPIER-SETUP-ASSISTENTEN zu starten.

Denken Sie jedoch daran, dass nicht in jedem E-Mail-Programm die von Ihnen vorgenommenen Formatierungen angezeigt werden können. Wenn Sie eine Antwort erhalten, dass die Nachricht wie wild zusammengewürfelter Text aussah, dann sollten Sie in Zukunft Ihre Nachrichten vielleicht lieber ohne komplizierte Formatierungen und ohne besonderes Briefpapier erstellen.

Signaturen erstellen

Mit einer Signatur können Sie E-Mails ebenfalls persönlicher gestalten. Eine Signatur sind eine oder mehrere Textzeilen, die an jede Nachricht, die Sie senden, angehängt werden. Eine Signatur könnte beispielsweise so aussehen:

```
Alles easy, alles cool!
Dein Dan
```

Dieser Text wird automatisch an jede Nachricht angehängt, die Sie erstellen oder beantworten. Sie wollen das auch können? Dann befolgen Sie die hier beschriebenen Schritte:

1. **Wählen Sie im Menü Extras den Befehl Optionen.**

    Das Dialogfeld Optionen wird angezeigt.

2. **Wählen Sie die Registerkarte Signaturen.**

3. **Klicken Sie auf die Schaltfläche Neu, um eine neue Signatur zu erstellen.**

4. **Geben Sie im unteren Teil des Dialogfelds den Text ein, der an Ihre Nachrichten angehängt werden soll.**

    In Abbildung 24.2 sehen Sie die von mir erstellte Signatur. Sie können mehrere Zeilen Text in das Textfeld eingeben, ganz genauso als würden Sie diese Zeilen direkt an das Ende Ihrer Nachricht schreiben. Ich habe sogar eine Trennlinie erzeugt und meine Webadresse angegeben.

Abbildung 24.2: Im Dialogfeld Optionen erstellen Sie Signaturen.

Sie haben auch die Möglichkeit eine Datei als Signatur anzuhängen. Klicken Sie dazu auf die Option DATEI, und verwenden Sie die Schaltfläche DURCHSUCHEN, um nach der Datei mit der Signatur zu suchen.

5. **Aktivieren Sie das Kontrollkästchen ALLEN AUSGEHENDEN NACHRICHTEN SIGNATUREN HINZUFÜGEN.**

   Jetzt hängt Outlook Express an alle Ihre Nachrichten die Signatur an. Wenn Sie wollen, dass die Signatur auch an Antworten und weitergeleitete Nachrichten angehängt wird, dann deaktivieren Sie das Kontrollkästchen KEINE SIGNATUR BEIM ANTWORTEN ODER WEITERLEITEN VON NACHRICHTEN.

6. **Klicken Sie auf OK.**

   Die Signatur ist fertig!

Wenn Sie das nächste Mal eine Nachricht erstellen, ist Ihre Signatur bereits im Nachrichtenteil eingefügt, bevor Sie irgendetwas getan haben.

- ✔ Sie können auch verschiedene Signaturen erstellen. Wählen Sie dazu die Signatur, die Sie in der Regel verwenden wollen, im Dialogfeld OPTIONEN aus, und klicken Sie auf die Schaltfläche ALS STANDARD.

- ✔ Um in eine neue Nachricht eine andere als die Standardsignatur einzufügen, wählen Sie im Menü EINFÜGEN den Befehl SIGNATUR und wählen aus dem angezeigten Untermenü die Signatur aus, die Sie für Ihre Mail gerade brauchen.

E-Mails verwalten

Vinton Cerf, der Vater des Internet und Erfinder des Zeichens @ in all Ihren E-Mail-Nachrichten, sagte einmal, dass E-Mails wie Mist und Jauche auf einem Bauernhof sein können; sie werden immer mehr, wenn man sich nicht beizeiten darum kümmert.

In Outlook Express geben Ihnen die verschiedenen Ordner im Ordnerfenster die Möglichkeit, Ihre E-Mails zu verwalten (siehe Abbildung 22.3). In dem genannten Fenster finden Sie fünf Standardordner:

Posteingang: Das ist der Ordner, der all ihre ungelesenen E-Mails enthält. Außerdem befinden sich dort auch alle gelesenen E-Mails, die Sie noch nicht gelöscht oder in einen anderen Ordner verschoben haben.

Postausgang: Dieser Ordner enthält Nachrichten, die noch abgeschickt werden müssen. Wenn Sie online sind, ist dieser Ordner die meiste Zeit über leer.

Gesendete Objekte: In diesem Ordner befinden sich Kopien aller Nachrichten oder Antworten, die Sie jemals abgeschickt haben.

Gelöschte Objekte: Hier werden die Nachrichten aufbewahrt, die Sie gelöscht haben.

Entwürfe: Nachrichten, die Sie noch nicht verschicken wollen, werden in diesem Ordner abgelegt.

Zusätzlich zu diesen Ordnern können Sie auch Ihre eigenen Ordner erstellen. Im folgenden Abschnitt erfahren Sie, wie das geht.

- ✔ Ordner, hinter denen eine blaue Zahl in Klammern steht, enthalten ungeöffnete Nachrichten. Die Zahl gibt an, wie viele Nachrichten noch nicht gelesen wurden.

- ✔ Um eine Nachricht aus dem Ordner ENTWÜRFE zu entfernen, müssen Sie sie zuerst öffnen. Dann können Sie die Nachricht bearbeiten oder gleich senden, indem Sie auf die Schaltfläche SENDEN klicken. Sie können die Nachricht auch aus dem Ordner ENTWÜRFE in irgendeinen anderen Ordner in der Liste ziehen.

Einen E-Mail-Ordner erstellen

Um einen eigenen E-Mail-Ordner zu erstellen, gehen Sie wie folgt vor:

1. **Wählen Sie im Menü DATEI die Befehle NEU|ORDNER.**

   Das Dialogfeld ORDNER ERSTELLEN wird angezeigt (siehe Abbildung 24.3)

2. **Geben Sie einen Namen für den neuen Ordner ein.**

   Geben Sie den Namen für den neuen Ordner in das Feld ORDNERNAME ein.

   Ich habe beispielsweise einen Ordner mit dem Namen *Online-Bestellungen*, in dem ich alle Auftragsbestätigungen ablege, die mir per E-Mail zugeschickt werden, wenn ich im Internet einkaufe. Empfehlenswert ist auch die Erstellung eines Ordners mit dem Namen *Witze*, in dem Sie alle amüsanten Nachrichten ablegen können, die Sie von Ihren Mitmenschen erhalten.

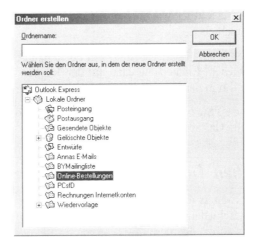

Abbildung 24.3: Das Dialogfeld ORDNER ERSTELLEN

3. **Geben Sie an, an welcher Stelle Ihr neuer Ordner erstellt werden soll.**

   Klicken Sie auf den Ordner, in dem Sie Ihren neuen Ordner ablegen möchten. Wenn Sie den Eintrag LOKALE ORDNER auswählen, platziert Outlook Express den neuen Ordner auf der *Hauptebene*. Wenn Sie auf einen der bereits bestehenden Ordner klicken, wird ein untergeordneter Ordner erstellt.

   Ich erstelle alle meine Ordner grundsätzlich auf der Hauptebene und wähle daher im Dialogfeld ORDNER ERSTELLEN den Eintrag LOKALE ORDNER.

4. **Klicken Sie auf OK.**

   Der neue Ordner wird erstellt und in der Ordnerliste im linken Fenster angezeigt.

Sie verwalten die erstellten Ordner, indem Sie mit der rechten Maustaste darauf klicken. Ein Kontextmenü mit Befehlen zum Umbenennen oder Löschen von Ordnern wird daraufhin angezeigt.

Um den Inhalt eines Ordners einzusehen, wählen Sie den betreffenden Ordner zunächst in der Ordnerliste aus. Klicken Sie einmal auf den Ordner, um ihn zu markieren. Nun werden alle Nachrichten, die in dem Ordner möglicherweise abgelegt sind, links im Fenster aufgelistet.

Die Ordner, in denen Outlook Express die Mails ablegt, sind nicht identisch mit denen, in denen Windows Dateien ablegt. Eigentlich ist jeder Ordner eine Textdatei auf der Festplatte, eine Datei, die Outlook Express indiziert und aufteilt, um die einzelnen Nachrichten in dieser großen Textdatei besser wieder zu finden. Außerdem kann Outlook Express diese Ordner/Textdateien viel besser verwalten, als wenn Sie versuchten, diese in Windows aufzuspüren und selbst zu verwalten.

Nachrichten in einen Ordner verschieben

Sie können Nachrichten ganz ähnlich wie die Symbole in Windows zwischen den verschiedenen Ordnern hin- und herschieben.

So können Sie beispielsweise eine Nachricht aus dem Posteingang direkt in den Ordner mit dem Namen Witze verschieben. Klicken Sie dazu auf den kleinen Briefumschlag neben der Nachricht und ziehen Sie ihn in den gewünschten Ordner im linken Bildschirmbereich.

Vergessen Sie aber nicht, dass Sie Nachrichten auch ganz einfach löschen können, indem Sie sie in den Ordner GELÖSCHTE OBJEKTE ziehen.

Nachrichten löschen (und wieder auferstehen lassen)

Ich empfehle Ihnen, Ihre E-Mails nicht zu löschen, sondern sie nur in einen anderen Ordner zu verschieben und so verschiedenen Rubriken (Freunde, Geschäft, Fanpost usw.) zuzuordnen. Ich lösche nur Nachrichten, die nicht direkt an mich adressiert sind, so genannte Junk-Mails, die in Internetkreisen auch als »Spam« bezeichnet werden.

Wenn Sie eine E-Mail löschen, wird sie in den Ordner GELÖSCHTE OBJEKTE verschoben. Und dort bleibt sie, bis Sie diesen Ordner leeren. Sie können sich eine Nachricht aus diesem Ordner auch wiederholen, indem Sie sie aus dem Ordner GELÖSCHTE ORDNER in den Ordner POSTEINGANG oder einen Ihrer anderen Ordner verschieben.

Wenn Sie den Ordner GELÖSCHTE OBJEKTE leeren wollen, wählen Sie im Menü BEARBEITEN den Befehl ORDNER "GELÖSCHTE OBJEKTE" LEEREN. Mit diesem Befehl löschen Sie alle E-Mails aus diesem Ordner für immer und ewig. Es gibt kein Zurück mehr. Definitiv nicht!

Gelöschte Mails werden nicht in den Papierkorb verschoben. Sie brauchen da gar nicht erst zu suchen. Sie sind da nicht.

✔ E-Mails, die Sie aus dem Ordner GELÖSCHTE OBJEKTE entfernt haben, können nicht wiederhergestellt werden.

Das Adressbuch

Immer, wenn Sie eine E-Mail von jemand Neuem bekommen oder wenn Ihnen ein Bekannter seine E-Mail-Adresse mitteilt, sollten Sie die Adresse in das Outlook-Express-Adressbuch eintragen. Dadurch werden die Adressen nicht nur sauber an einem einzigen Ort aufbewahrt, sondern Sie können die Adressen von dort auch sehr komfortabel wieder aufrufen, wenn Sie später E-Mails an die entsprechenden Personen schicken möchten.

Einen Namen in das Adressbuch einfügen

Sie können dem Adressbuch auf zwei verschiedene Arten einen E-Mail-Namen hinzufügen: manuell oder automatisch.

Manuell: Um einen Namen manuell hinzuzufügen, wählen Sie im Menü DATEI den Befehl NEU|KONTAKT. Outlook erstellt dann einen neuen Adressbucheintrag (siehe Abbildung 24.4), den Sie nur noch ausfüllen müssen.

Das Dialogfeld beinhaltet eine Vielzahl von Registerkarten und Schaltflächen usw., aber im Grunde müssen Sie lediglich vier Stellen bearbeiten, nämlich die Felder VORNAME, NACHNAME, RUFNAME und E-MAIL-ADRESSEN.

Das Feld RUFNAME ist optional, aber auch sehr nützlich. So können Sie beispielsweise an Stelle der vollständigen E-Mail-Adresse Ihres Bruders auch ganz einfach den Rufnamen »Dumpfbacke« in das Feld AN eintragen. Outlook Express erkennt diese Verknüpfung und ersetzt sie durch die korrekte, vollständige E-Mail-Adresse Ihres Bruders.

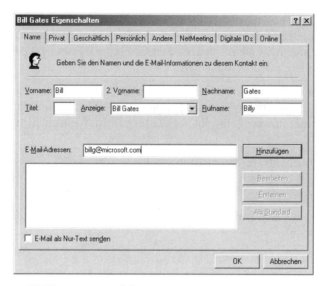

Abbildung 24.4: Ausfüllen eines neuen Adressbucheintrags

Nachdem Sie die vier Felder ausgefüllt haben (wobei Sie, wenn Sie sonst nichts anderes zu tun haben, natürlich auch noch mehr Felder ausfüllen können), klicken Sie auf die Schaltfläche HINZUFÜGEN und anschließend auf OK.

Automatisch: Wenn Sie dem Adressbuch einen Namen automatisch hinzufügen möchten, zeigen Sie eine E-Mail der Person, deren Namen Sie eintragen möchten, an. Wählen Sie im Menü EXTRAS den Befehl ZUM ADRESSBUCH HINZUFÜGEN. Outlook fügt den Namen sofort in das Adressbuch ein.

Klicken Sie in der Symbolleiste auf die Schaltfläche ADRESSEN, um das Adressbuchfenster zu öffnen. In diesem Fenster können Sie die Einträge in Ihrem Adressbuch bearbeiten und verwalten.

Verwenden des Adressbuches beim Verschicken einer Nachricht

Das Adressbuch ist insbesondere dann sehr nützlich, wenn Sie eine neue Nachricht erstellen. Öffnen Sie das Fenster NEUE NACHRICHT und klicken Sie auf die Schaltfläche AN. Das Dialogfeld EMPFÄNGER AUSWÄHLEN wird angezeigt (siehe Abbildung 24.5).

Um die Adresse einer Person in das Feld AN zu übertragen, wählen Sie den Namen der gewünschten Person aus und klicken Sie auf die Schaltfläche AN–>. Genauso verfahren Sie für die Felder Cc und Bcc. Wenn Sie mehr als eine E-Mail-Adresse auf einmal auswählen möchten, drücken Sie auf die Taste [Strg] und klicken Sie bei gedrückter [Strg]-Taste auf die gewünschten Namen.

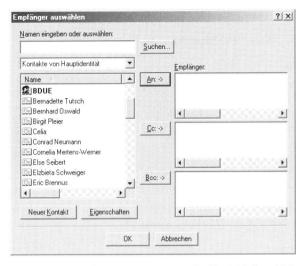

Abbildung 24.5: Wählen Sie die Personen aus, an die Sie E-Mails schicken möchten.

Wenn Sie fertig sind, klicken Sie auf OK, und die Felder AN, CC und BCC in der neuen E-Mail-Nachricht werden automatisch für Sie ausgefüllt.

Eine Gruppe erstellen

Sie verschicken wahrscheinlich öfter mal E-Mails an mehr als eine Person, z. B. an bestimmte Familienmitglieder, an die Skatfreunde, an die Elternbeiratsmitglieder der Schule usw. Wenn Sie für diese Personen eine Gruppe erstellen, dann brauchen Sie nie mehr jede E-Mail-Adresse einzeln einzugeben.

Um eine Gruppe zu erstellen, befolgen Sie einfach die folgenden Schritte:

1. **Wählen Sie im Menü EXTRAS den Befehl ADRESSBUCH, um das Adressbuch zu öffnen.**
2. **Wählen Sie im Adressbuch im Menü DATEI den Befehl NEUE GRUPPE.**

   Ein Dialogfeld wird angezeigt, in dem Sie eine Gruppe erstellen können.
3. **Geben Sie einen Namen für die Gruppe ein.**

   Lassen Sie sich etwas einfallen. Nennen Sie die Skatfreunde z. B. »Null ouvert«.
4. **Fügen Sie alle Mitglieder der Gruppe hinzu.**

   Verwenden Sie die Schaltfläche MITGLIEDER AUSWÄHLEN, um die einzelnen Personen auszuwählen. Ein weiteres Dialogfeld wird angezeigt, in dem Sie die E-Mail-Kontakte markieren und zur Gruppe hinzufügen können. Wählen Sie dazu auf der linken Seite des Fensters den Namen aus, und klicken Sie auf die Schaltfläche AUSWÄHLEN, um diesen der Gruppe auf der rechten Seite hinzuzufügen.

5. **Klicken Sie auf OK, wenn Sie alle Mitglieder ausgewählt haben.**
6. **Schließen Sie das Dialogfeld EIGENSCHAFTEN.**
7. **Schließen Sie das Adressbuch.**

   Ihre neue Gruppe ist einsatzbereit.

Wenn Sie eine Nachricht an die Gruppe senden wollen, geben Sie den Gruppennamen in die Felder AN, CC oder BCC ein. Die Nachricht wird dann automatisch an alle Mitglieder dieser Gruppe geschickt.

Sie können auch auf die Schaltfläche AN klicken (ist weiter oben beschrieben), um eine Gruppe aus der Liste in Ihrem Adressbuch auszuwählen.

Übrigens ist es eine Superidee die Gruppe in das Feld BCC zu setzen. Warum? Dann lesen Sie mal den Tipp »Viel Spaß mit der blinden Kopie«.

Nachrichten blockieren

Sie kennen sicherlich auch einige Leute, von denen Sie unter gar keinen Umständen E-Mails bekommen möchten. Egal, ob es Werbung, obszöne Witze oder Bettelbriefe sind. Outlook Express weiß jedoch, wie man mit solchen unangenehmen Zeitgenossen umgeht: Man blockiert deren Nachrichten!

Wenn Sie eine E-Mail von einer bestimmten Person blockieren möchten, dann müssen Sie sie zuerst öffnen oder markieren. Dann wählen Sie im Menü NACHRICHT den Befehl ABSENDER BLOCKIEREN. Sie erhalten daraufhin die Meldung, dass Outlook Express alle künftigen Nachrichten von der besagten unerwünschten Person blockieren wird, und werden auch noch gefragt, ob alle Nachrichten von dieser Person gelöscht werden sollen. Klicken Sie auf JA, um die Nachrichten zu löschen. Diese Person wird Sie nie wieder belästigen.

Wenn Sie Ihre Meinung jedoch mal ändern sollten oder falls Sie versehentlich die falsche Person blockiert haben, dann können Sie die Blockade auch wieder aufheben. Wählen Sie hierzu im Menü EXTRAS den Befehl NACHRICHTENREGELN|LISTE DER BLOCKIERTEN ABSENDER. Das Dialogfeld NACHRICHTENREGELN wird angezeigt. Markieren Sie die Person, für die die Blockade aufgehoben wird, und klicken Sie auf die Schaltfläche ENTFERNEN. Klicken Sie auf OK und Sie erhalten wieder Nachrichten von dieser Person.

- ✔ Wenn natürlich die besagte lästige Person seine oder ihre E-Mail-Adresse ändert, dann müssen Sie mit der Blockadeaktion erneut beginnen.
- ✔ Sie können mit diesem Trick auch einige, aber leider nicht alle Junk-Mails oder Spam-Mails blockieren. Fügen Sie einfach den Namen der Liste der blockierten Absender hinzu. Lesen Sie den letzten Abschnitt in diesem Kapitel über Spam-Mails.

✔ Sie können in dem Dialogfeld NACHRICHTENREGELN festlegen, wie Outlook Express mit Nachrichten umgehen soll. Leider reicht der Platz in diesem Buch nicht aus, um auch noch dieses Thema zu behandeln.

Viel Spaß mit der blinden Kopie

Das Feld Bcc dient dazu, Kopien einer Nachricht an nicht sichtbare Kopieempfänger zu schicken. Auf diese Weise können Sie Leute in Vorgänge einweihen, von denen der Empfänger nicht die leiseste Ahnung hat, dass diese darüber informiert sind.

Um auf dieses Feld zugreifen zu können, wählen Sie im Menü ANSICHT den Befehl ALLE KOPFZEILEN aus. Die in das Feld Bcc eingetragenen Personen erhalten, wie alle anderen Beteiligten auch, eine Kopie der Nachricht. Die in den Feldern AN und CC eingetragenen Personen können allerdings nicht sehen, wer im Feld Bcc eingetragen ist.

Als Beispiel für die Benutzung des Feldes Bcc stellen Sie sich vielleicht einmal vor, dass Sie auf einen unverschämten Brief antworten, in dem ein Verwandter über Ihren Schwager herzieht. Sie können eine Antwort verfassen und die E-Mail-Adresse Ihres Schwagers in das Feld Bcc eintragen. Auf diese Weise ist er informiert darüber, was vor sich geht, der fiese Verwandte wiederum hat keinen blassen Schimmer davon, dass Ihr Schwager den Briefwechsel verfolgt.

Spam, Spam, Spam, Spam

Unerwünschte Müll-E-Mails werden als Spam-Mails bezeichnet. Der Ausdruck stammt aus einem alten Sketch von Monty Python, und trotz heftiger Proteste seitens der Firma Hormel (die ein Fleischprodukt mit dem Namen Spam herstellt) hat sich das Wort für die Bezeichnung in großer Zahl verbreiteter, unerwünschter (Werbe-) E-Mails durchgesetzt.

Lassen Sie sich von Spam-Mails nicht ärgern. Jeder bekommt mal welche. Löschen Sie diese Nachrichten einfach. Lesen Sie sie zuerst, wenn Sie möchten, aber dann löschen Sie sie. Und antworten Sie auf keinen Fall darauf, auch nicht, um darum zu bitten, von der Versandliste gelöscht zu werden. Wenn Sie auf eine Spam-Mail antworten, signalisiert das dem Absender der Nachricht, dass Sie tatsächlich ein aktiver E-Mail-Nutzer sind. In diesem Fall wird Ihre Adresse an weitere Versender von Spam-Mails weitergegeben und Sie erhalten in Zukunft noch mehr Spam-Mails. Also antworten Sie nicht! Niemals!

Dateien von hier, Dateien nach da

In diesem Kapitel

- Informationen aus einer Webseite abspeichern
- Dateien und Programme im Internet suchen und finden
- Eine MP3-Datei herunterladen
- Eine Datei per E-Mail erhalten
- Eine Datei per E-Mail senden
- Auf eine FTP-Seite surfen

Das Internet entstand aus der Notwendigkeit, Dateien zwischen den steinzeitlichen Computern der frühen 70er-Jahre hin- und herzuschicken. Glücklicherweise ist heutzutage einiges deutlich einfacher als damals. So können Sie eine Datei an jede beliebige Person schicken, indem Sie eine Anlage an Ihre E-Mail anhängen. Auch Sie können per E-Mail oder über eine Webseite im Internet Dateien bekommen. In diesem Kapitel erfahren Sie alle dafür notwendigen Details.

Dateien aus dem Internet herunterladen

Das Internet strotzt förmlich vor Dateien und Programmen, die nur darauf warten, von Ihnen heruntergeladen zu werden. Ein kleines bisschen Zauberei und schon wird die Datei auf Ihren PC geschickt, ganz so, als ob Sie sie von einer CD-ROM oder einer Diskette kopierten (allerdings geht es nicht ganz so schnell). Sie können sich aus dem Internet Dateien, Programme, Schriftarten, Grafiken und vieles mehr herunterladen. Und es ist genauso einfach wie das Arbeiten mit Ihrer Maus.

✔ Das Kopieren einer Datei auf Ihren Computer wird als *Herunterladen* (oder *Downloaden*) bezeichnet.

✔ Das Verschicken einer Datei auf einen anderen Computer bezeichnet man als *Hochladen* (oder *Uploaden*).

Eine Webseite auf der Festplatte speichern

Wenn Sie eine vollständige Webseite auf der Festplatte speichern möchten, wählen Sie im Internet Explorer im Menü DATEI den Befehl SPEICHERN UNTER. Das Dialogfeld WEBSEITE SPEICHERN wird angezeigt, das dem Dialogfeld SPEICHERN UNTER in anderen Anwendungen ähnelt. Bearbeiten Sie das Dialogfeld, um die Webseite auf Ihrer Festplatte zu speichern.

- ✔ Beim Speichern einer Webseite speichern Sie im Grunde genommen eine so genannte HTML-Datei auf Ihrer Festplatte. Diese Datei enthält die notwendigen Formatinformationen für die Webseite.
- ✔ Sie können die Webseite offline mithilfe des Internet Explorers ansehen oder sie mithilfe eines beliebigen Webseiten-Editors, wie z. B. Microsoft Word oder FrontPage bearbeiten.
- ✔ Da HTML ein textbasiertes Dateiformat ist, können Sie sich die Datei auch mithilfe eines Texteditors, wie z. B. den zum Lieferumfang von Windows gehörenden Editor ansehen. Beachten Sie aber, dass die Webseite in diesem Fall sehr unschön aussieht.

Teile einer Webseite auf der Festplatte speichern

Auf vielen Webseiten erscheint einfacher Text. Sie können diesen Text kopieren und auf der Festplatte speichern. Die Vorgehensweise entspricht der in jedem beliebigen Anwendungsprogramm, in dem Sie Text kopieren und in einer anderen Anwendung wieder einfügen können. Gehen Sie wie folgt vor:

1. **Markieren Sie den Text, den Sie kopieren möchten.**

   Ziehen Sie die Maus über den Text, um ihn auszuwählen.

2. **Wählen Sie BEARBEITEN|KOPIEREN.**

   Alternativ dazu können Sie auch die Tastenkombination [Strg]+[C] drücken.

   Der Text ist nun kopiert und kann an anderer Stelle eingefügt oder abgespeichert werden.

3. **Starten Sie ein Textverarbeitungsprogramm.**

   Sie können Editor, Wordpad oder auch das von Ihnen sonst eingesetzte Textverarbeitungsprogramm, z. B. Microsoft Word, starten.

4. **Fügen Sie den Text in Ihr Textverarbeitungsprogramm ein.**

   Wählen Sie im Menü BEARBEITEN den Befehl EINFÜGEN und fügen Sie den Text an gewünschter Stelle ein. Alternativ dazu können Sie auch die Tastenkombination [Strg]+[V] drücken.

5. **Drucken Sie den Text, speichern Sie den Text oder tun Sie damit, was immer Ihnen beliebt.**

   Wählen Sie die entsprechenden Menübefehle, um den Text, den Sie aus der Webseite kopiert haben, abzuspeichern, auszudrucken oder zu bearbeiten.

Ich habe dieses Verfahren sehr häufig angewendet und zwar meistens, um Zitate berühmter Persönlichkeiten zu kopieren und in meine Bücher einzufügen. Ich tue dann so, als sei das Zitat von mir, und werde meinerseits zu einer berühmten Persönlichkeit.

Programme suchen und finden

Im Internet lagern Unmengen von Programmen. Sie finden dort Anwendungsprogramme, Programmiersprachen, Hilfsprogramme, Spiele, Dateien mit Schriftarten und viele Programme, die speziell auf das Internet zugeschnitten sind. Es ist alles da draußen und wartet nur darauf, von Ihnen heruntergeladen zu werden. Das eigentliche Problem liegt darin herauszufinden, wo genau sich die für Sie interessanten Programme befinden.

Um ein Programm zu finden, verwenden Sie eine spezielle Suchmaschine für Dateien, ähnlich wie eine Suchmaschine für Webseiten. Es gibt eine große Anzahl solcher Suchmaschinen. Das folgende Beispiel beschreibt die Vorgehensweise bei der Suche in shareware!de.

Gehen wir als Beispiel einmal davon aus, dass Sie ein neues Kartenspiel suchen, das Sie unter Windows spielen können. Gehen Sie wie folgt vor:

1. **Besuchen Sie** shareware.de.

    Geben Sie die folgende Adresse in Ihren Webbrowser ein: http://www.shareware.de

    Einige Augenblicke später erscheint die gewünschte Webseite auf Ihrem Bildschirm. Da sich das Aussehen der Seite ständig ändert, werde ich Sie jetzt nicht mit einem möglicherweise bereits veralteten Bild langweilen.

2. **Geben Sie in das Feld für den Suchbegriff ein, nach welcher Art Programm Sie suchen.**

    Je genauer Ihre Eingaben sind, umso besser wird das Suchergebnis, obwohl es in bestimmten Situationen auch besser sein kann, sich an dieser Stelle eher allgemein auszudrücken.

    In diesem Beispiel suchen Sie ja, wie gesagt, nach einem neuen Kartenspiel. Geben Sie also den Suchbegriff **Kartenspiel** in das Feld ein. In manchen Suchmaschinen können Sie an dieser Stelle aus einem Dropdown-Listenfeld bereits auswählen, für welches Betriebssystem das zu suchende Programm geeignet sein soll. Bei shareware!de ist das nicht der Fall, bei anderen Suchmaschinen können Sie hier als Betriebssystem aber z. B. Windows festlegen.

3. **Klicken Sie auf Go.**

    Der Suchvorgang kann einige Sekunden in Anspruch nehmen.

    Schließlich wird eine Seite mit den Suchergebnissen angezeigt. Auf dieser Seite finden Sie eine Liste der Suchergebnisse sowie eine Kurzbeschreibung der Programme, die Sie herunterladen können. Vielleicht finden Sie auch eine Verknüpfung, auf die Sie klicken können, um weitere Informationen zu erhalten.

Achten Sie besonders auf Angaben zur Dateigröße. Die Dateigröße ist ein wichtiger Hinweis darauf, wie lange es dauern wird, die Datei aus dem Internet herunterzuladen. Bei einer Verbindung mit 56 Kbps dauert das Herunterladen einer Datei mit einer Größe von 500 Kbyte ca. 3 Minuten.

Wenn die Suchmaschine mehr Treffer findet, als auf einer Seite angezeigt werden können, finden Sie im unteren Bildschirmrand einen Link, der Sie zu den nächsten Suchergebnissen führt.

4. **Wählen Sie die Datei aus, die Sie herunterladen möchten.**

    Klicken Sie auf den entsprechenden Hyperlink. Möglicherweise wird eine Seite mit detaillierten Informationen zu der Datei, die Sie ausgewählt haben, angezeigt. Dies kann aber von Suchmaschine zu Suchmaschine anders sein.

5. **Laden Sie die Datei herunter.**

    Befolgen Sie die Anweisungen auf dem Bildschirm, um die Datei zu speichern. Das Dialogfeld DATEIDOWNLOAD wird angezeigt. Wählen Sie dort die Option PROGRAMM SPEICHERN. Daraufhin wird das Dialogfeld SPEICHERN UNTER geöffnet, in dem Sie festlegen, wo in Ihrem System die Datei abgespeichert werden soll.

    Ich empfehle immer, für die Ablage der heruntergeladenen Dateien einen Ordner mit dem Namen DOWNLOADS o. Ä. im Ordner EIGENE DATEIEN zu erstellen. Im Dialogfeld SPEICHERN UNTER können Sie einen neuen Ordner mithilfe der Schaltfläche NEUEN ORDNER ERSTELLEN anlegen. Arbeiten Sie dann das Dialogfeld weiter ab, um die Datei in diesem neuen Ordner auf der Festplatte zu speichern.

6. **Warten Sie, während die Datei heruntergeladen wird.**

    Im Dialogfeld DATEIDOWNLOAD wird angezeigt, wie der Ladevorgang voranschreitet. Je nach Geschwindigkeit Ihres Modems kann dieser Vorgang mehr oder weniger Zeit in Anspruch nehmen.

    Trennen Sie die Verbindung zum Internet erst, wenn die Datei vollständig übertragen wurde! Wenn Sie die Verbindung vorzeitig trennen, ist die Datei unvollständig und damit unbrauchbar!

    Und sitzen Sie nicht einfach nur rum. Sie können während des Herunterladens andere Webseiten besuchen, andere Dinge im Internet erledigen oder in anderen Anwendungen, wie z. B. Word, arbeiten.

Nach dem Herunterladen sollten Sie die Datei ausführen. Bei den meisten heruntergeladenen Dateien handelt es sich um EXE-Dateien, das bedeutet, dass es sich um Programme handelt. Durch das Ausführen des Programms wird es für gewöhnlich auf dem Rechner installiert. Eine andere Möglichkeit ist, dass sich die Datei in mehrere Unterdateien aufspaltet. Eine dieser Dateien ist dann ein SETUP-Programm, das Sie ausführen müssen, um das gesamte Programm zu installieren. So oder so, das Programm gehört Ihnen!

- ✔ Das Herunterladen einer Datei ist kostenlos. Wenn es sich bei der Datei allerdings um so genannte *Shareware* handelt, wird von Ihnen erwartet, dass Sie für die Software zahlen, wenn Sie sie verwenden.

- ✔ Bei einigen Dateien, die Sie herunterladen, handelt es sich um ZIP-Dateien. Diese Dateien sind so genannte Archive, oder in anderen Worten: einzelne kompakte Dateien, die wiederum mehrere andere Dateien enthalten. Nach dem Herunterladen einer ZIP-Datei müssen Sie die Datei mithilfe eines ZIP-Programms wie z. B. WinZip entpacken oder *entzippen*.

- ✔ WinZip finden Sie auf der folgenden Webseite unter http://www.winzip.de

- ✔ Windows Me und Windows XP behandeln ZIP-Dateien als ZIP-komprimierte Ordner. Sie können diese Ordner ganz einfach öffnen und die Dateien, die Sie nach dem Downloaden brauchen, extrahieren. Kapitel 5 enthält Informationen über ZIP-komprimierte Ordner.

- ✔ Sie können Dateien nach dem Herunterladen auch wieder löschen. Wenn es eine ZIP-Datei (ZIP-komprimierter Ordner) ist, dann können Sie sie löschen, unabhängig davon, ob sie bereits installiert ist oder nicht. Kein Problem. (Sie müssen jedoch das Programm selbst auch wieder deinstallieren, wenn es bereits installiert ist; siehe Kapitel 19).

Eine MP3-Datei herunterladen

MP3 ist ein Dateiformat für die Speicherung von Audiodaten. Die Qualität des Formats ist so gut, dass die Musik beim Abspielen einen nahezu perfekten Klang hat. Außerdem sind die Dateien mit einem Speicherbedarf von 1 Mbyte pro Minute Musik relativ klein. 5 Minuten Musik auf CD würden im MP3-Format lediglich 5 Mbyte Speicherplatz in Anspruch nehmen. Bei anderen, ähnlichen Audiodateien würde der benötigte Speicherplatz bereits 100 Mbyte oder mehr betragen.

Musik im MP3-Format finden Sie auf der MP3-Webseite unter http://www.mp3.de.

Nachdem Sie das gewünschte Musikstück gefunden haben, klicken Sie mithilfe der Maus auf den Link zum Herunterladen. Die Datei wird dann auf Ihren Computer heruntergeladen.

Wenn durch das Klicken auf den Link zum Herunterladen der Windows Media Player geöffnet wird, schließen Sie den Media Player sofort wieder, und klicken Sie stattdessen mit der rechten Maustaste auf den Link zum Herunterladen. Sie wollen die Datei ja speichern und nicht anhören. Ein Kontextmenü wie in Abbildung 25.1 wird angezeigt.

Wählen Sie den Befehl ZIEL SPEICHERN UNTER aus dem Menü aus. Als Folge öffnet sich ein Dialogfeld mit dem Namen DATEI SPEICHERN UNTER, in dem Sie den gewünschten Speicherort für die Datei festlegen können. (Wie wäre es zum Beispiel mit einem MP3-Ordner im Ordner EIGENE MUSIK in Ihrem Ordner EIGENE DATEIEN?)

Abbildung 25.1: Herunterladen einer MP3-Datei (oder eines beliebigen anderen Links)

Sobald die Datei auf der Festplatte gespeichert ist, können Sie sie abspielen. Doppelklicken Sie auf das entsprechende Symbol, um die Datei zu öffnen und los geht's – vorausgesetzt, Sie verfügen über einen MP3-Player. Die neueste Version des Windows Media Player ist ganz okay. Wenn Sie lieber einen besseren Player hätten, gehen Sie noch einmal auf die MP3-Webseite, von der Sie wirklich tolle Software herunterladen können.

✔ MP3-Dateien sind nicht gezippt. Sie können sie nach dem Herunterladen sofort abspielen.

Wie lange dauert es, eine Datei herunterzuladen?

F: Während meine Datei heruntergeladen wird, meldet Windows zunächst, dass es drei Minuten dauern wird und dann sind es mit einem Mal 15 Minuten. Dann etwa fünf Minuten später geht es nur noch im Schneckentempo weiter. Also was? Wie lange dauert es nun, eine Datei herunterzuladen?

A: Die Antwort ist genauso wie die auf die Frage, wer zuerst da war, die Henne oder das Ei? Niemand kann sie so recht beantworten. Das Problem liegt darin, dass Geschwindigkeit im Internet relativ ist. Egal wie schnell Ihr Modem sich einwählt, der Internet Explorer kann nur raten, wie lange es dauern wird. Er geht davon aus, dass sich die Geschwindigkeit nicht ändert. Aber sie tut es! Angenommen ein Server in Seattle fällt mitten in einem Download-Prozess aus, dann muss der Rest des Internets intensiver arbeiten, um den Zeitausfall aufzuholen, und daher dauert das Herunterladen länger.

Fazit: Sie können nichts tun. Nehmen Sie die Zeitangaben des Internet Explorer (und von Windows) als das, was sie sind: reine Mutmaßungen.

Guck mal! Ein E-Mail-Anhang!

E-Mail-Anhänge sind eine tolle Sache. Mit ihrer Hilfe kann man Dateien sehr bequem im Internet hin- und herschicken. So können Sie beispielsweise ein Foto Ihrer Kinder einscannen, es in Form einer JPEG-Datei auf der Festplatte speichern und diese Datei dann an eine E-Mail an die Oma anhängen! Vorausgesetzt, dass sich Oma mithilfe dieses Buches über alle Fragen des Internet informiert hat, kann sie sich das Foto ihrer schnuckeligen Enkelkinder in Sekundenschnelle ansehen.

- ✔ In Kapitel 22 finden Sie alle nötigen Basisinformationen zum Thema E-Mail.
- ✔ Gelegentlich ist es möglich, dass Sie eine Datei erhalten, mit der Ihr Computer nichts anfangen kann, weil es sich um ein unbekanntes Dateiformat handelt. Wenn dies der Fall ist und Sie die Person, die Ihnen die Datei geschickt hat, kennen, antworten Sie auf die E-Mail, und teilen Sie der Person mit, dass Sie die Datei nicht öffnen können und sie in einem anderen Format benötigen.

Seien Sie vorsichtig mit Dateianlagen von Personen, die Sie nicht kennen! Computerviren fängt man sich nicht über normale E-Mails ein. Wenn Ihnen aber jemand ein Programm schickt und Sie dieses Programm ausführen, könnte es Ihren Computer mit Viren infizieren. Öffnen Sie nur Dateianlagen von Personen, die Sie kennen, und auf keinen Fall Anlagen mit den Dateiendungen VBS oder EXE. Andernfalls löschen Sie die E-Mail-Nachricht, um auf der sicheren Seite zu sein.

- ✔ Programmdateien oder sehr speicherintensive Anlagen nehme ich nie per E-Mail an.
- ✔ VBS-Dateien sind Visual-Basic-Script-Dateien. Normalerweise erhalten Sie solche Dateien nicht, es sei denn, es steckt ein Virenabsender dahinter.
- ✔ Sie können mehr als eine Datei gleichzeitig verschicken. Hängen Sie einfach weitere Dateien an Ihre E-Mail an.
- ✔ Anstatt mehrere kleinere Dateien zu verschicken, sollten Sie vielleicht die Verwendung des Programms WinZip in Erwägung ziehen, mit dessen Hilfe Sie Ihre Dateien in einer einzigen, handlichen ZIP-Datei archivieren können. Wenn Sie mit Windows Me oder Windows XP arbeiten, können Sie die Dateien auch in einem komprimierten Ordner ablegen und diesen dann per E-Mail senden.

Verschicken Sie keine Dateiverknüpfungen, sondern nur Originale. Wenn Sie eine Verknüpfung verschicken, erhalten die Personen, an die Sie die Datei schicken, nicht das Original der Datei. Stattdessen erhalten sie die 296-Byte-Verknüpfung, mit der sie nichts anfangen können.

- ✔ Verschieben oder löschen Sie keine Dateien, die Sie gerade an eine E-Mail-Nachricht anhängen, solange die E-Mail noch nicht verschickt ist. Ich weiß, das klingt wie eine Selbstverständlichkeit, aber mir passiert es relativ häufig, dass ich, während ich darauf warte, dass eine E-Mail rausgeht, bereits anfange, meine Dateiordner auf- und umzuräumen. Ups!

Die Textverarbeitungsdateien dieses Buches wurden in Idaho geschrieben, gezippt und in Form eines E-Mail-Anhangs zu Paul nach Indiana geschickt. Nach der Bearbeitung der Dateien hat Paul die Dateien erneut gezippt und sie mir per E-Mail zur Ansicht zurückgeschickt. Anschließend habe ich sie wieder an eine E-Mail angehängt und zurück nach Indiana geschickt.

Eine Anlage in Outlook Express empfangen

 Das Geheimnis hinter den Anlagen in Outlook Express ist das Büroklammersymbol. Wenn Sie neben der Betreffzeile einer E-Mail eine Büroklammer sehen, ist das ein Hinweis darauf, dass eine oder auch mehrere Dateien an die E-Mail angehängt sind.

Wenn Sie die Nachricht lesen, sehen Sie eine größere Büroklammer in der oberen rechten Ecke des Nachrichtenfensters. Klicken Sie auf diese Büroklammer und schon sehen Sie eine Liste der angehängten Dateien:

In diesem Fall handelt es sich um eine Audiodatei. Die Datei wird abgespielt, wenn Sie sie im Menü der Büroklammerschaltfläche auswählen.

Angehängte Grafikdateien erscheinen als Bilder unter dem Textkörper selbst. Sie müssen nichts weiter tun, die Bilder werden von selbst angezeigt. (Wenn nicht, dann sind es keine JPEG- oder GIF-Dateien.)

Alle anderen angehängten Dateien sollten auf der Festplatte gespeichert werden. Um sie zu speichern, wählen Sie im Menü DATEI den Befehl ANLAGEN SPEICHERN. Das Dialogfeld ANLAGEN SPEICHERN wird angezeigt, in dem die an die Nachricht angehängten Dateien aufgelistet sind (siehe Abbildung 25.2).

Achten Sie auf die Zeile SPEICHERN UNTER am unteren Rand des Dialogfeldes. Verwenden Sie die Schaltfläche DURCHSUCHEN, um einen anderen Ordner auszuwählen. Ansonsten wird/werden die Anlage(n) dort gespeichert, wo Outlook Express es für richtig hält (und glauben Sie mir, das ist das reinste Glücksspiel).

Klicken Sie auf die Schaltfläche SPEICHERN, um die Datei zu speichern.

 Merken Sie sich, wo Sie die Datei abgespeichert haben!

Sobald Sie die Anlage gespeichert haben, können Sie auf die Nachricht antworten oder sie löschen, ganz so, wie Sie das normalerweise tun würden.

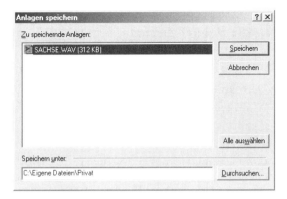

Abbildung 25.2: Speichern einer Anlage in Outlook Express

✔ Ich speichere meine Anlagen im Ordner EIGENE DATEIEN. Nachdem ich sie mir angesehen habe, verschiebe ich sie von dort weiter in andere geeignete Ordner.

✔ Auch wenn Outlook-Express-Grafikdateien direkt in Ihrer Nachricht angezeigt werden, können Sie die Grafiken mithilfe von DATEI|ANLAGEN SPEICHERN natürlich trotzdem auf der Festplatte speichern.

Eine Anlage mit Outlook Express verschicken

Sie können eine Anlage in Outlook Express verschicken, indem Sie im Fenster NEUE NACHRICHT auf die Schaltfläche mit der großen Büroklammer klicken. Ja, so einfach ist das.

Erstellen Sie zunächst eine neue Nachricht oder eine Antwort auf eine Nachricht, die Sie erhalten haben (in Kapitel 22 finden Sie ausführliche Informationen zu diesem Thema). Wenn Sie so weit sind, eine Datei anzuhängen, klicken Sie auf die Büroklammer, oder wählen Sie im Menü EINFÜGEN den Befehl DATEIANLAGE.

Im Dialogfeld ANLAGE EINFÜGEN legen Sie fest, welche Datei Sie an die E-Mail anhängen möchten. Das funktioniert genauso wie ein Dialogfeld mit den Funktionen Öffnen und Durchsuchen. Nachdem Sie die gewünschte Datei gefunden und markiert haben, klicken Sie auf die Schaltfläche EINFÜGEN.

Die Datei, die Sie als Anlage anhängen, wird im Fenster NEUE NACHRICHT in einer eigenen neuen Zeile direkt unter der Betreffzeile angezeigt.

Um nun die Nachricht zusammen mit der angehängten Datei abzuschicken, klicken Sie auf die Schaltfläche SENDEN. Und schon macht sich die Nachricht mitsamt Anlage auf den Weg ...

✔ Eine Nachricht mit einer angehängten Datei zu verschicken dauert länger als das Senden einer Nachricht, die nur aus Text besteht.

> ### Monumentale Dateien senden
>
> **F:** Ich versuche meiner Freundin ein Lied zu schicken, und es dauert ewig, bis es bei ihr ist. Ich weiß, dass diese Dateien riesig sind. Deswegen habe ich bereits versucht, die Datei zu komprimieren, aber mehr als von 3,18 Mbyte auf 3 Mbyte war nicht drin. Gibt es einen einfacheren Weg, ein Lied als Anhang zu senden. Mache ich etwas falsch?
>
> **A:** Es stimmt. Komprimieren hilft nur wenig, weil die Audiodateien (MP3) bereits ziemlich komprimiert sind. Zu allem Überfluss konvertiert Ihr E-Mail-Programm auch noch die Rohdaten in einfachen Text, was die Datei dann auf etwa 5 Mbyte aufbläht. Die braucht dann natürlich noch länger. Solange nicht Absender und Empfänger über einen Hochgeschwindigkeitsinternetzugang (DSL, Kabelmodem) verfügen, ist es total uneffektiv, so eine riesige Datei als E-Mail-Anhang zu senden. (Manche E-Mail-Programme senden so große Anhänge gar nicht.)
>
> Eine Alternative wäre, die Datei auf einem Wechseldatenträger zu speichern und diesen dann der Freundin zu geben. Sie können eine CD brennen oder die Datei auf einer ZIP-Diskette speichern. Das ist zwar keine sehr elegante Lösung, aber die einzige, die im Moment funktioniert.

- ✔ Grundsätzlich ist es ratsam, sich zu vergewissern, dass der Empfänger der Nachricht die angehängte Datei überhaupt lesen kann. Wenn Sie beispielsweise eine Word-Datei an einen Benutzer des Textverarbeitungsprogramms WordPerfect schicken, könnte das Ergebnis relativ unbefriedigend ausfallen.

- ✔ Im Zusammenhang mit dem Thema Computerviren empfehle ich Ihnen, dem Adressaten einer Programmdatei vorab per Telefon oder E-Mail mitzuteilen, dass Sie ihm oder ihr eine solche Datei per E-Mail zuschicken werden. Auf diese Weise kann die betreffende Person sicher sein, dass es sich nicht um irgendeinen Computervirus handelt.

 Verschicken Sie Bilder im JPEG- oder GIF-Format. Andere Bildformate sind für gewöhnlich zu groß und brauchen sehr lange für die Übertragung.

FTP

Der traditionelle Weg, Dateien im Internet hin- und herzuschicken, ist der Einsatz einer Sache mit dem Namen FTP, was für *File Transfer Protocol* (in etwa: Dateiübertragungsprotokoll) steht. Was der Protokollteil damit zu tun hat, werde ich wohl nie in Erfahrung bringen können. Eigentlich sollte es einfach nur FT, für File Transfer, also Dateiübertragung, heißen, denn das ist es, was das Programm tut. Vielleicht ist FT aber ein Markenname und daher geschützt oder so.

Dateien mithilfe von FTP zu erhalten ist einfach. Ihr Webbrowser tut das, und damit sind Sie ja wohl inzwischen vertraut.

Das Verschicken von Dateien mittels FTP ist allerdings recht kompliziert. Aus diesem Grunde habe ich mir diesen schwer verdaulichen Happen ganz bis zum Ende dieses Kapitels aufgehoben.

- ✔ FTP steht für *File Transfer Protocol*, auf Deutsch in etwa Dateiübertragungsprotokoll.
- ✔ Meistens verwenden Sie FTP nur dafür, Dateien zu erhalten. Meistens aus irgendeinem riesigen Dateiarchiv irgendwo in den Weiten des Internet.
- ✔ Dateien an das Internet zu schicken, kommt relativ selten vor. Normalerweise passiert das, wenn Sie Informationen für eine Webseite hochladen. Einige Firmen haben vielleicht auch FTP-Seiten, auf die Sie bestimmte Projekte hochladen können, aber das ist nicht sehr verbreitet.

Eine FTP-Site durchsuchen

Wenn Sie mit Ihrem Webbrowser zu einer FTP-Site surfen, verändert der Browser seinen Modus und arbeitet plötzlich eher wie ein Festplattendateiprogramm. Der einzige Unterschied besteht darin, dass sich die Dateien, die Sie sich ansehen, auf einem Computer irgendwo im Internet und auf Ihrem eigenen Computer befinden.

Besuchen wir als Beispiel doch einmal die FTP-Site von Simtel. Gehen Sie dafür wie folgt vor:

1. **Suchen Sie die folgende Adresse auf:** `ftp://ftp.simtel.net/`

   Geben Sie die obige Adresse in die Adressleiste des Internet Explorers wie folgt ein: `ftp`, Doppelpunkt, zwei Schrägstriche, `ftp`, Punkt, `simtel`, Punkt, `net` und noch einen Schrägstrich.

   Der Befehl `ftp://` teilt dem Webbrowser genauso wie der Befehl `http://` mit, dass er eine bestimmte Seite im Internet aufsuchen soll. Anstelle einer Webseite sehen Sie nun allerdings eine FTP-Seite. In diesem Fall handelt es sich um das Simtel-Archiv.

   Das Archiv zeigt eine Liste mit Dateien, die genauso aussieht wie in den guten alten Tagen von DOS. Manchmal werden die FTP-Archive aber auch als Standardordner und Dateisymbole wie im Windows-Explorer angezeigt. Das hängt ganz von der FTP-Site ab.

2. **Öffnen Sie den Ordner Pub.**

   Klicken Sie auf die Verknüpfung pub, oder doppelklicken Sie auf den Ordner pub, um ihn zu öffnen und sich seinen Inhalt anzeigen zu lassen.

3. **Öffnen Sie den Ordner Simtelnet.**

4. **Öffnen Sie den Ordner WIN95**

    Sie befinden sich jetzt im Windows-95/98-Archiv von Simtel. Was Sie jetzt im Fenster Ihres Browsers sehen, ist eine Liste sämtlicher Ordner, von denen jeder einzelne wiederum eine bestimmte Kategorie von Dateien enthält.

5. **Öffnen Sie den Ordner CURSORS.**

    Im diesem Ordner befinden sich mehrere Cursor-Dateien, mit deren Hilfe Sie Ihrem Desktop neuen Schwung geben können.

    Die meisten FTP-Archive beinhalten mindestens eine Indexdatei, in der alle in dem Ordner enthaltenen Dateien beschrieben sind. Suchen Sie sich diese Indexdatei heraus. Meistens heißt sie INDEX.TXT oder so ähnlich.

    Schauen Sie sich auch ruhig einmal die anderen Dateitypen an. Größtenteils handelt es sich um ZIP-Dateien, teilweise aber auch um EXE-Dateien, Schriftarten, Audiodateien usw.

6. **Laden Sie die gewünschte Datei herunter.**

    Wenn Sie eine Datei finden, die Sie gerne herunterladen würden, öffnen Sie die Datei. (Doppelklicken Sie auf die Datei.) Das Dialogfeld DATEIDOWNLOAD wird angezeigt.

    Antworten Sie auf die Frage, ob die Datei geöffnet oder gespeichert werden soll, mit einem Klick auf die Schaltfläche SPEICHERN. (Bei älteren Internet-Explorer-Versionen müssen Sie die Option DIESE DATEI DOWNLOADEN wählen und dann auf OK klicken.) Bearbeiten Sie dann das Dialogfeld SPEICHERN UNTER, um festzulegen, an welchem Ort der Festplatte die Datei abgelegt werden soll.

Während die Datei heruntergeladen wird, können Sie weiter in der FTP-Bibliothek herumschnuppern, im Internet surfen, E-Mails lesen, aber das wissen Sie ja bereits. (Klicken Sie im Internet Explorer Version 5 auf die Schaltfläche ZURÜCK, um wieder in den Internetmodus zurückzukehren. Alternativ dazu können Sie auch eine beliebige Internetadresse eingeben oder die Tastenkombination [Alt]+[Pos1] drücken, um zu Ihrer Startseite zurückzukehren.)

✔ Lesen Sie sich in einem FTP-Archiv immer die Indexdatei durch. Beachten Sie dabei bitte, dass die Indexdatei möglicherweise nicht immer zur Verfügung steht.

Nicht auf jeder FTP-Site können Sie beliebig herumsurfen. Es muss sich um eine so genannte *anonymous FTP site* (anonyme FTP-Site) handeln, was bedeutet, dass dort jedem Zutritt gewährt wird.

Ein paar Anmerkungen zu FTP-Programmen

Mit Ihrem Webbrowser können Sie FTP-Seiten besuchen und von dort Programme herunterladen. Was Ihnen Ihr Webbrowser nicht ermöglicht, ist das Hochladen von Programmen (also das Verschicken von Dateien an einen Internet-Computer). Aber wie in der Einleitung zu diesem Abschnitt bereits erwähnt, ist diese Situation ohnehin äußerst selten. Trotzdem ist es theoretisch gesehen möglich, vorausgesetzt, Sie verwenden ein spezielles FTP-Programm.

In Windows ist ein FTP-Programm auf Befehlszeilenbasis (DOS) enthalten, das den Namen – Sie werden es mir kaum glauben – FTP trägt. Es ist ein sehr hässliches und umständliches Programm, das auf dem ursprünglichen UNIX-FTP-Programm basiert. Selbst meinem schlimmsten Feind würde ich dieses Programm nicht an den Hals wünschen.

Neben diesem lausigen Windows-FTP-Programm gibt es natürlich auch FTP-Programme von anderen Anbietern. Mit diesen Programmen wird das Hin- und Herschicken von Dateien zwischen dem Internet und Ihrem PC so einfach wie das Kopieren einer Datei auf eine Diskette.

Ein FTP-Programm eines Drittanbieters, das ich selbst nutze und empfehlen kann, ist WS_FTP Pro. Dieses Shareware-Programm können Sie unter `http://www.ipswitch.com` erwerben und herunterladen. Mithilfe dieses Programms halte ich meine private und meine geschäftliche Webseite auf dem neuesten Stand.

Teil VI

Hilfe!
Wir haben ein Problem!

In diesem Teil ...

Wenn wir eines Tages schließlich den perfekten, einwandfrei funktionierenden Computer erfinden, wird das unser Untergang sein. Der PC wird sich gegen uns wenden. Wir werden ihm dienen müssen. Und ich glaube nicht, dass die Computer uns so viel verzeihen werden, wie wir ihnen!

Das größte Dilemma mit Computerproblemen ist, dass sich die Leute viel zu schnell selbst die Schuld an dem verrückten Verhalten ihres Rechners geben. Die Leute gehen immer sofort davon aus, dass alles ihr Fehler ist und dass sie das sensible Seelchen des Computers irgendwie beleidigt haben ...

Falsch! Computer drehen bei dem kleinsten Anlass durch. Es sind fehlerbehaftete Maschinen. Geben Sie nicht sich die Schuld dafür. Lesen Sie stattdessen in den folgenden Kapitel nach, wie Sie Fehler beheben können. Dieser Teil des Buches sollte für Sie immer die erste Anlaufstelle sein, wenn Ihr Computer alle viere von sich streckt und zusammenbricht – oder die Augen verdreht und sagt: »Windows existiert, also gibt es auch Probleme.«

Maßnahmen zur PC-Vorsorge

In diesem Kapitel

▶ Eine Startdiskette für Notfälle erstellen

▶ Sicherungskopien erstellen

▶ Was sind Viren?

▶ Mit der Systemwiederherstellung arbeiten

D er Unterschied zwischen einer Krise und einem Unfall ist der Grad an Vorbereitung. Wenn Sie wissen, was falsch laufen kann, und sich dann zu helfen wissen, dann sind Sie im Notfall besser dran als diejenigen, die der Ernstfall unvorbereitet trifft. Ich habe beispielsweise überall in meinem Haus und in der Garage Feuerlöscher aufgehängt. Als dann der Rasenmäher Feuer fing (der auch noch unter einer Fichte stand), konnten wir es im Handumdrehen löschen. Der Rasenmäher, der Wald und unser Haus waren gerettet.

Es ist wichtig, auf einen PC-Gau vorbereitet zu sein. Auch wenn dies immer wieder vernachlässigt wird, es gehört zum Computergrundwissen dazu. Sie brauchen nur ein paar einfache Werkzeuge und einige einfache Aufgaben auszuführen, um den Schaden im Ernstfall einzudämmen oder die Katastrophe gänzlich abzuwehren. Dieses Kapitel enthält Maßnahmen zur PC-Vorsorge. Befolgen Sie sie und Sie werden ruhig schlafen können.

Erstellen einer Startdiskette für Notfälle

Das beste Diagnosewerkzeug für Ihren PC ist die Startdiskette für Notfälle. Mit dieser Diskette können Sie den Computer wieder starten, wenn der Festplatte etwas zustoßen sollte. Windows kann diese Diskette für Sie erstellen, die voll gepackt ist mit Diagnose- und Startwerkzeugen. Jeder Computer muss so eine Diskette haben, und es ist nicht verkehrt, diese Diskette alle paar Monate neu zu erstellen und sie dann auch mal auszuprobieren, ob sie überhaupt funktioniert.

Anweisungen für Windows 98/Me

Befolgen Sie die folgenden Schritte, um eine Notfalldiskette für einen PC zu erstellen, der unter Windows 98 oder Windows Me läuft:

1. **Legen Sie eine leere, formatierte Diskette in Laufwerk A ein.**

   Diese Diskette wird die Notfalldiskette.

2. **Öffnen Sie die Systemsteuerung und doppelklicken Sie auf das Symbol Software.**

    Das Dialogfeld EIGENSCHAFTEN VON SOFTWARE wird angezeigt.

3. **Klicken Sie auf die Registerkarte STARTDISKETTE.**

4. **Klicken Sie auf die Schaltfläche DISKETTE ERSTELLEN.**

    Folgen Sie den Anweisungen auf dem Bildschirm. Sie brauchen keine Diskette mehr einlegen. Das haben Sie bereits in Schritt 1 erledigt.

    Möglicherweise benötigen Sie die Original-Windows-CD für diesen Vorgang. Wenn ja, werden Sie mithilfe eines Dialogfeldes darauf hingewiesen.

5. **Wenn der Vorgang beendet ist, klicken Sie auf OK, um die Systemsteuerung zu schließen.**

Lesen Sie weiter beim Abschnitt »Und was mache ich mit der Notfalldiskette?«.

Anweisungen für Windows 2000/XP

Befolgen Sie die folgenden Schritte, um eine Notfalldiskette für einen PC zu erstellen, der unter Windows 2000 oder Windows XP läuft:

1. **Legen Sie eine leere, formatierte Diskette in Laufwerk A ein.**

    Diese Diskette wird die Notfalldiskette. Diese Diskette ist nicht identisch mit der für Windows 98/Me, und ich erkläre gleich warum.

2. **Öffnen Sie das Backup-Programm.**

    Klicken Sie dazu auf das Startmenü, und zeigen Sie auf (ALLE) PROGRAMME|ZUBEHÖR|SYSTEMPROGRAMME, klicken Sie dann auf SICHERUNG.

3. **Klicken Sie auf die Schaltfläche NOTFALLDISKETTE.**

4. **Klicken Sie auf OK.**

    Folgen Sie den Anweisungen auf dem Bildschirm. Sie brauchen keine Diskette mehr einzulegen. Das haben Sie bereits in Schritt 1 erledigt.

5. **Wenn der Vorgang beendet ist, klicken Sie auf OK, um das Backup-Programm zu schließen.**

    Diese Diskette ist keine Startdiskette wie bei Windows 98/Me. Um den Computer wieder zu starten, brauchen Sie die Windows 2000/XP-CD oder die Installationsdisketten und dann erst die Notfalldiskette, um die Einstellungen, die auf der Notfalldiskette gespeichert sind, wiederherzustellen. Sollten dabei Fragen aufkommen, sollten Sie sich fachmännischen oder fachfraulichen Rat holen.

Nehmen Sie die Notfalldiskette aus dem Laufwerk, beschriften Sie sie und bewahren Sie sie an einem sicheren Ort auf. Und denken Sie daran: Sobald Sie Änderungen bei der Hardware oder Software vornehmen, sollten Sie die Notfalldiskette aktualisieren.

Und was mache ich mit der Notfalldiskette?

Wenn das Programm die Startdiskette erstellt hat, nehmen Sie die Diskette aus dem Diskettenlaufwerk. Beschriften Sie die Diskette mit »Notfalldiskette« und bewahren Sie sie an einem sicheren Ort auf.

Um die Diskette zu testen, legen Sie sie in Laufwerk A und starten Ihren Computer neu. (Lesen Sie Kapitel 2, wenn Sie nicht mehr wissen, wie das geht.) Lassen Sie die Diskette in Laufwerk A, damit der Computer von der Diskette startet.

Das Startup-Menü der Notfalldiskette sieht ungefähr so aus:

```
Microsoft Windows - Startmenü
1. Die Hilfedatei anzeigen
2. Computer mit CD-ROM-Unterstützung starten
3. Computer ohne CD-ROM-Unterstützung starten
4. Computer mit der Minimalkonfiguration starten
Geben Sie eine Option ein: _
```

Die unterschiedlichen Windows-Versionen zeigen unterschiedliche Optionen an. Für Sie kommen jedoch nur die Optionen in Frage, bei denen es um das Starten mit oder ohne CD-ROM geht. Wenn Sie das CD-ROM-Laufwerk brauchen, um Windows oder irgendeinen Treiber neu zu laden, dann wählen Sie diese Option. Ansonsten wählen Sie die Option ohne CD-ROM-Unterstützung. Für diese Übung wählen Sie jedoch die Option, den Computer mit CD-ROM-Unterstützung zu starten.

Sie werden einige Nachrichten sehen, die angezeigt werden, wenn der Computer in DOS startet. Nach einer Weile sehen Sie die DOS-Eingabeaufforderung:

```
A:\>
```

STOPP! Ab hier sollten Sie den PC-Guru oder den technischen Support die Sache machen lassen.

Um Ihren Rechner nun wieder zu Windows zurückzuführen, entfernen Sie die Notfalldiskette aus dem Laufwerk A und drücken dann gleichzeitig Strg+Alt+Entf. Das ist der gute, alte DOS-Befehl für den Neustart.

✔ Wenn Ihre Notfalldiskette nicht funktioniert, dann erstellen Sie eine neue. Jetzt und sofort. Sonst werden Sie es eines Tages bereuen.

✔ Vielleicht brauchen Sie diese Diskette nie. Aber vielleicht braucht sie der technische Support oder Ihr PC-Guru.

Beschriften Sie unbedingt die Diskette. Im Notfall werden Sie sie dann viel leichter und schneller finden.

Sichern Sie Ihre Dateien

Sichern ist so wichtig für das Arbeiten am PC, dass es mich immer wieder schockiert, wie wenige es tatsächlich tun. Sie sollten jedoch unbedingt, Sicherungskopien von Ihren Dateien erstellen. Für alle Fälle.

Bei Windows Me wird das Backup-Programm nicht standardmäßig installiert. Sie finden es aber auf der Installations-CD im Ordner ADD-ONS.

Windows 2000 bietet einen Sicherungs-Assistenten, der Ihnen zur Seite steht. Sie finden ihn im Startmenü unter PROGRAMME|ZUBEHÖR|SYSTEMPROGRAMME|SICHERUNG.

Über Backups könnte ich mich stundenlang auslassen, da es aber kein Standardprogramm für Backups gibt, gebe ich Ihnen hier nur die drei Gebote des Backups mit auf den Weg:

✔ Sichern Sie *täglich* alle Dateien, an denen Sie an diesem Tag gearbeitet haben.

✔ Sichern Sie *wöchentlich* Ihre gesamten Arbeitsdateien.

✔ Sichern Sie *monatlich* alle Programme und Dateien auf Ihrem Computer.

Es ist eigentlich ganz egal, ob Sie ein Backup-Programm oder sogar irgendein schickes Bandsicherungsgerät haben. Ich verwende für meine Sicherungen ZIP-Disketten und CD-Rs. Da ich alle meine Dateien im Ordner EIGENE DATEIEN ablege, brauche ich lediglich diesen Ordner auf eine CD-R oder eine ZIP-Diskette zu kopieren. Wenn ich an einem Projekt arbeite, dann erstelle ich am Ende eines Arbeitstages nur eine Sicherungskopie von dem Projektordner auf eine 250-Mbyte-ZIP-Diskette. Schnell und einfach.

Was ist mit der Norton Utility-Notfalldiskette?

F: Ich habe die Notfalldiskette genau so erstellt, wie Sie es in Ihrem Buch beschrieben haben. Ich arbeite jedoch auch mit Norton Utilities, und ich habe jetzt gesehen, dass da eine Notfalldiskette mitgeliefert wird. Welche soll ich nun nehmen?

A: Sie sollten immer die Diskette nehmen, die Sie selbst erstellt haben, da diese auf Ihren Rechner und Ihre Windows-Version zugeschnitten ist. Die Diskette, die mit Norton Utilities geliefert wird, ist notwendig, weil Norton ja nicht weiß, ob es für Ihren PC eine Notfalldiskette gibt oder nicht. Die Norton-Notfalldiskette ist also für Leute, die es versäumt haben, sich eine eigene Notfalldiskette zu erstellen. Außerdem enthält sie noch ein paar ganz nette Werkzeuge zur Diagnose und Wiederherstellung von Daten.

Der Grund für diese Anstrengungen ist, dass Sie stets eine Kopie von Ihren Arbeiten haben. Egal, was passiert, Sie können die Datei anhand Ihrer Kopie wiederherstellen. Als meine Festplatte beispielsweise ihren Geist aufgegeben hat, bin ich nicht gleich zusammengebrochen. Ich hatte ja eine Kopie von allen Dateien auf der Festplatte. Ich habe nichts verloren! Es hat zwar eine Weile gedauert, bis ich alle Dateien wieder auf die neue Festplatte kopiert hatte, aber ich habe kein Byte dabei verloren. Und das alles nur dank meiner vorbeugenden Backup-Praxis.

✔ Ich habe drei 250-Mbyte-ZIP-Disketten für meine täglichen Backups. Sie liegen auf einem Stapel und die aktuellste kommt immer ganz nach unten.

 Solange Sie alle Ihre Dateien im Ordner EIGENE DATEIEN und den entsprechenden Unterordnern ablegen, ist das Sichern der Dateien ein Kinderspiel.

✔ Ja, Sie können natürlich auch auf eine zweite Festplatte sichern, aber diese Festplatte sollte ein anderes physikalisches Laufwerk sein als Ihr Laufwerk C. Wenn beispielsweise Laufwerk D ein externes FireWire-Laufwerk ist, dann ist die Sicherung auf diese Festplatte okay. Wenn Sie aber auf Laufwerk D sichern, das sich auf derselben physikalischen Festplatte wie Laufwerk C befindet, dann ist dies nicht sicher. Wenn die Festplatte ihren Geist aufgibt, dann sind beide Laufwerke verloren.

✔ Bandlaufwerke sind für Backups am einfachsten zu handhaben. Nicht nur weil auf die Bänder viel mehr Daten passen als auf ZIP-Disketten oder CD-Rs, sondern auch weil die Backup-Software, die mit diesen Laufwerken mitgeliefert wird, den Vorgang praktisch automatisch ablaufen lässt.

 Sichern Sie nie auf Disketten. Disketten sind kein sehr sicheres Medium.

Hat mein PC einen Virus?

Eine häufige Frage, die sich der bestürzte Benutzer angesichts eines völlig aus dem Ruder laufenden PCs stellt, ist: »Habe ich mir einen Virus eingefangen?« Ich hasse es, das zu sagen, aber ja, das könnte sein, besonders wenn Sie eine der folgenden Aussagen bejahen müssen:

✔ Ich habe Dateien von einer Webseite im Internet heruntergeladen. Die Webseite und die Dateien waren von eher fragwürdiger Herkunft.

✔ Ich habe ein Programm ausgeführt, das ich unaufgefordert in Form eines E-Mail-Anhangs von einer Person, die ich nicht kenne oder die nicht vertrauenswürdig ist, erhalten habe.

✔ Ich habe ein Programm ausgeführt, das ich mir in einem Chatroom besorgt habe.

- ✓ Ich habe ein Spiel von einer Startdiskette oder Start-CD-R gestartet.
- ✓ Ich habe raubkopierte Software benutzt, die ich von Freunden und/oder Kollegen erhalten habe.
- ✓ Andere Leute benutzen meinen PC.

Wenn eine dieser Aussagen auf Sie zutrifft, haben Sie vermutlich einen Virus. Die aufgeführten Punkte sind wirklich sehr schlechte Angewohnheiten und so ziemlich die einzigen Wege, sich einen Virus einzufangen.

Dinge, bei denen Sie sich keinen Virus einfangen können

Die folgenden Punkte sind keine Quellen für Viren:

E-Mail: Durch das simple Lesen einer E-Mail kann Ihr Computer sich nicht mit einem Virus infizieren. Es gibt immer wieder Gerüchte, in denen behauptet wird, dass man bereits durch das Lesen einer bestimmten Nachricht einen bestimmten Virus aktiviert, aber das sind alles Falschmeldungen, die Ihnen nur Angst machen sollen. Sie können sich keinen Virus einfangen, wenn Sie Ihre E-Mails lesen. Versprochen! Das wird einfach nicht passieren. (Lesen Sie hierzu auch noch den vorletzten Absatz in diesem Abschnitt.)

Bilddateien: Bilddateien können Ihren PC nicht infizieren. JPEG-Dateien, GIF-Dateien oder sogar noch ausgefeiltere Grafikdateiformate können Ihren PC nicht infizieren. Sie können diese Dateien, die Sie vielleicht im Internet finden oder als Anlage zu einer E-Mail erhalten, wirklich beruhigt öffnen.

Herunterladen von Dateien: Das simple Herunterladen eines Virus infiziert noch lange nicht Ihren PC. Der Virus muss ein Programm sein, das Sie ausführen. Wenn Sie die Virusdatei herunterladen, aber nicht ausführen, dann kann Ihnen auch nichts passieren. (Mir hat mal jemand einen solchen Virus geschickt. Ich habe das Programm aber nicht ausgeführt, sodass mein PC völlig unbeschadet blieb.) Wenn Sie sich unsicher sind, lassen Sie eine Anti-Virus-Software die Datei überprüfen. Dann wissen Sie es gleich und können die Datei entweder löschen oder reparieren (falls Ihnen dies als Option angeboten wird).

Software aus dem Fachhandel: Software, die Sie im Einzelhandel bekommen, ist sauber.

Bekannte FTP-Seiten im Internet: Auf bekannten und häufig frequentierten FTP-Seiten werden Sie keine vireninfizierte Software finden. Wenn Sie sich trotzdem nicht ganz sicher sind, laden Sie die gewünschte Software herunter, und lassen Sie ein Antivirenprogramm darüber laufen, bevor Sie das Programm ausführen (siehe den nächsten Abschnitt).

 Und jetzt aufgepasst! Der einzige Weg, sich einen Virus einzufangen, besteht darin, ein infiziertes Programm *auszuführen*. Das ist alles! Wenn Sie das Programm nicht ausführen, kann Ihnen auch der Virus nichts anhaben.

Mit älteren Outlook-Express-Versionen gibt es ein mögliches Virenproblem. Bei diesen Versionen können Sie sich einen Virus beim Lesen einer E-Mail einfangen. Allerdings ist es nicht die E-Mail selbst, sondern eine Signatur oder ein Anhang, der mit der E-Mail verknüpft ist, die/der den Virus enthält. Früher war Outlook Express so konfiguriert, dass es automatisch jedes Programm in der Signaturdatei geöffnet und ausgeführt hat und damit den Computer infiziert hat, obwohl Sie die Anlage gar nicht manuell geöffnet haben. Diesen Fehler hat Microsoft aber in neueren Versionen behoben.

Wenn Sie sicher sein wollen, dass Ihre Version von Outlook Express sicher ist, dann laden Sie sich doch einfach die neuste Version von der Microsoft-Site runter.

Antivirensoftware

Selbst wenn Sie aktiv keine schlechten Computer-Angewohnheiten haben, schlafen Sie vielleicht doch besser, wenn Sie sich ein spezielles Antivirenprogramm besorgen.

Leider ist in Windows keine Antivirensoftware enthalten. Sie müssen also zu Ihrem Softwarehändler rennen und sich dort welche kaufen oder sie aus dem Internet herunterladen.

✔ Antivirenprogramme entfernen Viren von Ihrem PC und helfen Ihnen dabei, diese fiesen Programme zu erkennen, bevor Sie überhaupt in Ihr System eindringen können.

 Durch die Antivirensoftware wird Ihr Rechner im Allgemeinen leider etwas langsamer. Ich schlage daher vor, dass Sie die Software zunächst einmal ausführen, um nach bereits bestehenden Viren zu suchen. Dann konfigurieren Sie sie so, dass sie Ihr System nur noch dann durchsucht, wenn Sie Ihren PC starten. Anschließend verwenden Sie die Software nur noch, um Dateien, die Sie von anderen Personen erhalten haben oder die Sie aus dem Internet heruntergeladen haben, zu überprüfen. Versuchen Sie jene Optionen zu deaktivieren, bei denen Ihr Rechner 24 Stunden am Tag überwacht wird.

✔ Glauben Sie Ihrem Antivirenprogramm, wenn es Ihnen mitteilt, dass Ihr PC keinen Virus hat. Solange Sie Ihr Antivirenprogramm regelmäßig aktualisieren, stimmt diese Aussage.

✔ Besuchen Sie die Webseite von McAfee im Internet. Dort können Sie sich probeweise ein Antivirenprogramm herunterladen: http://www.mcafee.de

✔ Nein, Ihr Computer kann sich nicht mit einem Virus infizieren, wenn Sie auf den Monitor niesen. Trotzdem sollten Sie für derartige Fälle stets eine Packung Papiertaschentücher bereitliegen haben.

Systemwiederherstellung

Vor ein paar Monaten hatte mein Auto einen Platten. Es lagen irgendwelche Teile auf der Fahrbahn und ich bin drübergefahren. Der Reifen gab anschließend sofort dieses charakteristische Geräusch von sich, bei dem einem sofort klar ist, dass er Luft verliert. Es war ein deutlich hörbarer Hinweis darauf, dass etwas nicht in Ordnung war.

Wie Autos, sollten auch Computer irgendein charakteristisches Geräusch von sich geben, bevor Sie den Geist aufgeben. Vielleicht ein dumpfes Klopfen oder ein eher knirschendes Geräusch. Schön wäre auch eine kleine Ölpfütze unter der Maus. Aber nein, Computer stellen einfach so und völlig lautlos die Arbeit ein. Es ist zum Verrücktwerden.

Manchmal gibt es einen Grund für das »Gestern ging es doch noch«-Syndrom. Sie haben diesen Grund lediglich vergessen. Stellen Sie sich selbst einmal die folgenden Fragen:

✔ Habe ich kürzlich eine neue Hardwarekomponente hinzugefügt?

✔ Habe ich neue Software installiert?

✔ Habe ich in letzter Zeit Dateien gelöscht?

✔ Habe ich ein Programm verändert?

✔ Habe ich eine der Windows-Optionen zurückgesetzt?

✔ Habe ich irgendein Programm deinstalliert?

Häufig wird Ihnen der Sachverhalt wieder einfallen. Sie werden sagen: »Ach ja, ich habe den Drucker gestern auf Querformat eingestellt. Kein Wunder, dass meine Briefe so merkwürdig aussehen.« Wie auch immer, wenn Sie versuchen, herauszufinden, was vorgefallen ist, ist es leichter, das Problem zu beheben. Oder zumindest können Sie den Leuten von der Technik-Hotline oder Ihrem Computerguru einen Tipp geben.

Eine große Hilfe ist auch das Systemwiederherstellungsprogramm, das Sie ausführen sollten, bevor Sie selbst in das Geschehen eingreifen. Indem Sie einen Wiederherstellungspunkt festlegen, schaffen Sie wichtige Präventivmaßnahmen für das »Gestern ging es doch noch«-Syndrom. Sie teilen damit dem Computer mit, sich an seine »gestrigen« Einstellungen zu erinnern, bevor Sie heute etwas Neues installieren. Dann ist die Systemwiederherstellung ganz einfach, falls Sie sie brauchen sollten.

Leider ist der Befehl SYSTEMWIEDERHERSTELLUNG nur in Windows Me und Windows XP verfügbar.

Einen Wiederherstellungspunkt festlegen

Um einen Wiederherstellungspunkt festzulegen, führen Sie die folgenden Schritte aus:

1. **Starten Sie die Systemwiederherstellung.**

    Zeigen Sie im Startmenü auf (ALLE) PROGRAMME|ZUBEHÖR|SYSTEMPROGRAMME|SYSTEMWIEDERHERSTELLUNG.

2. Wählen Sie die Option WIEDERHERSTELLUNGSPUNKT erstellen.
3. Klicken Sie auf die Schaltfläche WEITER.
4. Geben Sie eine Beschreibung ein.

    Lassen Sie Ihrer Fantasie freien Lauf und schreiben Sie beispielsweise »Bevor ich versucht habe, den CD-Brenner zu installieren.« Das sollte informativ genug sein.

5. Klicken Sie auf die Schaltfläche WEITER (Windows Me) oder ERSTELLEN (Windows XP).

    Windows erstellt den Wiederherstellungspunkt. Sobald es damit fertig ist, wird eine Meldung angezeigt.

6. Klicken Sie auf OK (Windows Me) oder auf die Schaltfläche SCHLIESSEN (Windows XP).

    Die Systemwiederherstellung wird geschlossen.

Jetzt können Sie mit der Hardware- oder Softwareinstallation weitermachen. Wenn jetzt irgendwas nicht korrekt läuft, dann können Sie die Systemeinstellungen ganz schnell wieder so herstellen, wie sie vor dem Installationsversuch gewesen sind. Lesen Sie weiter im nächsten Abschnitt.

System wiederherstellen

Wenn es mit der Installation geklappt hat, ist ja alles in Ordnung. Freuen Sie sich, dass der Computer die Operation lebend überstanden hat und damit gehalten hat, was Microsoft immer verspricht. Klopfen Sie sich auf die Schulter.

Wenn sich allerdings vor Ihnen ein Abgrund öffnet und Dämonen wie Heuschrecken über Ihren Rechner einfallen, dann brauchen Sie nicht in Panik zu verfallen, denn Sie haben ja die Systemwiederherstellung aktiviert. Also schreiten wir zur Tat:

1. Starten Sie die Systemwiederherstellung.

    Zeigen Sie im Startmenü auf (ALLE) PROGRAMME|ZUBEHÖR|SYSTEMPROGRAMME|SYSTEMWIEDERHERSTELLUNG.

2. Wählen Sie DEN COMPUTER ZU EINEM FRÜHEREN ZEITPUNKT WIEDERHERSTELLEN.
3. Klicken Sie auf die Schaltfläche WEITER.

    In diesem Dialogfeld können Sie einen Wiederherstellungspunkt auswählen. Windows erstellt alle paar Tage seine eigenen Wiederherstellungspunkte, die im Kalender, der im Systemwiederherstellungsfenster angezeigt wird, markiert sind. Sie können auch einen manuellen Wiederherstellungspunkt wählen, wenn Sie selbst einen erstellt haben (siehe vorherigen Abschnitt).

4. Wählen Sie ein Datum im Kalender aus.

    Je näher das Datum am heutigen Tag liegt, umso besser.

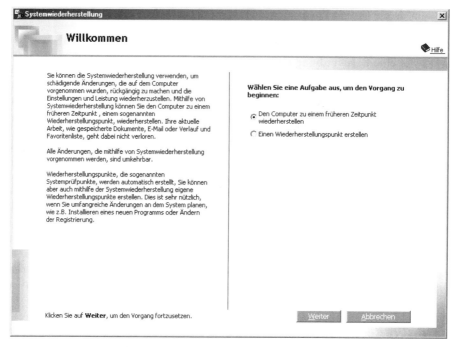

Abbildung 26.1: Die Systemwiederherstellung

5. **Wählen Sie einen Wiederherstellungspunkt aus den aktuellen Tageseinstellungen (rechts vom Kalender) aus.**

   Wenn Sie erst vor kurzem einen Wiederherstellungspunkt gesetzt haben, dann wählen Sie diesen aus der Liste aus.

6. **Klicken Sie auf WEITER.**

   Unter Umständen wird eine Warnmeldung angezeigt, die Sie auffordert, die Fenster zu schließen und die Daten zu speichern. Wechseln Sie also zu allen aktiven Fenstern und Programmen und schließen Sie sie. Klicken Sie dann in der Warnmeldung auf OK.

7. **Klicken Sie auf WEITER.**

   Das System wird wiederhergestellt. Sitzen Sie ganz entspannt und warten Sie.

   Der Computer startet neu. Ganz ruhig. Haben Sie noch etwas Geduld.

   Nachdem der Computer wieder neu gestartet ist, landen Sie irgendwann wieder im Systemwiederherstellungsprogramm.

8. **Klicken Sie auf OK.**

   Fertig!

Wie kann ich meinen Rechner vor Hackern schützen?

F: Kann jemand über mein Kabelmodem auf die Dateien in meinem Rechner zugreifen? Das Modem scheint doch wie eine Netzwerkkarte zu funktionieren und ermöglicht freien Zugang zu meinem System seitens der Kabelgesellschaft und jedem, der meine Adresse kennt. Stimmt das?

A: Ja. Kabelmodems und die meisten DSL-Verbindungen haben ihre eigene eindeutige IP-Adresse im Internet. Jeder, der diese Adresse kennt, kann mithilfe eines PING-Programms feststellen, ob Sie erreichbar sind, oder versuchen, sich mit einem FTP-Programm Zugang auf Ihren Rechner zu verschaffen (um nur ein paar nette Möglichkeiten zu nennen). Hacker können dies sogar versuchen, wenn sie die IP-Adresse Ihres Modems nicht kennen. Es gibt eine Reihe von Sondierungsprogrammen, die ständig auf der Suche nach Kabel- oder DSL-Modems sind. Ja, die Welt ist einfach gefährlich.

Aber keine Panik! Erkundigen Sie sich bei Ihrem Provider nach einem möglichen Schutz durch Firewalls, die verhindern, dass auf Ihren Rechner unberechtigt zugegriffen wird. Das Norton-Internet-Security-Paket bietet einen ganz brauchbaren Schutz mittels einer Firewall, die verhindert, dass gewisse neugierige Menschen sich vom Internet aus via Kabel- oder DSL-Modem in Ihr System einschleichen.

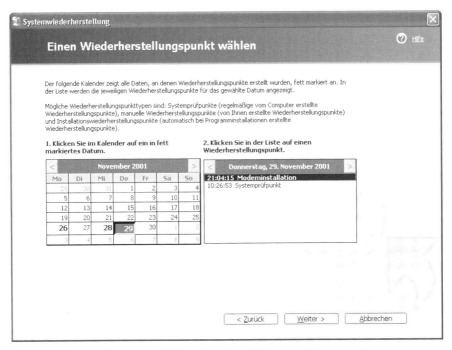

Abbildung 26.2: Wählen Sie einen Wiederherstellungspunkt.

Jetzt sollte Ihr Rechner sich wieder so verhalten, wie er war, bevor Sie die Hard- oder Software installiert oder aktualisiert haben. Herzlichen Glückwunsch!

Sie haben jetzt natürlich immer noch das Problem mit der Hard- oder Software, wegen der Sie die Systemwiederherstellung ausführen mussten. Sie können jetzt entweder die Webseite des Herstellers besuchen, um sich Rat und Unterstützung zu holen, oder die Hardware ins Geschäft zurückbringen, wenn sie wirklich inkompatibel ist. Tun Sie, was Sie meinen. Hauptsache der Computer läuft wieder!

Tipps zur Fehlerbehebung

In diesem Kapitel

- Im System auf Fehlersuche gehen
- Programme in Windows entfernen
- Probleme durch einen Neustart beheben
- Im abgesicherten Modus arbeiten
- Problemen mithilfe des Geräte-Managers auf die Spur kommen
- Ein Ratgeberprogramm ausführen
- Einen Gerätetreiber neu installieren
- Das Systemkonfigurationsprogramm ausführen

Warum laufen Computer Amok? Wenn Autos dieselben Probleme verursachen würden, würde niemand mehr Auto fahren oder sich auch nur in der Nähe einer Straße aufhalten. Als menschliche Wesen bauen wir auf Dinge, die zuverlässig und von einer gewissen Beständigkeit sind. So sollte das Leben sein. Der Himmel muss so sein. Und die Hölle? Sie ist wahrscheinlich voll mit Computern.

Es gibt Millionen von Gründen, warum Computer verrückt spielen und sich gegen ihre Besitzer wenden. (Hallo, Stephen King! Brauchen Sie vielleicht eine neue Idee für Ihren nächsten Horror-Roman?) Ich kann sie hier nicht alle aufführen, aber was ich Ihnen geben kann, ist ein genereller Ratschlag plus einige Schritte, die Sie ausführen können, um die Kontrolle über das Biest zurückzuerlangen.

Allgemeine Panikhilfe

Wenn Ihr Computer den Geist aufgibt, ARBEITEN SIE NICHT WEITER!

- ✔ Wenn ein Computer zusammenbricht oder irgendetwas nicht richtig funktioniert, speichern Sie Ihre Daten ab und schalten Sie den Rechner aus. Dann starten Sie ihn erneut. Normalerweise kann man auf diese Art ein Großteil der Probleme beheben.

- ✔ Seien Sie kein Idiot und versuchen Sie nicht, weiter mit dem System zu arbeiten oder sogar ein Spiel zu spielen. Das ist mehr als verrückt.

- ✔ Wenn Sie Probleme mit der Festplatte haben, versuchen Sie, Ihre Datei abzuspeichern. Verwenden Sie auch den Befehl SPEICHERN UNTER, um die Datei auf einer anderen Festplatte, einer Diskette oder einer ZIP-Diskette zu speichern.

✔ Programme, die sich aufhängen, gehen nicht verloren. Ihre Leichen befinden sich weiterhin im Speicher des Rechners. Nur durch einen Neustart können Sie sie wieder zum Leben erwecken.

Dinge, die man überprüfen sollte

Jedes Mal, wenn Ihr Computer durchdreht, sollten Sie sofort einige Maßnahmen ergreifen.

Überprüfen Sie Ihre Hardware

Sind alle Kabel ordnungsgemäß angeschlossen? Ist der Monitor (oder der Drucker oder das Modem) angeschlossen?

Druckerkabel und Monitorkabel können sich lösen. Überprüfen Sie die Kabel auf festen Sitz!

Modems müssen richtig in die Wanddose eingesteckt sein, was nicht ganz einfach ist, da sie jeweils zwei Telefonanschlüsse auf der Rückseite haben. Vergewissern Sie sich, dass Sie den richtigen verwenden.

Die Kabel der Tastatur und der Maus können sich lösen. Überprüfen Sie die Kabel auf festen Sitz!

Finden Sie heraus, was Sie noch alles unter Kontrolle haben

Einige Programme verabschieden sich ohne viel Aufhebens ins Nirwana. Andere wehren sich mit Zähnen und Klauen dagegen, in die Abgründe der Computerhölle hinabgezogen zu werden.

Wenn ein Programm den Löffel abgibt, sehen Sie entweder eine Fehlermeldung, bemerken, dass irgendwas nicht korrekt funktioniert, oder bekommen überhaupt keine Rückmeldung von Ihrem Computer. Wenn dem so ist, müssen Sie unbedingt herausfinden, was Sie noch alles unter Kontrolle haben.

Bewegen Sie die Maus. Funktioniert sie noch? Wenn ja, schön. Wenn nicht, greifen Sie auf die Tastatur zurück.

Funktioniert die Tastatur? Versuchen Sie, das Startmenü in Windows aufzurufen. Drücken Sie zu diesem Zweck die Tastenkombination [Strg]+[Esc]. Wenn das Startmenü angezeigt wird, funktioniert die Tastatur offensichtlich. (Drücken Sie die Taste [Esc], um das Startmenü wieder auszublenden.)

Manchmal dauert es ein wenig, bis Windows reagiert, da die verrückt gewordenen Programme Sand ins Getriebe streuen, wodurch der PC insgesamt langsamer wird.

27 ➤ Tipps zur Fehlerbehebung

Was ist ein ungültiger Vorgang?

F: Ich habe Fehlermeldungen erhalten, in denen immer wieder das Wort *ungültig* vorkam. Was hat das zu bedeuten?

A: *Ungültig* bedeutet in der Sprache der Programmierer häufig so viel wie *falsch* oder *unerlaubt* und bezieht sich auf die Art und Weise, in der der Computer bestimmte Dinge erledigt. Im Dateinamen dies:das ist der Doppelpunkt beispielsweise ein ungültiges Zeichen. Die Programmierer lieben dieses Wort einfach. Lassen Sie sich davon nicht erschrecken.

Wenn Sie die Kontrolle über die Maus und die Tastatur verloren haben, können Sie nur noch einen Neustart durchführen. Ja, in diesem Fall und nur in diesem Fall sollten Sie Ihren Computer manuell neu starten. Informationen dazu finden Sie in Kapitel 2.

Ein Programm entfernen

Windows kann mit abgestürzten Programmen leben. Auch wenn das Programm nicht reagiert, können Sie nach wie vor die Maus und die Tastatur bedienen und in anderen Programmen arbeiten. Trotzdem sollten Sie die »toten« Programme entfernen. Und so geht's:

1. **Drücken Sie die Tastenkombination** [Strg]+[Alt]+[Entf].

    In Windows 98/Me öffnen Sie damit das Dialogfeld ANWENDUNG SCHLIESSEN (siehe Abbildung 27.1).

Abbildung 27.1: Das Fenster ANWENDUNG SCHLIESSEN (Windows Me)

In Windows 2000 bringt die Tastenkombination [Strg]+[Alt]+[Entf] das Dialogfeld WINDOWS-SICHERHEIT auf den Plan. Das ist aber kein Grund zur Panik! Klicken Sie einfach auf die Schaltfläche TASK-MANAGER, um das Dialogfeld WINDOWS TASK-MANAGER anzuzeigen, das ähnliche Funktionen bietet wie das Dialogfeld ANWENDUNG SCHLIESSEN. In Windows XP öffnen Sie mit dieser Tastenkombination direkt das Dialogfeld WINDOWS TASK.MANAGER.

2. **Werfen Sie alle kürzlich verstorbenen Programme raus.**

   Hinter dem Namen des abgestürzten Programms erscheinen in Klammern die Worte *reagiert nicht*. Beispiel: Regierung (reagiert nicht).

   Klicken Sie auf den Namen des betreffenden Programms in der Liste.

   Wenn mehrere Programme nicht reagieren, wiederholen Sie diese Schritte, um sie alle loszuwerden.

3. **Klicken Sie auf die Schaltfläche TASK beenden.**

   Das ausgewählte Programm ist nun beseitigt.

4. **Schließen Sie das Dialogfeld ANWENDUNG SCHLIESSEN oder WINDOWS TASK-MANAGER.**

Passen Sie auf, dass Sie nicht anstelle der Schaltfläche TASK BEENDEN die Schaltfläche HERUNTERFAHREN drücken. Die Schaltfläche HERUNTERFAHREN führt dazu, dass Windows neu gestartet wird – und zwar ohne Vorwarnung. Also spielen Sie nicht leichtsinnig mit dieser Schaltfläche herum!

Jetzt ist das Programm beseitigt und sollte nicht mehr auf dem Bildschirm zu sehen sein, wodurch es einfacher wird, auf andere Programme zuzugreifen.

Ihr nächster Schritt sollte nun darin bestehen, alle anderen Anwendungen, die Sie vielleicht gerade noch ausführen, zu schließen. Dann starten Sie Ihren PC neu.

Probleme durch einen Neustart beheben

Ein Neustart ist häufig der beste Weg, jede Art von Problemen zu beheben. Wenn die Maus nicht mehr läuft, starten Sie den Rechner neu. Wenn der Internet Explorer seine Zusammenarbeit verweigert, starten Sie den Rechner neu. Wenn sich ein Programm aufhängt, starten Sie den Rechner neu. Starten Sie den Rechner auch dann stets neu, wenn Sie ein abgestürztes Programm beseitigt haben.

Befolgen Sie die Anweisungen in Kapitel 2 bezüglich des Neustarts Ihres Rechners. Tun Sie das wirklich. Wenn der Computer anschließend wieder zum Leben erwacht, ist das Problem möglicherweise automatisch behoben.

✔ Wenn Sie den Rechner mithilfe des Fensters ANWENDUNG SCHLIESSEN (korrekt) neu starten können, tun Sie das. Ist das nicht möglich, dann müssen Sie entweder den Reset-Knopf an Ihrem PC drücken oder den Rechner zuerst aus- und dann wieder einschalten (siehe Kapitel 2).

✔ Warum das funktioniert? Keine Ahnung. Ich denke, der Computer wird einfach müde. Er muss neu gestartet werden, um wach zu bleiben.

Überprüfen Sie die Festplatte nach einem Neustart

Wenn Ihr Computer nach einem Zusammenbruch und einem anschließenden Neustart wieder quietschfidel ist und ohne Probleme läuft, sollten Sie eine Überprüfung des Datenträgers mithilfe des Programms ScanDisk in Erwägung ziehen. Dieses Programm überprüft Ihren Datenträger auf Fehler und stellt sicher, dass das Datenträgersystem voll in Form ist.

Um ScanDisk auszuführen, gehen Sie wie folgt vor:

1. **Öffnen Sie das Fenster Arbeitsplatz.**
2. **Klicken Sie mit der rechten Maustaste auf das Symbol für Laufwerk C.**
3. **Wählen Sie die Option Eigenschaften.**

   Das Dialogfeld Eigenschaften von C wird angezeigt.
4. **Klicken Sie auf die Registerkarte Extras.**
5. **Klicken Sie auf die Schaltfläche Jetzt prüfen.**

   In Windows 98/Me wird das Programm ScanDisk ausgeführt. Wählen Sie das Laufwerk, das überprüft werden soll, aus, indem Sie Strg gedrückt halten und auf das Laufwerk klicken. Wählen Sie die Option Standard (die Option Intensiv ist auch gut, dauert aber länger als in den meisten Fällen erforderlich), und aktivieren Sie das Kontrollkästchen Fehler automatisch korrigieren.

   In Windows 2000 wird das Dialogfeld Datenträger prüfen geöffnet, in Windows XP das Dialogfeld Überprüfung des Datenträgers XY. Aktivieren Sie die Optionen Dateisystemfehler automatisch korrigieren und Nach fehlerhaften Sektoren suchen und Wiederherstellung versuchen. Klicken Sie auf die Schaltfläche Starten.
6. **Klicken Sie auf die Schaltfläche Starten.**

   Die Festplatte wird auf Fehler überprüft, die automatisch korrigiert werden, sobald sie gefunden werden. Danach ist Ihre Festplatte wieder wie neu.

Schließen Sie das ScanDisk-Fenster, wenn Sie fertig sind.

✔ Wenn die Funktion Datenträger prüfen (Windows 2000) bzw. Überprüfung des Datenträgers XY /(Windows XP) für den Job ungeeignet ist, wird eine Warnmeldung ausgegeben. Klicken Sie auf Ja. Dann wird der Vorgang zu einem späteren Zeitpunkt ausgeführt.

✔ Wenn die Überprüfungsprogramme von Windows irgendwie nicht zu laufen scheinen, dann brauchen Sie ein Dienstprogramm von einem Drittanbieter. (Microsofts Dienstprogramme sind nicht immer die stärksten.) Ich kann Ihnen Norton Utilities und dessen

Version von ScanDisk empfehlen. Viele meiner Leser haben mir berichtet, dass Nortons Programm auch dann noch funktioniert, wenn ScanDisk bereits aufgegeben hat.

✔ ScanDisk kann nicht zaubern. Wenn Sie ernsthafte Probleme mit Ihrem Datenträger haben, läuft es vermutlich ohnehin nicht. In diesem Fall müssen Sie Ihren PC zur Überprüfung und Reparatur zu einem Fachmann oder einer Fachfrau bringen. Informationen dazu finden Sie in Kapitel 28.

Führen Sie ScanDisk ruhig einmal wöchentlich aus, nur so, für alle Fälle. In Windows gibt es einen speziellen Task-Planer, der ScanDisk automatisch für Sie ausführen kann. Genauere Informationen dazu finden Sie in jedem guten Buch über Windows.

Der abgesicherte Modus und seine Gefahren

Immer, wenn Windows ein wirklich großes Problem erkennt, startet es sich selbst im so genannten *abgesicherten Modus* neu. Ob das nun bedeutet, dass der normale Betrieb den unsicheren Modus darstellt, überlasse ich den PC-Gurus. Worauf es ankommt, ist, dass Windows über einen speziellen Modus verfügt, den Sie ausprobieren können, um sich aus einem wirklich großen Problem herauszuwinden.

Ich kann Windows nicht beenden!

F: Ich kann Windows einfach nicht beenden. Ich komme bis zu dem Bildschirm, auf dem es heißt »Windows wird heruntergefahren« und dann ... nichts mehr! Ich warte und warte, aber dann muss ich doch manuell den Rechner neu starten. Ich befürchte, dass das nicht gut für den Rechner ist. Wissen Sie einen Rat?

A: Es ist nicht weiter schlimm, wenn Windows »hängt« beim Herunterfahren. Wahrscheinlich hat es keine Lust aufzuhören.

Aber Scherz beiseite. Irgendein Programm lässt sich nicht beenden und bleibt im Arbeitsspeicher hängen, sodass Windows es nicht entfernen kann. Also wartet Windows und wartet und wartet. Wenn Sie den Reset-Knopf drücken, tun Sie genau das Richtige. Was könnten Sie auch sonst tun?

Welches Programm im Arbeitsspeicher hängen geblieben ist, ist schwer zu sagen, aber ich tippe mal auf die Antivirensoftware. Irgendwie verursachen diese Programme mehr Probleme beim Herunterfahren von Windows als ich je gesehen habe. Wenn Sie Ihre Antivirussoftware deaktivieren (was ich in Kapitel 26 empfehle), dann sollte dieses Problem behoben sein.

Abgesichertes Starten

Sagen wir mal, Sie hätten irgendetwas verbockt, oder dieses Etwas hat sich selbst verbockt. Ich denke, am häufigsten kommt das vor, wenn Sie die Bildschirmanzeige verstellt haben, z. B. schwarzer Text auf schwarzem Hintergrund oder eine Textanzeige, die so groß ist, dass Sie die Schaltfläche, mit der Sie das Ganze wieder rückgängig machen können, nicht mehr erreichen können. Wenn dem so ist, müssen Sie im abgesicherten Modus neu starten.

Versuchen Sie den PC so herunterzufahren, wie Sie das normalerweise tun würden. Wenn Sie die Schaltfläche START nicht erreichen können, drücken Sie die Tastenkombination Strg+Esc. Drücken Sie anschließend auf die Taste B, um auf den Befehl BEENDEN zuzugreifen. Das Dialogfeld WINDOWS BEENDEN wird angezeigt.

Wenn Sie das Dialogfeld WINDOWS BEENDEN nicht sehen können, drücken Sie die Tastenkombination Strg+N, um die Option WINDOWS NEU STARTEN auszuwählen. Drücken Sie dann die Eingabetaste.

Sobald Windows neu startet, drücken Sie die Taste Strg und halten Sie gedrückt (bei manchen PCs muss man die Taste F8 drücken). Sie können so ein spezielles Startmenü aufrufen:

```
Microsoft Windows Millenium Startmenü
=====================================
    1. Normal
    2. Protokolliert (\BOOTLOG.TXT)
    3. Abgesicherter Modus
    4. Einzelbestätigung
Auswahl:
```

Suchen Sie nach der Option, die den abgesicherten Modus ermöglicht (hier Nummer 3). Geben Sie die entsprechende Nummer ein und drücken Sie die Eingabetaste.

Der Computer startet im abgesicherten Modus neu, wobei nur jene Dateien geladen werden, die für das Ausführen von Windows notwendig sind. Sobald Windows läuft, sehen Sie, dass das Programm mit geringer Auflösung und schwachen Farben auf dem Bildschirm erscheint. Auf dem Desktop sind die Worte »Abgesicherter Modus« zu sehen.

Beheben Sie Ihr Problem. Der Zweck des abgesicherten Modus ist es, Probleme zu beheben. Lesen Sie die Informationen im Dialogfeld, die den abgesicherten Modus und den Aufruf der Systemsteuerung mit dem Zweck der Problembeseitigung beschreiben. Allgemein ausgedrückt müssen Sie all das wieder rückgängig machen, wodurch das Problem anfangs hervorgerufen wurde.

✔ Windows 98 hat noch zwei weitere Startmenüoptionen für den Start mit der Eingabeaufforderung.

✔ Wenn Sie die Taste F8 drücken, während Windows 2000 startet, wird ein Bildschirm mit erweiterten Windows 2000-Startoptionen angezeigt, in dem Sie die Windows 2000-Installation anpassen oder reparieren können.

Schnell einen Eimer, der Arbeitsspeicher hat ein Leck!

Natürlich brauchen Sie weder Eimer noch Handtuch, wenn der Arbeitsspeicher ein Leck hat. Und ein Arbeitsspeicherleck ist ein Problem, das häufig vorkommt.

Wenn Sie ein Computerprogramm beenden, dann räumt das Betriebssystem erst einmal auf. Zuerst sieht es nach, ob dieses Programm noch irgendwelche Dateien geöffnet hat und schließt sie dann. Dann nimmt es den Arbeitsspeicher, den dieses Programm belegt hat und gibt ihn wieder für andere Programme frei. Alles geht nett und gerecht. Bis irgendein Programm aus der Rolle fällt und sich weigert, sich ordentlich zu beenden. Dann blockiert nämlich ein Teil des Programms ganz einfach weiterhin den Arbeitsspeicher. Und das ist dann das »Leck«.

Der schlimmste Fall, der eintreten kann, ist, wenn das Programm nicht nur sich weigert, den Arbeitsspeicher frei zu machen, sondern einfach weiterläuft und dabei immer mehr Arbeitsspeicher verbraucht. Dieser Amoklauf führt dann irgendwann zum Absturz des gesamten Systems und zu einer der berühmten KERNEL32.DLL-Fehlermeldungen.

Leider können Sie gegen ein Arbeitsspeicherleck gar nichts tun. (Eigentlich ist es die Aufgabe des Betriebssystems sich dieses Programms anzunehmen und es in die Schranken zu weisen, aber Windows schafft das einfach nicht.) Alles, was Sie tun können, ist Windows neu zu starten (siehe Kapitel 2). Wenn Sie wissen, welches Programm das Leck verursacht, dann können Sie dies auch den Softwareentwicklern mitteilen. Vielleicht beheben die den Fehler. Ansonsten bleibt Ihnen nichts weiter übrig, als dem Arbeitsspeicher nachzuwinken.

Windows XP und Windows 2000 im abgesicherten Modus starten

Obwohl Windows 2000 im Vergleich zu den Vorgängerversionen schon ein optionsreiches Startmenü bietet, hat Windows XP ein noch ausgefeilteres Startmenü, um Ihnen wirklich im Handumdrehen aus dem Schlamassel zu helfen.

Wenn Windows XP startet, halten Sie [F8] gedrückt. Folgende Meldung wird Ihnen angezeigt:

```
Erweiterte Windows-Startoptionen
Wählen Sie eine Option aus:
Abgesicherter Modus
Abgesicherter Modus mit Netzwerktreibern
Abgesicherter Modus mit Eingabeaufforderung
Startprotokollierung aktivieren
VGA-Modus aktivieren
```

```
Letzte als funktionierend bekannte Konfiguration
Verzeichnisdienstwiederherstellung (Windows-Domänen-Controller)
Debugmodus
Windows normal starten
Neustarten
```

Um die Option ABGESICHERTER MODUS zu wählen, müssen Sie die oberste Option markieren und die Eingabetaste drücken.

Eine weitere gute Option ist LETZTE ALS FUNKTIONIEREND BEKANNTE KONFIGURATION. Damit wird die Systemwiederherstellung ausgeführt und Windows wieder so hergestellt, wie es beim letzten noch funktionierenden Mal gearbeitet hat.

Wenn Windows automatisch im abgesicherten Modus startet

Wenn ein wirklich schwer wiegendes Problem vorliegt, kann es vorkommen, dass Windows automatisch im abgesicherten Modus startet. Lassen Sie sich davon nicht ins Boxhorn jagen! Windows hat ganz einfach nur entdeckt, dass irgendetwas im System nicht in Ordnung ist und daraufhin im abgesicherten Modus gestartet, damit Sie das Problem beheben können.

- ✓ Der abgesicherte Modus kann auftreten, nachdem Sie neue Hardwarekomponenten installiert haben. Das bedeutet, dass die Software (Treiber) für diese Hardwarekomponenten nicht richtig funktioniert. Deinstallieren Sie die Software im abgesicherten Modus und starten Sie Ihren Computer neu. Sprechen Sie mit Ihrem Computerhändler und fragen Sie nach, ob es für Ihre Komponente neue Software gibt.

- ✓ Sie können auch die Systemwiederherstellung starten, wenn Sie vom abgesicherten Modus überrascht werden. Mehr dazu in Kapitel 26.

- ✓ Lesen Sie den Abschnitt »Suche nach Hardwarekonflikten«. Dort finden Sie weitere Informationen darüber, warum das System automatisch im abgesicherten Modus gestartet wurde.

Suche nach Hardwarekonflikten

Eine Sache, die Sie überprüfen sollten, wenn Windows im abgesicherten Modus startet, ist der Geräte-Manager. Dort wird die gesamte Hardware, die in Ihrem PC-System enthalten ist, aufgelistet. Hardwarekomponenten, die möglicherweise Probleme verursachen, werden gesondert gekennzeichnet.

Normaler Start

Wenn Sie den Eindruck haben, dass Ihr PC im Diagnosemodus stecken geblieben ist, müssen Sie ihn vielleicht manuell zurück in den normalen Modus bringen. Gehen Sie dazu wie folgt vor:

1. Wählen Sie im Startmenü den Menüpunkt AUSFÜHREN.
2. Geben Sie MSCONFIG in das Dialogfeld AUSFÜHREN ein und drücken Sie die Eingabetaste.

Durch diese Maßname wird das Systemkonfigurationsprogramm gestartet. Es ist ein sehr praktisches Programm, mit dem Sie Probleme beim Starten von Windows sehr effektiv beheben können.

3. Klicken Sie auf die Registerkarte ALLGEMEIN, und stellen Sie sicher, dass die Option NORMALER START aktiviert ist.

Mithilfe dieser Option legen Sie fest, dass Windows normal gestartet wird. (Möglicherweise ist bei Ihnen noch die Option DIAGNOSESTART aktiviert, was ja eben Ihre Probleme hervorgerufen hat.)

4. Klicken Sie auf OK. Ihr Computer sollte jetzt normal starten – es sei denn, Sie haben noch andere Probleme.

Beachten Sie bitte auch, dass Sie das Systemkonfigurationsprogramm auch dazu verwenden können, Startprogramme zu entfernen, die Probleme machen. Lesen Sie hierzu auch den Abschnitt »Mit MSCONFIG Probleme beim Starten von Windows beheben« in diesem Kapitel.

Der Geräte-Manager

Um den Geräte-Manager aufzurufen, führen Sie die folgenden Schritte aus:

1. Klicken Sie auf dem Desktop mit der rechten Maustaste auf das Symbol ARBEITSPLATZ.
2. Wählen Sie im Kontextmenü den Befehl EIGENSCHAFTEN.
3. Klicken Sie dann in dem Dialogfeld EIGENSCHAFTEN von System in Windows 98/Me auf die Registerkarte GERÄTE-MANAGER bzw. in Windows 2000/XP auf die Registerkarte HARDWARE und dann auf die Schaltfläche GERÄTE-MANAGER. (In Windows 2000 können Sie im Geräte-Manager nur etwas ändern, wenn Sie dazu berechtigt sind.)

Die Registerkarte GERÄTE-MANAGER sieht in etwa so aus wie in Abbildung 27.2, allerdings ist sie je nach Windows-Version etwas unterschiedlich. Alle Hardwaregeräte, die extern oder intern an Ihren Computer angeschlossen sind, werden hier aufgelistet. Klicken Sie auf das Pluszeichen vor einem Gerät, um sich beispielsweise alle Laufwerke anzuzeigen.

27 ➤ Tipps zur Fehlerbehebung

Abbildung 27.2: Der Geräte-Manager

Wenn ein Hardwarekonflikt vorliegt, werden die betroffenen Hardwarekomponenten durch ein kleines Ausrufezeichen in einem gelben Kreis markiert.

Klicken Sie auf die Hardwarekomponente, die einen Konflikt verursacht, um sie zu markieren. Klicken Sie auf die Schaltfläche EIGENSCHAFTEN. In der Mitte des Dialogfeldes EIGENSCHAFTEN wird (im Feld GERÄTESTATUS) eine Erklärung für das Problem angezeigt.

Manchmal ist der Tipp zur Problembehebung, den Sie an dieser Stelle bekommen, sehr präzise, manchmal heißt es auch ganz einfach nur »Schlagen Sie im Handbuch des Gerätes nach.« Gelegentlich werden Sie darauf hingewiesen, dass Sie einen so genannten Ratgeber oder Konfliktmanager ausführen müssen. Lesen Sie dazu den nächsten Abschnitt.

4. **Schließen Sie das Dialogfeld EIGENSCHAFTEN VON SYSTEM, wenn Sie fertig sind.**

   Klicken Sie auf OK oder schließen Sie einfach das Fenster.

 Ein weiteres Programm, das bei der Suche nach Systemkonflikten sehr hilfreich sein kann, ist das Programm Systeminformation. Wählen Sie im Startmenü die Punkte PROGRAMME|ZUBEHÖR|SYSTEMPROGRAMME|SYSTEMINFORMATIONEN. Unter HARDWARERESSOURCEN|RESSOURCENKONFLIKTE werden Problemstellen aufgelistet, die dem Geräte-Manager möglicherweise entgangen sind.

Ausführen eines Ratgeberprogramms

Ratgeberprogramme sind spezielle Programme in Frage-Antwort-Form, die Sie im Hilfesystem von Windows finden können. Es gibt leider keinen logischen oder einfachen Weg, sie zu starten. Gehen Sie daher wie folgt vor:

1. **Klicken Sie im Startmenü auf HILFE.**

   Das Fenster HILFETHEMEN: WINDOWS-HILFE wird geöffnet.

2. **Klicken Sie auf die Registerkarte INDEX, wenn diese nicht bereits angezeigt wird.**

3. **Geben Sie das Wort Problembehebung in das Textfeld ein.**

   In der Liste wird der Eintrag PROBLEMBEHEBUNG markiert.

4. **Doppelklicken Sie auf den Eintrag oder klicken Sie auf die Schaltfläche ANZEIGEN.**

   Es öffnet sich ein weiteres Fenster, in dem diverse Ratgeber aufgelistet sind.

5. **Suchen Sie sich aus der Liste den Ratgeber heraus, der für Ihren spezifischen Problemfall sinnvoll erscheint.**

   Haben Sie Probleme mit dem Arbeitsspeicher? Suchen Sie sich den Arbeitsspeicher-Ratgeber heraus. Beachten Sie bitte, dass Sie bei einigen der aufgeführten Ratgeber lediglich wieder zurück in die Windows-Hilfe geführt werden.

6. **Markieren Sie den gewünschten Ratgeber und klicken Sie auf die Schaltfläche ANZEIGEN.**

   Und schon geht's los!

   Klicken Sie auf die verschiedenen Links, beantworten Sie die Ihnen gestellten Fragen und arbeiten Sie sich durch den Ratgeber.

7. **Denken Sie daran, das Hilfefenster und das Fenster des betreffenden Ratgebers wieder zu schließen, wenn Sie fertig sind.**

Bei mir persönlich liegt die Trefferquote dafür, dass ich ein Problem mithilfe der Windows-Ratgeber lösen kann, bei 50:50. Manchmal bekam ich direkt eine Lösung, manchmal habe ich mich ohne Ergebnis durch einen Ratgeber hindurchgearbeitet.

Gerätetreiber wiederherstellen

Am häufigsten werde ich bei Problemen mit Treibern für Grafikkarten konsultiert. Das ist die Software, die die Bildschirmanzeige steuert. Aus unerfindlichen Gründen kann die Auflösung des Bildschirms plötzlich verrückt spielen. Die Auflösung ist zu niedrig und lässt sich nicht wieder zurücksetzen. Dieses Problem lässt sich aber ganz einfach in den Griff bekommen. Es gibt mehrere Lösungsansätze:

Wenn Sie mit Windows Me oder Windows XP arbeiten, dann ist der erste Lösungsvorschlag, dass Sie die Systemwiederherstellung starten und den Computer wieder in den Zustand zurückversetzen, an dem die Anzeige noch einwandfrei war.

Als Zweites können Sie den Grafiktreiber neu installieren, was nicht so schlimm ist, wie es sich anhört:

1. **Öffnen Sie den Geräte-Manager.**

   Wie das geht, steht in diesem Kapitel im Abschnitt »Der Geräte-Manager«.

2. **Klicken Sie auf das Pluszeichen vor dem Eintrag Grafikkarten.**

   Der Name der Grafikkarte wird angezeigt.

3. **Doppelklicken Sie auf den Namen der Grafikkarte.**

   Ein Dialogfeld mit den Eigenschaften der Grafikkarte wird geöffnet.

4. **Klicken Sie auf die Registerkarte TREIBER.**

5. **Klicken Sie auf die Schaltfläche TREIBER AKTUALISIEREN.**

   Der Assistent für Gerätetreiber-Updates wird gestartet. Einfacher kann das Aktualisieren oder Neuinstallieren von Gerätetreibern gar nicht sein.

6. **Befolgen Sie die Anweisungen des Assistenten.**

   Arbeiten Sie die einzelnen Schritte im Assistenten ab. Die bereits voreingestellten Optionen sollten Sie übernehmen, es sei denn, Sie wissen es besser. Der Assistent installiert auf diese Weise den Gerätetreiber neu. Bei einem Grafiktreiber kann es sehr gut sein, dass Sie den richtigen Gerätetreiber direkt auf der Festplatte finden. Wenn dies der Fall ist, installieren Sie ihn mithilfe des Assistenten neu.

   Der Computer will zum Schluss neu gestartet werden. Tun Sie ihm den Gefallen.

Wenn Sie fertig sind, sollte der neue Treiber installiert bzw. der alte Treiber wieder instand gesetzt sein, und die Bildschirmanzeige ist wieder so, wie Sie es gewohnt sind.

✔ Obwohl diese Schritte sich speziell auf die Grafikkarte beziehen, so sind sie doch für die Aktualisierung oder Neuinstallation jedes anderen Gerätetreibers genauso anwendbar.

✔ In Windows 2000 müssen Sie als Administrator angemeldet sein, um Änderungen an den Gerätetreibern vorzunehmen.

Sie können sich neue Gerätetreiber auch auf der Website des Geräteherstellers herunterladen. Suchen Sie zuerst auf der Website von Treiber.de (www.treiber.de) nach dem Gerätetyp und dann nach dem Namen des Herstellers. Irgendwann landen Sie dann schon auf der richtigen Seite, die dann den Link zum Herunterladen des neuen Gerätetreibers enthält. Sie sollten diese Webseite unbedingt in der Favoritenliste ablegen, dann sparen Sie sich das nächste Mal die lange Suche.

Mit MSCONFIG Probleme beim Starten von Windows beheben

Die meisten Probleme beim Starten von Windows haben eigentlich nichts mit dem ordnungsgemäßen Starten des Rechners zu tun. Sie haben eher etwas mit verwirrenden Meldungen zu tun, die während des Starts auf dem Bildschirm angezeigt werden. Sie sehen beispielsweise, dass irgendeine DLL- oder VBX-Datei »fehlt«. Oder irgendeine Fehlermeldung besagt, dass irgendein Programmteilchen nicht mehr vorhanden ist und daher das Programm »Frapulator« nicht verfügbar ist. Wie bitte?

Um diesen Startproblemen beizukommen, müssen Sie zu einem Werkzeug greifen, das sich Systemkonfigurationsprogramm oder kurz MSCONFIG nennt. (Achtung: Windows 2000 enthält dieses Tool nicht.)

Um MSCONFIG zu starten, klicken Sie im Startmenü auf den Befehl AUSFÜHREN, geben MSCONFIG in das Textfeld ein und klicken auf OK.

Abbildung 27.3 zeigt die Registerkarte AUTOSTART, die eine Liste aller geheimen Programme enthält, die Windows beim Start ausführt. Diese werden noch zusätzlich zu denen ausgeführt, die sich im Ordner AUTOSTART befinden. (Diesen Ordner finden Sie, wenn Sie im Startmenü zunächst auf PROGRAMME und dann auf AUTOSTART zeigen.) Einige dieser Programme gehören zu den Symbolen, die ganz rechts in der Taskleiste angezeigt werden, andere wiederum sind Programme, die im Hintergrund ablaufen, z. B. Antivirensoftware, und wieder andere sind Programme, die Windows braucht, um verschiedene Dinge auszuführen.

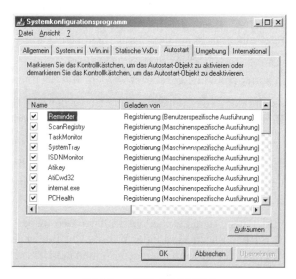

Abbildung 27.3: MSCONFIG

Damit ein Programm während des Startvorgangs nicht ausgeführt wird, müssen Sie das Häkchen in seinem Kontrollkästchen entfernen. Damit wird das Programm nicht deinstalliert, sondern nur daran gehindert, dass es ausgeführt wird, wodurch wiederum vermieden wird, dass eine lästige Meldung beim Start angezeigt wird.

Schließen Sie das Fenster des Systemkonfigurationsprogramms, wenn Sie fertig sind.

✔ Deaktivieren Sie nur die Programme, die Sie in Verdacht haben, dass diese Startprobleme verursachen. Ansonsten lassen Sie lieber die Finger von der Systemkonfiguration.

✔ Auf der Registerkarte WIN.INI können Sie auch noch nach Startprogrammen schauen. Klicken Sie auf das Pluszeichen vor dem Ordner [WINDOWS] und suchen Sie nach den Einträgen LOAD = oder RUN =. Sie können diese Elemente deaktivieren, indem Sie die Häkchen aus den Kontrollkästchen entfernen.

Wann Sie um Hilfe schreien sollten

In diesem Kapitel

▸ Sich einen Computerguru suchen

▸ Hilfe von anderen erhalten

▸ Erkennen, ob wirklich etwas nicht in Ordnung ist

▸ Ein Problem richtig erklären

Sollten Sie um Hilfe schreien? Natürlich. Die Entscheidung, um Hilfe zu schreien, sollte niemals infrage gestellt werden. Ich möchte allerdings hinzufügen, dass es sich als sehr hilfreich erweisen könnte, wenn man weiß, nach wem man zu diesem Zweck schreien kann.

Wir Menschen schreien, weil wir uns Gehör verschaffen wollen. Da Computer aber keine Ohren haben, brauchen Sie beim ihm gar nicht um Hilfe zu schreien, auch dann nicht, wenn Sie direkt ins Mikrofon brüllen. Computer können mit Emotionen nichts anfangen, und bloß, weil Sie schreien, wird Ihr Rechner nicht davon ausgehen, dass Sie mehr Hilfe benötigen, als wenn Sie ganz aus Versehen `F1` drücken.

Nein, es ist wirklich sehr hilfreich, wenn man einen Menschen aus Fleisch und Blut kennt, nach dem man schreien kann. Darüber hinaus ist es auch sehr hilfreich, wenn man sanft und mit leiser Stimme schreit. Schreien Sie leise und besonnen. Erklären Sie am besten, was los ist. Und befolgen Sie vor allem die Ratschläge in diesem Kapitel, damit der Grund für all das Schreien von vornherein beseitigt werden kann.

Wer ist Ihr Computerguru?

Ihr persönlicher Computerguru wird wahrscheinlich jemand sein, der Computer liebt und genug darüber weiß, um Ihnen – wenn nötig – zu helfen. Ihr Guru ist eine wichtige Person, deren Bekanntschaft Sie hegen und pflegen sollten. Jeder hält sich heutzutage einen Computerguru – sogar die Gurus selbst! Wenn Sie noch keinen haben, sollten Sie sich schnellstens einen suchen. Sie finden sie an zwei Orten:

Am Arbeitsplatz: Am Arbeitsplatz ist vermutlich der Systemverwalter der Guru, aber Sie sollten herumfragen, ob nicht noch jemand anderes für die Position Ihres Computergurus infrage kommt. Wahrscheinlich gibt es an Ihrem Arbeitsplatz sogar eine nicht unbeträchtliche Anzahl von Computerverrückten. Wenn Sie ein solches Exemplar gefunden haben, kann Ihnen die betreffende Person vielleicht sogar schneller mit Rat und Tat zur Seite stehen als der Systemverwalter, bei dem Sie warten müssen, bis Sie an der Reihe sind. Besonders, wenn Sie Hilfe bei bestimmten Programmen benötigen, sollten Sie sich an Personen wenden, die mit den betreffenden Programmen regelmäßig arbeiten. Diese kennen sicher Tricks, die sie an Sie weitergeben können.

Zu Hause: Für zu Hause einen Computerguru zu finden, könnte sich als schwieriger erweisen. Normalerweise weiß aber ein Nachbar, Freund oder Verwandter genug über Computer, um Ihnen bei der Installation von Hardware oder Software behilflich zu sein oder Ihnen wenigstens bei einigen Programmen zu helfen.

Egal, ob am Arbeitsplatz oder zu Hause, Sie brauchen einen Computerguru für den Fall, dass Sie Probleme haben oder ein paar Tipps und Tricks gebrauchen können. Das ist so, als ob Sie einen guten Automechaniker oder freundlichen Arzt kennen. Sie sollten Ihren Computerguru nicht überbeanspruchen, aber zu wissen, dass er für Sie da ist, macht den Umgang mit dem Computer einfacher.

Denken Sie daran, dass Sie ein gewisses diplomatisches Geschick an den Tag legen müssen, wenn Sie die Talente Ihres Computergurus für sich nutzen möchten. Ziehen Sie eine Grenze zwischen gelegentlicher Bitte um Unterstützung und der Überstrapazierung der Geduld Ihres Gurus.

Andere Orte und Möglichkeiten, Hilfe zu bekommen

Computergurus finden Sie nicht überall. Nehmen wir einmal an, Sie wohnen auf einer abgelegenen kleinen Insel und haben Ihren Computer gerade mit dem Postschiff bekommen (zusammen mit Ihrem Stimmzettel für die Bundestagswahl 1998). Wer soll in einer solchen Situation Ihr Guru sein? Bestimmt nicht die nette ältere Dame, die aus Palmwedeln festliche Gestecke herstellt.

Wenn Sie keinen Guru auftreiben können, gibt es andere Alternativen. Hier ein paar, die mir gerade so einfallen:

✔ Einige Computerhändler bieten Seminare an oder veranstalten Clubabende, bei denen Sie Ihre Fragen stellen können. Aber halten Sie sich vor Augen, dass das eher begrenzte Informationsquellen sind.

✔ Es gibt in fast jeder Gegend des Landes Computerclubs oder Bürgernetze. Lassen Sie sich einfach einmal bei einem solchen Club sehen und stellen Sie ein paar Fragen. Vielleicht lernen Sie dort sogar einen Guru kennen oder erhalten Informationen über spezielle Anfängerkurse. Viele Clubs befassen sich sogar hauptsächlich damit, Fragen zu beantworten. Adressen finden Sie in der Zeitung oder auf Flugblättern, die teilweise in den Computerläden ausliegen.

✔ Volkshochschulen bieten Einführungskurse zu Computern und verschiedenen Programmen. Schreiben Sie sich Ihre Fragen auf und gehen Sie hin.

Nicht zu vergessen sind all die Gurus, für die Sie bereits bezahlt haben: die Leute vom technischen Support in Ihrem Computerladen oder die Hotline, die Sie in Anspruch nehmen können, wenn Sie Software kaufen. Diese Unterstützung ist im Kaufpreis inbegriffen. Wenn Sie Probleme mit der Software haben, rufen Sie die Hotline an. (Aber missbrauchen Sie die telefonische Unterstützung nicht; sie ist kein Ersatz für das Lesen des Handbuchs.) Achten Sie darauf, ob telefonische Hotlines eventuell kostenpflichtig sind. Bei manchen fallen Telefongebühren für Ferngespräche an, andere rechnen im Minutentakt ab.

✔ Wenn diese traditionellen Methoden fehlschlagen, probieren Sie es auf die unkonventionelle Art. Suchen Sie im Internet nach Hilfe, oder abonnieren Sie eine Newsgroup, die sich speziell mit Ihrem Problembereich beschäftigt.

Finden Sie heraus, ob es ein Hardware- oder Softwareproblem ist

Ihr Guru oder vielleicht sogar Sie selbst sind bisweilen in der Lage, Hardwareprobleme zu lösen: Überprüfen Sie die Kabel, achten Sie auf ungewöhnliche Geräusche, Funken usw.

Softwareprobleme können im Allgemeinen von Ihrem Guru oder durch einen Anruf bei der Hotline des Herstellers behoben werden. Aber ist es denn nun ein Hardware- oder ein Softwareproblem? Das ist eine wichtige Frage, weil Hardwarespezialisten sehr ärgerlich werden können, wenn Sie ihnen einen Computer mit einem Softwareproblem vorbeibringen. Hier einige Anhaltspunkte:

1. **Tritt das Problem konsequent auf, egal, welches Programm Sie ausführen?**

   Lehnen es zum Beispiel Word, Excel und Ihr Buchhaltungsprogramm strikt ab, Daten an den Drucker zu senden? Wenn ja, dann ist es ein Hardwareproblem. Um genauer zu sein, ein Druckerproblem. Überprüfen Sie die Stromversorgung und die Kabelverbindungen. Überprüfen Sie auch den Drucker selbst.

2. **Ist das Problem gerade zum ersten Mal aufgetreten?**

   Konnten Sie sich Ihre Dokumente letzte Woche noch in der Seitenansicht ansehen, heute aber aus irgendwelchen Gründen nicht mehr? Wenn ja, dann könnte es ein Hardwareproblem, ein Netzwerkproblem oder auch ein Problem mit der Treibersoftware sein, vorausgesetzt, dass Sie seit Ihrer letzten problemlosen Sitzung an Ihrem Computer nichts geändert und keine neue Software installiert haben.

3. **Tritt das Problem nur in Zusammenhang mit einer ganz bestimmten Anwendung auf?**

   Führt der Computer beispielsweise immer dann einen Neustart aus, wenn Sie versuchen, mithilfe Ihres Bildbearbeitungsprogramms zu drucken? Wenn ja, dann ist es ein Softwareproblem. Rufen Sie den Hersteller an.

Allgemein kann man sagen, dass es immer dann an der Software liegt, wenn das Problem nur in einem bestimmten Programm auftritt. Tritt das Problem hingegen in sämtlichen Anwendungen und zu beliebigen Zeiten auf, handelt es sich um ein Hardwareproblem.

Die Support-Hotline

Hotlines, bei denen man Unterstützung in technischen Fragen bekommt, können gut oder schlecht oder auch beides sein. Früher waren sie gut und noch dazu kostenlos. Sie hatten spezielle kostenfreie Rufnummern geschaltet und am anderen Ende der Leitung wartete ein ganzes Heer ambitionierter Computerexperten darauf, Ihnen jede erdenkliche Hilfe zukommen zu lassen, vom Schreiben eines Druckertreiberprogramms bis hin zum Entfernen der Plastikfolie, in die Ihr neuer Computer eingepackt war.

Heutzutage sind viele Hotlines leider kostenpflichtig oder von vornherein gar nicht vorhanden. Bevor Sie bei einer Hotline anrufen, sollten Sie unbedingt versuchen herauszufinden, wie viel Sie der Spaß kosten wird und ob die Hotline sehr überlastet ist. Diese Informationen bekommen Sie am besten, indem Sie bei Freunden, Kollegen usw. nachfragen.

Werfen Sie auch einen Blick auf die Website des Unternehmens. Suchen Sie nach Supportinformationen oder einer FAQ-Seite, auf der die Fragen zusammengestellt sind, die am häufigsten gestellt werden. Vielleicht finden Sie dort eine Antwort auf Ihr Problem. Ich habe dort beispielsweise gefunden, wie ich am besten meinen PC für zwei Monitore konfiguriere. Den teuren Anruf beim Support habe ich mir dadurch gespart.

Wenn Sie schließlich das Handtuch werfen und entnervt bei einer Hotline anrufen, sollten Sie gut vorbereitet sein:

- ✔ Sitzen Sie neben Ihrem eingeschalteten Computer, während Sie telefonieren. Sie werden garantiert gebeten, das eine oder andere einzugeben, um dem Probleme auf die Spur zu kommen und um Lösungen auszuprobieren.

- ✔ Falls ein Hardwareproblem vorliegt, sollten Sie alles an Informationen über die defekte Hardwarekomponente zusammentragen, was Sie finden können. Wie groß ist der Arbeitsspeicher, wie lautet der Name und die Nummer des Mikroprozessors, der Typ oder die Marke des Computers und die Seriennummer des Geräts?

- ✔ Im Fall von Softwareproblemen benötigen die Mitarbeiter der Hotline die Seriennummer, Versionsnummer und möglicherweise auch die Registrierungsnummer der Software.

- ✔ Seien Sie in der Lage, das Problem auf Anforderung erneut auftreten zu lassen.

- ✔ Bleiben Sie ruhig und zivilisiert.

- ✔ Bereiten Sie sich darauf vor, Ratschläge anzunehmen.

Der Mitarbeiter der Hotline wird das Problem mit Ihnen durchgehen und einen Lösungsweg aufzeigen. Damit ist das Problem dann hoffentlich gelöst.

- ✔ Schreiben Sie sich den Lösungsweg auf, damit Sie nicht noch einmal bei der Hotline anrufen müssen.
- ✔ Es gibt Hotlines für so ziemlich jedes Hardware- oder Softwareprodukt, das auf dem freien Markt erhältlich ist. Bitte strapazieren Sie die Geduld der Hotline-Mitarbeiter nicht über Gebühr! Versuchen Sie zuerst immer, Hilfe aus anderen Quellen (Internet, Handbuch) zu bekommen, bevor Sie eine Hotline anrufen.

Klicken Sie auf dem Desktop mit der rechten Maustaste auf das Symbol ARBEITSPLATZ und wählen Sie aus dem Kontextmenü den Befehl EIGENSCHAFTEN. Die meisten Computerhersteller haben im Dialogfeld EIGENSCHAFTEN VON SYSTEM eine Schaltfläche platziert, die sich SUPPORT-INFORMATION nennt. Klicken Sie darauf, um herauszufinden, wie und wo Sie Hilfe zu Ihrem Computer bekommen.

Benutzen Sie die Hotline nicht als Ersatz für das Handbuch. In den frühen 90ern waren viele Leute zu faul, ihre Handbücher zu lesen und wandten sich stattdessen fast ausschließlich an die Hotlines. Das ist wahrscheinlich auch der Grund, weshalb es heute kaum noch kostenlose Hotlines gibt.

- ✔ Vergessen Sie Ihren Computerhändler nicht! Sie haben dort auch für Service und Unterstützung bei Problemen mitbezahlt. Wenn Sie ein Problem haben, sollten Sie dort zuallererst anrufen.

Teil VII
Der Top-Ten-Teil

In diesem Teil ...

Unsere Vorliebe für die Zahl Zehn liegt sicherlich daran, dass wir zehn Finger haben. Die Zehn begegnet uns überall, sei es bei den Zehn Geboten oder beim Dezimalsystem. Fast jede Zivilisation beruht irgendwie auf dem Zehnersystem.

Daher gibt es auch bei uns den Top-Ten-Teil. Jedes Kapitel in diesem Teil enthält eine Liste mit zehn Themen rund um den Computer und mit vielen nützlichen Informationen.

Zehn weit verbreitete Anfängerfehler

In diesem Kapitel

▶ Windows nicht korrekt beenden

▶ Zu viel Software kaufen

▶ Inkompatible Hardware kaufen

▶ Nicht genügend Verbrauchsmaterialien kaufen

▶ Ihre Arbeit nicht speichern

▶ Keine Sicherheitskopien von Dateien erstellen

▶ Unbekannte Dateien oder Dinge öffnen oder löschen

▶ Den Computer von einer fremden Diskette aus starten

▶ Auf unerwünschte SPAM-Mails antworten

▶ Ein an eine E-Mail angehängtes Programm öffnen

Sicher, es gibt zigmillionen Fehler, die Sie mit Ihrem Computer machen können, sei es nun, dass Sie die falsche Datei löschen oder sich den Drucker auf den Fuß fallen lassen. Ich habe diese Liste allerdings auf zehn Punkte beschränkt. Es sind die klassischen Fehler, die jeden Tag aufs Neue passieren, bis Ihnen endlich mal jemand sagt, wie Sie sie vermeiden können.

Windows nicht korrekt beenden

Wenn Sie Ihre Arbeit am PC beendet haben, beenden Sie auch Windows. Öffnen Sie das Startmenü, wählen Sie im Dialogfeld WINDOWS BEENDEN die Option HERUNTERFAHREN und klicken Sie dann auf OK. Warten Sie, bis auf dem Monitor die Meldung angezeigt wird, dass Sie den Computer nun ausstellen können.

✔ Betätigen Sie nicht einfach nur den Ein-/Ausschalter, wenn Sie fertig sind.

✔ In diesem Zusammenhang erwähne ich auch noch einmal, dass Sie den Reset-Knopf Ihres PCs nur betätigen sollten, wenn es absolut unvermeidlich ist.

✔ In Kapitel 2 finden Sie detaillierte Angaben darüber, wie man einen PC korrekt herunterfährt.

Zu viel Software kaufen

Als Sie Ihren PC gekauft haben, waren vermutlich schon ein Dutzend Programme vorinstalliert. (Nein, Sie müssen sie nicht alle benutzen. In Kapitel 19 beschreibe ich, wie man Software wieder deinstalliert.) Überfordern Sie sich nicht, indem Sie sofort noch mehr Software kaufen.

Software zu kaufen, ist eigentlich nicht das Problem. Das Problem liegt darin, dass man zu viel Software kauft und dann auch noch versucht, alles auf einen Schlag zu lernen. Diese Macke, sich sofort riesige Mengen an Software zu kaufen, hat ihren Ursprung vielleicht in dem Kauf von Musik-CDs usw. Wenn Sie mit einem gigantischen Stapel CDs nach Hause kommen, ist das in Ordnung. Sie können sich in nur wenigen Tagen eine ganze Reihe von CDs anhören. Das macht Spaß, und je öfter Sie sie hören, umso mehr werden Ihnen die Stücke gefallen. Software ist am ersten Tag nach dem Kauf der reinste Horror, und es kann Monate dauern, bis man sich einigermaßen daran gewöhnt hat.

Seien Sie an der Kasse daher gnädig zu sich selbst und kaufen Sie Software nur in einem vernünftigen Maß. Kaufen Sie erst einmal nur ein Paket und lernen Sie, damit umzugehen. Erst dann kaufen Sie sich das nächste Programm. Sie werden den Umgang mit den verschiedenen Programmen so wesentlich schneller erlernen.

Inkompatible Hardware kaufen

Ups, ist Ihnen gar nicht aufgefallen, dass die neue Tastatur, die Sie gekauft haben, für einen Macintosh ist? Oder vielleicht sind Sie ganz begeistert über das Schnäppchen, das Sie mit Ihrem neuen USB-Modem gemacht haben, aber leider hat Ihr PC gar keinen USB-Port. Und nun die größte Enttäuschung: Sie kaufen sich eine neue AGP-Erweiterungskarte, aber Ihr Rechner verfügt lediglich über PCI-Steckplätze.

Überprüfen Sie Ihre Hardware, bevor Sie neue Komponenten kaufen. Das ist ganz besonders wichtig, wenn Sie online kaufen. Wenn Sie sich bezüglich der Hardwarekompatibilität nicht ganz sicher sind, rufen Sie Ihren Computerhändler an und stellen Sie gezielte Fragen.

Nicht genügend Verbrauchsmaterialien kaufen

Kaufen Sie Druckerpapier ruhig in großen Mengen. Sie werden es definitiv verbrauchen. Kaufen Sie auch ausreichende Mengen an Disketten, ZIP-Disketten, JAZ-Disketten, CD-Rs oder welche Speichermedien auch immer in Ihrem PC zum Einsatz kommen können.

Ihre Arbeit nicht speichern

Jedes Mal, wenn Sie etwas besonders Geniales auf Ihrem Computer erstellt haben, wählen Sie den Befehl SPEICHERN, und speichern Sie Ihr Dokument auf der Festplatte. Wenn Sie etwas Dummes schreiben, das Sie später noch verbessern möchten, wählen Sie ebenfalls den Befehl SPEICHERN. Der Grundgedanke, der hinter meinen Ausführungen steht, ist, dass Sie so oft speichern sollen, wie Sie daran denken, also hoffentlich alle vier Minuten oder sogar noch häufiger.

Man weiß leider nie im Voraus, wann der Computer den Geist aufgibt. Vermutlich genau dann, wenn Sie gerade den letzten Absatz dieses wirklich umfangreichen Berichts fertig stellen möchten. Speichern Sie Ihre Arbeit so oft wie möglich. Speichern Sie immer, wenn Sie von Ihrem Computerarbeitsplatz aufstehen und das Zimmer verlassen – und sei es nur, weil Sie sich schnell einen kleinen Happen zu Essen holen möchten.

Keine Sicherungskopien von Dateien erstellen

Das Erstellen von Sicherungskopien ist ein aus mehreren Schritten bestehender Vorgang. Als Erstes speichern Sie Ihre Arbeit, während Sie noch daran arbeiten, auf der Festplatte. Am Abend sichern Sie die Dateien dann auf normalen Disketten oder ZIP-Disketten. Bewahren Sie stets irgendwo eine Sicherungskopie auf. Man kann ja nie wissen.

Am Wochenende (oder Monatsende) sollten Sie das Sicherungsprogramm ausführen, das Sie zusammen mit dem Bandlaufwerk Ihres PCs bekommen haben. Ich weiß, diese Sicherungsprogramme sind eine Plage, aber heutzutage läuft das Ganze schon wesentlich automatischer und einfacher ab als noch vor ein paar Jahren. Wenn Ihr PC kein Bandlaufwerk hat, kaufen Sie sich eins! Sie können Ihre Sicherungskopien auf ZIP-Disketten abspeichern, aber das ist verhältnismäßig teuer. Auf normalen Disketten zu sichern, ist schlicht verrückt. Das Sichern auf CD-Rs oder JAZ-Laufwerken hingegen ist akzeptabel, besonders wenn Sie über Software verfügen, die die Sicherung automatisch für Sie vornimmt.

Unbekannte Dateien oder Dinge öffnen oder löschen

Sowohl in puncto Hardware als auch in puncto Software gibt es Regeln über das Öffnen oder Löschen von Dateien oder Dingen unbekannter Herkunft. Meine Regel für den Bereich Software lautet wie folgt:

Wenn Sie die Datei nicht erstellt haben, löschen Sie sie auch nicht.

In Windows wimmelt es nur so von ungewöhnlichen und gänzlich unbekannten Dateien. Fummeln Sie nicht daran herum. Löschen Sie sie nicht. Verschieben Sie sie nicht und benennen Sie sie nicht um. Und vor allem öffnen Sie sie nicht, um sich nur mal kurz anzusehen, was sich hinter ihnen verbirgt. Manchmal kann das Öffnen einer unbekannten Datei zu ernsthaften Problemen führen.

In puncto Hardware lautet meine Regel, dass Sie nichts von dem öffnen sollten, was an Hardwarekomponenten zu Ihrem PC gehört, solange Sie nicht absolut genau wissen, was Sie da eigentlich tun. Einige Hardwarekomponenten sind dazu gedacht, geöffnet zu werden. Bei den neueren PC-Konsolen gibt es viele aufklappbare Abdeckungen usw., durch die der Zugang ins Innere des PCs erleichtert werden soll. Das Aufrüsten des Computers ist so das reinste Kinderspiel. Wenn Sie das Gehäuse öffnen, denken Sie immer daran, den Stecker zu ziehen und den Computer so vom Stromversorgungsnetz zu trennen. Es ist auch erlaubt, den Drucker zu öffnen, um z. B. einen Papierstau zu entfernen oder eine neue Tintenpatrone einzusetzen. Die Tintenpatronen selbst sollten Sie allerdings nicht öffnen.

Bei anderen Hardwarekomponenten ist das Öffnen absolut verboten. Dazu gehören der Monitor, die Tastatur und das Modem.

Den Computer von einer fremden Diskette aus starten

Der sicherste Weg, sich definitiv einen Computervirus einzufangen, besteht darin, den Computer von einer fremden Diskette aus zu starten. Ich spreche hier nicht davon, den Computer von einer Startdiskette aus zu starten, die Sie selbst erstellt oder in einer hermetisch versiegelten Softwarepackung erhalten haben. Ich spreche von dem Spiel, das Sie letzte Woche von Ihrem Kumpel bekommen haben. Sie wissen schon, welches ich meine. Wenn Sie den Computer von dieser Diskette aus starten, können Sie sich damit sonst was einfangen. Tun Sie es also nicht.

Auf unerwünschte Spam-Mails antworten

Antworten Sie auf keine Spam-Mails, es sei denn, Sie möchten noch mehr unerwünschten Müll in E-Mail-Form erhalten. Sehr beliebt bei den Absendern dieser E-Mails ist der Trick, einen Satz wie »Bitte teilen Sie uns mit, wenn Sie keine weiteren Nachrichten mehr erhalten möchten ...« in die E-Mail einzubauen. Tun Sie das nicht! Wenn Sie auf eine Spam-Mail antworten, signalisieren Sie dem Absender, dass Sie Ihren E-Mail-Anschluss aktiv nutzen. Sie werden dann eher noch mehr Müll erhalten. Antworten Sie daher nie und unter gar keinen Umständen auf Spam-Mails.

Ein an eine E-Mail angehängtes Programm öffnen

Sie können per E-Mail Fotos, Audiodateien, jegliche Art von Dokumenten und sogar ZIP-Archive erhalten. Das ist alles völlig in Ordnung. Wenn Sie aber eine Programmdatei (EXE- oder COM-Datei) oder ein Visual-Basic-Skript (VBS) per E-Mail zugeschickt bekommen, dann öffnen Sie diese Datei unter keinen Umständen!

29 ➤ Zehn weit verbreitete Anfängerfehler

Der einzige Weg, sich einen Computervirus einzufangen, besteht darin, ein infiziertes Programm auszuführen. Sie können die Datei erhalten, aber sobald Sie sie auch öffnen, sind Sie tot. Meine Regel lautet: Öffnen Sie niemals EXE-Dateien, die Sie per E-Mail bekommen.

- ✔ ZIP-Dateien sind o.k. Sie können Sie öffnen und nachsehen, was sie enthalten. Wenn Sie Programme enthalten, bei denen Sie sich nicht ganz sicher sind, löschen Sie einfach alles, und schon sind Sie auf der sicheren Seite.

- ✔ Wenn Sie selbst eine Programmdatei per E-Mail verschicken möchten, informieren Sie den Empfänger vorher schriftlich oder per E-Mail darüber, dass Sie ihm besagtes Programm schicken.

- ✔ Wenn Sie sich nicht ganz sicher sind, lassen Sie erst ein Antivirenprogramm über die Datei laufen, bevor Sie sie ausführen.

- ✔ Einige Viren können sich in Microsoft-Word-Dokumenten verbergen. Antivirenprogramme können die Viren normalerweise abfangen, aber trotzdem sollten Sie für alle Fälle beim Absender nachfragen, ob das mit der Datei auch seine Richtigkeit hat.

Zehn Dinge, die es sich zu kaufen lohnt

In diesem Kapitel

- Software
- Handballenauflage
- Bildschirmentspiegelung
- Tastaturabdeckung
- Mehr Speicher
- Größere und schnellere Festplatte
- Ergonomische Tastatur
- Größerer oder zusätzlicher Monitor
- USB-Erweiterungskarte
- Scanner oder digitale Kamera

Ich versuche nicht, Ihnen etwas zu verkaufen, und ich bin ziemlich sicher, dass Sie nicht bereit sind, für Ihren Computer ständig Geld auszugeben (es sei denn, es ist das Geld von jemand anderem). Aber es gibt tatsächlich einige praktische Dinge, die Sie für sich und Ihren Rechner kaufen sollten. Wie die zehn Dinge, die es sich lohnt, für einen Hund zu kaufen (eine Leine, ein Quietschtier in Form einer Katze, eine Köttelschaufel usw.), werden die folgenden zehn Dinge das Leben mit der Bestie Computer angenehmer gestalten.

Software

Vernachlässigen Sie nie die Software. Es gibt Trillionen von verschiedenen Programmen auf dem Markt. Jedes von ihnen wurde für einen bestimmten Anwenderkreis entworfen, um bestimmte Aufgaben auszuführen. Wenn Sie mit der Art und Weise, wie Ihr Computer bestimmte Dinge löst, unzufrieden sind, suchen Sie sich ein anderes Programm, das mit Ihrer Aufgabenstellung besser zurecht kommt.

Handballenauflage

Eine Handballenauflage passt genau unter Ihre Tastatur. Sie ermöglicht es Ihnen, die Handballen beim Tippen bequem aufzustützen. Damit sollen Sehnenscheidenentzündungen vorgebeugt werden, die ja bei Vielschreibern häufiger vorkommen.

Bildschirmentspiegelung

So bedeutend es sich auch anhören mag, eine Bildschirmentspiegelung ist nichts weiter als ein Nylonstrumpf, der über die Vorderfront Ihres Monitors gespannt wird. Zugegeben, es sind in diesem Fall Profinylons mit tollen Haltevorrichtungen, die von selbst an Ihrem Bildschirm haften. Sie bewirken, dass Sie nicht von Licht im Raum oder von außen geblendet werden. Das Prinzip ist so klasse, dass viele Monitore bereits von vornherein entspiegelte Bildschirme haben.

Grelles Licht ist die Hauptbelastung für die Augen bei der Arbeit mit einem Computer. Das Licht, das entweder von einer Deckenbeleuchtung stammt oder durch ein Fenster eindringt, wird durch das Glas des Monitors reflektiert. Die Bildschirmentspiegelung dämmt die Reflexion ein, sodass der Bildschirminhalt besser zu erkennen ist.

Einige Bildschirmentspiegelungen bieten gleichzeitig einen Strahlenschutz. Das meine ich ernst: Sie bieten Schutz vor der gefährlichen elektromagnetischen Strahlung, die selbst jetzt, während Sie dieses Buch lesen, von Ihrem Monitor abgegeben wird. Ist das notwendig? Nein.

Tastaturabdeckung

Wenn Sie dazu neigen, Ihren Kaffee zu verschütten, kleine Kinder haben oder jemand anders mit Marmelade-verschmierten Fingern Ihre Tastatur benutzt, dann ist eine Tastaturabdeckung genau das Richtige für Sie. Sie haben sie vielleicht schon einmal in Kaufhäusern gesehen. Durch die Abdeckung ist die Tastatur geschützt und kann gleichzeitig weiter benutzt werden. Eine tolle Erfindung, weil so nicht mehr all das ekelhafte Zeug zwischen die Tasten fällt.

Sie können auch eine Staubschutzhülle für Ihren Computer kaufen. Eigentlich macht das aber keinen Sinn. Verwenden Sie die Staubschutzhülle nur bei ausgeschaltetem Computer (und ich tendiere ja dazu, den Computer rund um die Uhr eingeschaltet zu lassen). Wenn Sie die Staubschutzhülle über den Computer ziehen, während er eingeschaltet ist, erzeugen Sie eine Treibhausatmosphäre, durch die der Computer unter Umständen schmelzen kann. Sehr übel. Das kann mit der Tastatur nicht passieren, weil sie von kühler Wesensart ist.

Mehr Speicher

Ein PC arbeitet umso besser, je mehr Speicher installiert ist. Es gibt eine Obergrenze von einem Gigabyte oder so, was eigentlich lächerlich ist, zumindest zur Zeit noch. Trotzdem wäre es nicht schlecht, wenn Sie Ihren Rechner auf 128 oder 256 Mbyte RAM aufrüsten würden. Sie werden sofort eine Verbesserung von Programmen wie Windows und verschiedenen Grafikanwendungen bemerken. Kaufen Sie aber nur den Speicher, und suchen Sie sich jemanden, der den Einbau für Sie vornimmt.

Eine größere und schnellere Festplatte

Festplatten sind leider sehr schnell voll. Einerseits liegt das daran, dass Sie jede Menge Müll auf Ihrer Festplatte aufbewahren: Spiele, Dateien und Programme, die Sie von anderen Leuten erhalten haben, alte Dateien, alte Programme, die Sie schon lange nicht mehr benutzen, usw. Sie können das alles löschen oder, wenn Sie es für längere Zeit aufbewahren wollen, auf ZIP-Disketten speichern. Nach einer Weile ist Ihre Festplatte aber schon wieder voll, und dieses Mal mit Dateien und Programmen, die Sie wirklich brauchen. Was können Sie tun?

Die Antwort ist einfach: Kaufen Sie eine größere Festplatte. Wenn möglich, installieren Sie eine zweite Festplatte. Wenn nicht, ersetzen Sie Ihre alte Festplatte durch ein größeres und schnelleres Modell. Mit einer schnelleren Festplatte können Sie die Leistung von älteren PCs deutlich verbessern und sind nicht unbedingt gezwungen, den ganzen PC auszumustern.

Eine ergonomische Tastatur

Die klassische Computertastatur basiert auf der alten Schreibmaschinentastatur (übrigens vom Typ IBM Selectric). Warum? Das muss nicht unbedingt so sein. Vom mechanischen Gesichtspunkt her liegt kein zwingender Grund dafür vor, die Tasten streng in Reih und Glied anzuordnen. Wenn Sie sehr viel mit einer solchen Tastatur arbeiten, können Sie alle möglichen Probleme mit Ihren Muskeln, Sehnen und Gelenken bekommen.

Wenn Sie wesentlich komfortabler tippen möchten, sollten Sie sich eine ergonomische Tastatur zulegen. Auf diesen Tastaturen sind die Tasten so angeordnet, wie es der natürlichen Haltung Ihrer Hände entspricht.

Meine Frau liebt Ihre ergonomische Microsoft-Tastatur. Sie schwärmt förmlich davon. Ich hingegen bin ein Purist und weigere mich, eine solche Tastatur zu benutzen. Ich stehe mehr auf meine alte IBM-Tastatur, weil sie so schön laut ist.

Ein größerer oder zusätzlicher Monitor

Haben Sie schon einmal einen 19-Zoll-Monitor gesehen? Wie wäre es mit dem 21-Zoll-Modell? Die sind einfach *wunderbar*. Der 17-Zoll-Monitor, den Sie haben, war für den Anfang ja ganz nett, aber jetzt sollten Sie sich wirklich nach einem größeren Monitor umsehen.

Das Tolle an Windows und der Installation eines neuen Monitors ist, dass Sie den alten Monitor nicht deinstallieren müssen. Sie können nämlich beide Monitore gleichzeitig benutzen. Sie brauchen natürlich einen zweiten Videoadapter für den zweiten Monitor, aber das lohnt sich wirklich.

In Kapitel 11 finden Sie detaillierte Informationen über die gleichzeitige Verwendung von zwei Monitoren.

USB-Erweiterungskarte

USB ist die Sache schlechthin, wenn Sie Ihren Computer erweitern möchten. Wenn Ihr Computer keinen USB-Port hat, dann können Sie sich eine USB-Erweiterungskarte kaufen.

Mein Tipp: Kaufen Sie sich eine USB-PCI-Karte mit zwei Ports. (Tut mir Leid, dass ich hier so viele Abkürzungen und Fachwörter verwende.) Zwei Ports reichen für den Anfang aus. Wenn Sie sich mehr als zwei USB-Geräte zulegen, können Sie sie entweder abwechselnd anschließen oder einen USB-Hub kaufen, um Ihr System nochmals zu erweitern. Nähere Informationen zum Thema USB finden Sie in Kapitel 8.

Scanner oder Digitalkamera

Wenn Sie das neueste Spielzeug für Ihren Computer kaufen möchten, besorgen Sie sich einen Scanner oder eine Digitalkamera.

Scanner sind toll, wenn Sie ein Grafikfan sind und Bilder über das Internet verschicken möchten. Digitalkameras sind ein klasse Spielzeug, aber leider recht teuer. Außerdem sind Sie etwas gewöhnungsbedürftig.

Mein Tipp: Wenn Sie bereits eine schöne Kamera haben und viele Fotos machen, kaufen Sie sich einen Scanner. Warten Sie ab, bis die Digitalkameras günstiger werden, bevor Sie diese Investition tätigen. (In Kapitel 17 erfahren Sie mehr über Scanner und Digitalkameras.)

Zehn Tipps von einem Computerguru

In diesem Kapitel

- Sie sind der Boss
- Fanatische Computerfans lieben es, Ihnen zu helfen
- Kaufen Sie sich ein unterbrechungsfreies Stromversorgungssystem
- Das neuste Software-Upgrade ist nicht unbedingt notwendig
- Installieren Sie Windows nicht neu, um einen Fehler zu beheben
- Wie Sie Ihren Monitor perfekt einstellen
- Trennen Sie den Computer vom Stromversorgungsnetz, wenn Sie das Gehäuse öffnen
- Abonnieren Sie eine Computerzeitschrift
- Lassen Sie sich von der Computerindustrie nicht verrückt machen
- Nehmen Sie das alles nicht zu ernst

Ich halte mich selbst nicht für einen Computerexperten, ein Computergenie oder einen Computerguru, obwohl ich schon oft so bezeichnet wurde. Ich bin einfach nur ein Typ, der *versteht*, wie Computer funktionieren. Oder, was vielleicht noch besser ist, der versteht, wie die Computerleute denken. Diese Kerle sind vielleicht nicht in der Lage, ein gedankliches Konzept klar auszudrücken, aber ich verstehe, was sie meinen, und kann es allgemein verständlich formulieren. So viel dazu. Hier noch ein paar Tipps und Vorschläge, bevor Sie und Ihr Rechner loslegen.

Sie sind der Boss

Sie haben den Computer gekauft. Sie machen ihn stubenrein. Sie füttern ihn mit Disketten, wann immer er Sie höflich darum bittet. Sie sind sein Herr und Meister, so einfach ist das. Lassen Sie sich von Ihrem Computer nicht herumkommandieren, nur weil er Ihnen bizarre Meldungen gibt oder eine Vielzahl merkwürdiger Eigenarten an den Tag legt. Es ist im Grunde ziemlich einfach: Der Computer ist ein Idiot.

Wenn Ihnen jemand eine Flasche Motoröl in den Mund stecken würde, würden Sie es dann runterschlucken? Natürlich nicht. Aber wenn Sie eine Flasche Motoröl in ein Diskettenlaufwerk stecken, wird der Computer versuchen, Informationen dort herauszulesen, weil er denkt, es sei eine Diskette. Sehen Sie, was ich meine? Er ist strohdumm.

Sie beherrschen den hirnlosen Computer so wie ein Kleinkind. Sie müssen ihn genauso behandeln – mit Respekt und Aufmerksamkeit. Lassen Sie sich von Ihrem Computer nicht mehr schikanieren als von einem Baby, das um drei Uhr morgens seine Flasche will. Beide sind hilflose Kreaturen, die Ihnen völlig ausgeliefert sind. Seien Sie nachsichtig. Aber behalten Sie die Kontrolle.

Die meisten fanatischen Computerfans lieben es, Anfängern zu helfen

Es ist traurig, aber fast alle fanatischen Computerfans verbringen die meiste Zeit des Tages vor dem Computer. Sie wissen, dass das irgendwie bescheuert ist, können aber nichts dagegen tun.

Wegen ihres schlechten Gewissens sind sie im Allgemeinen glücklich, wenn sie einem Anfänger helfen können. Durch die Weitergabe ihres Wissens können sie die zahllosen Stunden, die sie vor dem Computer verbracht haben, rechtfertigen. Außerdem erhalten sie so die Möglichkeit, eine soziale Fähigkeit aufzufrischen, nämlich die, von Angesicht zu Angesicht mit einer realen Person zu sprechen.

✔ Seien Sie stets dankbar, wenn Ihnen Hilfe zuteil wurde.

 Hüten Sie sich vor falschen Computerfans. Das sind Leute, die Computer nicht fanatisch lieben und stattdessen den einen oder anderen Kurs besucht haben, wo sie die einen oder anderen Grundkenntnisse erworben haben. Diese Leute sind wahrscheinlich keine große Hilfe und wissen über Computer auch nur das, was ihnen von anderen Leuten darüber erzählt wurde. Sie können die falschen Computerfans daran erkennen, dass sie weitaus weniger enthusiastisch sind als die echten Computerfans, die Ihnen bereitwillig helfen werden.

Kaufen Sie sich eine USV

Eine USV (unterbrechungsfreie Stromversorgung) ist ein Muss überall auf der Welt, wo die Stromversorgung alles andere als zuverlässig funktioniert. Schließen Sie Ihren Rechner an eine USV an. Schließen Sie Ihren Monitor an eine USV an. Wenn das System über zusätzliche batteriegestützte Anschlussbuchsen verfügt, dann schließen Sie auch Ihr Modem an eine USV an.

✔ In Kapitel 2 finden Sie nähere Informationen zu der Benutzung einer USV sowie zu der Benutzung von Mehrfachsteckdosen.

✔ Der Einsatz einer USV hat keinen Einfluss auf die Leistung Ihres PCs. Dem Computer ist es völlig egal, ob er den Strom nun aus einer Wandsteckdose oder einem unterbrechungsfreien Stromversorgungssystem bekommt.

Das neueste Software-Upgrade ist nicht unbedingt notwendig

Genau so, wie die Models auf dem Cover der Vogue jede Saison ihre Kleider wechseln, bringen Softwareunternehmen in regelmäßigen Abständen Upgrades ihrer Programme heraus. Sollten Sie deshalb jedes Upgrade automatisch kaufen?

Natürlich nicht! Wenn Sie mit Ihrer alten Software gut zurechtkommen, gibt es keinen Grund, die neue Version zu kaufen. Wirklich überhaupt keinen!

Die neue Softwareversion beinhaltet wahrscheinlich ein paar neue Finessen (wobei Sie bisher ja noch gar nicht annähernd die Möglichkeit hatten, alle Finessen der bisherigen Version kennen zu lernen). Darüber hinaus beinhaltet die neue Softwareversion wahrscheinlich auch ein paar neue Programmfehler, wodurch die neue Software auf gänzlich neue Art und Weise zusammenbricht. Gucken Sie sich bei Bedarf ruhig die Packung an. Die Models auf dem Cover der Vogue schauen Sie sich ja auch an. Fühlen Sie sich aber nicht verpflichtet, etwas zu kaufen, was Sie nicht brauchen.

Installieren Sie Windows nie neu

Auf vielen Support-Websites geistert das Märchen von der Lösung aller Computerprobleme durch die Neuinstallation von Windows herum. Einige nicht sehr vertrauenswürdige Supportleute behaupten sogar, dass die meisten Windows-Anwender wenigstens einmal im Jahr eine Neuinstallation von Windows durchführen. Das ist absoluter Quatsch!

Sie brauchen Windows *nie* neu zu installieren. Alle Probleme lassen sich lösen. Es kann aber sein, dass manche Hotline-Mitarbeiter faul sind und lieber zur drastischen Lösung greifen als sich darum zu kümmern, wo das Problem wirklich liegt. Wenn Sie nur energisch genug sind, werden sie Ihnen schon sagen, wo das Problem ist und wie Sie es beheben können.

Ich habe in all den Jahren, in denen ich mit Computern arbeite, noch nie Windows neu installiert oder die Festplatte formatiert. Es gibt immer eine bessere Lösung. Wer was anderes behauptet, lügt.

Wie Sie Ihren Monitor perfekt einstellen

Zu diesem Thema ist nicht allzu viel zu sagen. Wenn Sie Ihren Monitor zu hell eingestellt haben, ist das schlecht für die Augen und außerdem auch schlecht für den Monitor.

 Um den Monitor perfekt einzustellen, stellen Sie die Helligkeit auf Maximum (der Knopf mit der kleinen Sonne) und regulieren anschließend den Kontrast (den Knopf mit dem kleinen Halbmond), bis die Bildschirmanzeige gut aussieht. Dann regeln Sie die Helligkeit herunter, bis das kleine Quadrat außerhalb des Bildrandes verschwindet. Das ist alles!

Trennen Sie den Computer vom Stromversorgungsnetz, wenn Sie das Gehäuse öffnen

Neue PCs haben keinen Ein-/Ausschalter mehr in Form eines Kippschalters, wie die älteren Modelle. Wenn Sie das Gehäuse öffnen, um den Computer aufzurüsten oder eine Erweiterungskarte einbauen, könnte Ihr Bauch (wenn er so aussieht wie mein Bauch) gegen den Einschaltknopf drücken und schon stehen Sie unter Strom. Um das zu vermeiden, ziehen Sie den Stecker aus der Steckdose, bevor Sie das Computergehäuse öffnen.

Wenn Sie ein USB-Gerät hinzufügen, ist es nicht notwendig, den Computer vom Netz zu trennen. Sie müssen ihn noch nicht einmal ausschalten. (Wenn Sie allerdings eine USB-Erweiterungskarte einbauen, müssen Sie ihn doch vom Netz trennen.)

Abonnieren Sie eine Computerzeitschrift

Na klar, warum denn nicht? Wühlen Sie sich durch die Zeitschriftenregale, und suchen Sie sich eine Computerzeitschrift, die Ihrem Geschmack entspricht.

- ✔ Ich habe schon eine ganze Weile keine gute Zeitschrift für Anfänger mehr gesehen. (Was nicht heißt, dass es inzwischen nicht wieder welche gibt.)
- ✔ Was ich an einer Computerzeitschrift schätze, sind die Rubriken und Berichte über Neuheiten.
- ✔ Einige Zeitschriften scheinen nur aus Werbung zu bestehen. Das ist toll, wenn Sie auf Werbung stehen, ansonsten aber wohl eher langweilig.
- ✔ Vermeiden Sie Computerzeitschriften, die eher für Experten gemacht sind, aber darauf wären Sie vermutlich auch selbst gekommen.

Lassen Sie sich nicht verrückt machen

Die Computerindustrie kann ohne viel Wirbel und großes Spektakel nicht leben. Selbst wenn Sie eine Computerzeitschrift für Normalbürger abonnieren, lesen Sie darin ständig über die neuesten Errungenschaften und Trends in der Computerindustrie. Ignorieren Sie das!

Ob ich etwas Neues brauche oder nicht, entscheide ich danach, ob die Sache, um die so viel Aufhebens gemacht wird, standardmäßig in einem PC-System enthalten ist oder nicht. Zu diesem Zweck gucke ich mir die Werbung an. Lassen Sie sich, wie gesagt, nicht verrückt machen!

- ✔ Sobald viel umworbene und angepriesene Dinge real und zum Computerstandard werden, werden Sie davon hier in diesem Buch lesen.

- ✔ Hier ein paar der Dinge, die ich in der Vergangenheit erfolgreich ignoriert habe: Pen Windows, Push-Technologie, Shockwave, Microsoft Bob, Windows CE, drahtlose Heimnetzwerke.

- ✔ Hier ein paar Dinge, die sich allmählich durchgesetzt haben: USB, CD-R, ZIP-Laufwerke, Einkaufen im Internet oder E-Commerce, DVD-Laufwerke, Digitalkameras.

Nehmen Sie das alles nicht zu ernst

Hey, beruhigen Sie sich. Computer sind nicht das Leben. Es sind lediglich mineralische Ablagerungen und Produkte auf Erdölbasis. Schließen Sie Ihre Augen und holen Sie ein paar Mal tief Luft. Lauschen Sie dem Rauschen der Südseewellen in Ihrem Liegestuhl, hören Sie, wie das Badewasser in die Marmorbadewanne Ihrer Luxussuite läuft.

Stellen Sie sich vor, Sie fahren an einem sonnigen Tag mit dem Cabrio durch ein Wäldchen, und der Wind weht Ihnen durchs Haar. Stellen Sie sich vor, Sie liegen auf dem Deck in der Sonne, während Ihr Schiff, die Pacific Princess, Kurs nimmt auf die kleine Insel mit den freundlichen Affen, die Ihnen Kokosnussstückchen aus der Hand fressen.

Sie sitzen in einem Heißluftballon, schlürfen ein Glas Champagner und fühlen, wie die Bläschen an der Unterseite Ihrer Zunge zerplatzen. In der Ferne ragt die Turmspitze des Schlosses aus den Wolken und Sie können schon das Fünf-Sterne-Buffet riechen.

Jetzt öffnen Sie langsam Ihre Augen. Es ist nur ein dummer Computer. Wirklich. Nehmen Sie das alles nicht zu ernst.

ISBN: 3-8266-2912-4
www.mitp.de

Dan Gookin, Sandra Gookin

Computerlexikon für Dummies

2. Auflage

Von Athlon bis Xeon ist alles dabei, was Ihnen im Dschungel der Computerbegriffe begegnen kann. So undefinierbare Abkürzungen wie DSL und ähnliches werden Sie in Kürze fließend aussprechen und anwenden können. Ab und zu hilft ein kleines Bildchen der Vorstellungskraft auf den Sprung und zum Aufheitern gibt's auch ein wenig Klatsch und Tratsch aus der Computerwelt.

In der aktualisierten Neuauflage werden alle neuen Errungenschaften der Computerbranche wie Pentium III, Xeon und Athlon Prozessoren, DSL, XML und XHTML sowie Linux und die Open-Source-Bewegung für jedermann verständlich erklärt.

Zu jedem der über 2000 Begriffe gibt es:

- ✔ Eine Erklärung oder Definition des Begriffes: In einfachen Worten wird die Bedeutung des Fachwortes auf den Punkt gebracht, so dass auch der Einsteiger etwas damit anfangen kann.
- ✔ Eine Angabe, wie der Begriff ausgesprochen wird, damit Sie sich, wenn Sie Ihr neuerworbenes Wissen mit stolzgeschwellter Brust einsetzen wollen, nicht gleich durch falsche Aussprache blamieren.
- ✔ Und hin und wieder ein kleines Anekdötchen aus dem Computeralltag.

Stichwortverzeichnis

Symbole

Strg + Alt + Entf   60

A

Abgesicherter Modus   384, 385
Abmelden   56
Absender
   blockieren   348
Active Desktop   183
Adressbuch
   arbeiten mit   346
   Namen einfügen   345
   Outlook Express   345
AGP   136
Alt-Tasten   207
Anmelden   51
Anschlüsse   133, 141
   Audio   40
   COM   39, 147
   Drucker   39, 147
   Ethernet   40
   farbliche Kennzeichnung   40
   FireWire   146
   IEEE 1394   146
   Joystick   39, 149
   Laufwerke   134
   Lautsprecher   40
   LineIn   40
   Maus   38, 143, 194
   Mikrofon   40
   Modem   40
   Monitor   39
   Netz   38
   Netzwerk   40
   parallele   147
   SCSI   150
   serielle   147
   serieller   39
   Tastatur   38, 143
   USB   38, 143
Antivirenprogramme   293

Anwendungen
   schließen   381
Anwendungsprogramme   43
Arbeitsspeicher   82, 165, 411
   aufrüsten   269
   DIMM   168
   DRAM   168
   nachrüsten   171
   SIMM   168
Assistenten
   Assistent für den Internetzugang   301
   Assistent für die Druckerinstallation   223
   Assistent für neue Verbindungen   301
   Briefpapier-Setup-Assistent   340
   Hardware-Assistent   265
   Sicherungs-Assistent   370
Audioanschlüsse   149
Audiodateien   240
Audiorecorder   245
Auflösungen
   ändern   182
Aufrüsten   268
Ausschalten   57

B

Backslash   209
Backups   370
   CD-R   158
   CD-RW   160
Bandlaufwerke   267
BASIC   292
Baumstruktur   100
Befehle
   Öffnen   105
   Speichern unter   107
Benutzernamen
   eingeben   51
Betriebssysteme   42, 53, 65
   Linux   66
   Windows   49, 65
Bildbearbeitungssoftware   258

Bilder beschneiden 258
Bildgröße ändern 259
Bilder
    beschneiden 258
    Bildformate 260
    Größe ändern 259
    speichern 260
Bildlaufleisten 75
Bildschirmanzeige
    ändern 180
Bildschirmausdruck 188
Bildschirmdiagonale 176
Bildschirme 34, 173
    aufrüsten 269
    einstellen 176
    Flachbildschirme 178
    Größe 176
    LCD 178
    Lochabstand 176
    Monitoranschluss 39
    Probleme 188
    reinigen 178
    zwei anschließen 186
Bildschirmentspiegelungen 410
Bildschirmkarten 175
Bildschirmschoner
    aktivieren 184
BIOS 139
Bitmap-Dateien 261
Brennen
    CD-R 156
    CD-RW 160
    Musik-CD 159
Brennsoftware 156
Buchsen 141
Bytes 167

C

CD-Brenner 156
CD-R/RW-Laufwerke 152
CD-ROM-Laufwerke 36, 152, 156
CD-ROMs 156
CD-Rs 156
    brennen 156
CD-RWs 160
    brennen 160

CDs
    aus Laufwerk auswerfen 89
    in Laufwerk einlegen 89
Celeron 131, 133
Computer 31
    ausschalten 50, 54, 57
    einschalten 45
    Hardware aufrüsten 268
    herunterfahren 50
    neu starten 59
    Neukauf 270
    Ruhezustand 59
    Standby-Modus 57
Computergurus 395
Computerspiele 284
Computerviren 357, 360, 371, 406, 407
    Antivirensoftware 373

D

Dateien
    ausschneiden 116
    downloaden 351
    einfügen 116, 117
    hochladen 351
    hochladen mit FTP-Programmen 362
    in Ordner ablegen 97
    kopieren 117
    kopieren nach 117
    löschen 119
    löschen rückgängig machen 120
    markieren 115
    MP3 355
    Namen vergeben 112
    öffnen 105
    sichern 370
    speichern unter 107
    suchen 121, 122
    suchen in Windows 2000 124
    suchen in Windows 98 125
    suchen in Windows Me 124
    suchen in Windows XP 123
    umbenennen 114
    unbekannte löschen 405
    uploaden 351
    verschieben nach 116
    von FTP-Sites herunterladen 361

ZIP-Datei 355, 357
Dateinamen
   Regeln 112
Dateinamenerweiterung 113
Datenbanken 290
Datenbankprogramme 290
Datensicherungen 370
Datenträger 151
   CD-R 156
   CD-ROM 156
   CD-RW 160
   JAZ 163
   LS 120 164
   mit ScanDisk überprüfen 383
   prüfen 383
   SuperDisk 164
   ZIP 163
Datenträgerbereinigung 155
Datum 137
Deinstallationsprogramme 278, 293
Desktop 66, 72
Desktop Publishing 288
Dialogfelder 76
   Dropdown-Listenfelder 77
   Kontrollkästchen 77
   Öffnen 105
   Optionsfelder 77
   Speichern unter 107
   Textfelder 77
Diascanner 257
Digitalkameras 253, 257
DIMM-Bausteine 168
Disketten 92, 161
   aus dem Laufwerk nehmen 92
   formatieren 92
   in das Laufwerk schieben 92
   Schreibschutz 162
Diskettenlaufwerke 37, 82, 90, 152
Displays 173
DRAM-Chips 168
Dropdown-Listenfelder 77
Drucken 224
   Bildschirmausdruck 226
   Briefumschläge 227
   Querformat 225
Drucker 35, 215
   Anschluss 39, 147

Bedienfeld 220
   einrichten 221
   Laserdrucker 219
   Papier 218
   Papier einlegen 221
   Seitenvorschub 220
   Software installieren 223
   Tinte nachfüllen 222
   Tintenstrahldrucker 216
   Toner nachfüllen 222
DTP-Programme 288
DVD-Filme
   abspielen 90
DVD-Laufwerke 36, 152
DVDs
   aus Laufwerk auswerfen 89
   in Laufwerk einlegen 89

E

E-Mails 316
   Absender blockieren 348
   Adressbuch in Outlook Express 345
   Anhänge 357
   Anhänge öffnen 406
   Anlagen empfangen 358
   Anlagen senden 359
   Anlagen speichern 358
   antworten 323
   benutzerdefinierte 340
   drucken 323
   E-Mail-Konto 299
   in Outlook Express erstellen 319
   in Outlook Express lesen 322
   in Outlook Express löschen 324
   Junk-Mail 349
   löschen 344
   Ordner erstellen 343
   Outlook Express beenden 325
   Outlook Express starten 316
   senden 323
   Signaturen 341
   Spam-Mail 349
   verschieben 344
   verwalten 342
   weiterleiten 323
Ein/Aus-Schalter 37

Eingabetaste 208
Entlüftung 37
Erweiterungskarten
   USB 412
Erweiterungsschächte 37
Erweiterungsspeicher 171
Erweiterungssteckkarten 136
Erweiterungssteckplätze 136
   AGP 136
   ISA 136
   PCI 136
Escape-Taste 209
Ethernet
   Anschluss 40

F

Farbeinstellungen
   ändern 182
Favoriten
   hinzufügen 332
   Links 334
   löschen 334
   verwalten 333
Faxmodems 231
Fehlerbehandlung 379
Fenster 74
   verschieben 75
Fenstergröße
   ändern 74
Festplatten 154, 411
   aufrüsten 269
Festplattenlaufwerke 82, 152
Festplattenleuchtanzeigen 37
Feststelltaste 206
File Transfer Protocol 360
Finanzsoftware 284
FireWire 146, 267
Flachbildschirme 178
Flash Memory 166
Formatieren 92
Fotobearbeitungssoftware 258
Freeware 294
FTP 360
FTP-Programme 362
   WS_FTP Pro 363
FTP-Sites

Dateien herunterladen 361
   durchsuchen 361
Funktionstasten 204

G

Geräte
   USB-Geräte anschließen 144
Geräte-Manager 387
Gerätetreiber
   wiederherstellen 390
Gigabytes 167
Grafikadapter 175
Grafikkarten 174, 179
Grafikspeicher 171
Grafiktreiber
   installieren 188

H

Handballenauflagen 213, 410
Handbücher 274
Hardware 33
   aufrüsten 268
   inkompatible 404
Hardwareprobleme 397
   Geräte-Manager 387
   Hotlines 398
   Kabelverbindungen überprüfen 380
   Neustart 382
   Tastatur überprüfen 380
Hauptplatinen 130
Herunterladen
   Dateien 351
   Dateien von FTP-Sites 361
   MP3-Dateien 355
   Programme 353
Hilfe 78
   bei Hardwareproblemen 396
   bei Softwareproblemen 396
Hilfesysteme 78
Hilfetaste 206
Hilfsprogramme 292
Hintergrund ändern 181
Hochladen 351, 362
Hotlines 398
Hyperlinks 313

… *Stichwortverzeichnis* …

I

IEEE 1394 146
Index 79
Inhaltsratgeber 336
Installationsprogramme 276
Internet 297
    Definition 297
    MP3-Dateien herunterladen 355
    Programme herunterladen 353
    Teile einer Webseite speichern 352
    Verbindung herstellen 302
    Verbindung trennen 305
    Webadressen eingeben 312
    Webseite speichern 352
    Zugang 298
Internet Explorer
    Adressleiste 311
    Bildlaufleiste 311
    Favoriten 332
    Favoritenliste 332
    Fenster 311
    Inhaltsratgeber 336
    Schaltfläche Abbrechen 314
    Schaltfläche Aktualisieren 314
    Schaltfläche Favoriten 332
    Schaltfläche Startseite 315
    Schaltfläche Verlauf 334
    Schaltfläche Vorwärts 314
    Schaltfläche Zurück 314
    Schaltflächenleiste 311
    schließen 316
    starten 310
    Startseite 310
    Startseite ändern 315
    Verlaufliste 334
Internetdienstanbieter 298, 299
    Angebotspalette 299
    auswählen 300
Internetprogramme
    verwenden 305
ISA 136
Itanium 131

J

JAZ-Disketten 163
JAZ-Laufwerke 153
Joysticks, Anschluss 39
Jumper 135

K

Kabel 35
Kennwörter 52
Kilobytes 167
Konsolen 34
    Rückseite 38
    Vorderseite 36
Kontextmenütaste 204
Kontrollkästchen 77

L

Laserdrucker 219
    Toner nachfüllen 222
Laufwerke 81, 82, 151
    Anschlüsse 134
    Bandlaufwerk 267
    CD auswerfen 89
    CD einlegen 89
    CD-R/RW 152
    CD-ROM 36, 83, 88, 152, 156
    Diskette 152
    Disketten 82, 90
    DVD 36, 88, 152
    DVD auswerfen 89
    DVD einlegen 89
    externe 266
    Festplatte 152
    Festplatten 82
    freie Kapazität 85
    JAZ 153, 163
    Laufwerk A 83
    Laufwerk C 83
    LS 120 153, 164
    SuperDisk 153, 164
    ZIP 83, 94, 152, 163
Laufwerksbuchstaben 84
Lautsprecher 34, 241
    Anschluss 40

Lautsprechersymbol 248
Lautstärke
    regeln 246
LCD 178
Lernprogramme 286
Lesezeichen 332
Leuchtanzeigen 37
    Festplattenleuchtanzeigen 37
Links 312, 313
    Kennzeichnung 313
Linkshänder
    Maus anpassen 200
Listenfelder 78
Lizenzvereinbarungen 275
Lochabstand 176
Löschen
    E-Mails 344
LS 120-Disketten 164
LS 120-Laufwerke 153
Lüfter 37

M

Mäuse 34, 191
    anschließen 194
    Anschluss 38, 143
    arbeiten mit 195
    COM-Anschluss 39
    doppelklicken 196, 199
    Einstellungen für Linkshänder 200
    IntelliMouse 193
    IntelliMouse Explorer 193
    klicken 195
    konfigurieren 197
    Mausarten 192
    Mauszeiger 199
    optische Maus 193
    Probleme 201
    Radmaus 193
    reinigen 201
    serieller Anschluss 39
    Trackball 193
    USB-Maus 194
    zeigen 195
    ziehen 196
Mauspads 192

Mauszeiger
    ändern 199
Megabytes 167
Menüleiste 75
MIDI-Dateien 240, 244
Mikrofone 245
Mikroprozessoren 130, 131
    aufrüsten 269
    Celeron 131, 133
    Itanium 131
    Pentium 131
Modems 229
    anschließen 233
    Anschluss 40
    COM-Anschluss 39
    DSL-Modem 232
    externe 230
    Faxmodem 231
    Geschwindigkeit 230
    installieren 234
    interne 230
    ISDN-Modem 232
    Kabelmodem 232
    Laptop 236
    Problemlösungen 235
    Satellitenmodem 232
    serieller Anschluss 39
    Softmodem 232
    Standardmodem 232
    Standort ändern 236
Monitore 173, 412
Motherboard 130
MP3-Dateien 245
MSCONFIG 392
Musik-CDs
    abspielen 90
    brennen 159

N

Nachrichten
    Absender blockieren 348
Netzanschlüsse 38
Netzteile 134
Netzwerke, Anschluss 40
Neustart 381, 382
    abgesicherter Modus 384

Stichwortverzeichnis

Notfalldisketten 367
    erstellen in Windows 2000/XP 368
    testen 369
Num-Lock-Taste 206
Numerischer Ziffernblock 204

O

Office-Pakete 290
Offlinebetrieb 304
Online-Auktionen 331
    Adressen 332
Online-Shopping 329
Online-Symbol 306
Optionsfelder 77
Ordner 97
    Eigene Dateien 99
    erstellen 101
    löschen 103
    Stammordner 98
    ZIP-komprimierte Ordner 104
Outlook Express
    Absender blockieren 348
    Adressbuch 345
    Adresse eingeben 319
    Anlagen empfangen 358
    Anlagen senden 359
    Anlagen speichern 358
    arbeiten mit Adressbuch 346
    Aufbau 317
    beenden 325
    benutzerdefinierte Nachrichten erstellen 340
    Betreff eingeben 320
    Briefpapier 340
    Briefpapier-Setup-Assistent 340
    Das Feld Bcc 349
    E-Mail erstellen 319
    E-Mail lesen 322
    Kopieempfänger eingeben 320
    Nachricht eingeben 320
    Nachrichten in Ordner verschieben 344
    Namen in Adressbuch einfügen 345
    Ordner Entwürfe 343
    Ordner erstellen 343
    Ordner Gelöschte Objekte 342, 344
    Ordner Gesendete Objekte 342
    Ordner Postausgang 342
    Ordner Posteingang 342
    Rechtschreibprüfung 321
    Schaltfläche Allen antworten 324
    Schaltfläche Antworten 323
    Schaltfläche Drucken 323
    Schaltfläche Löschen 324
    Schaltfläche Senden 323
    Schaltfläche Weiter 323
    Schaltfläche Weiterleiten 323
    Schaltfläche Zurück 323
    Standardordner 342
    starten 316

P

Pause-Taste 209
PC-Typen
    Desktop 41
    Laptop 42
    Minitower 41
    Notebook 42
    Tower 42
PCI 136
PCs 31
Pentium 131
Peripheriegeräte 263
    Bandlaufwerk 267
    einschalten 46
    externe Laufwerke 266
    installieren 264
    unter Windows installieren 265
Personal Computer 31
Personen
    im Internet suchen 329
Pfadnamen 110
Pfeiltasten 204
Plug-Ins 337
Ports 141
Probleme
    beim Start 392
Programme
    Antivirenprogramme 373
    beenden 71
    schließen 71
    suchen 121
    WinZip 357
Programmieren 292

Programmiersprachen 292
    BASIC 292
Provider 298
Public-Domain-Software 294

R

RAM 82, 165
Ratgeberprogramme 390
Registrierkarten 274
Reset-Taste 37
Rollen-Taste 206
ROM 166
Ruhezustand 56, 59

S

S-Abf-Taste 210
S-Video-Out 40
ScanDisk 50, 383
Scannen 254
Scanner 35, 252
    Bildbearbeitungssoftware 255
    Software 255
Schnellinstallationsübersichten 274
Schnellstartleiste 67
Schnellübersichten 274
Schrägstrich 209
    umgekehrt 209
Schreibmaschinentasten 204
Schreibschutz 162
Scroll-Lock-Taste 206
SCSI 150
Shareware 294, 355
Sicherungskopien 405
    auf CD-R 158
Signaturen
    erstellen 341
SIMM-Bausteine 168
Software 33, 42
    aktualisieren 280
    Antivirenprogramme 293
    Datenbankprogramme 290
    Deinstallationsprogramme 293
    deinstallieren 278
    DTP-Programme 288
    Finanzsoftware 284

Freeware 294
Handbücher 274
herunterladen 277
Hilfsprogramme 292
installieren 275
kaufen 273, 404
Lizenzvereinbarungen 275
Public-Domain-Software 294
Registrierkarten 274
Schnellinstallationsübersichten 274
Schnellübersichten 274
Shareware 294
Tabellenkalkulationsprogramme 288
Texteditoren 287
Textverarbeitungsprogramme 287
Umgang erlernen 282
Softwareprobleme 397
    Hotlines 398
    Neustart 382
    Programme entfernen 381
Soundkarten 239, 240
Sounds
    abspielen 243
    Ereignissen zuweisen 241
    Lautstärke 246
    MIDI 244
    MP3 244
Spam-Mails 349
    beantworten 406
Speicherbänke 168
Speicherkapazität 167
Speichern 405
Spiele 284
    Bewertung 285
    Systemvoraussetzungen 284
Sprachausgabe 248
Sprache
    aufzeichnen 245
Spracherkennung 249
Stammordner 98
Standby-Modus 56, 57
Standby-Tasten 37
Startdisketten 367
    erstellen in Windows 98/Me 367
Startmenü 69
    Dokumente öffnen 71
    für den abgesicherten Modus 385

Programme starten 70
  Windows XP 70
Startseite 310
  ändern 315
Steuerungstaste 207
Strg-Tasten 207
Stromversorgung 48
  unterbrechungsfreie 48
Subwoofer 241
Suchmaschinen 327, 328
  für Personen 329
  für Programme 353
  Yahoo! 328
SuperDisk-Laufwerke 153
SuperDisks 164
System
  wiederherstellen 375
Systemdisketten 51
Systemeinheiten 34
Systeminformationen 389
Systemkennwörter 52
Systemkonfigurationsprogramme 388, 392
  MSCONFIG 392
Systemplatinen 130
Systemsteuerung 72
Systemwiederherstellung 374
  Wiederherstellungspunkt 374

T

Tabellenkalkulationsprogramme 288
Tabulatortaste 208
Task-Manager 381
Taskleiste 67
  Lautsprechersymbol 248
Tastaturabdeckungen 410
Tastaturen 34, 203
  Anschluss 38, 143
  ergonomische 213, 411
  Probleme 211
Tasten 37
  Alt-Taste 207
  Ein/Aus-Schalter 37
  Eingabetaste 208
  Escape 209
  Feststelltaste 206

Hilfe-Taste 206
Kontextmenü 204
Num-Lock-Taste 206
Pause 209
Reset-Taste 37
Rollen-Taste 206
S-Abf-Taste 210
Schrägstrich 209
Scroll-Lock-Taste 206
Standby-Taste 37
Strg-Taste 207
Tabulatortaste 208
Umschalttaste 207
Untbr-Taste 210
Windows-Taste 204, 206
Tastenkombinationen
  unter Windows 211
Terabytes 167
Texteditoren 287
Textfelder 77
Textverarbeitungsprogramme 287
Tintenstrahldrucker 216
  Tinte nachfüllen 222
  Tintenpatronen 217

U

Uhrzeit 137
  einstellen 138
Umschalttasten 207
Untbr-Taste 210
Unterbrechungsfreie Stromversorgung 48
Uploaden 351, 362
URL 311
USB 143
  Anschluss 38
  Erweiterungskarte 412
  Geräte anschließen 144
  USB-Hub 145
USB-Geräte
  anschließen 144
USB-Hub 145
USV 48

V

Verknüpfungen
  erstellen 118
Verlaufsliste 334
Verschieben
  E-Mails in Ordner 344
Videokameras 268
Videokarten 175
Viren 357, 360, 371, 406, 407
  Antivirensoftware 373

W

Wave-Audiodateien 240
Webadressen
  eingeben 312
  manuell eingeben 312
Webbrowser 309
  Adressleiste 311, 312
  Bildlaufleiste 311
  Fenster 311
  Schaltfläche Abbrechen 314
  Schaltfläche Aktualisieren 314
  Schaltfläche Startseite 315
  Schaltfläche Vorwärts 314
  Schaltfläche Zurück 314
  Schaltflächenleiste 311
  schließen 316
  starten 303, 310
  Startseite 310
  Startseite ändern 315
Webseiten
  drucken 337
  speichern 352
Wechselmedien 163
Wiederherstellungspunkte
  festlegen 374
Windows 49, 65
  aktualisieren 281
  anmelden 51

beenden 55
für das Internet konfigurieren 301
korrekt beenden 403
neu starten 56, 59
Windows 2000
  Strg+Alt+Entf 60
  Dateien suchen 124
  im abgesicherten Modus starten 386
Windows 98
  Strg+Alt+Entf 60
  Dateien suchen 125
Windows Me
  Strg+Alt+Entf 60
  Dateien suchen 124
  im abgesicherten Modus starten 385
Windows Media Player 243, 356
Windows XP 59
  Strg+Alt+Entf 61
  beenden 55
  Dateien suchen 123
  im abgesicherten Modus starten 386
  Startmenü 70
Windows-Explorer
  Ansichten 100
  Baumstruktur 100
  öffnen 100
  Ordnerleiste 100
Windows-Tasten 204, 206
WinZip 355, 357

Z

Zentraleinheiten 36
ZIP 355
ZIP-Disketten 163
  auswerfen 95
  einlegen 95
ZIP-komprimierte Ordner 104
  Kennwortschutz 104
ZIP-Laufwerke 37, 94, 152

ISBN 3-8266-2946-9
www.mitp.de

Andy Rathbone

PCs reparieren und aufrüsten für Dummies

Lernen Sie Ihren Computer lieben, indem Sie ihn auseinander nehmen! Andy Rathbone geleitet Sie durch die Innereien Ihres PCs und erklärt Ihnen, warum Ihr Computer spinnt und wie man die Probleme behebt.

Sie erfahren, wie Sie ohne Probleme Hardware installieren und wie man Festplatte und Arbeitsspeicher erweitern kann. Schnittstellen, Laufwerke und das Zusammenspiel von Betriebssystem und Hardware werden Ihnen vertraut. So können Sie selbst Ihren alten PC wieder auf Vordermann bringen!

Sie erfahren:

✔ Wie alle wichtigen Teile des PCs funktionieren und vernetzt sind
✔ Was man bei der Fehleranalyse beachten sollte
✔ Wie man CD-ROMs, Modems und Monitore installiert
✔ Wie Sie den Speicherplatz Ihres PCs vergrößern können
✔ Was die verschiedenen Warntöne Ihres Computers bedeuten
✔ Wann sich das Aufrüsten noch lohnt und wann Sie besser einen neuen PC kaufen sollten

ISBN 3-8266-2865-9
www.mitp.de

Tom Morris

Philosophie für Dummies

Entdecken Sie die spannende Welt der Philosophen

Aus dem Amerikanischen übersetzt von Aref Banakondandeh

- Philosophische Disziplinen im Überblick
- Bedeutende Philosophen und ihre Theorien
- Denkanstöße für den Alltag

Fanden Sie Philosophie eigentlich schon immer interessant, aber haben sich nie so recht herangetraut? Dann ist dies das Buch für Sie!

»Philosophie für Dummies« ist eine Einführung in die Gedanken großer Denker und zugleich eine Ermunterung, sich selbst Gedanken zu machen – über den Sinn des Lebens, ethische Vorstellungen, die Frage, was wir überhaupt wissen können ...

Sie erfahren:

✔ Was Philosophie überhaupt ist und was Sie mit Ihrem Leben zu tun hat
✔ Welche Grundlagen Sie beherrschen sollten: das Handwerkszeug und die Terminologie der Philosophie
✔ Wissenswertes über die wichtigsten philosophischen Disziplinen wie z.B. Ethik und Erkenntnistheorie
✔ Welche wichtigsten Philosophen es gibt und was ihre Thesen sind
✔ Was das alles ist und was man darunter versteht: Epistemologie, Nonkognitivismus, Utilitarismus und vieles mehr

ISBN 3-8266-2858-6
www.mitp.de

Florence Griffith Joyner, John Hanc

Laufen für Dummies

Für mehr Spaß beim Laufen

- Lauftraining individuell gestalten
- Optimale Vorbereitung auf Rennen und Marathon
- Flo-Jo über die Schulter gucken

Egal, ob Sie bereits aktiver Läufer sind oder schon immer einer werden wollten – die »schnellste Frau der Welt« motiviert Einsteiger und Fortgeschrittene. Sie gibt Ihnen Ratschläge für die Fitness, wertvolle Tips für die Vorbereitung auf Rennen und begleitet Sie sogar beim Schuhkauf.

Sie erfahren:

✔ Wie Sie Ihr Training sinnvoll aufbauen
✔ Was Sie beim Aufwärmen und Cooldown beachten sollten
✔ Welche Ausrüstung Sie brauchen
✔ Wie Sie Verletzungen vermeiden können
✔ Worauf Sie bei Ihrer Ernährung achten sollten
✔ Welches die schönsten Läufe sind

sueddeutsche.de | bin schon informiert

was jetzt gerade passiert,
   steht nicht mal in der besten zeitung

ständig aktuelle meldungen, umfassende hintergrundberichte und die sicherheit,
                             schneller mehr zu erfahren : www.sueddeutsche.de